FINANZ- UND STEUERRECHT IN DEUTSCHLAND UND EUROPA

Herausgegeben von Klaus-Dieter Drüen,
Hanno Kube und Rainer Wernsmann

Band 8

PETER LANG
Frankfurt am Main · Berlin · Bern · Bruxelles · New York · Oxford · Wien

Die Ersetzung der sieben Einkunftsarten
des EStG durch eine einzige

Andreas Goetze

Die Ersetzung der sieben Einkunftsarten des EStG durch eine einzige

Zur Gleichheit aller Erwerbsgrundlagen in einem vereinfachten Steuerrecht

PETER LANG
Internationaler Verlag der Wissenschaften

Bibliografische Information der Deutschen Nationalbibliothek
Die Deutsche Nationalbibliothek verzeichnet diese Publikation in der Deutschen Nationalbibliografie; detaillierte bibliografische Daten sind im Internet über http://dnb.d-nb.de abrufbar.

Zugl.: Heidelberg, Univ., Diss., 2009

Gedruckt auf alterungsbeständigem, säurefreiem Papier.

D 16
ISSN 1863-141X
ISBN 978-3-631-60911-8

www.peterlang.de

Meinen Eltern

Vorwort

Diese Dissertation lag im Wintersemester 2009/2010 der Juristischen Fakultät der Ruprecht-Karls-Universität Heidelberg vor. Die Arbeit wurde durch ein Graduiertenstipendium der Konrad-Adenauer-Stiftung gefördert.

Mein ganz besonderer Dank gilt Herrn Prof. Dr. Dr. h.c. mult. Paul Kirchhof, der die Anregung zu diesem Thema gab und die Fertigstellung der Arbeit in vielfältiger Weise gefördert hat. Herrn Prof. Dr. Ekkehart Reimer danke ich für die Erstellung des Zweitgutachtens.

Herzlich bedanken möchte ich mich bei meinen Eltern Frau Rosemarie und Herrn Peter Goetze. Ihre uneingeschränkte Unterstützung meiner Ausbildung hat die Anfertigung dieser Dissertation erst ermöglicht. Ihnen widme ich dieses Werk.

Ferner bedanke ich mich bei der Konrad-Adenauer-Stiftung und ihren Mitarbeitern für die Aufnahme in die Graduiertenförderung. Den Herausgebern danke ich für die Aufnahme in die Schriftenreihe Finanz- und Steuerrecht in Deutschland und Europa.

Mein Dank gilt auch all jenen, die in vielfältiger Weise zum Gelingen der Dissertation beigetragen haben. Meiner zukünftigen Ehefrau, Frau Regierungsrätin Sophie Charlotte Ehlers, danke ich für Ihre herzliche Unterstützung und die Durchsicht des Manuskripts. Sie hat durch ihr Verständnis und ihre Ermunterungen zur Fertigstellung der Arbeit beigetragen. Bei Herrn Dr. Florian Hartmann bedanke ich mich für seine umfassenden Korrekturhilfen und wertvollen Hinweise.

München, im März 2010

Inhalt

Abkürzungsverzeichnis

a.A.	andere Ansicht
Abl.	Amtsblatt
Abs.	Absatz
a.E.	am Ende
AEUV	Vertrag über die Arbeitsweise der Europäischen Union v. 1.12.2009
a.F.	alte Fassung
AfA	Absetzung für Abnutzung
AG	Aktiengesellschaft
Anm.	Anmerkung
AO	Abgabenordnung
AöR	Archiv für öffentliches Recht
Art.	Artikel
BB	Betriebs-Berater
Bd.	Band
Begr.	Begründer
BergPG	Bergmannsprämiengesetz
Beschl.	Beschluss
BFH/NV	Sammlung der (amtlich nicht veröffentlichten) Entscheidungen des Bundesfinanzhofs
BFHE	Sammlung der Entscheidungen des Bundesfinanzhofs
BGB	Bürgerliches Gesetzbuch
BGBl.	Bundesgesetzblatt
BMF	Bundesministerium der Finanzen
BR	Bundesrat
BStBl.	Bundessteuerblatt
BT	Bundestag
BVerfGE	Amtliche Sammlung von Entscheidungen des Bundesverfassungsgerichts
bzw.	beziehungsweise
ca.	circa
CDU	Christlich Demokratische Union
CSU	Christlich Soziale Union
DB	Der Betrieb
ders.	derselbe

dies.	dieselbe(n)
DM	Deutsche Mark
Drucks.	Drucksache
DStJG	Deutsche Steuerjuristische Gesellschaft
DStR	Deutsches Steuerrecht
DStZ	Deutsche Steuer-Zeitung
DStZ/A	Deutsche Steuer-Zeitung Ausgabe A
E	Entwurf
EFG	Entscheidungen der Finanzgerichte
EG	Europäische Gemeinschaft(en)
EGV	Vertrag zur Gründung der Europäischen Gemeinschaft v. 25.3.1957
EhfG	Entwicklungshelfer-Gesetz
Einf.	Einführung
Einl.	Einleitung
EL	Ergänzungslieferung
Ent.	Entscheidung
ESt	Einkommensteuer
EStG	Einkommensteuergesetz
EStGB	Einkommensteuergesetzbuch
EStRefG	Einkommensteuerreformgesetz
et al.	et alii
etc.	et cetera
EU	Europäische Union
EuGH	Gerichtshof der Europäischen Gemeinschaften
EuGRZ	Europäische Grundrechte-Zeitschrift
e.V.	eingetragener Verein
f., ff.	folgend, fortfolgend
FELEG	Gesetz zur Förderung der Einstellung der landwirtschaftlichen Erwerbstätigkeit
FG	Finanzgericht
FGO	Finanzgerichtsordnung
FinArch.	Finanzarchiv
FinRefG	Finanzreformgesetz
Fn.	Fußnote
FR	Finanz-Rundschau
FS	Festschrift
G	Gesetz
gem.	gemäß

GewArch.	Gewerbearchiv
GewStDV	Gewerbesteuer-Durchführungsverordnung
GewStG	Gewerbesteuergesetz
GFinRefG	Gesetz zur Neuordnung der Gemeindefinanzen (Gemeindefinanzreformgesetz)
GG	Grundgesetz für die Bundesrepublik Deutschland v. 23.5.1949
GmbH	Gesellschaft mit beschränkter Haftung
GrS	Großer Senat
HBeglG	Haushaltsbegleitgesetz
HFR	Höchstrichterliche Finanzrechtsprechung
HGB	Handelsgesetzbuch
Hrsg.	Herausgeber
HStR	Handbuch des Staatsrechts der Bundesrepublik Deutschland
HVerfR	Handbuch des Verfassungsrechts der Bundesrepublik Deutschland
i.d.F.	in der Fassung
IFSt	Institut „Finanzen und Steuern“
INF	Die Information über Steuer und Wirtschaft
insb.	insbesondere
i.R.d.	im Rahmen des/der
i.S.d.	im Sinne des/der
IStR	Internationales Steuerrecht
i.V.m.	in Verbindung mit
JöR	Jahrbuch des öffentlichen Rechts der Gegenwart
JR	Juristische Rundschau
JStG	Jahressteuergesetz
JuS	Juristische Schulung
JZ	Juristen-Zeitung
Kap.	Kapitel
KÖSDI	Kölner Steuerdialog
KSt	Körperschaftsteuer
KStG	Körperschaftsteuergesetz
lit.	littera
LStDV	Lohnsteuer-Durchführungsverordnung
m.E.	meines Erachtens

Mio.	Millionen
Mrd.	Milliarden
MuSchG	Mutterschutzgesetz
m.w.N.	mit weiteren Nachweisen
n.F.	neue Fassung
N.F.	neue Folge
NJW	Neue Juristische Wochenschrift
Nr.	Nummer
NVwZ	Neue Zeitschrift für Verwaltungsrecht
NWB	Neue Wirtschaftsbriefe
pp.	perge perge
PrGS.	Preußische Gesetzsammlung
PrOVG	Preußisches Oberverwaltungsgericht/Entscheidungen des Preußischen Oberverwaltungsgerichts
PTNeuOG	Postneuordnungsgesetz
RegE	Regierungsentwurf
REStG	Reichseinkommensteuergesetz
RFH	Reichsfinanzhof
RGBl.	Reichsgesetzblatt
Rn.	Randnummer
RStBl.	Reichssteuerblatt
RT	Reichstag
S.	Seite
s.	siehe
SeeSchAnpG	Seeschifffahrtsanpassungsgesetz
Slg.	Sammlung (d. Rechtsprechung des EuGH)
sog.	so genannt(e)
SolZ	Solidaritätszuschlag
SPD	Sozialdemokratische Partei Deutschlands
StÄndG	Steueränderungsgesetz
StandOG	Standortsicherungsgesetz
StB	Der Steuerberater
Stbg	Die Steuerberatung
StbJb	Steuerberater-Jahrbuch
StEntlG	Steuerentlastungsgesetz
StRefÄndG	Steuerreformänderungsgesetz
StRefG	Steuerreformgesetz
StRK	Steuerrechtsprechung in Karteiform

st. Rspr.	ständige Rechtsprechung
StSenkG	Steuersenkungsgesetz
StuB	Steuern und Bilanzen
StuW	Steuer und Wirtschaft
StW	Die Steuer-Warte
u.a.	und andere/unter anderem
Überbl.	Überblick
UntStRefFortG	Gesetz zur Fortsetzung der Unternehmensteuerreform
UntStRefG	Unternehmensteuerreformgesetz
v.	vor/vom
Verf.	Verfasser
vgl.	vergleiche
v.H.	vom Hundert
VJSchrStFR	Vierteljahresschrift für Steuer- und Finanzrecht
Vorbem.	Vorbemerkung
VVDStRL	Veröffentlichung der Vereinigung der Deutschen Staatsrechtslehrer
VZ	Veranlagungszeitraum
WoEFödG	Wohnungseigentumsförderungsgesetz
WRV	Verfassung des Deutschen Reichs v. 11.8.1919 (Weimarer Reichsverfassung)
z.	zu
z.B.	zum Beispiel
Ziff.	Ziffer
ZinsAbschlG	Zinsabschlaggesetz
zit.	zitiert

Im Übrigen sei verwiesen auf Kirchner, Hildebert/Pannier, Dietrich, Abkürzungsverzeichnis der Rechtssprache, 6. Auflage 2008.

A. Steuergerechtigkeit und Einkunftsarten

Jeder Steuerpflichtige soll mit Recht sagen können: „Ich verlange, dass mein Nachbar ebenso schwer von der Steuerlast betroffen wird wie ich selbst.“[1] *Albert Hensel*, der Vertreter eines rechtsstaatlichen Steuerrechts in der Zeit der Weimarer Republik, formulierte mit dieser Aussage den Anspruch des Einzelnen auf Steuergerechtigkeit, der für die Legitimität und Akzeptanz steuerlicher Belastungen von zentraler Bedeutung ist. Wenn das geltende Einkommensteuerrecht unsystematisch und widersprüchlich wird, gilt es, Umfang und Grenze des Gerechtigkeitsgebots im Steuerrecht zu bestimmen.

Eine Ursache der Reformbedürftigkeit des geltenden Einkommensteuerrechts liegt in seiner Kompliziertheit, die wesentlich daraus erwächst, dass an die verschiedenen Arten von Einkünften jeweils besondere Vergünstigungen oder Belastungen angeknüpft werden. Das gegenwärtig geltende Einkommensteuergesetz[2] sieht in § 2 Abs. 1 Satz 1 EStG sieben Einkunftsarten vor, die der Einkommensteuer unterliegen:

1. Einkünfte aus Land- und Forstwirtschaft,
2. Einkünfte aus Gewerbebetrieb,
3. Einkünfte aus selbstständiger Arbeit,
4. Einkünfte aus nichtselbstständiger Arbeit,
5. Einkünfte aus Kapitalvermögen,
6. Einkünfte aus Vermietung und Verpachtung und
7. sonstige Einkünfte im Sinne des § 22 EStG.

Nach *Enno Becker* geht dieser Katalog der Einkunftsarten „vom wirklichen Leben aus“[3]. Die Aufzählung knüpft an tradierte Berufs- und Sozialbilder an, die seit dem Reichseinkommensteuergesetz von 1925 beinahe unverändert die sachliche Seite des Einkommensteuergesetzes prägen. Allerdings liegt die Sache nicht so, „als ob die Einkommensteuer in sieben Sondersteuern aufgelöst sei.“[4] In der vorliegenden Arbeit wird der oben formulierte Anspruch *Hensels* auf die Frage beschränkt, ob es einen grundsätzlichen Unterschied in der steuerlichen

1 *Hensel*, VJSchrStFR 1927, S. 39 (62).

2 EStG i.d.F. der Bekanntmachung v. 8.10.2009 (BGBl. I 2009, S. 3366, 3862), zuletzt geändert durch WachstumsbeschleunigungsG v. 22.12.2009 (BGBl. I 2009, S. 3950). Mit dem Reichseinkommensteuergesetz vom 10.8.1925 (RGBl. I 1925, S. 189) wurde im Prinzip der heute geltende Einkünftekatalog mit zunächst acht Einkunftsarten eingeführt. Das Reichseinkommensteuergesetz vom 16.10.1934 (RGBl. I 1934, S. 1005) legte die sieben noch heute geltenden Einkunftsarten abschließend fest.

3 *Becker*, Grundlagen der Einkommensteuer, S. 3.

4 *Becker*, Grundlagen der Einkommensteuer, S. 218.

Lastenverteilung begründen kann, wenn der Nachbar Einkünfte als Landwirt oder Gewerbetreibender, als Arzt oder Arbeiter, als Aktionär oder Vermieter erzielt. Die Auffassungen darüber, wie Einkünfte aus einer Erwerbsgrundlage relativ zu Einkünften anderer Erwerbsgrundlagen, insbesondere wie Kapital- zu Arbeitseinkünften, besteuert werden sollten, gehen seit Jahrhunderten auseinander. Die Spannbreite der Positionen reicht dabei von der „Fundustheorie"[5], die verlangt, Kapitaleinkünfte höher als Arbeitseinkünfte zu besteuern, bis zur „Dualen Einkommensteuer"[6], die angesichts des faktischen Anpassungsdrucks durch ausländische Steuerrechtsordnungen Kapitaleinkünfte gegenüber anderen Einkünften geringer besteuern will.

Die vorliegende Arbeit richtet zunächst den Blick weg von den detaillierten Regelungen des Einkunftsartenrechts hin zu den verfassungsrechtlichen und systematischen Grundlagen. Zunächst werden die Verfassungsmaßstäbe einer gleichmäßigen Einkommensbesteuerung herausgearbeitet, die sich aus dem allgemeinen Gleichheitssatz und dem Gleichheitsgehalt der Eigentümerfreiheit sowie der Berufsfreiheit erschließen und sich im Prinzip der gleichmäßigen Besteuerung nach der wirtschaftlichen Leistungsfähigkeit konkretisieren. Daran anschließend wird die gesetzgeberische Konzeption des Einkommensteuerobjekts dargestellt, die als synthetische Besteuerung des Erwerbseinkommens sowohl in den verfassungsrechtlichen Grundbedingungen als auch in der Systematik des Einkommensteuergesetzes angelegt ist.

Beide Gesichtspunkte, die verfassungsrechtliche Forderung nach horizontaler Steuergleichheit und die gesetzliche Belastungsentscheidung im Ausgangstatbestand, zielen auf eine Gleichwertigkeit der sieben Einkunftsarten ab. Tatsächlich knüpfen an die Einkunftsarten unterschiedliche Rechtsfolgen an, die teilweise erhebliche Belastungsunterschiede nach sich ziehen. Nachdem die Anforderungen an eine Durchbrechung der Gleichwertigkeit der Einkunftsarten eingehend dargestellt worden sind, sollen die verschiedenen, einkunftsartenspezifischen Differenzierungen im Blickpunkt stehen. Dabei werden die Privilegierungen und Diskriminierungen der Einkunftsarten kritisch untersucht und hinterfragt.

Abschließend wird mit Blick auf die gewonnenen Erkenntnisse untersucht, ob die Ersetzung der sieben Einkunftsarten durch einen einzigen Einkünftetatbestand eine mögliche Alternative zum heutigen System bietet, mit der das Ziel einer einfachen, systematischen und gleichmäßigen Einkommensbesteuerung erreicht werden kann.

5 Zur Fundustheorie vgl. z.B. *v. Eheberg*, Finanzwissenschaft, S. 189; *Dettmer*, Gewerbesteuer in Deutschland, S. 93

6 *Sachverständigenrat*, Jahresgutachten 2003/04; *ders.*, Duale Einkommensteuer.

B. Verfassungsmaßstäbe einer gleichmäßigen Einkommensbesteuerung

Die rechtliche Problematik der Einkunftsartendifferenzierungen erschließt sich aus der Analyse, inwieweit einkunftsartenabhängige Rechtsfolgen mit den allgemeinen Gewährleistungen des Verfassungsrechts sowie den Prinzipien des Einkommensteuerrechts in Einklang stehen.

Der Steuergesetzgeber ist an die verfassungsmäßige Ordnung (Art. 20 Abs. 3 GG) und die Grundrechte als unmittelbar geltendes Recht (Art. 1 Abs. 3 GG) gebunden. Das Einkommensteuergesetz trifft stets auf den Parlamentsvorbehalt des formellen Gesetzes und auf grundrechtliche Eingriffsschranken, die dem Steuerzugriff insofern rechtsverbindliche subjektiv-rechtliche Schranken setzen, als dieser einen Eingriff in die Freiheitssphäre des Bürgers darstellt.[7] Diese Bindungen ergeben sich somit zum einen aus den formellen Kompetenzvorschriften über die Verbands- und Organkompetenz[8] und das Gesetzgebungsverfahren, zum anderen aus den materiellrechtlichen Vorgaben, die aus den Grundrechten und den zur verfassungsmäßigen Ordnung gehörenden Verfassungsprinzipien folgen.[9]

Im Rahmen dieser Untersuchung zur Gleichheit aller Erwerbsgrundlagen stellen die Grundrechte den maßgeblichen Prüfungsrahmen dar. Das Grundgesetz enthält keine Vorschriften, die sich ausdrücklich mit der steuerlichen Lastenverteilung oder mit der freiheitsrechtlichen Beschränkung der Steuern befassen. Der Pflicht, bei der Festlegung des staatlichen Finanzbedarfs „eine Überbelastung der Steuerpflichtigen" zu vermeiden (Art. 106 Abs. 3 Satz 4 Nr. 2 GG), kommt für den Schutz des Bürgers über den Grundrechtsschutz hinaus keine Bedeutung zu. Die Norm ist nur eine finanzverfassungsrechtliche Vorkehrung gegen einen Ausgabenwettlauf zwischen Bund und Ländern, nicht eine verbindliche Richtlinie für den Steuergesetzgeber und gewährt keine subjektiven Rechte.[10] Weder ist das Gleichmaß der Besteuerung in Art. 3 Abs. 1 GG – dem

---

7 BVerfGE 9, 3 (11); 115, 97 (110 ff.); *Kirchhof*, in: HStR Bd. V, § 118 Rn. 80; *ders.*, JöR N.F. 54 (2006), S. 1 (19); *ders.*, StuW 2002, S. 3.

8 Der Gesetzgeber erfährt über Art. 106 Abs. 3 GG eine kompetenzrechtliche Vorgabe für die Einkommensteuer. Nach Art. 105 Abs. 2 GG wird dem Bund für den Gesamtbereich der Besteuerung, somit auch für die Einkommensbesteuerung, die konkurrierende Gesetzgebung eingeräumt. Formell ist folglich die Besteuerung des Einkommens verfassungsrechtlich anerkannt.

9 *Seiler*, Gutachten F, S. 10.

10 Dazu *Vogel/Waldhoff*, in: Bonner Kommentar, Vorbem. z. Art. 104a-115 Rn. 582 ff.; *Hidien*, in: Bonner Kommentar, Art. 106 Rn. 943 f.; *Heun*, in: Dreier, GG III, Art. 106 Rn. 24.

allgemeinen Gleichheitssatz – erwähnt, noch behandeln die Freiheitsrechte explizit eine Ober- oder Untergrenze des staatlichen Steuerzugriffs. Grundrechtsschutz in Steuersachen setzt somit die Entwicklung spezifischer Verfassungsmaßstäbe für die Besteuerung durch die Konkretisierung allgemeiner Freiheits- und Gleichheitsrechte voraus.

Damit sind zum einen der Gleichheitssatz nach Art. 3 Abs. 1 GG und zum anderen die Freiheitsgarantien auf ihre steuerspezifischen Aussagen und Vorgaben zu untersuchen. Dabei bilden die Freiheitsrechte den äußeren Rahmen zulässiger Besteuerung.[11] Der Gleichheitssatz setzt sodann einer ungleichmäßigen und unsystematischen, der rechtsstaatliche Vertrauensschutz einer unsteten Besteuerung Grenzen.

Die nachfolgende Analyse der Einkunftsartendifferenzierung handelt vom Gleichmaß der Einkommensbesteuerung und verzichtet auf nähere Ausführungen zum Übermaß und zum Vertrauensschutz. Auf die Freiheitsgewährleistungen der Art. 12 und 14 GG wird aber eingegangen, soweit sie Aussagen über den belastungsausgestaltenden Maßstab der Besteuerung treffen.

I. Der Gleichheitssatz nach Art. 3 Abs. 1 GG

Nach Art. 3 Abs. 1 GG sind alle Menschen vor dem Gesetz gleich. Dies bezieht sich gem. Art. 1 Abs. 3, Art. 20 Abs. 3 GG sowohl auf die Gesetzesanwendung (Rechtsanwendungsgleichheit) als auch auf den Steuergesetzgeber (Rechtsetzungsgleichheit).[12] Das in Art. 3 Abs. 1 GG enthaltene Gebot der Gleichbehandlung ist eine Fundamentalnorm der Gerechtigkeit.[13] Deshalb erschließt sich das Gebot der Steuergerechtigkeit unmittelbar aus dem allgemeinen Gleichheitssatz.[14]

Bevor der Gleichheitssatz in seiner steuerspezifischen Konkretisierung auf seine Aussage zur Gleichbehandlung aller Einkunftsarten untersucht werden kann, gilt es zuerst, seinen genauen Inhalt darzustellen. Denn erst wenn fest-

---

11 Vgl. BVerfGE 82, 60 (85 ff.); 87, 153 (169 ff.); 93, 121 (137 f.); 99, 216 (233 f.).

12 Die einstmals umstrittene Bindung auch des Gesetzgebers an den Gleichheitssatz ist ständige Rechtsprechung seit BVerfGE 1, 14 (52); vgl. auch *Alexy*, Grundrechte, S. 357 ff.; *Huster*, Rechte und Ziele, S. 16 ff.; *Pieroth/Schlink*, Grundrechte, Rn. 460; *Schoch*, DVBl. 1988, S. 863 (873); *Wernsmann*, Steuergesetz, S. 203 f.

13 *Rüfner*, in: Bonner Kommentar, Art. 3 Rn. 3; *Osterloh*, in: Sachs, GG, Art. 3 Rn. 4; *Tipke*, Steuerrechtsordnung I, S. 284, *Klein*, Gleichheitssatz, S. 21; siehe zum Gleichheitssatz als Gerechtigkeitssatz BVerfGE 3, 58 (135); 15, 126 (146); 60, 123 (134), *Robbers*, Gerechtigkeit, S. 60 ff.; *Stern*, Staatsrecht Bd. III/2, S. 1828; allg. zu den ideengeschichtlichen Grundlagen *Kirchhof*, in: HStR Bd. V, 2. Aufl., § 124 Rn. 44 ff.

14 BVerfGE 6, 55 (70); 13, 181 (202); 63, 343 (368) m.w.N.; st. Rspr.; *Tipke*, Steuerrechtsordnung I, S. 298, 305; *Huster*, Rechte und Ziele, S. 359 f. Zum Begriff der Gerechtigkeit im Steuerrecht *Di Fabio*, JZ 2007, S. 749 ff.

steht, welche verfassungsrechtlichen Grenzen er dem Gesetzgeber aufzeigt, sei es unmittelbar oder mittelbar über das Gebot der Folgerichtigkeit, kann er auf seine Wirkungsweise im deutschen „Einkunftsartenrecht“ untersucht werden.

1. Die Prüfung des Gleichheitssatzes

Die Prüfung des Gleichheitssatzes setzt einen Vergleich zwischen zwei Personen, Personengruppen oder Situationen voraus. Da zwei Personen oder Sachverhalte stets nur ähnlich und niemals in allen Einzelheiten identisch sind, fordert der Gleichheitssatz lediglich, wesentlich Gleiches gleich und wesentlich Ungleiches seiner Eigenart entsprechend verschieden zu behandeln.[15] Um verschiedene Personen, Personengruppen oder Situationen vergleichen zu können, muss ein gemeinsamer Oberbegriff (genus proximum) als Bezugspunkt (tertium comparationis) gefunden werden, der weitere Sachverhalte gemäß einem Unterscheidungsmerkmal ausschließt.[16]

Damit kann dem Gleichheitssatz selbst kein konkreter normativer Inhalt entnommen werden, sondern die Vorschrift ist auf Wertungen außerhalb des Gleichheitssatzes angewiesen.[17] Folglich kann der Vergleichsmaßstab nicht abstrakt und allgemein, sondern nur in Bezug auf die Eigenart des zu regelnden Sachverhalts ausgewählt werden.[18] Prinzipiell obliegt es dem Gesetzgeber, Art. 3 Abs. 1 GG durch die Festlegung des für das Regelungsziel maßgeblichen gemeinsamen Oberbegriffs „bereichsspezifisch“ zu konkretisieren.[19] Der Vergleichsmaßstab muss zu dem erwünschten Regelungsziel in einer inneren Beziehung stehen und einen vernünftigen, sachlich einleuchtenden Grund sichtbar werden lassen.[20] Außerdem sind die realen Verhältnisse, seien sie rechtlicher oder tatsächlicher Art, wirklichkeitsgetreu nach dem Gebot der Sachgerechtigkeit aufzunehmen und umzusetzen.[21] Zuletzt darf nicht gegen Differenzierungsverbote wie Art. 3 Abs. 2 GG, die dem Art. 3 Abs. 1 GG vorgehen, oder gegen grundlegende verfassungsrechtliche Wertentscheidungen verstoßen werden.[22]

---

15 BVerfGE 3, 58 (135 f.); 42, 64 (72); 71, 255 (271); 112, 268 (279); 116, 164 (180); 117, 1 (30); st. Rspr.

16 *Arndt/Rudolf*, Öffentliches Recht, Rn. 496; *Pieroth/Schlink*, Grundrechte, Rn. 463 ff.

17 *Kirchhof*, in: HStR Bd. V, 2. Aufl., § 125 Rn. 30 ff.; *Tipke*, Steuerrechtsordnung I, S. 314.

18 BVerfGE 17, 122 (130); 75, 108 (157); 90, 145 (195 f.); 93, 121 (134); 103, 310 (318); *Kirchhof*, StuW 1984, S. 297 (301).

19 BVerfGE 84, 239 (268).

20 BVerfGE 53, 313 (329); *Kirchhof*, StuW 1984, S. 297 (303).

21 BVerfGE 63, 343 (368); 85, 238 (244 f.); *Kirchhof*, in: HStR Bd. V, 2. Aufl., § 124 Rn. 205 ff.

22 BVerfGE 42, 64 (72 f.); *Zippelius*, in: VVDStRL Bd. 47 (1989), S. 7 (29); *Arndt/Schumacher*, AöR Bd. 118 (1993), S. 513 (516).

2. Gleichheitsrechtlicher Rechtfertigungsmaßstab

Eine nach diesen Maßstäben vorliegende Ungleichbehandlung bedarf der Rechtfertigung vor Art. 3 Abs. 1 GG.

Das Bundesverfassungsgericht formulierte früher, dass der Gleichheitssatz verletzt sei, „wenn sich ein vernünftiger, sich aus der Natur der Sache ergebender oder sonst wie sachlich einleuchtender Grund für die gesetzliche Differenzierung oder Gleichbehandlung nicht finden lässt, kurzum, wenn die Bestimmung als willkürlich bezeichnet werden muss“[23]. Ungleichbehandlungen sind danach verfassungsrechtlich gerechtfertigt, wenn sich ein sachlicher Grund für die Ungleichbehandlung finden lässt. Nach dieser Auffassung wird der allgemeine Gleichheitssatz als bloßes Willkürverbot verstanden und dem Gesetzgeber dadurch ein weiter Gestaltungsraum zugebilligt.[24]

Seit seinem Beschluss vom 7.10.1980[25] verwendet das Bundesverfassungsgericht zunehmend eine „neue Formel“ und legt strengere Rechtfertigungsmaßstäbe zugrunde. Danach habe der Gesetzgeber seinen Gestaltungsraum zur Differenzierung dann überschritten, wenn „eine Gruppe von Normadressaten im Vergleich zu anderen Normadressaten anders behandelt wird, obwohl zwischen beiden Gruppen keine Unterschiede von solcher Art und solchem Gewicht bestehen, dass sie die ungleiche Behandlung rechtfertigen könnten“[26]. Mit diesem Ansatz reicht entgegen den herkömmlichen Voraussetzungen nicht immer irgendein sachlicher Grund aus, vielmehr überprüft das Bundesverfassungsgericht Ungleichbehandlungen am Maßstab eines gleichheitsrechtlichen Verhältnismäßigkeitsgrundsatzes.[27]

Die Intensität der Ungleichbehandlung bestimmt im Wesentlichen, ob nun die „neue Formel“ oder die Willkür-Formel zur Anwendung gelangen.[28] Je nach Regelungsgegenstand und Differenzierungsmerkmalen ergeben sich unterschiedliche Grenzen für den Gesetzgeber.[29] Der richtige Rechtfertigungsmaßstab kann nur bereichsspezifisch und zustandsbezogen gefunden werden.

Wenn der Gleichheitssatz den Einzelnen betrifft, kann der Einzelne das Eintreten einer bestimmten Rechtsfolge nicht vermeiden.[30] Bei persönlichkeits-

---

23 Seit BVerfGE 1, 14 (52) st. Rspr., vgl. BVerfGE 75, 108 (157); 78, 249 (278, 287). Das Verständnis des Gleichheitssatzes als Willkürverbot geht zurück auf *Leibholz*, Gleichheit, S. 72 ff., 87.

24 Vgl. nur BVerfGE 17, 319 (330).

25 BVerfGE 55, 72 ff.

26 BVerfGE 55, 72 (88), st. Rspr.

27 BVerfGE 88, 87 (96); 89, 15 (22); 101, 54 (101); 105, 73 (110); 107, 27 (45); 110, 412 (431).

28 Zur Entwicklung vom Willkürverbot zum Gebot verhältnismäßiger Gleichheit *Osterloh*, EuGRZ 2002, S. 309 (310 f.).

29 BVerfGE 110, 274 (291); 112, 164 (174); 116, 164 (180); 117, 1 (30).

30 BVerfGE 88, 87 (96).

bedingten Ungleichbehandlungen wächst die Distanz und Achtung des Staates zum vorgefundenen Sachverhalt. Der Gleichheitssatz ist strikter anzuwenden.

Art. 3 GG ist umso mehr für gesetzgeberische Gestaltung offen, als allgemeine Lebensverhältnisse geregelt werden.[31] Verhaltensbezogene Differenzierungen unterliegen nur dann regelmäßig einer strengeren Kontrolle am Maßstab des Gleichheitssatzes, wenn sie in die Nähe personenbezogener Kriterien geraten oder wenn sie sich auf grundrechtlich geschützte Freiheiten nachteilig auswirken.[32]

3. Das Postulat der Systemgerechtigkeit und Folgerichtigkeit

Die Gleichheitsbindung wird im Gebot der Systemgerechtigkeit und Folgerichtigkeit konkreter, wenn der Gleichheitssatz den Gesetzgeber an seine selbstgewählten Sachmerkmale bei der Gesetzesgestaltung bindet.[33] Dermaßen knüpfen Differenzierungskriterien nicht nur an die Wirklichkeit, sondern auch an gesetzliche Wertentscheidungen und Rechtsgedanken an. Auf diese Weise enthält die bestehende rechtliche Ordnung bereits Aussagen darüber, was gleich und ungleich ist. Dieser vorhandene Rahmen ergibt sich aus der Gesamtrechtsordnung (Systemgerechtigkeit in der Gesamtrechtsordnung), dem betroffenen Rechtsgebiet (Systemgerechtigkeit innerhalb des Binnenbereichs) und dem betroffenen Einzelgesetz (Folgerichtigkeit). Zwar kann der Gesetzgeber diese aufgrund von Rechtsvorschriften bestehenden Differenzierungen durch Änderungen abschaffen. Er darf sie aber nicht aufrechterhalten und zugleich an danach bestehende gleiche Tatbestände ohne rechtfertigenden Grund ungleiche Rechtsfolgen anknüpfen.[34] Der Gleichheitssatz verlangt vielmehr, ein einmal eingeführtes Prinzip systemkonsequent zu Ende auszuführen und eine einmal getroffene Wertentscheidung folgerichtig durchzuhalten.[35] Im Gesetz selbst muss der gewählte Maßstab auch angewandt werden.

Der Gesetzgeber hat bei der Auswahl des Steuergegenstandes und bei der Festlegung des Steuersatzes einen weitgehenden Gestaltungsraum. Nach der Auswahl der Belastungsentscheidung hat er diese jedoch folgerichtig im Sinne

---

31 BVerfGE 96, 1 (5 f.); 99, 88 (94); 101, 132 (138); 101, 151 (155).

32 BVerfGE 88, 87 (96); 89, 15 (22); 99, 367 (388 f.); 103, 310 (318 f.); 105, 73 (110); 107, 27 (46); st. Rspr.

33 BVerfGE 18, 315 (334); 21, 160 (168); 25, 236 (251); 66, 214 (223 f.); 84, 239 (271); 85, 238 (247); 87, 153 (170); 93, 121, (136); 98, 106 (118); 99, 165 (172); *Kirchhof*, in: HStR Bd. V, 2. Aufl., § 124 Rn. 222 ff.; *ders.*, Besteuerung, S. 34; *ders.*, AöR Bd. 128 (2003), S. 1 (44 ff.); *Tipke*, Steuerrechtsordnung I, S. 327 ff; zum Ganzen eingehend *Degenhart*, Systemgerechtigkeit, S. 98 ff.

34 *Rüfner*, in: Bonner Kommentar, Art. 3 Rn. 32.

35 BVerfGE 13, 331 (340); 27, 11 (127); *Tipke/Lang*, Steuerrecht, § 4 Rn. 77.

der Belastungsgleichheit auszugestalten.[36] Belastungsunterschiede in der Rechtsfolge, die einander widersprechen, sind also gleichheitswidrig, wenn der Eingriff in Grundrechte ohne zusätzliche Sachlegitimation besteht.[37] Dieser Gedanke der Folgerichtigkeit ist mithin Ausdruck des Gebots der Belastungsgleichheit.

II. Der Gleichheitsgehalt der Eigentumsgarantie und der Berufsfreiheit

Als Freiheitsrechte sichern sowohl Art. 14 GG als auch Art. 12 GG die Freiheitssphäre des Einzelnen vor Eingriffen der öffentlichen Gewalt.[38] Entsprechend ihrem primären Charakter als Abwehrrechte treffen sie in erster Linie Aussagen über das Übermaß und nicht über das Gleichmaß staatlichen Handelns. Im Steuerrecht beantworten die Freiheitsrechte primär die Frage, wann die Leistungsfähigkeit der Leistungsfähigen endet und damit die Obergrenze der Besteuerung erreicht ist.[39]

Freiheitsrechte können aber auch den die Gleichheit gestaltenden Belastungsmaßstab konkretisieren. Denn jedes Freiheitsrecht enthält neben seiner Abwehrfunktion auch einen speziellen konkreten Gleichheitssatz.[40] Auf diese Art können Freiheitsrechte Differenzierungen nach Art des Freiheitsgebrauchs gebieten oder verbieten.[41]

Folgewidrige Belastungsunterschiede verstoßen zugleich auch gegen die Freiheitsgarantien und das Rechtsstaatsprinzip, weil der Widerspruch in einem belastenden Gesetz der Freiheitsbeschränkung die Einsichtigkeit nimmt.[42]

1. Das Diskriminierungsgebot des Art. 14 GG

Die Eigentumsgarantie sichert dem Grundrechtsberechtigten einen Freiheitsraum im vermögensrechtlichen Bereich und gestattet ihm damit eine eigenverantwortliche Gestaltung seines Lebens.[43] Der Schutz betrifft grundsätzlich alle

36 BVerfGE 23, 242 (256); 84, 239 (271); 87, 153 (170); 93, 121 (136); 98, 106 (118); 107, 27 (47); 116, 164 (180); 117, 1 (31).

37 *F. Kirchhof*, StuW 2002, S. 185 (189); eine bloße Systemwidrigkeit verletzt Art. 3 GG noch nicht; z.B. BVerfGE 30, 250 (270 f.).

38 Vgl. BVerfGE 7, 198 (204); 50, 290 (337); 68, 193 (205).

39 Vgl. *Strahl*, KÖSDI 10/2006, S. 15261.

40 *Kirchhof*, AöR Bd. 128 (2003), S. 1 (34); *ders.*, in: HStR Bd. V, 2. Aufl., § 124 Rn. 167; *ders.*, StuW 2000, S. 316 (318); *Jarass*, in: Jarass/Pieroth, GG, Vorb. vor Art. 1 Rn. 5.

41 *Wernsmann*, Verhaltenslenkung, S. 359.

42 *Kirchhof*, StuW 2000, S. 316 (322); *ders.*, AöR Bd. 128 (2003), S. 1 (44).

43 BVerfGE 24, 367 (389); 83, 201 (208); 93, 121 (137); 97, 350 (371); 100, 1 (32); 102, 1 (15); 102, 292 (303); 104, 1 (8); 115, 97 (110).

vermögenswerten Rechte, welche die Rechtsordnung dem Einzelnen so zuordnet, dass dieser die damit verbundenen Befugnisse nach eigenverantwortlicher Entscheidung zu seinem privaten Nutzen ausüben darf.[44] Art. 14 Abs. 1 GG gewährleistet das Recht, diese vermögenswerten Rechtspositionen innezuhaben, zu nutzen, zu verwalten und über sie zu verfügen.[45] Eine beschränkende Ausgestaltung dieses Eigentums (Art. 14 Abs. 1 Satz 2 GG) ist nur insoweit zulässig, als es gleichzeitig dem Allgemeinwohl dienen soll (Art. 14 Abs. 2 GG). Die Besteuerung kann eine solche Sozialbindung des Eigentums als Partizipation des Staates am Wirtschaftserfolg des Einzelnen einfordern.[46]

Somit greift auch ein Steuergesetz als rechtfertigungsbedürftige Inhalts- und Schrankenbestimmung (Art. 14 Abs. 1 Satz 2 GG) in den Schutzbereich der Eigentumsgarantie ein, wenn der Steuerzugriff tatbestandlich an das Innehaben von vermögenswerten Rechtspositionen anknüpft und so den privaten Nutzen der erworbenen Rechtspositionen zugunsten der Allgemeinheit einschränkt.[47] Der Schutzbereich der Eigentumsgarantie umfasst auch die Belastung mit der Einkommensteuer, denn die Steuerpflichten knüpfen an die Einkünfte – Gewinn oder Überschuss – an, die der Steuerpflichtige innerhalb einer Besteuerungsperiode hinzu erworben hat.[48]

An der Schnittstelle zwischen einer privatnützigen Eigentumsordnung und der Sozialpflichtigkeit (Art. 14 Abs. 2 GG) des Privateigentums entfaltet die Eigentumsgarantie ein einkommensteuerliches Differenzierungsgebot zwischen Einkommensbeziehern und Einkommenslosen, zwischen Einnahmen, Einkünften und Einkommen, zwischen Einkommen, Vermögen und Vermögensverwendung.[49] Im Hinzuerworbenen, welches das „Zugleich“ von Gemeinnutzen und Individualdienlichkeit ausdrückt, deutet sich schon der Maßstab einer gleichmäßigen Einkommensbesteuerung an.[50]

---

44 BVerfGE 83, 201 (209); 89, 1 (6); 97, 350 (371); 112, 93 (107); 115, 97 (110 f.).

45 BVerfGE 97, 350 (370); 105, 17 (30); 115, 97 (111).

46 *Kirchhof*, AöR Bd. 128 (2003), S. 1 (9 ff., 12 ff.).

47 BVerfGE 115, 97 (111); so bereits BVerfGE 93, 121 (137); *Kirchhof*, VVDStRL Bd. 39 (1981), S. 213 (226 ff.); *ders.*, StuW 1985, S. 319 (323).

48 BVerfGE 115, 97 (112). Vgl. dazu *Wernsmann*, NJW 2006, S. 1169 ff.; *Rose*, DB 2006, Heft 14, S. I; *Pezzer*, DB 2006, S. 912 f.; *Frenz*, GewArch. 2006, S. 282 ff.; *Sacksofsky*, NVwZ 2006, S. 661 ff.; *Hutter*, NWB 24/2006 Fach 3, S. 14037.

49 *Kirchhof*, in: Kirchhof/Söhn/Mellinghoff, EStG, § 2 Rn. A 166.

50 *Kirchhof*, JöR N.F. 54 (2006), S. 1 (21); *ders.*, in: Kirchhof/Söhn/Mellinghoff, EStG, § 2 Rn. A 166.

2. Das Diskriminierungsverbot des Art. 12 Abs. 1 GG

Art. 12 Abs. 1 GG schützt die Berufsfreiheit, die sowohl die Wahl des Berufs als auch dessen Ausübung umfasst. Beruf ist jede auf Dauer angelegte Tätigkeit, die der Schaffung und Erhaltung einer Lebensgrundlage dient.[51]

Die Einkommensteuer knüpft nicht unmittelbar an den Erwerb an, sondern an den Bestand des Hinzuerworbenen.[52] Nach dem Bundesverfassungsgericht greift ein Steuergesetz als mittelbare Beeinträchtigung in den Schutzbereich des Art. 12 Abs. 1 GG ein, wenn es zumindest „in engem Zusammenhang mit der Ausübung des Berufs steht und – objektiv – eine berufsregelnde Tendenz erkennen lässt“[53]. Dementsprechend nimmt die Rechtsprechung einen Eingriff nur sehr restriktiv an; das Bundesverfassungsgericht hat noch in keinem Fall den Verstoß eines Steuergesetzes gegen Art. 12 Abs. 1 GG bejaht.[54]

Aber nicht der Zweck der Steuernorm, sondern die Wirkung beim Steuerpflichtigen sollte bei der Frage entscheidend sein, ob ein Eingriff vorliegt. Soweit das Ergebnis einer Berufstätigkeit besteuert wird, sichert Art. 12 Abs. 1 GG ergänzend zur Eigentumsgarantie die zunächst privatnützige Einkommensgrundlage.[55]

Die Berufsfreiheit setzt der Besteuerung aber nicht nur eine Grenze, sie trifft auch Wertungen zum Gleichmaß. Die Berufstätigkeit ist ihrem Inhalt nach keinen wertenden Differenzierungen zugänglich. Der Staat darf nicht zwischen vernünftiger und unvernünftiger Berufswahl oder –ausübung rechtsverbindlich unterscheiden. Art. 12 Abs. 1 GG verbietet eine Benachteiligung oder Bevorzugung wegen des Berufs. Als besonderes Diskriminierungsverbot fordert Art. 12 Abs. 1 GG, dass alle Berufe gleichwertig sind. In gleicher steuerlicher Lage darf niemand deswegen unterschiedlich behandelt werden, weil er einen bestimmten Beruf ausübt.[56] Bei einer solchen Differenzierung ist ein Eingriff in die Berufsausübungsfreiheit anzunehmen.

III. Das Gleichmaß in der steuerspezifischen Anwendung

Steuern werden voraussetzungslos zur Finanzierung der staatlichen Aufgabenerfüllung im Interesse der Allgemeinheit erhoben.[57] Aus diesem Zweck, die

---

51 *Jarass*, in: Jarass/Pieroth, GG, Art. 12 Rn. 4.

52 BVerfGE 115, 97 (112).

53 BVerfGE 98, 83 (97); 98, 106 (117); vgl. BVerfGE 13, 181 (184 ff.); 16, 147 (162 ff.); 29, 327 (333 f.); 37, 1 (17).

54 *Tipke*, Steuerrechtsordnung I, S. 433. Zur bisherigen Wirkungslosigkeit der Berufsfreiheit im Steuerrecht *F. Kirchhof*, StuW 2002, S. 185 (193).

55 *Kube*, Finanzgewalt, S. 133.

56 *Tipke*, Steuerrechtsordnung I, S. 436.

57 *Vogel*, in: HStR Bd. II, § 30 Rn. 62; *Tipke/Lang*, Steuerrecht, § 3 Rn. 13 ff.

öffentlichen Haushalte mit Finanzmitteln auszustatten, kann sich aber noch kein Vergleichsmaßstab ergeben.[58] Vielmehr gewinnt das Steuerrecht seinen Maßstab aus dem Eingriff in die Vermögens- und Rechtssphäre des Einzelnen, der seine Rechtfertigung besonders aus der Gleichheit der Lastenzuteilung erfährt. Wenn der Staat seinen Finanzbedarf grundsätzlich durch steuerliche Teilhabe am Erfolg privaten Wirtschaftens[59] und nicht durch eigenhändiges Bewirtschaften von Arbeit und Kapital deckt, so ist der Vergleichsmaßstab im Wirtschaftserfolg, also in der ergebnisorientierten Freiheitsausübung des Einzelnen zu sehen. Der steuerliche Vergleichsmaßstab beurteilt demnach, wie der Einzelne je nach seiner wirtschaftlichen Leistungsfähigkeit zur Finanzierung der Gemeinlasten beitragen kann.[60]

1. Das Leistungsfähigkeitsprinzip als Rechtswertungsquelle

Das Leistungsfähigkeitsprinzip ist eine Rechtswertungsquelle, gleichzeitig aber auch Rechtserkenntnisquelle, aus welcher der konkrete, einkommensteuerrechtliche Maßstab zur Lösung des Einzelfalls geschlossen werden kann.[61]

Rechtswertungsquellen enthalten Grundsätze, die den Maßstab für ein gerechtes Recht enthalten. Insbesondere zählen dazu die Prinzipien der Freiheit und Gleichheit, der Existenz- und Friedenssicherung. Diese Grundsätze haben im Leistungsfähigkeitsprinzip ihre steuerrechtliche Konkretisierung gefunden.[62] Zudem entspricht das Leistungsfähigkeitsprinzip staatsvertragstheoretischen Prinzipien[63], hergebrachten, von der Verfassung übernommenen Gerechtigkeitsvorstellungen[64] sowie dem allgemeinen Rechtsbewusstsein der Gegenwart[65]. Dadurch sichert es als gerechtes Verteilungsprinzip die Überzeugungskraft und damit den dauerhaften Geltungsanspruch des Steuerrechts.[66]

Die Steuerpflichtigen müssen durch das Steuergesetz rechtlich und tatsächlich gleich belastet werden.[67] Eine tatsächlich gleichmäßige Belastung setzt Rechtsanwendungsgleichheit voraus, d.h. eine gleichmäßige Anwendung der Steuergesetze auf alle Steuerpflichtigen.[68]

---

58 BVerfGE 84, 239 (268 f.); 93, 121 (134).
59 BVerfGE 93, 121 (134).
60 *Kirchhof*, StuW 2000, S. 316 (317).
61 *Kirchhof*, in: Kirchhof/Söhn/Mellinghoff, EStG, § 2 Rn. A 275; zu vereinzelt kritischen Stimmen s. unten.
62 *Kirchhof*, StuW 1985, S. 319 (322 f.).
63 *Walzer*, StuW 1986, S. 201 (206 ff.).
64 *Birk*, StuW 1989, S. 212 (213).
65 *Tipke*, Steuerrechtsordnung I, S. 482.
66 *Kirchhof*, StuW 1985, S. 319 (320).
67 BVerfGE 84, 239 (268); 93, 121 (134).
68 Vgl. auch § 85 Satz 1 AO, der das Gebot des gleichmäßigen Gesetzesvollzugs einfachrechtlich aufgegriffen hat. Zur tatsächlichen Belastungsungleichheit bei der Besteuerung

Die rechtlich gleichmäßige Belastung verlangt für das Steuerrecht in seiner bereichsspezifischen Konkretisierung, dass die Gleichheit je nach der steuererheblichen Betroffenheit gewahrt werden muss und nicht, dass jede Person – im Sinne formal verstandener Gleichheit – pro Jahr den gleichen Steuerbeitrag zu leisten hätte.[69] Maßstab dieser Belastungsgleichheit kann das Leistungsfähigkeitsprinzip sein.[70] Da die Steuer eine Geldleistungspflicht[71] darstellt, drückt sich die Leistungsfähigkeit in einer Zahlungsfähigkeit aus. Diese manifestiert sich insbesondere im Einkommen und der Kaufkraft des Einzelnen.[72]

Zumindest in der Teilsteuerordnung des Einkommensteuerrechts anerkennt das Bundesverfassungsgericht, dass die Besteuerung nach der finanziellen Leistungsfähigkeit des Einzelnen den steuerspezifischen Bezugspunkt darstellt.[73] Auf diese Weise kann zur Herstellung von Belastungsgleichheit festgestellt werden, ob die Lebenssachverhalte, in denen sich die zu vergleichenden Steuerpflichtigen befinden, wesentlich gleich oder wesentlich ungleich im Sinne des Art. 3 Abs. 1 GG sind.[74]

2. Das Leistungsfähigkeitsprinzip als verfassungsrechtliches Prinzip

Im Gegensatz zum Grundgesetz ist in anderen Verfassungen das Leistungsfähigkeitsprinzip als Steuermaßstab ausdrücklich enthalten.[75] In einem Rechtstext[76] fand es seinen ersten konkreten Ausdruck in Art. 13 der französischen Erklärung der Menschen- und Bürgerrechte vom 26. August 1789:

---

von privaten Spekulationsgewinnen bei Wertpapieren BVerfGE 110, 94 ff.; dazu auch *Seiler*, JZ 2004, S. 481 ff.; *Birk*, StuW 2004, S. 277 ff.; zur Zinsbesteuerung vgl. BVerfGE 84, 239 ff.

69 BVerfGE 8, 51 (68 f.), 93, 121 (135). Dementsprechend könnte die Belastung auch dann als gleich betrachtet werden, wenn alle den gleichen Betrag zu zahlen hätten (Kopfsteuerprinzip).

70 Zur historischen Entwicklung einer Besteuerung nach der individuellen Leistungsfähigkeit *Kube*, Finanzgewalt, S. 56 ff.

71 Zur Steuerforderung als Geldleistungspflicht *Vogel*, in: FS 50 Jahre BVerfG II, S. 527 ff.

72 *Kirchhof*, AöR 128 (2003), S. 1 (37).

73 S. insb. BVerfGE 61, 319 (343 f.); 66, 214 (223); 82, 60 (86).

74 BVerfGE 61, 319 (343 f., 351); 66, 214 (223); 82, 60 (86).

75 Z.B. Art. 53 der italienischen Verfassung; Art. 31 der spanischen Verfassung; *Mußgnug*, JZ 1991, S. 993 (995); einen Überblick über die Länder, in denen das Leistungsfähigkeitsprinzip in der Verfassung niedergelegt ist, bietet *Tipke*, Steuerrechtsordnung I, S. 488 ff.

76 Zum ideengeschichtlichen Hintergrund des Leistungsfähigkeitsprinzips vgl. etwa *Wernsmann*, in: Hübschmann/Hepp/Spitaler, AO/FGO, § 4 AO Rn. 482 f.

> „Für die Unterhaltung der Streitmacht und für die Kosten der Verwaltung ist ein gemeinschaftlicher Beitrag unerlässlich; dieser soll unter allen Bürgern des Staates im Verhältnis zu ihren Vermögensverhältnissen auf gleiche Weise verteilt werden."[77]

Auch die Weimarer Reichsverfassung von 1919 bestimmte in Art. 134 WRV:

> „Alle Staatsbürger ohne Unterschied tragen im Verhältnis ihrer Mittel zu allen öffentlichen Lasten nach Maßgabe der Gesetze bei."

Diese Formulierung wurde als oberster Besteuerungsgrundsatz und reichsverfassungsrechtliche Fundierung des Gebots der gleichmäßigen Besteuerung nach der Leistungsfähigkeit verstanden.[78]

Das Bundesverfassungsgerichts[79] sieht das Gebot der Besteuerung nach der Leistungsfähigkeit vor allem als bereichsspezifische Konkretisierung des in Art. 3 Abs. 1 GG verankerten Gebots der Steuergerechtigkeit und anerkennt die verfassungsrechtliche Bedeutung dieses Besteuerungsprinzips:

> „Es ist ein grundsätzliches Gebot der Steuergerechtigkeit, dass die Besteuerung nach der wirtschaftlichen Leistungsfähigkeit ausgerichtet wird. Dies gilt insbesondere für die Einkommensteuer. [...] Im Gesetzgebungsverfahren ist es als ‚das Prinzip der Steuergerechtigkeit' bezeichnet worden, ‚jeden Bürger nach Maßgabe seiner finanziellen und wirtschaftlichen Leistungsfähigkeit mit Steuern zu belasten'. [...] Dieses Prinzip war schon in Art. 134 Weimarer Reichsverfassung normiert und wurde bereits damals als ‚oberster Besteuerungsgrundsatz' gewertet, welcher nach ganz überwiegender Auffassung für den Gesetzgeber bindend war."[80]

Dieser normativen, systemtragenden verfassungsrechtlichen Verankerung des Leistungsfähigkeitsprinzips wird weit überwiegend in der Literatur zugestimmt.[81] Vereinzelte Kritik an dieser Leitidee zielt meist auf die angebliche

---

77 Im Original, zit. nach *Mann*, Steuerpolitische Ideale, S. 112: „Pour l'entretien de la force publique et pour les dépenses d'administration une contribution commune est indispensable; elle doit être également répartie entre tous les citoyens en raison de leur facultés."

78 *Hensel*, VJSchrStFR 4 (1930), S. 441 (442, 463 ff.); *Anschütz*, Verfassung des Deutschen Reichs, Art. 134 Anm. 4 m.w.N.; *Bühler*, Reichsverfassung, S. 140.

79 BVerfGE 61, 319 (343 f.); 66, 214 (223); 67, 290 (297); 82, 60 (86 f.); 84, 239 (269 ff.); 93, 121 (134 ff.); 99, 216 (232); 99, 246 (260); 101, 151 (155 ff.); 101, 297 (309 ff.); 105, 73 (110, 125); 107, 27 (46 f.); 110, 412 (433); 116, 164 (180).

80 BVerfGE 66, 214 (223).

81 *Birk*, Leistungsfähigkeitsprinzip, S. 50 f., 169 ff.; *ders.*, StuW 1983, S. 293 (297); *Lang*, Bemessungsgrundlage, S. 14 f.; *ders.*, DStJG Bd. 24 (2001), S. 49 (55); *Tipke*, Steuerrechtsordnung I, S. 481 ff.; *Seer*, Referat, in: 66. Deutscher Juristentag Bd. II/1, S. Q 127 (129); *Vogel*, in: HStR Bd. IV, 2. Aufl., § 87 Rn. 90; *Kirchhof*, in: HStR Bd. IV, 2. Aufl., § 88 Rn. 114; *ders.*, in: HStR Bd. V, 2. Aufl., § 124 Rn. 37; 97 ff.; *Schuppert*, in: FS Zeidler, S. 691 (711); *Söhn*, in: Kirchhof/Söhn/Mellinghoff, EStG, § 10 Rn. A 17; *Ruppe*, in: Herrmann/Heuer/Raupach, Einf. ESt Rn. 541; *Tipke/Lang*, Steuerrecht, § 4 Rn. 81 ff.; *Seer*, StuW 1996, S. 323 (332 f.).

Unbestimmbarkeit[82] und auf den verfassungsrechtlichen Charakter.[83] Eine Berufung auf das Leistungsfähigkeitsprinzip sei entbehrlich; es genüge die klassische Methode der gleichheitsrechtlichen Prüfung.[84] Zudem wird kritisiert, dass dieser Grundsatz bloß die Realität beschreibe, dass bei vermehrter Leistungsfähigkeit „mehr zu holen" sei und dieser Zugriff der Mehrheit plausibel erscheine.[85] Das Leistungsfähigkeitsprinzip sei eine bloße Argumentationshilfe in der parlamentarischen Diskussion um die Steuerpolitik.[86]

Dem ist zu entgegnen, dass die Besteuerung nach der Leistungsfähigkeit erstens eine Rechtswertung ausdrückt, die zwar konkretisierungsbedürftig, aber auch konkretisierungsfähig ist. Daraus folgert also noch nicht die Unbestimmbarkeit dieses Rechtsgrundsatzes.[87] Zweitens erfordert die Gleichheitsprüfung bestimmte Maßstäbe, mit deren Hilfe ein Vergleich vorgenommen werden kann.[88] Eine Negation des Leistungsfähigkeitsprinzips würde dem Steuerrecht diese Maßstäblichkeit nehmen und die beliebige Rechtfertigung von Ungleichbehandlungen gestatten.[89]

Das Leistungsfähigkeitsprinzip wird neben dem Gleichheitssatz des Art. 3 Abs. 1 GG auch von den Freiheitsrechten mitgetragen.[90] Es erhält gerade daraus seinen verfassungsrechtlichen Geltungsgrund, indem die Wertungen der Freiheitsgewährleistungen den Begriff der Gleichheit ausfüllen.[91] Durch Einbeziehung der Freiheitsrechte wird die Untersuchung der vergleichenden Besteuerungswirkung um eine Überprüfung der Eingriffswirkung vervollständigt.[92]

Die Freiheitsgrundrechte schärfen das Leistungsfähigkeitsprinzip in seinem Umfang, verankern es im Grundgesetz und gestalten es im Zusammenhang mit Art. 3 Abs. 1 GG zu einer konkretisierbaren Lastenverteilungsregel.

---

82 *Neumann*, in: Freiheit, Gleichheit, Effizienz, S. 23 (27).

83 *Gassner/Lang*, Leistungsfähigkeitsprinzip, S. 12 f., 63 ff., 121; *Arndt*, in: FS Mühl, S. 17 (29, 36); *ders.*, NVwZ 1988, S. 787 ff.; *Kruse*, DStJG Bd. 5 (1982), S. 71 ff; *ders.*, StuW 1990, S. 322 (327); *Leisner*, StuW 1983, S. 97 (101).

84 *Gassner/Lang*, Leistungsfähigkeitsprinzip, S. 64, 72, 117 ff.

85 *Arndt*, in: FS Mühl, S. 17 (29).

86 *Franke*, StuW 1984, S. 32 (37).

87 *Tipke*, Steuerrechtsordnung I, S. 493.

88 *Weber-Grellet*, Steuern im modernen Verfassungsstaat, S. 164.

89 *Lang*, in: FS Kruse, S. 313 (333).

90 BFHE 195, 314 (318); *Liesenfeld*, DStR 2002, S. 1833 (1834); *Kirchhof*, Besteuerung, S. 36 f.; *Birk*, StuW 1983, S. 293 (297); *Seer*, StuW 1996, S. 323 (332); *Weber-Grellet*, Steuern im Verfassungsstaat, S. 167 f.; *Wernsmann*, Verhaltenslenkung, S. 286; *ders.*, StuW 1998, S. 317 (332).

91 *Kube*, Finanzgewalt, S. 133. Ein originär freiheitsrechtliches Verständnis des Leistungsfähigkeitsprinzips vertritt *Liesenfeld*, Freiheitsrechtliches Leistungsfähigkeitsprinzip, S. 128 ff.

92 *Kirchhof*, JZ 1979, S. 153 (155); *Kube*, Finanzgewalt, S. 133.

Aus dem Gebot der steuerlichen Belastungsgleichheit und der Eigentumsgarantie folgt, dass die Steuerlast auf das indidvidualdienliche Wirtschaftsgut als Steuergegenstand prinzipiell nur so weit zugreifen darf, als der Ertrag des Gutes zur Steuerzahlung befähigt, dabei die Substanz nicht vermindert wird und auch ein genügender Teil des Ertrages privatnützig bleibt.[93] Daher ist die Besteuerung eigentumsschonend und entsprechend dem Grundsatz der Verhältnismäßigkeit zu bemessen.[94] Unzulässig ist in jedem Fall die konfiskatorische Besteuerung, die einer verfassungswidrigen Enteignung gleichkommt.[95] Die verfassungsrechtlich maximal zulässige Steuerhöhe muss sich in der Nähe einer hälftigen Teilung zwischen verbleibendem Eigentum und Gesamtsteuerlast[96] halten.

Weitere Grundrechte haben praktische Bedeutung für die Besteuerungsgrenzen gewonnen: Die Menschenwürdegarantie des Art. 1 Abs. 1 GG in Zusammenschau mit Art. 2. Abs. 1 GG fordert die Belastungsuntergrenze des Existenzminimums.[97] In Verbindung mit Art. 6 Abs. 1 GG folgt hieraus das Verbot des Steuerzugriffs auf das Familienexistenzminimum.[98] Das Grundrecht der Berufsfreiheit aus Art. 12 Abs. 1 GG sichert die privatnützige Erwerbsquelle, soweit Erfolge individueller Arbeitstätigkeit steuerlich belastet werden sollen.[99] Aus Art. 19 Abs. 3 GG ergibt sich, dass auch juristische Personen Zuordnungssubjekte des Leistungsfähigkeitsprinzips sind.[100] Weiterhin fordert die Vereinigungsfreiheit nach Art. 9 Abs. 1 GG zusammen mit Art. 3 Abs. 1 GG das Gebot der rechtsformneutralen Besteuerung.[101] Danach rechtfertigt die bloße Wahl der Organisationsform eines Unternehmens keine Belastungsunterschiede zu Unternehmen anderer Rechtsformen.[102]

---

93 *Kirchhof*, StuW 1985, S. 319 (323).

94 *Kube*, Finanzgewalt, S. 133; *Tipke/Lang*, Steuerrecht, § 4 Rn. 209 ff., 214 ff.

95 So bereits BVerfGE 14, 221 (241); 19, 119 (129); st. Rspr.; *Wieland*, DStJG Bd. 24 (2001), S. 29 (38 f.).

96 BVerfGE 93, 121 (138); hierzu *Kirchhof*, in: FS Merten, S. 149 (157 ff.); *ders.*, Besteuerung, S. 57 ff.; *ders.*, AöR Bd. 128 (2003), S. 1 (19 ff.); auch zur Kritik *Tipke/Lang*, Steuerrecht, § 4 Rn. 223 ff. Auf die vermögensteuerspezifische Belastungssituation beschränkend BVerfGE, 115, 97 (108). Vgl. dazu die Besprechungen oder Anmerkungen von *Wernsmann*, NJW 2006, S. 1169 ff.; *Rose*, DB 2006, Heft 14, S. I; *Pezzer*, DB 2006, S. 912 f.; *Frenz*, GewArch. 2006, S. 282 ff.; *Sacksofsky*, NVwZ 2006, S. 661 ff.; *Hutter*, NWB 24/2006 Fach 3, S. 14037; auch Di Fabio, JZ 2007, S. 749 (752).

97 *Mußgnug*, JZ 1991, S. 993 (995).

98 BVerfGE 87, 153 (169 ff.); 99, 216 (233); 99, 246 (259 f.)

99 *Kirchhof*, StuW 1985, S. 319 (323); zur bisherigen Wirkungslosigkeit der Berufsfreiheit im Steuerrecht *F. Kirchhof*, StuW 2002, S. 185 (193).

100 *Tipke/Lang*, Steuerrecht, § 4 Rn. 90; zu den verfassungsrechtlichen Grundlagen der Unternehmensbesteuerung auch *Jachmann*, Steuergesetzgebung, S. 16 ff.

101 BVerfGE 101, 151 (156 f.); *Kirchhof*, Besteuerung, S. 62.

102 *Kirchhof*, Besteuerung, S. 60 ff.; *ders.*, AöR Bd. 123 (2003), S. 1 (27 ff.); *Hey*, DStJG Bd. 24 (2001), S. 155 (166); vgl. zur Rechtsformneutralität als Gebot gleichheitsgerechter Folgerichtigkeit *Keß*, FR 2006, S. 869 ff.

Aber auch in der Steuerertragsverteilungsregelung des Art. 106 GG, dem rechtsstaatlichen Willkürverbot und dem Sozialstaatsgebot findet das Leistungsfähigkeitsprinzip eine verfassungsrechtliche Stütze.[103]

3. Der Inhalt des Leistungsfähigkeitsprinzips

Das Leistungsfähigkeitsprinzip besagt, dass der Steuerpflichtige nach Maßgabe seiner individuellen finanziellen Leistungsfähigkeit zu belasten ist.[104] Eine gleichmäßige Besteuerung entsprechend der individuellen Leistungsfähigkeit erwartet grundsätzlich eine vollständige Erfassung des disponiblen Einkommens und verwehrt jede persönliche Bevorzugung[105] einzelner Steuerpflichtiger.

a. *Die vertikale Steuergerechtigkeit: Konkretisierung der Leistungsfähigkeit*

Für eine Besteuerung, die sich am Gleichbehandlungskriterium der individuellen finanziellen Leistungsfähigkeit orientiert, stellt sich die Frage der gerechten steuerlichen Lastenverteilung in vertikaler und horizontaler Richtung.[106]

In vertikaler Hinsicht muss die Steuerbelastung mit ansteigender steuerlicher Leistungsfähigkeit zunehmen,[107] gleichzeitig ist auf der horizontalen Ebene das steuerliche Gleichmaß strikt zu wahren. Ungleich Leistungsfähige sind also entsprechend ihrer unterschiedlichen Leistungsfähigkeit ungleich zu belasten („vertikale Steuergerechtigkeit"), Steuerpflichtige bei gleicher Leistungsfähigkeit auch gleich hoch zu besteuern („horizontale Steuergerechtigkeit").[108]

Durch das Prinzip der vertikalen Steuergerechtigkeit wird ausgedrückt, was der Einzelne gerechterweise der Gemeinschaft zu leisten hat.[109] Diese vertikale Steuergerechtigkeit ist Ausdruck der Art. 2 Abs. 1, Art. 12 und Art. 14 GG.[110]

---

103 *Vogel*, in: HStR IV, § 87 Rn. 92 f.; ähnlich auch *Lang*, Bemessungsgrundlage, S. 97 ff.

104 BVerfGE 66, 214 (223).

105 Zur früheren Durchbrechung dieses Grundsatzes durch die einkommensteuerfreien Alimentationen von Abgeordneten vgl. BVerfGE 40, 296 (328); ferner *Lang*, Bemessungsgrundlage, S. 167 f.

106 *Birk*, Leistungsfähigkeitsprinzip, S. 71.

107 *Hensel*, VJSchrStFR 4 (1930), S. 441 (469); das Leistungsfähigkeitsprinzip verlangt aber nicht zwingend einen progressiven Tarif, vgl. *Tipke/Lang*, § 4 Rn. 187; *Kirchhof*, StuW 1985, S. 319 (329); umfassend *Knaupp*, Einkommensteuertarif, S. 46 ff.

108 BVerfGE 82, 60 (89); 99, 246 (260); 105, 73 (125 f.); 107, 27 (46 f.); 110, 412 (433); 112, 268 (279); 116, 164 (180); *Vogel*, DStZ/A 1975, S. 409 (411).

109 *Birk*, Leistungsfähigkeitsprinzip, S. 165. Die Steuergerechtigkeit ist dabei der aus- oder zuteilenden Gerechtigkeit, iustitia distributiva, im Unterschied zur ausgleichenden Gerechtigkeit, iustitia commutativa, zuzuordnen. Diese Unterscheidung geht auf *Aristoteles* zurück; vgl. *Aristoteles*, Die Nikomachische Ethik, 5. Buch, Kap. 5-7; dazu vgl. auch *Klein*, Gleichheitssatz, S. 20; *Tipke*, Steuerrechtsordnung I, S. 260 f.; *ders.*, Steuergerechtigkeit, S. 10.

In einem nächsten Schritt ist festzustellen, anhand welcher Merkmale diese Leistungsfähigkeit zu messen ist. Konkrete Steuergegenstände und Bemessungsgrundlagen, in denen sich die Leistungsfähigkeit ausdrücken soll, müssen sich dabei an verfassungsrechtlichen Maßstäben ausrichten. Diese gesetzgeberischen Konkretisierungen sind so auszuwählen und zu gestalten, dass sie einen geeigneten Maßstab zur Erfassung der verfassungsrechtlich maßgeblichen Leistungsfähigkeit darstellen.[111]

Die grundgesetzlich maßgebliche Bezugsgröße zur Erfassung der Leistungsfähigkeit ist die tatsächlich vorhandene Zahlungsfähigkeit und nicht diejenige Leistungsfähigkeit, die der Steuerpflichtige hätte erwerben können.[112] Würde die Einkommensteuer an das Erwerbspotential, die Soll-Leistungsfähigkeit anknüpfen, würde das Existenzminimum desjenigen, der zu arbeiten unterlässt und nichts hat, in unzulässiger Weise angetastet.[113] Leistungsfähigkeit wird an der Ist-Leistungsfähigkeit gemessen und kommt in der Verfügungsmacht über die dem Steuerpflichtigen zugeordneten Wirtschaftsgüter zum Ausdruck.[114]

Als Leistungsfähigkeitsindikatoren kommen damit allein das Einkommen, das Vermögen als das gespeicherte Einkommen und die Vermögensverwendung sowie die Erbschaft in Betracht.[115] Verfügungsmacht wird vor allem durch Einkommen indiziert, sodass dieser Steuergegenstand einen tauglichen Bezugspunkt für die Besteuerung darstellt.[116]

Die steuerliche Leistungsfähigkeit kann sich nur aus dem disponiblen Einkommen ergeben, sie beginnt erst nach der Berücksichtigung sowohl erwerbs- wie auch existenzsichernder Aufwendungen (objektives und subjektives Nettoprinzip).[117] Das objektive Nettoprinzip[118] gebietet den Abzug von erwerbssichernden Aufwendungen, die mit der Einkunftserzielung in einem unmittelbaren Sachzusammenhang stehen (Betriebsausgaben, Werbungskosten).[119] Dieses Prinzip ist ein identitätsgründendes, einkunftsartenübergreifendes Kenn-

---

110 *Weber-Grellet*, StuW 1993, S. 97 (100).

111 *Lang*, Bemessungsgrundlage, S. 167 ff.; *Vogel*, in: HStR Bd. IV, 2. Aufl., § 87 Rn. 91.

112 BVerfGE 93, 121 (135); 105, 73 (112 ff.); *Birk*, Leistungsfähigkeitsprinzip, S. 147, 167; *F. Kirchhof*, StuW 2002, S. 185 (190); *Elicker*, StuW 2002, S. 217 (220).

113 *Wernsmann*, Verhaltenslenkung, S. 290.

114 *Kirchhof*, StuW 1985, S. 319 (324 f.); *Tipke*, StuW 1980, S. 281 (295).

115 Kirchhof, in: HStR Bd. V, § 118 Rn. 230 ff; *Tipke/Lang*, Steuerrecht, § 4 Rn. 95; *Walzer*, StuW 1986, S. 201 (206).

116 *Tipke*, Steuerrechtsordnung II, S. 619.

117 BVerfGE 99, 280 (290 ff.); 101, 297 (310); 107, 27 (47 ff.); *Tipke*, Steuerrechtsordnung I, S. 481, *ders.*, Steuerrechtsordnung II, S. 762; *Weber-Grellet*, Steuern im Verfassungsstaat, S. 176 ff.

118 Ausführlich zum objektiven Nettoprinzip *Lang*, StuW 2007, S. 3 ff.

119 BVerfGE 99, 280 (290 ff.); 101, 297 (310); 107, 27 (47 ff.); BFH, v. 10.1.2008, VI R 17/07, BStBl. II 2008, 235 (244); BFHE 201, 156 (162); 209, 502 (504); *Kirchhof*, in: HStR Bd. IV, 2. Aufl., § 88 Rn. 117 f.; *Tipke/Lang*, Steuerrecht, § 9 Rn. 42.

zeichen der Einkommensbesteuerung, das nicht zur gesetzgeberischen Disposition steht.[120]

Weiterhin ist für die Steuerzahlung nicht der Einkommensteil verfügbar, den der Steuerpflichtige für seine eigene Existenz oder für die seiner Familie aufwenden muss.[121] Daher muss der Staat dem Steuerpflichtigen das Einkommen insoweit steuerfrei belassen, als es zur Sicherung des Existenzminimums (vgl. Art. 1 Abs. 1, Art. 2 Abs. 1 GG i.V.m. Sozialstaatsprinzip) benötigt wird (subjektives Nettoprinzip).[122] Andernfalls würde der Staat dem Steuerpflichtigen etwas wegnehmen, was er ihm in Erfüllung seines sozialstaatlichen Schutzauftrags sogleich in Form von Sozialleistungen wieder zurückgeben müsste.[123] Darüber hinaus fordert der Schutz von Ehe und Familie (vgl. Art. 6 Abs. 1 GG) die realitätsgerechte Beachtung familienbezogener Aufwendungen und Unterhaltsverpflichtungen.[124]

Das Leistungsfähigkeitsprinzip hat seinen Ausgangspunkt als gleichheitsrechtliches Vergleichsmerkmal, das sich als unbestimmtes Prinzip fortlaufend konkretisieren lässt. Dadurch finden sich immer engere und detailliertere Oberbegriffe als gleichheitsrechtliche Bezugspunkte, ob zwei unter einen solchen Oberbegriff fallende Sachverhalte rechtlich gleich oder ungleich behandelt werden. Auf diese Weise veranschaulichen Kriterien wie wirtschaftliche Verfügungsmacht, Einkommen oder Disponibilität das Leistungsfähigkeitsprinzip so weit, dass sich als einkommensteuerlicher Vergleichsmaßstab eine Leistungsfähigkeit ergibt, die im verfügbaren Einkommen zum Ausdruck kommt. Das Parlament legt – wie oben schon ausgeführt – diese Vergleichsmerkmale fest, hat aber dabei gleichzeitig grundlegende verfassungsrechtliche Maßstäbe, insbesondere Art. 3 und 14 GG und das Familien- und Existenzminimum, zu beachten. Innerhalb dieser Grenzen hat der Steuergesetzgeber für die Auswahl der vertikalen Differenzierungen, wie z.B. des Steuergegenstandes, einen weit reichenden Entscheidungsraum.[125]

b. Die horizontale Steuergerechtigkeit: Belastungsgleichheit in Bezug auf die Leistungsfähigkeit

Diese Kriterien der verhältnismäßig steuerlichen Belastungsgleichheit muss der Steuergesetzgeber auf der Ebene der Gleichordnung folgerichtig ausgestalten, um gruppenbezogene Bevorzugungen oder Benachteiligungen zu vermeiden.[126]

120 *Isensee*, Referat, in: 57. Deutscher Juristentag Bd. II, S. N 32 (N 46).

121 BVerfGE 99, 216 (232 ff.); 107, 27 (48); 110, 412 (433); *Tipke/Lang*, Steuerrecht, § 9 Rn. 42.

122 BVerfGE 82, 60 (85); 87, 153 (169); 99, 216 (233); 110, 412 (433).

123 BVerfGE 82, 60 (86); *Wernsmann*, StuW 1998, S. 317 (323).

124 BVerfGE 99, 246 (259); 110, 412 (433); *Tipke/Lang*, Steuerrecht, § 9 Rn. 75.

125 BVerfGE 93, 121 (136); *Birk*, Leistungsfähigkeitsprinzip, S. 171.

126 *Birk*, Leistungsfähigkeitsprinzip, S. 171.

Er muss die gleiche Belastungswirkung gewährleisten. Diese horizontale Steuergerechtigkeit fordert, dass im Interesse verfassungsrechtlich gebotener gleicher steuerlicher Lastenverteilung Steuerpflichtige bei gleicher Leistungsfähigkeit auch die gleiche Steuerlast zu zahlen haben.[127] Einkommensteuerpflichtige sind demnach dann als wesentlich gleich zu betrachten, wenn sie über ein gleich hohes disponibles Einkommen verfügen.

Ebenso ist das Bundesverfassungsgericht zu verstehen, wenn es ausführt:

> „Die grundsätzliche Freiheit des Gesetzgebers, diejenigen Sachverhalte tatbestandlich zu bestimmen, an die das Gesetz dieselben Rechtsfolgen knüpft und die es so als rechtlich gleich qualifiziert, wird für den Bereich des Steuerrechts und insbesondere für den des Einkommensteuerrechts vor allem durch zwei eng miteinander verbundene Leitlinien begrenzt: durch das Gebot der Ausrichtung der Steuerlast am Prinzip der finanziellen Leistungsfähigkeit und durch das Gebot der Folgerichtigkeit. Danach muss im Interesse verfassungsrechtlich gebotener steuerlicher Lastengleichheit darauf abgezielt werden, dass Steuerpflichtige bei gleicher Leistungsfähigkeit auch gleich hoch besteuert werden („horizontale" Steuergerechtigkeit), während (in „vertikaler" Richtung) die Besteuerung höherer Einkommen im Vergleich mit der Steuerbelastung niedriger Einkommen dem Gerechtigkeitsgebot genügen muss."[128]

Der Gesetzgeber bestimmt den Belastungsgrund der jeweiligen Steuer, nach dem eine Gleichbehandlung auszurichten ist, in eigener Entscheidungsverantwortung. Hat er jedoch eine Grundentscheidung getroffen, muss er sie auch auf horizontaler Ebene folgerichtig ausgestalten.[129] Für die steuerliche Belastungsgleichheit ist der Gesetzgeber an den Zentralbegriff der wirtschaftlichen Leistungsfähigkeit, den er insbesondere im Einkommen veranschaulicht hat, in seiner gleichheitsrechtlichen Ausgestaltung gebunden. Im Bereich der horizontalen Steuergerechtigkeit eröffnet sich ein wesentlich engerer Gestaltungsraum als bei der vertikalen Steuergerechtigkeit.

IV. Zwischenergebnis

Der Maßstab einer gleichmäßigen Einkommensbesteuerung ist die Besteuerung nach der finanziellen Leistungsfähigkeit, die normativ systemtragend über den allgemeinen Gleichheitssatz, die Eigentümerfreiheit und andere Freiheitsgewährleistungen im Grundgesetz verankert ist. Der Steuergesetzgeber muss seine im Einkommensteuerrecht getroffene Belastungsentscheidung folgerichtig im Sinne der Belastungsgleichheit umsetzen.

---

127 *Birk*, Leistungsfähigkeitsprinzip, S. 170; *Vogel*, DStZ/A 1975, S. 409 (411); *Weber-Grellet*, StuW 1993, S. 97 (100).

128 BVerfGE 110, 412 (433) m.w.N. Vgl. zuletzt BVerfGE 116, 164 (180).

129 BVerfGE 23, 242 (256); 84, 239 (271); 87, 153 (170); 93, 121 (136); 98, 106 (118).

Für eine folgerichtige Besteuerung, die sich am Gleichbehandlungskriterium der individuellen finanziellen Leistungsfähigkeit orientiert, stellt sich die Frage der gerechten steuerlichen Lastenverteilung in vertikaler und horizontaler Richtung. Vertikal muss die Steuerbelastung mit ansteigender steuerlicher Leistungsfähigkeit zunehmen, horizontal ist das steuerliche Gleichmaß strikt zu wahren. Ungleich Leistungsfähige sind also entsprechend ihrer unterschiedlichen Leistungsfähigkeit ungleich zu belasten („vertikale Steuergerechtigkeit"), Steuerpflichtige bei gleicher Leistungsfähigkeit auch gleich hoch zu besteuern („horizontale Steuergerechtigkeit").

Im nächsten Kapitel ist zu untersuchen, welcher Besteuerungskonzeption der Gesetzgeber im Einkommensteuerrecht gefolgt ist. Der Gleichheitssatz fordert nicht nur eine Besteuerung nach der Leistungsfähigkeit, sondern – wie oben ausgeführt – auch, vertikal getroffene Bezugskriterien systemgerecht und folgerichtig auszugestalten.

C. Gesetzgeberische Besteuerungskonzeption in § 2 EStG

In § 2 EStG ist Umfang, Begriffsbestimmung und Gegenstand der Einkommensbesteuerung ausgedrückt. Nach der Festlegung seiner Besteuerungskonzeption hat der Gesetzgeber die dadurch getroffene Belastungsentscheidung folgerichtig im Sinne der Belastungsgleichheit umzusetzen.[130] Daher gilt es zu untersuchen, ob dem Einkommensteuergesetz derartige Grundideen zugrunde liegen, die folgerichtig die Frage nach der Gleichbehandlung der Einkunftsarten beantworten. Die der gesetzgeberischen Belastungsentscheidung zugrunde liegenden Prinzipien geben Gleichmaß und Übermaßverbot das konkrete Ziel.

I. Das Steuerobjekt des geltenden Einkommensteuerrechts: Das Erwerbseinkommen als systemprägendes und strukturgebendes Prinzip

Die Ausgangsfrage nach der Gleichbehandlung der Einkunftsarten tangiert den sachlichen Umfang der Steuergewalt, folglich das Steuerobjekt. Das Steuerobjekt erfasst das Steuergut, das der Gesetzgeber als besteuerungswürdig festgestellt und rechtlich gestaltet hat.[131]

Das Einkommensteuergesetz stellt das Steuerobjekt der Einkommensteuer durch die „Summe der Einkünfte" i.S.d. § 2 Abs. 3 EStG[132] als Ergebnis der Einkünfteerzielung dar, die sich aus den von einem Steuerpflichtigen gemäß § 2 Abs. 1 Satz 1 erzielten und nach § 2 Abs. 2 EStG ermittelten Einkünften aus den Einkunftsarten des § 2 Abs. 1 EStG zusammensetzt.[133] Die „Summe der Einkünfte" umfasst das Einkommen im wirtschaftlichen Sinne, ohne die subjektive Leistungsfähigkeit und die persönlichen Verhältnisse des Steuerpflichtigen zu beachten.[134] Die Einkünfte bezeichnen also den Ansatzpunkt der Einkommenser-

---

130 BVerfGE 23, 242 (256); 84, 239 (271); 87, 153 (170); 93, 121 (136); 98, 106 (118).

131 *Tipke/Lang*, Steuerrecht, § 7 Rn. 23 ff.

132 *Lang*, Bemessungsgrundlage, S. 34; *Tipke/Lang*, Steuerrecht, § 9 Rn. 49 ff.; anders die Anhänger der sog. „Lehre vom Stufenbau des Steuertatbestandes", die den Steuergegenstand allein in der Erwerbstätigkeit sehen, vgl. etwa *Bayer*, Steuerlehre, Rn. 503, 524; *ders.*, BB 1988, S. 1 ff.

133 Es handelt sich um einen erfolgsqualifizierten Handlungstatbestand; vgl. *Kirchhof*, in: Kirchhof/Söhn/Mellinghoff, EStG, § 2 Rn. A 79. Der Steuergegenstand besteht nicht isoliert in Einkünften oder in der Erwerbstätigkeit, sondern in der Einkünfteerzielung, also in einem Leistungstatbestand, der die erzielten Einkünfte einschließt; umfassend zu den Streitfragen des Einkommensteuergegenstandes *Zugmaier*, in: Herrmann/Heuer/Raupach, EStG, § 2 Rn. 15, 51.

134 *Lang*, Bemessungsgrundlage, S. 34.

mittlung und nehmen dabei innerhalb der Bemessung der objektiven Leistungsfähigkeit eine zentrale Stellung ein.[135] § 2 Abs. 1 Satz 1 EStG zählt insgesamt sieben Einkunftsarten auf, welche die Einkommensteuer belastet. Gemäß § 2 Abs. 1 und 2 EStG unterliegen der Einkommensteuer:

1. Einkünfte aus Land- und Forstwirtschaft,
2. Einkünfte aus Gewerbebetrieb,
3. Einkünfte aus selbstständiger Arbeit,
4. Einkünfte aus nichtselbstständiger Arbeit,
5. Einkünfte aus Kapitalvermögen,
6. Einkünfte aus Vermietung und Verpachtung,
7. sonstige Einkünfte im Sinne des § 22 EStG.

§ 2 Abs. 1 EStG enthält somit einen aussagekräftigen einfachgesetzlichen Strukturtatbestand, der als Ausgangspunkt jeder einkommensteuerrechtlichen Beurteilung eines Sachverhalts festlegt, ob besteuerbare Einkünfte als Zwischenschritt im Rahmen der Ermittlung der Bemessungsgrundlage vorliegen. Der Begriff „Einkünfte" ist dabei aufgrund steuersystematischer und inhaltlicher Verschränkung auf den Einkommensbegriff angelegt.[136]

Es stellt sich nun die Frage, welcher Einkommensbegriff das geltende Einkommensteuerobjekt am besten charakterisiert und daher geeignet ist, alle einkommensteuerbaren Einkünfte zu substantiieren und von den nicht einkommensteuerbaren zu unterscheiden. Da § 2 Abs. 1 EStG ideengeschichtlich auf bestimmten finanzwissenschaftlichen Theorien zum Einkommensbegriff aufbaut, sind zunächst die zwei grundlegenden Theorien zu betrachten.

1. Finanzwissenschaftliche Einkommenstheorien: Reinvermögenszugangs- und Quellentheorie

Bei dem Bemühen um eine Besteuerung des Steuerunterworfenen nach seiner wirtschaftlichen Leistungsfähigkeit stellte sich die Aufgabe, einen Einkommensbegriff zu entwickeln, der diese Leistungsfähigkeit erfasst.[137] Im Wesentlichen wurden zwei Theorien des Einkommensbegriffs entwickelt[138]: zum einen die Reinvermögenszugangstheorie, die auf *von Schanz*[139] beruht, und zum anderen die von *Fuisting*[140] formulierte Quellentheorie.

Die Reinvermögenszugangstheorie bestimmt das Einkommen als Reinvermögenszuwachs innerhalb einer bestimmten Zeitspanne, umfasst grundsätzlich

135 *Birk*, Steuerrecht, Rn. 602; *Bernhardt*, Einkünfte versus Income, S. 65.
136 *Bernhardt*, Einkünfte versus Income, S. 66.
137 *Icking*, Einkommensteuerrecht, S. 1.
138 *Ruppe*, in: Herrmann/Heuer/Raupach, Einf. ESt Rn. 10 ff.
139 *v. Schanz*, FinArch. 1896, S. 1 (6 ff.); *ders.*, FinArch. 1922, S. 505 ff.
140 *Fuisting*, Die preußischen direkten Steuern, S. 110, 147 ff.

jede Vermögensmehrung und schränkt nur aufgrund von Steuerkonkurrenzen ein. Diese Einkommenstheorie umfasst „alle Reinerträge und Nutzungen, geldwerten Leistungen Dritter, alle Geschenke, Erbschaften, Legate, Lotteriegewinne, Versicherungskapitalien, Versicherungsrenten, Konjunkturgewinne jeglicher Art" abzüglich der „Schuldzinsen und Vermögensverluste"[141]. Das Einkommen lässt sich somit als die um Einlagen und Entnahmen korrigierte zahlenmäßige Differenz zwischen einer Vermögensmasse am Beginn und Ende eines Jahres beschreiben. Werden während dieses Zeitraums einzelne Wirtschaftsgüter – z.B. ein Gebäude – veräußert, so zählt nach diesem Einkommensbegriff ein hierbei erzielter Gewinn zum Einkommen und ist deshalb zu versteuern. Ein Verlust mindert das Einkommen und demzufolge die Steuerlast.

Der zweite Einkommensbegriff wurde von *Fuisting* unter der Bezeichnung „Quellentheorie"[142] formuliert. Sie definiert das Einkommen als „die Gesamtheit der Sachgüter, welche in einer bestimmten Periode (Jahr) dem Einzelnen als Erträge dauernder Quellen der Gütererzeugung zur Bestreitung der persönlichen Bedürfnisse für sich und für die auf den Bezug ihres Lebensunterhalts von ihm gesetzlich angewiesenen Personen (Familie) zur Verfügung stehen"[143]. Dieser Ansatz hält nur die Früchte für besteuerbar, die zu einer ständigen Einnahmequelle gehören, nicht aber den Ertrag aus der Sache selbst. Das Vermögen selbst, die Quelle, bleibt bei der Einkünfteermittlung unberücksichtigt. Damit gilt im Gegensatz zur Auffassung der Reinvermögenszugangstheorie, dass Wertveränderungen im Vermögen für die Einkommensteuer grundsätzlich steuerneutral sind.

Die Reinvermögenszugangstheorie zeigt die Maßgröße objektiver Zahlungsfähigkeit auf, weil sie aufgrund ihres weiten Einkommensbegriffs die steuerliche Leistungsfähigkeit besser messen kann als die Quellentheorie.[144] Die Quellentheorie bezieht Wertveränderungen im Stammvermögen und einmalige außerordentliche Einkünfte nicht ein und klammert somit einschlägige Indikatoren der steuerlichen Leistungsfähigkeit, verstanden als periodischer Zuwachs an ökonomischer Verfügungsmacht, aus.[145] Jedoch erscheint eine Verwirklichung der Reinvermögenszugangstheorie kaum praktikabel, da sie keine rechtsdogmatische Grundlage für die Abgrenzung zwischen dem Erwerb der Einkünfte und dem Konsum der Einkünfte bietet.[146]

Weder die Quellentheorie noch die Reinvermögenszugangstheorie haben sich als rechtsdogmatisches Konzept für alle Einkunftsarten durchsetzen können, denn durch den Dualismus bei der Ermittlung der Einkünfte sind die Gewinn-

---

141 *v. Schanz*, FinArch. 1896, S. 1 (12).

142 *Fuisting*, Die preußischen direkten Steuern, S. 110, 147 ff.

143 *Fuisting*, Die preußischen direkten Steuern, S. 110.

144 *Lang*, Bemessungsgrundlage, S. 43; *Tipke*, Steuerrechtsordnung II, S. 629.

145 *Handzik*, in: Littmann/Bitz/Pust, EStG, § 2 Rn. 26.

146 *Lang*, Bemessungsgrundlage, S. 45 f.

einkünfte (§ 2 Abs. 2 Nr. 1 EStG) an der Reinvermögenzugangstheorie und die Überschusseinkünfte (§ 2 Abs. 2 Nr. 2 EStG) an der Quellentheorie orientiert.[147] Keine dieser finanzwissenschaftlichen Theorien hat den Durchbruch zu einer Rechtstheorie erreicht.[148]

2. Die Entwicklung zu einem pragmatischen Einkommensbegriff

Das geltende Einkommensteuerobjekt mit seinen sieben Einkunftsarten basiert auf dem Reichseinkommensteuergesetz vom 10.8.1925[149] und dem Reichseinkommensteuergesetz vom 16.10.1934[150], die den sachlichen Umfang der Einkommensteuer mit Hilfe von zunächst acht und später sieben noch heute geltenden Einkunftsarten abschließend festlegten.[151]

Während das preußische Einkommensteuergesetz vom 24.6.1891[152], das als einheitliche Einkommensteuer die Jahreseinkünfte aus den vier Quellen Kapitalvermögen, Handel und Gewerbe, Grundvermögen und gewinnbringende Beschäftigung erfasste, auf der Quellentheorie fußte, stützte sich das Reichseinkommensteuergesetz vom 29.3.1920[153] auf die Reinvermögenszugangstheorie, indem § 4 REStG 1920 als Einkommen den „Gesamtbetrag der in Geld oder Geldwert bestehenden Einkünfte" definierte. Die praktisch negativen Erfahrungen mit dem Einkommensbegriff des REStG 1920, das an die Reinvermögenszugangstheorie nur angelehnt war, keineswegs aber ein rechtssystematisch klärbares Begriffskonzept verwirklichte, bewogen den Gesetzgeber des REStG 1925, das Einkommensteuerobjekt weder an der Quellentheorie noch an der Reinvermögenszugangstheorie auszurichten. Der Gesetzgeber verwirklichte vielmehr im Interesse der Rechtssicherheit und Rechtsklarheit einen pragmatischen Einkommensbegriff[154], indem er den wirtschaftlichen Begriff des Einkom-

147 *Tipke/Lang*, Steuerrecht, § 9 Rn. 53; *Zugmaier*, in: Herrmann/Heuer/Raupach, § 2 Rn. 10. Zum Dualismus der Einkünfteermittlung und seinen materiellen Auswirkungen siehe F.III.

148 *Lang*, Bemessungsgrundlage, S. 39.

149 RGBl. I 1925, S. 189.

150 RGBl. I 1934, S. 1005 ff.

151 *Arndt/Piltz*, Besonderes Steuerrecht, S. 21.

152 PrGS. 1891, S. 175.

153 RGBl. 1920, S. 359.

154 – Begründung zum REStG 1925, RT-Drucks. 1924/25 Nr. 3/795, S. 21 f.
– Begründung zum REStG 1934, RStBl. 1935, S. 34: „Auch das neue Einkommensteuergesetz hat sich keiner der zahlreichen Lehrmeinungen über den privatwirtschaftlichen Einkommensbegriff angeschlossen. Der Begriff des Einkommens wird vielmehr im Gesetz ausschließlich in einer für die Zwecke der Besteuerung möglichst geeigneten Weise umgrenzt."
– Begründung zum EStG 1974, BT-Drucks. 7/1470, S. 211: „Der vorliegende Entwurf macht sich – ebenso wenig wie frühere Einkommensteuergesetze – keine der zahlreichen Lehrmeinungen zum Begriff des Einkommens zu eigen, sondern umgrenzt ihn wie

mens durch eine abschließende Katalogisierung in acht Einkunftsarten in ein Einkommensteuerobjekt umsetzte. Dieser Katalog wurde durch § 2 Abs. 3 REStG 1934[155] auf sieben verkürzt, indem die „wiederkehrenden Bezüge" und die „sonstigen Leistungsgewinne" des REStG 1925 zu der noch immer geltenden Einkunftsart der „sonstigen Einkünfte" zusammengefasst wurden.

3. Der „kleinste gemeinsame Nenner"[156] der Einkunftsarten: generelle Einkunftsmerkmale

Obwohl der Gesetzgeber finanzwissenschaftliche Einkommenstheorien explizit verwarf und das Einkommen pragmatisch festzulegen gedachte, erscheint es möglich, den Steuergegenstand der Einkommensteuer begrifflich zu fassen und eine Eigenart aller Einkunftsarten zu abstrahieren.

a. Der Einkünftebegriff

Der Begriff „Einkünfte" wird gesetzlich nicht definiert, von § 2 Abs. 1 EStG in seiner Bedeutung vielmehr vorausgesetzt und durch die Aufzählung von sieben Einkunftsarten konkretisiert.[157]

Zuerst stellen die Einkünfte in ihrer rein formell betrachteten Bedeutung einen Teil der Definition des einkommensteuerrechtlich bedeutsamen Tatbestandes dar, der einen steuerlichen Zugriff erlaubt.[158] Jedoch erschöpft sich die steuerrechtliche Bedeutung der Einkünfte in ihrer Begrifflichkeit nicht in der bloßen Geltung als Tatbestandsmerkmal.

In der steuersystematischen Bedeutung sind Einkünfte das Ergebnis einer Erwerbsgrundlage, die als zur Vermögensmehrung geeignete und bestimmte konkrete Einkunftsquelle[159] unter eine der sieben Einkunftsarten fällt. Der Einkünftebegriff stellt also eine Zwischengröße auf dem Weg zur Ermittlung der einkommensteuerrechtlichen Bemessungsgrundlage dar.[160] Folglich sind die Einkünfte in einer Mittelstellung zwischen den Einnahmen und dem Einkommen anzusiedeln. In diesem Grenzbereich erfassen sie Einnahmen und Ausgaben tat-

---

bisher pragmatisch allein für die Zwecke der Besteuerung als Ergebnis ganz bestimmter, mit den gegenwärtigen Einkunftsarten übereinstimmender Einkünfte."

– BFHE 112, 466 (469): „Seit dem Einkommensteuergesetz 1925 ist nicht eine Quellentheorie oder eine Reinvermögenszugangstheorie Grundlage der Systematik des Einkommensteuerrechts, sondern ein Einkommensbegriff, der auf der Fixierung der sieben Einkunftsarten basiert."

155 RGBl. I 1934, S. 1005 ff.

156 *Ruppe*, DStJG Bd. 1 (1978), S. 7 (16).

157 *Zugmaier*, in: Herrmann/Heuer/Raupach, EStG, § 2 Rn. 53.

158 *Eisenmann*, Einnahmen – Einkünfte – Einkommen, S. 45.

159 Dieser Begriff bewirkt keine Übernahme der historischen Quellentheorie, siehe C.I.2.; vgl. *Zugmaier*, in: Herrmann/Heuer/Raupach, EStG, § 2 Rn.76.

160 *Lang*, Bemessungsgrundlage, S. 34; *Bernhardt*, Einkünfte versus Income, S. 66.

bestandlich und lassen dadurch wirtschaftliche Vorgänge auf der Ebene der objektiven Leistungsfähigkeit des Steuersubjekts steuerrechtlich greifbar werden.

Da der Begriff der Einnahmen als Bruttobetrag vor Abzug von Ausgaben nicht die für den Steuerzugriff notwendige Ausgangsbasis, nämlich die individuelle Leistungsfähigkeit, zum Ausdruck bringen kann, bezeichnen die Einkünfte einen Nettowert nach Abzug der Erwerbsausgaben von den Erwerbseinnahmen.[161] Erwerbseinnahmen und -aufwendungen sind Einnahmen oder Aufwendungen, die durch eine Erwerbsgrundlage veranlasst sind.[162] Dieser Saldo kann positiv oder negativ ausfallen, d.h. einen Einnahme- oder Aufwendungsüberschuss ergeben.

§ 2 Abs. 1 EStG benennt lediglich sieben Einkunftsarten, die einen steuerlichen Zugriff gestatten. Damit begrenzt der Einkünftebegriff den steuerlichen Anknüpfungspunkt und beschränkt somit die Aussagekraft des ökonomischen Einkommens.

Die Einkünfte typisieren also in ihrer materiellen Funktion die objektive Leistungsfähigkeit des Steuerpflichtigen, begrenzen in ihrer Enumeration den steuerlichen Anknüpfungspunkt und stellen einen Zwischenschritt des Steuerzugriffs dar, angesiedelt zwischen Einnahmen und zu versteuerndem Einkommen.[163]

b. Das Markteinkommen: Besteuerung der am Markt erwirtschafteten Einkünfte

Betrachtet man die sieben Einkunftsarten, so werden die Erwerbsgrundlagen des nutzbaren Bodens, des Gewerbebetriebs, der freiberuflichen und nichtselbstständigen Tätigkeit, des Kapitalvermögens, der zur Gebrauchsüberlassung geeigneten Sache oder eines sonstigen, durch eigene Leistung erworbenen Vermögensbestandes benannt.[164] Aus einer Zusammenschau aller Einkunftsarten und aus dem Erfordernis des Erzielens der Einkünfte in § 2 Abs. 1 Satz 1 EStG lässt sich eine zweigliedrige Grundstruktur erkennen. Danach besteht der einkommensteuerliche Belastungsgrund aus dem Erwerbstatbestand und dem Erwerbsergebnis, die kumulativ erfüllt sein müssen.[165]

---

161 *Kirchhof*, in: Kirchhof/Söhn/Mellinghoff, EStG, § 2 Rn. A 52 ff.; *ders.*, in: Kirchhof, EStG, § 2 Rn. 78.

162 *Zugmaier*, in: Herrmann/Heuer/Raupach, EStG, § 2 Rn. 53.

163 *Bernhardt*, Einkünfte versus Income, S. 66 f.; *Eisenmann*, Einnahmen – Einkünfte – Einkommen, S. 43 ff.

164 *Kirchhof*, Gutachten F, S. 15.

165 BVerfGE 99, 88 (95); *Mössner*, in: FS Kruse, S. 161 (173 f.).

aa. Der Erwerbstatbestand: Leistung aufgrund einer marktbezogenen Erwerbsgrundlage

Der Erwerbstatbestand setzt sich aus zwei Elementen zusammen: dem Zustandstatbestand einer Erwerbsgrundlage und dem Leistungstatbestand, dieselbe zu nutzen.[166]

(1) Zustandstatbestand: Erwerbsgrundlage

Die sieben Einkunftsarten beschreiben weitgehend die im Wirtschaftsleben üblichen Erwerbstätigkeiten und die Mittel, derer sich der Steuerpflichtige zur Erzielung von Einkünften bedient.[167] Die in den Einkunftsarten abgebildeten Erwerbsgrundlagen umfassen sowohl die Ertragsgrundlage als auch den Ursprung der Arbeitsentgelte mit dem Ziel der Erwerbseinkünfte.[168] Somit sind Erwerbsgrundlagen in ihrem Gesamtbild auf den ökonomischen Erwerb ausgerichtet, beschreiben marktbezogene Wirtschaftsabläufe und ermöglichen letztlich dem Steuerpflichtigen den Zugang zum Markt.[169] Sie sind die Basis und der Ausgangspunkt, um Einkünfte erwirtschaften zu können.

(2) Leistungstatbestand: Markteinkommen und Erwerbsgerichtetheit

Der Leistungsstatbestand, die tatsächliche Nutzung einer vorhandenen Erwerbsgrundlage zum Erzielen von Einnahmen, leitet sich aus diesem Zustandstatbestand der marktbezogenen Erwerbsgrundlage ab.[170] Nutzung ist dabei umfassend als entgeltliche Leistung aufgrund einer marktbezogenen Erwerbsgrundlage (Markteinkommen) zu verstehen.[171]

---

166 Abweichend die Terminologie ohne Unterschied in der Sache bei BVerfGE 99, 88 (95); *Kirchhof*, in: Kirchhof/Söhn/Mellinghoff, EStG, § 2 Rn. A 105, B 180; vgl. *Zugmaier*, in: Herrmann/Heuer/Raupach, EStG, § 2 Rn. 51; kritisch *Weber-Grellet*, DStR 1998, S. 1781 (1782).

167 *Zugmaier*, in: Herrmann/Heuer/Raupach, EStG, § 2 Rn. 53.

168 *Kirchhof*, in: Kirchhof/Söhn/Mellinghoff, EStG, § 2 Rn. A 110.

169 *Wittmann*, StuW 1993, S. 35 (37); *Kirchhof*, DStJG Bd. 24 (2001), S. 9 (24).

170 *Kirchhof*, in: Kirchhof/Söhn/Mellinghoff, EStG, § 2 Rn. A 106.

171 *Zugmaier*, in: Herrmann/Heuer/Raupach, EStG, § 2 Rn. 72; *Handzik/Hellwig*, in: Littmann/Bitz/Hellwig, EStG, § 2 Rn. 29. Den Grundstein für diese Betrachtung legte der RFH 1929 in einem Grundsatzurteil zur Liebhaberei, in dem er darlegte, dass die Einkommensteuer nur Einkünfte aus einer Beteiligung am Wirtschaftsleben mit ernstlichem Gewinnstreben erfasse; RFH, v. 14.3.1929, VI A 14373/28, RStBl. 1929, 329. Die heutige Markteinkommenstheorie wird auf *Ruppe* zurückgeführt, der in einer Untersuchung über die Kriterien für die persönliche Zurechnung von Einkünften zum Ergebnis kam, dass „die entgeltliche Verwertung von Leistungen (Wirtschaftsgütern oder Dienstleistungen) am Markt" das gemeinsame verbindende Merkmal „für zumindest die meisten Einkunftsquellen des EStG" sei; *Ruppe*, DStJG Bd. 1 (1978), S. 7 (16, 19, 39).

(3) Markteinkommenstheorie

Insbesondere aus dem Erfordernis des Erzielens der Einkünfte in § 2 Abs. 1 Satz 1 EStG, aus der Definition des Gewerbetriebs in § 15 Abs. 2 Satz 1 EStG als die normtechnisch umfassendste Einkunftsart und aus § 22 Nr. 3 EStG als subsidiärste Einkunftsart lässt sich folgern, dass nur das Markteinkommen einkommensteuerbar ist.[172] Nicht besteuerbar sind damit nicht am Markt erzielte Vermögenszuwächse wie Schenkungen, Erbschaften, Transferleistungen des Staates, Eigenleistungen und Entschädigungen außerhalb der Beteiligung am allgemeinen wirtschaftlichen Verkehr.[173] Auch scheiden Einkünfte aus, die der privaten Konsumsphäre zuzuordnen sind, insbesondere Lotterie- und Wettgewinne.

§ 15 Abs. 2 Satz 1 EStG fasst die Voraussetzungen der Markteinkünfte für die gewerblichen Einkünfte im Tatbestand „Beteiligung am allgemeinen wirtschaftlichen Verkehr" zusammen und stellt somit fest, dass ein gemeinsames Merkmal die Teilnahme am Wirtschaftsleben ist.[174]

§ 22 Nr. 3 EStG als subsidiärer Tatbestand erklärt „Einkünfte aus Leistungen" für steuerbar. „Leistung" ist nach der Finanzrechtsprechung jedes Tun, Unterlassen und Dulden, das Gegenstand eines entgeltlichen Vertrages, also eines Marktvorgangs, sein kann, des Entgelts wegen erzielt wird und das eine Gegenleistung auslöst.[175]

Weiterhin konkretisiert sich diese Markteinkommenstheorie im geltenden Recht auch noch in den § 12 Nr. 3, § 15 Abs. 2 Satz 2, §§ 19, 20 EStG, die lediglich Marktentgelte als einkommensteuerbare Tatbestände anerkennen.[176] § 19 Abs. 1 Satz 1 Nr. 1 EStG nennt die Bruttomarktentgelte „Gehälter und Löhne", § 20 Abs. 1 Nr. 7 EStG erwähnt „Erträge aus [...] Kapitalforderungen jeder Art". Durch § 12 Nr. 3, § 15 Abs. 2 Satz 2 EStG wird klargestellt, dass erzielte Steuervorteile kein Einkommen sind. Es fehlt der Markterfolg.[177] Weiterhin wird in § 21 Abs. 2 EStG eine marktgerechte Leistung, nämlich die „ortsübliche Marktmiete", zum Kennzeichen dafür erhoben, ob die Werbungskosten in

172 *Wittmann*, Markteinkommen, S. 28; *ders.*, StuW 1993, S. 35 (37); *Lang*, Bemessungsgrundlage, S. 237 ff.; *Kirchhof*, in: Kirchhof/Söhn/Mellinghoff, EStG, § 2 Rn. A 76.

173 *Ruppe*, DStJG Bd. 1 (1978), S. 7 (15 f.); *Lindberg*, in: Frotscher, EStG, § 2 Rn. 18 f.

174 Siehe hierzu auch das Grundsatzurteil des RFH zur Liebhaberei, v. 14.3.1929, VI A 14373/28, RStBl. 1929, 329.

175 BFH, v. 23.6.1964, GrS 1/64 S, BStBl. III 1964, 500 (501); BFH, v. 25.9.1979, VIII R 34/78, BStBl. II 1980, 114 (115); FG München, v. 23.5.2001, 1 K 4426/99, EFG 2001, 1173. Die neuere Rechtsprechung des BFH, v. 21.9.2004, IX R 13/02, BStBl. II 2005, 45 (46) erachtet das auf ein synallagmatisches Verständnis des Leistungsbegriff hindeutende Merkmal „um das Entgelts willen erbracht" als „zumindest missverständlich und mithin verzichtbar". Es komme entscheidend darauf an, ob die Gegenleistung (das Entgelt) durch das Verhalten des Steuerpflichtigen veranlasst sei.

176 *Wittmann*, Markteinkommen, S. 29, 33 ff.

177 *Wittmann*, Markteinkommen, S. 35.

vollem Umfang abziehbar sind und, ob folglich eine vollwertige besteuerbare Tätigkeit vorliegt.[178]

Als weiteres Argument für die Annäherung des Gesetzgebers an die Besteuerungskonzeption des Markteinkommens ist die grundsätzliche Abschaffung der Nutzungswertbesteuerung nach § 21 Abs. 2 EStG a.F. anzuführen.[179] Denn damit wurde die Einkommensbesteuerung eines Nutzungsvorteils beendet, der dem Steuerpflichtigen nicht durch den allgemeinen wirtschaftlichen Verkehr zufließt, sondern als Eigenverbraucheinkommen[180] („imputed income“[181]) in der Privatsphäre entsteht.[182] Diese in der privaten Binnensphäre stattfindende Wertschöpfung entsteht aber nicht durch erwerbswirtschaftlichen Leistungsaustausch und ist deshalb, obwohl sie die Leistungsfähigkeit erhöht, nicht einkommensteuerbar.[183]

Schwer vereinbar mit dem Grundgedanken des Markteinkommens scheint die Besteuerung wiederkehrender Bezüge in § 22 Nr. 1 und Nr. 1a EStG und der Abgeordnetenbezüge in § 22 Nr. 4 EStG zu sein. Darauf begründet sich im Wesentlichen die Kritik an der Markteinkommenstheorie als einfachgesetzliche Überlegung.

Der Tatbestand der wiederkehrenden Bezüge (§ 22 Nr. 1 EStG) kann jedoch als Norm abgeleiteten Markteinkommens interpretiert werden und wird von der Rechtsprechung auch auf erwirtschaftete Einkünfte systematisch begrenzt.[184] Wiederkehrende Bezüge sind das Ergebnis marktoffenbarer Vorgänge.

§ 22 Nr. 4 EStG widerspricht ebenfalls nicht der Markteinkommenstheorie, sondern erfasst durch die Besteuerung der Abgeordnetendiäten eine besondere Form der Erwerbsgrundlage „berufliche Tätigkeit“[185], die der historischen Entwicklung der Abgeordnetentätigkeit von einer Nebentätigkeit zur Haupter-

---

178 *Wittmann*, Markteinkommen, S. 30. Bei Unterschreiten der 56 v.H.-Grenze wird nur noch ein gekürzter Werbungskostenabzug anerkannt; vgl. *Mellinghoff*, in: Kirchhof, EStG, § 21 Rn. 154.

179 Abgeschafft durch WoEFödG v. 15.5.1986, BGBl. I, S. 720. A.A. *Söhn*, in: FS Tipke, S. 343 (346 Fn. 19); *Beil*, Belastungsgrund, S. 81 mit Verweis auf BVerfGE 9, 3 (9 f.), die die Verfassungsmäßigkeit feststellte; die Nutzungswertbesteuerung wurde aber überwiegend als systemwidriger Fremdkörper angesehen, vgl. *Burger*, Einkommensbegriff, S. 130 f.; *BMF*, Steuerreformkommission 1971, S. 109 ff.

180 *Lang*, Bemessungsgrundlage, S. 251.

181 Nach *Lang*, Bemessungsgrundlage, S. 251 Fn. 162, zurückzuführen auf *Marsh*, in: Political Science Quarterly 1943, S. 514 ff.

182 *Wittmann*, StuW 1993, S. 35 (37).

183 *Kirchhof*, in: Kirchhof, EStG, § 2 Rn. 47.

184 BFH v. 25.10.1994, VIII R 79/91, BStBl. II 1995, 121 (123 ff.); *Wittmann*, Markteinkommen, S. 38 f.; *Tipke/Lang*, § 9 Rn. 99, 523.

185 Folglich handelt es sich um keine Einkünfte „sui generis“, sondern um berufliche Einkünfte nach § 19 EStG; *Schmidt-Liebig*, StuW 1995, S. 162 (166 Fn. 26); *Schmidt-Liebig*, BB 1994, Beilage 20, S. 1 (20).

werbstätigkeit gerecht wird.[186] Zumindest sind die Abgeordnetenbezüge als Einnahmesurrogate zu werten. Sie stellen ein Entgelt für Leistungen an die Gemeinschaft der Staatsbürger dar[187], die als Ersatz für entgehende oder aufgegebene erwirtschaftete Einnahmen gewährt werden.

Eine Ableitung der Markteinkommenstheorie aus § 22 Nr. 1a EStG („Einkünfte aus Unterhaltsleistungen") scheint allerdings vollständig zu scheitern.[188] Daher ließe sich § 22 Nr. 1 und Nr. 1a EStG nur mit einer am Leistungsfähigkeitsprinzip orientierten Besteuerung des Reinvermögenszugangs ausreichend rechtfertigen.[189] Das Prinzip der Besteuerung des Markteinkommens sei folglich weder eine unerlässliche Bedingung einer systemgerechten Einkommensbesteuerung noch entspreche es der tatsächlichen Systematik des geltenden Einkommensteuerrechts.[190] Weiterhin wird eingewendet, dass die Markteinkommenstheorie an die Erwerbstätigkeit als Steuergegenstand anknüpfe, obwohl die Einkommensteuer eine Besteuerung der individuellen Zahlungsfähigkeit vorsehe.[191]

Dieser Kritik ist zu entgegnen, dass erstens die Reinvermögenszugangstheorie keinen tauglichen Maßstab des Einkommensteuerrechts darstellt, weil sie keine Grenzziehung zwischen Erwerbs- und Konsumsphäre zu leisten vermag.[192] Diese Abgrenzung wird in § 2 EStG als gesetzgeberische Grundentscheidung deutlich erkennbar.[193] Insbesondere der Marktbezug erlaubt eine solche sachgerechte Demarkation, indem auf den Rechtsgrund des Vermögenszugangs abgestellt wird.[194] Das Markteinkommen als gesetzgeberische Wertentscheidung hat den Vorteil, dass es den Gegensatz zwischen Quellentheorie und Reinvermögenszugangstheorie zugunsten der Markteigenschaft auflöst und ferner auf die systematische Unterscheidung zwischen Erwerbssphäre und Privatsphäre eingeht.[195] Außerdem vermeidet der Marktbezug Bewertungsprobleme, indem der

---

186 *Kirchhof*, in: Kirchhof/Söhn/Mellinghoff, EStG, § 2 Rn. B 172; kritisch dazu *Tipke*, Steuerrechtsordnung II, S. 628. Vgl. BVerfGE 40, 296 (312 ff.)

187 *Alt*, in: FS Jakob, S. 11 (17 Fn. 33); *ders.*, Überschussvermögen, S. 69 f.

188 *Wittmann*, Markteinkommen, S. 41; *Schön*, in: FS Offerhaus, S. 385 (398); *Kirchhof*, in: Kirchhof/Söhn/Mellinghoff, EStG, § 2 Rn. B 173 sieht in der Besteuerung von Einkünften aus Unterhaltsleistungen eine Zurechnungsregel der Ehegattenbesteuerung.

189 *Söhn*, in FS Tipke, S. 343 (361); *Schön*, in: FS Offerhaus, S. 385 (398); *Steichen*, in: FS Tipke, S. 365 (383). *Tipke/Lang*, Steuerrecht, § 9 Rn. 523 verweist aber auf den historischen, „quellentheoretisch" fundierten Inhalt der Einkünfte aus wiederkehrenden Bezügen.

190 *Söhn*, FR 1996, 81 (88).

191 *Steichen*, in: FS Tipke, S. 365 (378 f.); zum Streit über den Einkommensteuergegenstand s.o. Fn. 133.

192 *Schmitz*, Wiederkehrende Bezüge, S. 32 f.; vgl. auch *Zugmaier*, in: Herrmann/Heuer/Raupach, EStG, § 2 Rn. 59.

193 *Lang*, in: FS Tipke, S. 3 (23); *Alt*, in: FS Jakob, S. 11 (14).

194 *Schmitz*, Wiederkehrende Bezüge, S. 33.

195 *Wittmann*, Markteinkommen, S. 47, 57 f.; *Tipke*, Steuerrechtsordnung II, 1. Aufl. 1993, S. 601 ff.; *Jakob*, in: FS Schmidt, S. 115 (116).

Wert des Einkommens einer Marktkontrolle durch unabhängige Dritte unterliegt.[196]

Zweitens berührt die Zahlungsfähigkeit die Ebene der subjektiven Leistungsfähigkeit, dagegen betrifft die Erwerbstätigkeit die objektive Leistungsfähigkeit. Diese Zweistufigkeit der Bemessungsgrundlage – nach § 2 EStG muss zuerst die objektive Leistungsfähigkeit bestimmt werden, bevor die subjektive berücksichtigt werden kann – wird gerade durch die Besteuerung wiederkehrender Bezüge und Unterhaltsverpflichtungen systemwidrig durchbrochen.[197]

Aber selbst wenn die Steuerpflichtigkeit der Einkünfte aus wiederkehrenden Bezügen (§ 22 Nr. 1 EStG) und Unterhaltsleistungen (§ 22 Nr. 1a EStG) aus der gesetzgeberischen Konzeption der Besteuerung des Markteinkommens ausbrechen sollte, verhindert dies nicht die grundsätzliche Gültigkeit der Markteinkommenstheorie für die Einkommensbesteuerung.[198] Prinzipien gelten nicht ohne Ausnahme und bedürfen zumeist der Konkretisierung durch Subprinzipien und Einzelwertungen mit selbstständigem Sachgehalt.[199]

Dennoch können Einkünfte aus Unterhaltsleistungen als abgeleitetes Markteinkommen verstanden werden. Der Steuerpflichtige erwirtschaftet die Unterhaltsleistung nicht am Markt selbst, sondern die dadurch erhöhte Leistungsfähigkeit wird vom Unterhaltsverpflichteten abgeleitet.[200] Damit stellen sich die Einkünfte aus § 22 Nr. 1a EStG als Spätfolge der Erwerbsgemeinschaft der Ehe (Splitting) dar.

Als Ergebnis ist festzuhalten, dass der marktabhängige Erwerb ein gemeinsames Strukturelement aller Einkunftsarten darstellt.[201] Das Steuerobjekt des Einkommensteuergesetzes und das Markteinkommen sind deckungsgleich. Das Leitbild von am Markt bezogenen Einkünften hat den Gesetzgeber sowohl bei der Darstellung der Einkommensteuerkonzeption als auch bei der Ausgestaltung von bereichsspezifischen Regelungen geleitet.[202] Eine so verstandene Markteinkommenstheorie dient neben der Bestimmung der einkommensteuerbaren Ver-

---

196 *Tipke/Lang*, Steuerrecht, § 4 Rn. 108; *Wittmann*, Markteinkommen, S. 83 ff.

197 *Tipke/Lang*, § 9 Rn. 98 f., 529.

198 *Fohler*, Private Anteilsveräußerung, S. 70.

199 *Canaris*, Systemdenken, S. 53, 57; *Larenz*, Methodenlehre, S. 474 f.

200 *Kirchhof*, in: Kirchhof/Söhn/Mellinghoff, EStG, § 2 Rn. B 173.

201 *Tipke/Lang*, § 8 Rn. 30, § 9 Rn. 52; *Lang*, Bemessungsgrundlage, S. 39 ff.; *ders.*, DStJG Bd. 4 (1981), S. 45 (54 ff.); *Kirchhof*, in: Kirchhof/Söhn/Mellinghoff, EStG, § 2 Rn. A 363; *Raupach/Schencking*, in: Hermann/Heuer/Raupach, EStG, § 2 Rn. 62; *Ruppe*, DStJG Bd. 1 (1978), S. 7 (16); *Wittmann*, Markteinkommen, S. 58; *Jakob*, Einkommensteuer, § 1 Rn. 3; *Burger*, Einkommensbegriff, S. 67; BFH, v. 9.2.1994, IX R 110/90, BStBl. II 1995, 47 (53): „in § 2 EStG normierten Grundsatz […] am Markt erwirtschafteten Einkünfte […] zur Einkommensteuer herangezogen werden“; Markteinkommen ist eine „vom Gesetzgeber […] zugrunde gelegte rechtsystematische Grundwertung“.

202 *Wittmann*, Markteinkommen, S. 57 f.

mögenszuwächse auch der persönlichen Zurechnung der Einkünfte und der grundsätzlichen Erfassung nur von realisierten Einkünften.[203]

(4) Erwerbsgerichtetheit

Der Leistungstatbestand schließt neben dem Marktbezug auch das Erfordernis der Erwerbsgerichtetheit ein.[204] Dieses Erwerbsstreben lässt sich aus der Notwendigkeit der Einkünfteerzielung in § 2 Abs. 1 Satz 1 EStG und aus der „Absicht, Gewinn zu erzielen" in § 15 Abs. 2 Satz 1 EStG als Ausdruck eines generellen, alle erwirtschafteten Einkünfte dominierenden finalen Grundsatzes folgern.[205] Auch § 9 EStG geht für die Überschusseinkünfte davon aus, dass Einnahmen grundsätzlich bezogen werden, um die Werbungskosten zu übersteigen.[206]

Diese – mehrheitlich subjektivierend als Einkünfteerzielungsabsicht[207] bezeichnete – Erwerbsgerichtetheit ist nach objektiven Umständen zu beurteilen[208] und fehlt bei verlustbringendem Verhalten, das auf im Bereich der Lebensführung liegenden Gründen und Neigungen angelegt ist (Liebhaberei).[209] Erwerbsgerichtetheit liegt also vor, wenn der Steuerpflichtige bestrebt ist, ein positives Gesamtergebnis durch seine Erwerbstätigkeit zu erwirtschaften.[210] Das Erwerbsverhalten muss darauf angelegt sein, zumindest einen langfristigen Netto-Nutzen zu erzielen.

Dies ist anzunehmen, wenn der Steuerpflichtige im Rahmen einer Totalperiode, d.h. während der gesamten Dauer der Erwerbstätigkeit, danach strebt, eine

---

203 *Tipke/Lang*, Steuerrecht, § 9 Rn. 52.

204 *Kirchhof*, in: Kirchhof, EStG, § 2 Rn. 48; *ders.*, Gutachten F, S. 28; *Heuermann*, DStR 2005, S. 1338 ff.

205 *Raupach/Schencking*, in: Herrmann/Heuer/Raupach, EStG, § 2 Rn. 371; *Tipke/Lang*, Steuerrecht, § 9 Rn. 125; *Wittmann*, Markteinkommen, S. 77; *Lang*, Bemessungsgrundlage, S. 233.

206 *Tipke/Lang*, Steuerrecht, § 9 Rn. 125.

207 BFH, v. 25.6.1984, GrS 4/82, BStBl. II 1984, 751 (765 ff.); *Tipke/Lang*, Steuerrecht, § 9 Rn. 125 ff.; *Lang*, StuW 1981, S. 223 ff.; *Heuermann*, StuW 2003, S. 101 ff; *ders.*, DStR 2005, S. 1338 ff., benutzt Erwerbsgerichtetheit und Einkünfteerzielungsabsicht synonym, obwohl die Erwerbsrichtung ein objektives und die Absicht ein subjektives Merkmal beschreiben, vgl. *Seeger*, in: FS Schmidt, S. 37 (38).

208 BFH, v. 25.6.1984, GrS 4/82, BStBl. II 1984, 751 (767).

209 *Kirchhof*, in: Kirchhof, EStG, § 2 Rn. 48; zur Kritik am subjektiven Begriff der Einkünfteerzielungsabsicht vgl. *Weber-Grellet*, in: Schmidt, EStG, § 2 Rn. 18; *Seeger*, in: FS Schmidt, S. 37 (38 ff.); *Heuermann*, StuW 2003, S. 101 (102). Umfassend zur Liebhaberei, *Rapp*, Liebhaberei und Einkünfteerzielungsabsicht; vgl. auch *Kruse*, in: FS Raupach, S. 143 ff.

210 BFH, v. 9.7.2002, IX R 57/00, BStBl. II 2003, 695 (696); v. 9.7.2002, IX R 47/99, BStBl. II 2003, 580 (581 f.); v. 12.9.2002, IV R 60/01, BStBl. II 2003, 85 (87); *Kirchhof*, in: Kirchhof, EStG, § 2 Rn. 49.

Vermögensmehrung im Sinne eines Totalgewinns zu erzielen.[211] Bei den Überschusseinkünften kommt es auf ein positives steuerliches Gesamtergebnis innerhalb der voraussichtlichen Vermögensnutzung oder der zu erwartenden Tätigkeitsdauer an.[212] Ein Veräußerungsgewinn ist grundsätzlich unerheblich.

Die Erwerbsgerichtetheit setzt äußere objektive Umstände voraus.[213] Bei der Prüfung, ob Erwerbsstreben oder bloße Liebhaberei vorliegt, kommt es zunächst auf die Ergebnisprognose für die jeweilige Tätigkeit an. Ergibt diese, dass mit der Tätigkeit ein Totalerfolg erzielt werden kann, so ist von der Erwerbsgerichtetheit auszugehen.[214] Ist die Ergebnisprognose negativ, kommt es auf den Bereich an, dem die Tätigkeit zugeordnet werden kann. Im Bereich der persönlichen Lebensführung liegt dann steuerlich unbeachtliche Liebhaberei vor.

Fehlt es am Erwerbsstreben, liegt lediglich ein steuerlich unbeachtlicher Fall von Liebhaberei vor. Dies hat zur Folge, dass einerseits ein Fiskalzugriff auf Vermögensmehrungen unterbleibt. Andererseits ist es dem Steuerpflichtigen verwehrt, Ausgaben, die in Zusammenhang mit der Liebhaberei stehen, steuerlich abzuziehen. Liebhabereiverluste sind somit negative Konsumeinkünfte.[215]

Der Leistungstatbestand ist somit ein gemeinsames Strukturelement aller Einkunftsarten und wird erfüllt, wenn Leistungen (Wirtschaftsgüter oder Dienstleistungen) durch Teilnahme am Markt erbracht werden, die darauf gerichtet ist, ein positives Gesamtergebnis zu erwirtschaften.[216]

bb. Ergebnistatbestand: Gewinn und Überschuss

Der Ergebnistatbestand, neben dem Erwerbstatbestand Teil eines einheitlichen einkommensteuerlichen Belastungsgrundes, besteht im Vermögenszuwachs, den der Steuerpflichtige durch Nutzung einer marktbezogenen Erwerbsgrundlage erwirtschaftet hat.[217] Der alleinige Zufluss ist für eine Steuerbarkeit nicht ausreichend. Dieser Erfolg, die Summe der Einkünfte[218], macht deutlich, dass es sich bei dem Einkommensteuergegenstand um einen erfolgsqualifizierten Handlungstatbestand handelt.[219] Die Einkommensteuer knüpft nur an das tatsächlich

---

211 BFH, v. 25.6.1984, GrS 4/82, BStBl. II 1984, 751 (766); *Wacker*, in: Schmidt, EStG, § 15 Rn. 30.

212 BFH, v. 15.12.1999, X R 23/95, BStBl. II 2000, 267 (270).

213 Zwar charakterisiert die Rechtsprechung die „Einkünfteerzielungsabsicht" als subjektives Tatbestandsmerkmal, beurteilt deren Voraussetzungen aber aus dem betätigten Willen, der anhand objektiver Umstände zu bestimmen ist; vgl. BFH, v. 9.7.2002, IX R 47/99, BStBl. II 2003, 580 (581 f.); v. 22.4.1998, XI R 10/97, BStBl. II 1998, 663 (664 f.); v. 25.6.1984, GrS 4/82, BStBl. II 1984, 751 (764 ff.).

214 BFH, v. 15.12.1999, X R 23/95, BStBl. II 2000, 267 (270).

215 *Lang*, Bemessungsgrundlage, S. 258, 267 ff. *Tipke*, Steuerrechtsordnung II, S. 665.

216 *Ruppe*, DStJG Bd. 1 (1978), S. 7 (16).

217 *Kirchhof*, in: Kirchhof, EStG, § 2 Rn. 22, 75.

218 Zum Einkünftebegriff siehe unter C.I.3.a.

219 *Kirchhof*, in: Kirchhof/Söhn/Mellinghoff, EStG, § 2 Rn. A 79.

verwirklichte positive Gesamtergebnis an. Weder die bloße Erwerbsfähigkeit noch unrealisierte Vermögenszuwächse stellen Einkünfte dar.

Dieser Erwerbserfolg berechnet sich entsprechend dem objektiven Nettoprinzip nach den Einkünften und stellt die Mehrung der wirtschaftlichen Leistungsfähigkeit fest.[220] Nur das positive Ergebnis löst eine Steuerbarkeit aus, negative Einkünfte führen hingegen zu keiner Steuererstattung.[221] Sie können bestenfalls im Rahmen des Verlustabzugs in anderen Besteuerungszeiträumen mit positiven Einkünften saldiert werden; daher ist neutraler von einem Ergebnistatbestand zu sprechen.

Das Einkommensteuergesetz bemisst die typische wirtschaftliche Leistungsfähigkeit im Dualismus der Einkünfteermittlung zwischen Gewinn (§ 2 Abs. 2 Nr. 1; §§ 4–7k EStG) und Überschuss (§ 2 Abs. 2 Nr. 2; §§ 8–9a EStG). Dies wirft eine Gleichheitsproblematik auf, auf die später im Einzelnen noch genauer eingegangen werden muss.[222]

Die Überschussermittlung erfasst die Erwerbsgrundlagen, aus denen im Wesentlichen Geldleistungen bezogen werden. Ihre Höhe kann also grundsätzlich im Leistungsentgelt erfasst werden. Diese Einkünfte lassen sich bemessen, indem die Werbungskosten mit den Erwerbseinnahmen verrechnet werden. Bei den betrieblichen Gewinnen hingegen weicht das Einkommensteuerrecht in der Regel von der Überschussermittlung ab, weil der Ergebnistatbestand der Einkünfte weniger in den Überschüssen einer Geldrechnung, sondern mehr in der Wertentwicklung des Betriebsvermögens zum Ausdruck kommt.

Das Erwerbsergebnis ist also bei Geldleistungen der Geldüberschuss, bei Betriebsleistungen der Vermögensüberschuss. Diese beiden Posten werden dann in der Summe der Einkünfte gem. § 2 Abs. 3 EStG zusammengefasst.

Der Ergebnistatbestand wird durch eine Geldrechnung als Quantifizierungselement ermittelt, die dem Nominalwertprinzip folgt. Das Nominalprinzip, vereinfachend durch den Grundsatz „Euro gleich Euro“ formuliert, ignoriert eine durch Geldentwertung bedingte Leistungsfähigkeitsminderung.[223] Eine Inflation erhöht gleich bleibende Realeinkommen nominal, die damit einem erhöhten Progressionssatz unterworfen werden. Neben dieser „kalten Steuerprogression“ bewirken zahlenmäßige Vermögenswertsteigerungen bei Veräußerungen Scheingewinne, verursachen auf der anderen Seite als inflationsbedingte Geldwertverluste Schuldnergewinne.[224]

Soweit aber alle Einkünfte betroffen sind, ist die steuerliche Belastungsgleichheit nicht verletzt. Eine Inflationsbereinigung durch Indexierung wäre

---

220 *Mössner*, in: FS Kruse, S. 161 (174); *Fischer*, in: FS Beisse, S. 189.

221 *Kirchhof*, in: Kirchhof, EStG, § 2 Rn. 4.

222 Dazu 0.

223 Das Leistungsfähigkeitsprinzip ist ein Realwertprinzip; *Tipke*, Steuerrechtsordnung I, S. 459 f., 512 ff.; *Tipke/Lang*, Steuerrecht, § 9 Rn. 56 f.

224 *Kirchhof*, in: Kirchhof, EStG, § 2 Rn. 77; *Tipke*, Steuerrechtsordnung, S. 513.

nicht praktikabel,[225] würde unabsehbare Auswirkungen auf das Wirtschaftssystem haben[226] und verstieße gegen Grundsätze des Währungsrechts.

4. Zwischenergebnis: Das Besteuerungsobjekt als rechtsdogmatische Konzeption aller Einkunftsarten

Als Zwischenergebnis lässt sich unter Berücksichtigung der im Gesetz aufgezählten Tatbestände sowie der sie miteinander verbindenden Prinzipien das Einkommensteuerobjekt definieren als ein erwirtschafteter und realisierter Vermögenszuwachs durch Nutzung einer marktbezogenen Erwerbsgrundlage.

Diese Konzeption bestimmt die Rechtsdogmatik aller Einkunftsarten und schafft die Grundlage für die Gleichheit aller Erwerbsgrundlagen, die dann im synthetischen Prinzip ausgeformt wird. Die Besteuerung der Erwerbseinkünfte wird somit der Maßstab des Einkommensteuerrechts und des Steuertatbestandes, der die Steuerlasten je nach dem Erfolg privaten Erwerbsstrebens gleich verteilt.[227] Die Markteinkünfte dienen mithin als Ausgangspunkt des gleichheitsrechtlichen Vergleichsmaßstabs. Das Marktnettoeinkommen als Steuergegenstand ist bei Beurteilung der objektiven Leistungsfähigkeit das wesentlich Gleiche im Einkommensteuerrecht.

Sodann ist nach dem Gebot der Folgerichtigkeit die gesetzgeberisch getroffene Grundsatzentscheidung für die Besteuerung des Marktnettoeinkommens im Einkommensteuergesetz widerspruchsfrei umzusetzen.[228]

5. Verfassungsrechtliche Verankerung des marktbezogenen Steuergegenstandes

Ausgangspunkt der Markteinkommenstheorie ist die Besteuerung nach der Leistungsfähigkeit.[229] Als solche ist sie grundsätzlich mit der Besteuerungsgleichheit vereinbar.[230]

Äußerst umstritten ist aber, ob die Besteuerung des Markteinkommens verfassungsrechtlich vorgegeben ist.[231] Insbesondere *Kirchhof* sieht den Vorgang des marktabhängigen Erwerbens nicht nur als einfachgesetzliches Tatbestandselement an, sondern rechtfertigt die Markteinkommenstheorie als Gegenstand und Ausgestaltung der Einkommensteuer aus Art. 14 GG. Kraft Verfassungs-

225 Zumindest bei einer niedrigen Inflationsrate ist das Nominalwertprinzip gerechtfertigt.
226 BVerfGE 50, 57 (77 ff.).
227 *Kirchhof*, Gutachten F, S. 21.
228 *Kirchhof*, DStJG Bd. 24 (2001), S. 9 (19).
229 *Wittmann*, Markteinkommen, S. 93 ff.
230 BVerfGE 99, 88 (96).
231 *Kirchhof*, Gutachten F, S. 16 f.; *ders.*, in: HStR Bd. IV, 2. Aufl., § 88 Rn. 47 ff.; *ders.*, DStJG Bd. 24 (2001), S. 9 (14); *ders.*, Besteuerung, S. 53; a.A. *Söhn*, in: FS Tipke, S. 343 (349 f.), *Tipke/Lang*, Steuerrecht, § 8 Rn. 31.

recht sollen nur die Einkommen steuerpflichtig sein, die am Markt entstehen. Art. 14 GG biete dafür die unmittelbare verfassungsrechtliche Grundlage.[232] Einkommen stelle sich nicht als isolierte Leistung des Einzelnen dar, sondern könne nur in dem von staatlicher Seite zur Verfügung gestellten Organisationsrahmen des Marktes erwirtschaftet werden.[233] Aufgrund dieser Gemeinwohlbindung sei das Einkommen als Eigentum gesteigert sozialpflichtig im Sinne des Art. 14 Abs. 2 GG und daher „steuerbar, weil [...] die Rechtsgemeinschaft an seinem Entstehen mitgewirkt“[234] habe. Nach *Kirchhof* sei das Markteinkommen ein verfassungsrechtlich abgeleiteter Einkommensbegriff, der grundsätzlich mit dem Steuergegenstand des Einkommensteuergesetzes übereinstimme.

Die Gegner der verfassungsrechtlichen Verankerung des Markteinkommens befürchten, dass der Gestaltungsraum des Gesetzgebers dadurch zu sehr eingeengt werde. Darüber hinaus kritisiert der überwiegende Teil der Literatur den Rückgriff auf äquivalenztheoretische Überlegungen.[235] Denn *Kirchhof* begreife die Steuer des Einzelnen als Gegenwert für die Leistungen des Staates, den Rahmen des Marktes bereitzustellen.[236] Dann wäre aber nach dieser Auffassung z.B. die Besteuerung von Erbschaften und Schenkungen verfassungswidrig, denn sie fließen dem Steuerpflichtigen ohne die Teilnahme am Markt zu. Nach dem Leistungsfähigkeitsprinzip sei der Anknüpfungspunkt für die Besteuerung allein der Zuwachs an individueller, wirtschaftlicher Leistungsfähigkeit.[237]

Dieser Kritik an einer verfassungsrechtlichen Verankerung der Markteinkommenstheorie kann entgegengehalten werden, dass die Steuer des Einzelnen als Gegenwert für die Leistungen des Staates keinen konkret-individuell äquivalenten Bezug aufweist. Im Sinne einer abstrakt-kollektiven anonymisierten Globaläquivalenz ist es zu verstehen, dass der marktbezogene Steuergegenstand verfassungsrechtlich steuerverhaftet ist.[238] *Kirchhof* betont dies, wenn er ausführt: „Die Einkommensteuer ist also nicht entgeltähnlich eine Gegenleistung des Steuerpflichtigen für staatliche Leistungen der Sicherung, wirtschaftlichen

---

232 *Kirchhof*, Gutachten F, S. 14 f., 19 f.; *ders.*, in: Kirchhof/Söhn/Mellinghoff, EStG, § 2 Rn. A 156 ff.

233 *Kirchhof*, Gutachten F, S. 16 f.; *ders.*, DStJG Bd. 24 (2001), S. 1 (14 ff.).

234 *Kirchhof*, Gutachten F, S. 20 f.

235 *Wittmann*, Markteinkommen, S. 109 ff.; *Tipke*, Steuerrechtsordnung I, S. 233; *ders.*, Steuerrechtsordnung II, S. 558 ff.; *Tipke/Lang*, Steuerrecht, § 8 Rn. 31, *Isensee*, Referat, in: 57. Deutscher Juristentag Bd. II, S. N 32 ff.; *Uelner*, Referat, in: 57. Deutscher Juristentag Bd. II, S. N 9 (N 11 ff.); *Steichen*, in: FS Tipke, S. 365 (370 ff.); *Söhn*, in: FS Tipke, S. 343 (348 ff.); ablehnend wegen der historischen Vorherigkeit des Einkommensteuerrechts vor Art. 14 GG *Durchlaub*, Veräußerung von Privatvermögen, S. 56 f.

236 *Fohler*, Private Anteilsveräußerung, S. 71.

237 *Fohler*, Private Anteilsveräußerung, S. 71 f.

238 *Seiler*, Gutachten F, S. 1, 14; *Kube*, Finanzgewalt, S. 59 Fn. 209 a.E.; *Lehner*, in: FS Wassermeyer, S. 241 (247).

Förderung, kulturellen Betreuung oder existentiellen Vorsorge, sondern der Staat lehnt sich finanzwirtschaftlich an die Erwerbswirtschaft seiner Bürger an und nimmt an allen ihren Erfolgen teil."[239] Nach dieser an der Globaläquivalenz orientierten Steuerrechtfertigungslehre ist eine Erbschaft- und Schenkungsteuer verfassungsrechtlich begründet, da der Staat eine Rechts- und Friedensordnung bereitstellt sowie für eine werterhaltende Infrastruktur sorgt, die den Erwerb von Todes wegen und eine freigebige Zuwendung unter Lebenden verbindlich ermöglicht.

II. Das Einkommensteuergesetz als synthetische Einheitssteuer

Neben dem marktbezogenen Einkommensteuergegenstand lässt sich eine weitere gesetzgeberische Besteuerungskonzeption daran erkennen, wie die Ergebnisse der einzelnen Erwerbsgrundlagen behandelt werden. Dabei ist grundsätzlich von zwei gegensätzlichen Typen auszugehen: der analytischen Schedulensteuer oder der synthetischen Einheitssteuer.

1. Das Konzept der analytischen Schedulensteuer

Eine analytische Schedulensteuer (schedular or analytic type of income tax) zerlegt das Einkommen und trennt die zu versteuernden Einkünfte nach Art ihrer Erwerbsgrundlagen in mehrere Listen (schedule).[240] Dadurch werden einzelne Erwerbsgrundlagen isoliert und aus den daraus fließenden Einkünften jeweils eine besondere Steuerbemessungsgrundlage gebildet. An diese separierten Bemessungsgrundlagen knüpft das Schedulensystem unterschiedliche Rechtsfolgen an.[241] Auf diese Weise wird die Verrechnung von positiven und negativen Einkünften verschiedener Erwerbsgrundlagen ausgeschlossen oder eingeschränkt, und die Einkünfte jeder Liste werden einem gesonderten Einkommensteuertarif unterworfen.

Das Schedulensystem konzentriert sich auf bestimmte Arten steuerpflichtiger Vermögensmehrungen, von denen jede wiederum grundsätzlich bestimmten Sonderregelungen unterliegt.[242] Die Steuerlast unterscheidet sich dann bei gleicher Zunahme an realisierten Vermögenszugängen in Abhängigkeit von den genutzten Erwerbsgrundlagen.[243]

---

239 *Kirchhof*, in: Kirchhof/Söhn/Mellinghoff, EStG, § 2 Rn. A 599.

240 *Flämig*, Stichwort: „Schedulensystem", in: HwStR Bd. II, S. 1181.

241 *Tipke/Lang*, Steuerrecht, § 9 Rn. 1; *Thiel*, in: FS Fachanwälte für Steuerrecht, S. 75 (76).

242 *Bernhardt*, Einkünfte versus Income, S. 65.

243 *Englisch*, Duale Einkommensteuer, S. 99.

2. Das Konzept der synthetischen Einheitssteuer

Im Gegensatz dazu steht die synthetische Gesamteinkommensteuer (unitary or global type of income tax), welche an alle besteuerbaren Arten von Einkünften gleiche einheitliche Rechtsfolgen anknüpft.[244] Die verschiedenen Einkommensbestandteile als Ergebnisse der Erwerbsgrundlagen werden synthetisch zu einer Einheit verknüpft.[245]

Dabei bietet sich an, das besteuerbare Einkommen in einer Generalklausel zusammenzufassen oder die Ergebnisse aller Erwerbsgrundlagen in einer Summe der Einkünfte zu verrechnen.[246] Durch diese Gesamtheit der Einkünfte gewinnt das Einkommensteuerrecht eine gemeinsame, einheitliche Steuergrundlage. Die Einheitssteuer lässt demgemäß den Verlustausgleich zwischen positiven und negativen Einkünften zu und wendet auf das so ermittelte Gesamteinkommen einen einheitlichen Tarif an.

Die Synthetizität der Einkommensteuer vermeidet damit Substitutionseffekte zwischen verschiedenen Formen der Einkommenserzielung und ist eine wesentliche und bedeutsame Ausdrucksform des Leistungsfähigkeitsprinzips im objektiven Sinn.[247] Es ist grundsätzlich gleichgültig, mit welchen Erwerbsgrundlagen und mit welchem Aufwand der Steuerpflichtige Einkünfte erwirtschaftet. Im Sinne der objektiven wirtschaftlichen Leistungsfähigkeit wird auf das Ergebnis, den realisierten Vermögenszuwachs aufgrund des Erwerbseinkommens, und nicht auf die Ursache dieses Erfolgs abgestellt.

3. Die Summe der Einkünfte als Ausdruck der Synthetizität

Zu prüfen ist daher, ob das deutsche Einkommensteuerrecht von der Konzeption der analytischen Schedulensteuer oder vom Gedanken der synthetischen Einheitssteuer ausgeht.

Die absolute Umsetzung des Konzepts der Einheitssteuer in Reinform wird es wohl in der gesamten Rechtswelt nicht geben.[248] Doch können systematische gesetzgeberische Grundentscheidungen für die Annäherung an einen dieser Idealtypen sprechen. Eine Durchbrechung dieser Wertung bedarf dann der Rechtfertigung.

a. Katalogisierung

Die Enumeration verschiedener Einkunftsarten in einem Katalog ist noch kein hinreichender Anhaltspunkt gegen ein synthetisches Modell und für die analy-

---

244 *Tipke*, Steuerrechtsordnung II, S. 668.
245 *Faltlhauser*, in: FS Ritter, S. 511 (512).
246 *Tipke*, Steuerrechtsordnung II, S. 668.
247 *Faltlhauser*, in: FS Ritter, S. 511 (513); *Stoll*, Verluste, S. 136.
248 *Tipke*, Steuerrechtsordnung II, S. 668.

tische Listenbesteuerung. Nach dem Grundgedanken soll die Aufzählung in § 2 Abs. 1 Satz 1 EStG nicht dazu dienen, an die Ergebnisse unterschiedlicher Erwerbsgrundlagen separate Rechtsfolgen zu binden, sondern den Einkommensbegriff pragmatisch rechtstechnisch zu beschreiben.[249] Die Katalogisierung der Erwerbsgrundlagen in § 2 Abs. 1 Satz 1 EStG kann für sich allein eine Ungleichbehandlung der Erwerbsgrundlagen nicht rechtfertigen,[250] spricht damit für sich nicht gegen das synthetische Prinzip.

Auch der Wille des historischen Gesetzgebers ging von der Gleichwertigkeit der Wertzuflüsse aus.[251] Ebenso differenzieren die beiden volkswirtschaftlichen Haupttheorien, die Quellen- und Reinvermögenszugangstheorie, nicht, aus welcher Erwerbsgrundlage die Mittel fließen, aus welcher Tätigkeit sie hervorgehen, ob sie mit größerer oder geringerer Anstrengung erwirtschaftet werden.[252]

b. Einheitlicher Betrag der Einkünfte

Die Synthese drückt sich vielmehr systematisch im deutschen Einkommensteuerrecht darin aus, dass die einzelnen besteuerbaren Einkünfte in § 2 Abs. 3 EStG zu einer Summe der Einkünfte zusammenzuzählen sind. Positive Einkünfte können grundsätzlich mit negativen Einkünften enumerationsunabhängig und übergreifend im Sinne des externen vertikalen Verlustausgleichs verrechnet werden, nachdem zunächst der interne horizontale Verlustausgleich innerhalb der einzelnen Einkunftsart hergestellt worden ist. Der Verlustausgleich ist ein Kennzeichen der synthetischen Einkommensteuer, die sich an der persönlichen Leistungsfähigkeit orientiert.[253] In der Summierung der Ergebnisse werden die Einkunftsarten vermischt und verlieren ihre Eigenständigkeit.[254] Dieser einheitliche Betrag wird dann in einer einheitlichen Bemessungsgrundlage gem. § 2 Abs. 5 EStG berücksichtigt, welche die Ausgangsgröße für einen einheitlichen belastenden Einkommensteuertarif (§ 32a Abs. 1 EStG) bildet.

4. Regelungen und Einkünftepluralismus

Dennoch konnte der Gesetzgeber der Versuchung nicht widerstehen, aufgrund der Katalogisierung an einzelne Einkunftsarten Sondervorschriften zu knüpfen.[255] Damit stellt sich zunächst die Frage, ob diese Rechtsfolgen das ursprünglich vorgesehene Konzept und System umkehren. Wird also aus der Einheits-

---

249 *Lang*, Bemessungsgrundlage, S. 219.
250 BVerfGE 84, 348 (363 f.); 96, 1 (6); 105, 73 (126).
251 *Giloy*, FR 1978, S. 205.
252 *Giloy*, FR 1978, S. 205.
253 *Doralt/Ruppe*, Steuerrecht, S. 224
254 *Kirchhof*, in: Kirchhof, EStG, § 2 Rn. 22.
255 Siehe unter F.

steuer mit schedulenähnlichen Zügen eine Listenbesteuerung mit synthetischen Merkmalen? Wann verändert sich die Synthetizität zur Schedule?

§ 32c EStG[256] sah bis zum Veranlagungszeitraum 2007 eine Tarifbegrenzung bei Gewinneinkünften auf 42 Prozent des zu versteuernden Einkommens vor, die damit von der Anhebung des Spitzensteuersatzes auf 45 Prozent des zu versteuernden Einkommens ab einem Betrag von 250.001 € ausgenommen wurden. Überschusseinkünfte mussten ab diesem Betrag den Spitzensteuersatz tragen und wurden dementsprechend diskriminiert. Deshalb wandelte sich aber die Einheitssteuer noch nicht in ein analytisches Schedulensystem um. Die synthetische Rechengröße der „Summe der Einkünfte" bestand weiterhin und der Einheitstarif gem. § 32a EStG galt weiterhin für alle Einkünfte der unterschiedlichen Erwerbsgrundlagen bis zu einem Betrag von 250.000 €. Zudem betraf die Sonderregelung eine wesentliche Mehrzahl der Steuerpflichtigen nicht. § 32c EStG durchbrach somit die Einheitssteuer, leitete aber keinen Systemwechsel ein.

Die Einführung einer Abgeltungsteuer auf Kapitalerträge gem. §§ 32d, 43 Abs. 5 Satz 1 EStG n.F.[257] ab dem 1.1.2009 könnte hingegen einen Systemwechsel hin zu einer Schedulensteuer vollziehen. Danach sollen Einnahmen aus Kapitalvermögen i.S.d. § 2 Abs. 1 Satz 1 Nr. 5 i.V.m. § 20 EStG n.F.[258] grundsätzlich einem definitiven abgeltenden Steuersatz von 25 Prozent unterliegen. § 2 Abs. 5b EStG n.F.[259] nimmt diese abgeltungsbesteuerten Kapitaleinkünfte aus der Summe der Einkünfte aus.

Mit Einführung der Abgeltungsteuer auf Kapitalerträge wird jedoch nicht das Prinzip der synthetischen Einkommensteuer aufgegeben,[260] da eine gesetzessystematische Auslegung der § 2 Abs. 5a, Abs. 5b Satz 2, § 32d Abs. 6 EStG n.F. und der weiterhin bestehenden Subsidiaritätsregelung des § 20 Abs. 8 EStG n.F. (§ 20 Abs. 3 EStG a.F.) ergibt, dass die Abgeltungsteuer als Ausnahme konzipiert ist.

Die Unternehmensteuerreform 2008 bricht zwar mit dem Syntheseprinzip, indem gewisse Kapitaleinkünfte von der Summe der Einkünfte ausgenommen

---

256 I.d.F. des Art. 1 Nr. 13 des StÄndG 2007 v. 19.7.2006, BGBl. I 2006, S. 1652 (1654).

257 I.d.F. des Art. 1 Nr. 22 des UntStRefG 2008 v. 14.8.2007, BGBl. I 2007, S. 1912 (1918) und des Art. 1 Nr. 11a des JStG 2008 v. 20.12.2007, BGBl. I 2007, S. 3150 (3153).

258 I.d.F. des Art. 1 Nr. 16 des UntStRefG 2008 v. 14.8.2007, BGBl. I 2007, S. 1912 (1916 f.). Einkünfte aus Kapitalvermögen umfassen ab VZ 2009 neben den Kapitalerträgen auch Wertzuwächse, die dem Steuerpflichtigen durch die Veräußerung der Kapitalanlagen – unabhängig von der Haltedauer dieser Anlagen im Privatvermögen – oder nach dem Abschluss eines Kapitalüberlassungsvertrages zufließen (§ 20 Abs. 2 Satz 1 Nr. 1 EStG n.F.).

259 I.d.F des Art. 1 Nr. 2 lit. c des UntStRefG 2008 v. 14.8.2007, BGBl. I 2007, S. 1912.

260 Eine Abkehr vom Prinzip der synthetischen Einkommensteuer nehmen *Weber-Grellet*, NJW 2008, S. 545 (547); *Englisch*, StuW 2007, S. 221 (222 f.); *Eckhoff*, FR 2007, S. 989 (990 f.); *Hey*, BB 2007, S. 1303 (1308) an.

(§ 2 Abs. 5b Satz 1 EStG n.F.) und einem gesonderten Steuersatz i.H.v. 25 Prozent unterworfen werden (§ 32d Abs. 1 EStG n.F.). Für außersteuerliche und manche steuerlichen Fälle, in denen der Steuerpflichtige bestimmte steuerliche Vorteile geltend macht, werden aber die zuvor ausgenommenen Kapitaleinkünfte wieder hinzugerechnet (§ 2 Abs. 5a und 5b Satz 2 EStG n.F.). Die Entwurfsverfasser sehen somit doch das synthetisch ermittelte Einkommen als zutreffenden Indikator der Leistungsfähigkeit an.[261] Sofern es nicht um die Höhe der Einkommensteuer geht, ist „allein die Höhe der Einkünfte maßgebend, nicht jedoch die Tatsache, dass ein Teil der Einkünfte einem besonderen Steuersatz unterworfen ist“[262].

Dieser innere Widerspruch bestätigt sich durch die Regelung des § 32d Abs. 6 EStG n.F. Danach wird dem Steuerpflichtigen die Wahlmöglichkeit eröffnet, anstelle der Abgeltung seine Einkünfte aus Kapitalvermögen den allgemeinen einkommensteuerrechtlichen Regelungen zur Ermittlung der tariflichen Einkommensteuer zu unterwerfen, wenn dies zu einer niedrigeren Einkommensteuer führt. Durch die Regelung des Abs. 6 wird deutlich, dass die Abgeltungsteuer eine Ausnahme zu den allgemeinen Regeln des § 2 EStG darstellt, denn die Günstigerprüfung nach Abs. 6 ist als Rückausnahme konzipiert.

Auch die Nichteinbeziehung anderer Kapitaleinkünfte, die aufgrund der Subsidiaritätsregelung des § 20 Abs. 8 EStG n.F. (§ 20 Abs. 3 EStG a.F.) nicht unter das Kapitalvermögen i.S.d. § 20 EStG zu subsumieren sind und somit nicht § 32d EStG n.F. unterworfen werden, spricht für den Ausnahmecharakter der Abgeltungsteuer. Kapitaleinkünfte, die im Betriebsvermögen erzielt werden, unterfallen den allgemeinen Regeln. Entsprechende Einnahmen sind gem. § 3 Nr. 40 Satz 1 EStG n.F. nach dem Teileinkünfteverfahren nunmehr zu 40 Prozent steuerfrei, und es gilt der normale Einkommensteuertarif (§ 32a EStG).

Diese gesetzessystematische Auslegung findet in der gesetzgeberischen Entscheidung ihre Bestätigung, durch die Abgeltungsteuer keine Systemänderung herbeiführen zu wollen. Einen Systemwechsel hin zu einer Schedulenbesteuerung soll die Unternehmensteuerreform 2008 nicht leisten. In der Entwurfsbegründung wird ausgeführt, dass sich die Bundesregierung gegen den Entwurf des Sachverständigenrates zur Dualen Einkommensteuer entschieden habe.[263] In der Zusammenschau mit dem Koalitionsvertrag, in dem eine Grundsatzentscheidung zwischen synthetischer und dualer Einkommenbesteuerung in Aussicht gestellt wurde,[264] lässt sich die Einführung der Abgeltungsteuer nur als Systemabweichung von der synthetischen Einkommensteuer auslegen.

---

261 *Homburg*, DStR 2007, S. 686

262 BT-Drucks. 16/4841, S. 80.

263 BT-Drucks. 16/4841, S. 2.

264 Vgl. Koalitionsvertrag von CDU, CSU und SPD „Gemeinsam für Deutschland – Mit Mut und Menschlichkeit“ vom 11.11.2005, S. 82.

5. Zwischenergebnis

Das Ideal der synthetischen Einheitssteuer in Reinform ist im deutschen Einkommensteuerrecht nicht verwirklicht, eine gesetzgeberische Tendenz zu einer Schedularisierung jedoch erkennbar.[265] Schedulenmerkmale lassen sich durch unterschiedliche Einkünfteermittlungen und Steuererhebungen, einkunftsartabhängige Lenkungs- und Vereinfachungsnormen und schedulare Zusatzsteuern aufzeigen. Zwischen veranlagter Einkommensteuer und Lohnsteuer besteht aber im Grundsatz noch eine Tarifeinheit trotz eines Sondertarifs für Einkünfte aus Kapitalvermögen. Dieser Einkünftepluralismus stellt sich somit als Durchbrechung des Syntheseprinzips dar. Eine Aufhebung des einheitlichen Grundkonzepts in § 2 EStG ist daraus nicht zu folgern. Dabei verkörpert gerade die Vorstellung der synthetischen Einkommensteuer eine leistungsfähigkeitsgerechte Steuergerechtigkeit in typischer Weise.[266]

Außerdem kann nicht nur im Hinblick auf eine Fülle von Durchbrechungen eine Systemkonzeption abgelehnt werden. Auch wenn der synthetische Grundsatz im geltenden Recht nicht in Reinform verwirklicht, sondern durch einen Einkünftepluralismus gelockert ist, bleiben doch die Durchbrechungen rechtfertigungsbedürftig.[267] Der Rechtfertigungsbedarf einer Durchbrechung kann nicht unter Verweis auf andere Durchbrechungen missachtet werden.[268] Solange eine solche Rechtfertigung nicht gelingt, können zudem nicht ihrerseits Ungleichbehandlungen zu einer Rechtfertigung führen. Durchbrechungen des Gleichheitssatzes bedürfen der Rechtfertigung, können aber nicht – selbst bei einer Vielzahl von Fällen – Normen des Verfassungsrechts aufheben. Dies wäre ansonsten eine „Gleichheit im Unrecht“.[269]

Aus der Auffassung des Bundesministeriums der Finanzen[270] kann somit nicht gefolgert werden, dass es eine gesetzgeberische Entscheidung für eine synthetische Einkommensteuer nicht gebe. Vielmehr zeigt sich nach einer Gesamtschau, dass der Entwurf der aus der Summe der Einkünfte entwickelten deutschen einheitlichen Einkommensteuer trotz eines Einkünftepluralismus dem Leitbild der synthetischen Einheitssteuer folgt und im Gegensatz zu einer Schedulensteuer steht.[271] Die synthetische Einkommensteuer ist eine „grundlegende steuerliche Sachgesetzlichkeit“.[272]

265 *Lang*, StuW 2006, S. 22 (28).

266 *Seer*, Referat, in: 66. Deutscher Juristentag Bd. II/1, S. Q 127 (134); *Lang*, StuW 2006, S. 22 (28).

267 *Wernsmann*, NJW 2000, S. 2078 (2079).

268 *Kulosa*, Verfassungsrechtliche Grenzen, S. 27; so aber *Schenke/Schenke*, NJW 1999, S. 2573 (2574 Fn. 14).

269 *Wernsmann*, Verhaltenslenkung, S. 315 Fn. 351.

270 BVerfGE 116, 164 (177).

271 Für die Rechtslage vor der Unternehmensteuerreform 2008 *Handzik*, in: Littmann/Bitz/Pust, EStG, § 2 Rn. 36; *Tipke*, Steuerrechtsordnung II, S. 668; *ders.*, FS Kruse, S. 215

(218); *Mellinghoff*, Referat, in: 66. Deutscher Juristentag Bd. II/1, S. Q 85 (102); *Faltlhauser*, FS Ritter, S. 511 (512); *Thiel*, in: FS Fachanwälte für Steuerrecht, S. 75 (76); *Palm*, DStR 2002, S. 152 (153); *Arndt/Jenzen*, DStR 1998, S. 1818 (1820); *Giloy*, FR 1978, S. 205. Zu einer Abkehr vom Konzept der synthetischen Einkommensteuer neigend *Kanzler*, FR 1999, S. 363 (366); *Sachverständigenrat*, Jahresgutachten 2003/04, Ziff. 533, 538; aufgrund der Abgeltungsteuer neuerdings seit der 19. Auflage auch *Tipke/Lang*, Steuerrecht, § 9 Rn. 1.

272 Vgl. BFH, v. 24.2.1999, X R 171/96, BStBl. II 1999, 450 (459).

D. Gleichheit der Einkunftsarten

Die Sachgesetzlichkeit der Synthetizität könnte im Gebot der Folgerichtigkeit die Gleichheit der einzelnen Erwerbsgrundlagen fordern. Denn das Bundesverfassungsgericht nimmt bei der konkreten Umsetzung der einmal getroffenen Belastungsentscheidung eine strengere Bindung des Gesetzgebers an den Gleichheitssatz an.[273] Der Gesetzgeber müsse die einmal getroffene Belastungsentscheidung „folgerichtig" im Sinne der Belastungsgleichheit[274] ausgestalten. In einigen neueren Entscheidungen folgert das Bundesverfassungsgericht – entgegen seiner früheren Auffassung[275] – unmittelbar aus nicht system- und folgerichtigen Regelungen einen Verstoß gegen Art. 3 Abs. 1 GG. Dies würde für die Gleichbehandlung der Einkunftsarten eine systemkonsequente Ableitung aus dem synthetischen Prinzip bedeuten und wäre eine Entscheidung des einfachen Gesetzgebers. Würde die Synthetizität nicht mehr Grundgedanke des Einkommensteuerrechts sein, wäre eine Gleichwertigkeit der Einkunftsarten nicht mehr ein folgerichtiges Gebot an den einfachen Gesetzgeber.

Eine mit dem Folgerichtigkeitsgebot „eng verbundene Leitlinie"[276] des gesetzgeberischen Gestaltungsraums im Bereich des Einkommensteuerrechts ist das Gebot der Ausrichtung der Steuerlast am Prinzip der finanziellen Leistungsfähigkeit. Auch hieraus könnte sich die Forderung nach der Gleichbehandlung der verschiedenen Einkunftsarten ergeben. Zwar sind beide Begründungsansätze eng miteinander verzahnt, entsprechen sich aber nicht. Eine nur durch die Folgerichtigkeit gebotene Gleichmäßigkeit der Einkunftsarten erfordert andere Maßstäbe als eine näher am Leistungsfähigkeitsprinzip orientierte Gleichwertigkeit.

In diesem Fall wäre diese Gleichbehandlung ein Subprinzip des Leistungsfähigkeitsprinzips und würde sich aus dem Grundgesetz ableiten. Folglich wäre der einfache Gesetzgeber nicht nur aus rechtssystematischen und prinzipiengebundenen Gründen an eine Gleichwertigkeit und eine damit verbundene Gleichbehandlung sämtlicher Erwerbsgrundlagen gehalten. Eine Gleichheit würde sich neben der folgerichtigen Ausgestaltung des Einkommensteuerrechts unter Ableitung aus dem Leistungsfähigkeitsprinzip aus dem Grundgesetz ergeben. Ansatzpunkt wäre insoweit die horizontale Steuergerechtigkeit zwischen den Steuerpflichtigen, die ein Kennzeichen leistungsfähigkeitsgerechter Besteuerung ist.[277] Auswirkungen hätte dies bei Abschaffung des synthetischen Prinzips,

273 BVerfGE 84, 239 (271); 93, 121 (136); 99, 88 (95).

274 BVerfGE 99, 280 (290); 101, 132 (138); 101, 151 (155).

275 Eine Systemwidrigkeit indiziere nur einen Gleichheitsverstoß, könne aber, für sich genommen, keinen begründen. Vgl. BVerfGE 85, 238 (246).

276 BVerfGE 110, 412 (433); 116, 164 (180).

277 BVerfGE 82, 60 (89); 99, 246 (260); 110, 412 (433).

müsste sich der Gesetzgeber doch noch immer an der Gleichheit der Einkünfte orientieren.

Die Gleichheit sämtlicher Erwerbsgrundlagen, ausgedrückt in den sieben Einkunftsarten, könnte also durch das synthetische Prinzip im Sinne der gleichheitsrechtlichen Folgerichtigkeit systematisch und durch das Gebot der horizontalen Steuergerechtigkeit im Sinne der finanziellen Leistungsfähigkeit verfassungsrechtlich konkretisiert werden.

I. Folgerichtige Konkretisierung der Synthetizität und des Markteinkommens

Die Idee der Synthetizität des geltenden deutschen Einkommensteuerrechts bedeutet zunächst die rechtssystematische und –technische Grundlage für die Gleichheit der Einkunftsarten.[278] Die Zusammenfassung aller Einkünfte in einer Summe und die grundsätzliche Anwendung eines einheitlichen Steuersatzes setzen nämlich die wertende Erkenntnis voraus, dass die Einkünfte als gleich belastbar erachtet werden.[279] Die Einkünfte, erzielt aus den Erwerbsgrundlagen, erfahren im Steuerobjekt ihre vermischende Vereinigung; das verlangt mit Rücksicht auf die einheitliche Folge die prinzipielle Gleichwertigkeit der Einkünfte.[280]

Der Bundesfinanzhof bestätigt dies in seinem Vorlagebeschluss an das Bundesverfassungsgericht zu § 32c EStG a.F.[281], der eine Tarifbegrenzung bei gewerblichen Einkünften vorsah und verfassungsrechtliche Bedenken damit auslöste[282]:

> „In der Umschreibung der Einkunftsquellen durch § 2 Abs. 1 EStG und der Summenbildung nach § 2 Abs. 3 EStG als Ausgangsgröße für das zu versteuernde Einkommen, das die Bemessungsgrundlage für die tarifliche (§ 32a EStG) Einkommensteuer bildet (§ 2 Abs. 5 Satz 1 EStG), liegt die Wertung des Gesetzgebers, dass grundsätzlich alle Wertzu-

278 *Lang*, Bemessungsgrundlage, S. 219; *Giloy*, FR 1978, S. 205; *Littmann*, DStR 1962, S. 94 (96): „Gleichwertigkeit der Einkunftsarten"; *Stoll*, Verluste, S. 137: „Prinzip der Einkünftegleichwertigkeit"; *Gaddum*, Steuerreform, S. 17: „Gleichbehandlung der Einkunftsarten".

279 *Pönicke*, Einkünfte aus Leistungen, S. 4.

280 *Stoll*, Verluste, S. 138; *Kirchhof*, in: Kirchhof/Söhn/Mellinghoff, EStG, § 2 Rn. A 672; *Tipke*, Steuerrechtsordnung II, S. 668 ff.; *Giloy*, Einkommensbegriffe, S. 36.

281 § 32c EStG i.d.F. des StandOG v. 13.9.1993, BGBl. I 1993, S. 1569, abgeschafft durch StSenkG v. 23.10.2000, BGBl. I 2000, S. 1433.

282 BFH, v. 24.2.1999, X R 171/96, BStBl. II 1999, 450 (459); vgl. *Gosch*, DStR-Beihefter 6/1994, S. 1 (4 ff); *Gorski*, DStZ 1993, S. 613 ff.; *Lang*, StbJb 1993/94, S. 9 (17 ff.); *Pohmer*, DStZ 1993, S. 577 (580); *Tipke*, StuW 1993, S. 8 (12); *R. Wendt*, FR 1993, S. 1 (5 ff.).

flüsse qualitativ und quantitativ gleichwertig sind und nach gleichen Maßstäben zu belasten sind."

Obwohl das Bundesverfassungsgericht dieser Vorlage nicht entsprach, führt es aus, dass „Einkünfte nach der gesetzgeberischen Ausgangsentscheidung die gleiche Leistungsfähigkeit repräsentieren"[283]. Die Gleichwertigkeit der Einkunftsarten ist folglich eine notwendige Bedingung des synthetischen Prinzips und eine bereichsspezifische Ausprägung des verfassungsrechtlichen Gebots der Folgerichtigkeit.

Des Weiteren entspricht die gesetzgeberische Konzeption der Besteuerung des Erwerbseinkommens der Gleichwertigkeit sämtlicher Erwerbsgrundlagen, indem das Markteinkommen als gemeinsames Merkmal einen einheitlichen Begriff bildet. Dieses einheitliche Steuerobjekt bestärkt das synthetische Einkommensteuersystem, also auch die Gleichwertigkeit der Einkunftsarten.[284] Folglich kann das Postulat der Gleichheit aller Erwerbsgrundlagen zumindest als einkommensteuerlich spezifizierte Sachgesetzlichkeit angesehen werden.

II. Verfassungsrechtliche Forderung der horizontalen Steuergerechtigkeit

Neben der systematischen Konkretisierung aus der Synthetizität und dem Markteinkommen als gesetzgeberische Besteuerungskonzeption lässt sich das Gleichmaß aller Erwerbsgrundlagen direkt von der horizontalen Gleichheit zwi-

---

283 BVerfGE 116, 164 (181). In dem Beschluss zu § 32c EStG a.F. rechtfertigt es die Ungleichbehandlung der entlasteten Bezieher gewerblicher Einkünfte im Verhältnis zu den nicht bevorzugten Steuerpflichtigen mit der Erwägung, Zusatzbelastungen durch die Gewerbesteuer zu kompensieren. Angesichts der Belastungskumulation eines Gewerbebetriebs mit Einkommen- und Gewerbesteuer sei es dem Gesetzgeber verfassungsrechtlich nicht untersagt, die Gewerbesteuerbelastung bei der Einkommensteuer – über den Betriebsausgabenabzug hinaus – steuermindernd zu berücksichtigen. Eine mögliche Überkompensation des gewerbesteuerlichen Belastungsnachteils, die entstehe, wenn die Minderung der einkommensteuerlichen Zahllast größer ist als die zugleich durch die Gewerbesteuer begründete Zahllast, würde nur äußerst wenige Gewerbetreibende betreffen. Dies sei von der Typisierungsbefugnis des Gesetzgebers umfasst, die noch durch wirtschaftspolitische Förderungs- und Lenkungsziele erweitert werde. Die Senkung des Spitzensteuersatzes für gewerbliche Einkünfte sei ein Instrument, das sich national wie vor allem auch international schnell und in leicht verständlicher Sprache als Reduzierung der „Unternehmensbesteuerung" mitteilen lasse, um die Position des Wirtschaftsstandorts Deutschland im internationalen Standortvergleich zu verbessern.
Vgl. dazu die Anmerkungen von *M. Wendt*, FR 2006, S. 775; *Kanzler*, NWB 38/2006 Fach 3, S. 14189 ff.; *Keß*, FR 2006, S. 869 ff.; *Stahlschmidt*, StuB 2006, S. 756 ff.; *Hennrichs/Lehmann*, StuW 2007, S. 16 ff.

284 *Lang*, Bemessungsgrundlage, S. 232.

schen den Steuerpflichtigen ableiten. Horizontale Steuergleichheit „gebietet, Steuerpflichtige bei gleicher Leistungsfähigkeit auch gleich hoch zu besteuern".[285] Die Einkünfte repräsentieren die gleiche Leistungsfähigkeit.[286]

Die Einkommensteuer ist in besonderem Maße auf die Leistungsfähigkeit des einzelnen Steuerpflichtigen ausgerichtet.[287] In Bezug auf die steuerliche Leistungsfähigkeit, die sich im Ist-Einkommen ausdrückt, müssen alle Einkunftsarten gleich belastet werden.[288] Umgekehrt formuliert, darf also auch keine einzelne konkrete Erwerbsgrundlage privilegiert werden. Eine gleichmäßige Besteuerung nach der wirtschaftlichen Leistungsfähigkeit verlangt, dass die im Rahmen der sieben Einkunftsarten erwirtschaftete objektive Leistungsfähigkeit realitätsgerecht bemessen und gleich belastet wird.[289] Die wirtschaftliche Leistungsfähigkeit, die maßgeblich die verfassungsrechtlich gebotene steuerliche Lastengleichheit vor Abzug des Existenzminimums ausdrückt, wird nach dem objektiven Nettoprinzip erfasst.

Das objektive Nettoprinzip, das den Begriff der Besteuerung nach der finanziellen Leistungsfähigkeit konstitutiv ausfüllt und der gesetzgeberischen Disposition insoweit entzogen ist, fordert einkunftsartenübergreifend den Ausgleich und Abzug von Verlusten, die im Zusammenhang mit der Erwerbstätigkeit entstanden sind.[290] Es sichert insoweit die Gleichbehandlung der Einkunftsarten und ist seinerseits verfassungsrechtlich gebotener Ausdruck des Leistungsfähigkeitsprinzips.[291]

Bisher hat das Bundesverfassungsgericht offen gelassen, ob das objektive Nettoprinzip auch verfassungsrechtlich geboten ist. Es stellt aber zumindest keine geringeren Rechtfertigungsanforderungen für Durchbrechungen wie bei der Gleichheit aller Erwerbsgrundlagen auf.[292]

Das Bundesverfassungsgericht setzt bei der Beschreibung der Anforderungen an die Steuergerechtigkeit „Einkommen" mit „Leistungsfähigkeit" gleich.[293] Nach diesem Verständnis ist die aus Einkommen erwachsende Leistungsfähigkeit einheitlich zu verstehen. Die Annahme einer je nach Erwerbsgrundlage inkongruent gearteten Form steuerlicher Leistungsfähigkeit verträgt sich nicht mit

285 BVerfGE 110, 412 (434).
286 BVerfGE 116, 164 (181).
287 BVerfGE 82, 60 (86); 105, 73 (126); 107, 26 (47).
288 *Jachmann*, Steuergesetzgebung, S. 109.
289 *Jachmann*, Steuergesetzgebung, S. 109.
290 BVerfGE 99, 280 (290); 107, 27 (48).
291 BVerfGE 99, 88 (96).
292 BVerfGE 116, 164 (181).
293 BVerfGE 107, 27 (46 f.): „[…] Steuerpflichtige bei gleicher *Leistungsfähigkeit* auch gleich hoch zu besteuern, während (in vertikaler Richtung) die Besteuerung höherer *Einkommen* im Vergleich mit der Steuerbelastung niedriger *Einkommen* angemessen sein muss." (Hervorhebungen durch den Verfasser) Vgl. auch *Englisch*, Duale Einkommensteuer, S. 96; *ders.*, StuW 2007, S. 221 (224).

dem Belastungsgrund der Einkommensteuer, den individuellen Vermögenszuwachs zur Finanzierung des Gemeinwesens heranzuziehen.

Daraus lässt sich folgern, dass jede Art von Einkommen, unabhängig von seiner Erwerbsgrundlage, die gleiche wirtschaftliche Leistungsfähigkeit anzeigt. Alle nach dem Belastungsgrund des Einkommensteuerrechts erfassten Marktzuwächse sind qualitativ und quantitativ gleichrangig und nach gleichen Maßstäben zu belasten.[294] Grundsätzlich sind deshalb an alle Einkommen erzeugende Sachumstände die gleichen Rechtsfolgen zu knüpfen.[295]

Mit der Grundsatzentscheidung, Einkommen als Leistungsfähigkeitsindikator zu besteuern, darf das Steuergut „Einkommen" auf der ersten belastungsgerechten Stufe nicht weiter zergliedert werden. Bei der Festlegung der steuerlichen Behandlung einzelner Einkunftsarten ist der Raum freier Steuerwürdigkeitsentscheidung somit bereits verlassen; der Steuergesetzgeber ist – unbeschadet verfassungsrechtlich zulässiger Differenzierungen – an die horizontale Belastungsgleichheit gebunden.[296] Alle Einkunftsarten müssen prinzipiell einer gleichen einkommensteuerlichen Belastung zugeführt werden.[297] Einkunftsartbezogene Vergünstigungen, Sonderbelastungen oder gar die Besteuerung unterschiedlicher Einkunftsarten nach getrennten Tarifen schließen aber horizontale Gerechtigkeit aus. Sie behandeln wirtschaftlich Gleiches ungleich.[298]

Eine horizontale Steuergleichheit muss zwischen Steuersubjekten bestehen, die zwar unterschiedliche Erwerbsgrundlagen einsetzen, aber das gleiche geldwerte Ergebnis daraus erwirtschaften. Arbeitnehmer und Kapitalanleger, Unternehmer und Selbstständige, Landwirte und Vermieter mit gleich hohem Einkommen haben grundsätzlich die gleiche Steuerlast zu tragen. *Kirchhof* formuliert den Grundsatz, dass „jeder Euro Einkommen [...] eine gleiche Leistungsfähigkeit" vermittele, „unabhängig von dem Beruf, in dem er erworben wird".[299]

Der verfassungsrechtliche Gleichheitsauftrag fordert, Steuerpflichtige, die sich in der gleichen wirtschaftlichen Lage befinden, gleich zu belasten.[300] Demzufolge ist das Prinzip der Gleichheit sämtlicher Erwerbsgrundlagen als Subprinzip des Leistungsfähigkeitsprinzips[301] und weitergehend als ein notwendiger

---

294 BFH, v. 24.2.1999, X R 171/96, BStBl. II 1999, 450 (459).

295 *Kirchhof*, StuW 2006, S. 3 (10); *Lang*, Bemessungsgrundlage, S. 218; *Jachmann*, Steuergesetzgebung, S. 109.

296 *Englisch*, StuW 2007, S. 221 (224).

297 *Jachmann*, Steuergesetzgebung, S. 109; *Richter/Richter*, BB 1994, S. 621; *Thiel*, in: FS Fachanwälte für Steuerrecht, S. 75 (76 f.); *Tipke*, in: FS Kruse, S. 215 (218); *Dziadkowski*, in: FS Offerhaus, S. 1091 (1107); *R. Wendt*, FR 1993, S. 1 (4); *Peffekoven*, Finanzpolitik, S. 31

298 *Homburg*, Steuerlehre, S. 197.

299 *Kirchhof*, StuW 2006, S. 3 (10).

300 *Thiel*, in: FS Fachanwälte für Steuerrecht, S. 75 (76).

301 *Jachmann*, Steuergesetzgebung, S. 109; *Seer*, Referat, in: 66. Deutscher Juristentag Bd. II/1, S. Q 127 (134); *Tipke*, StuW 1990, S. 246; *Gaddum*, Steuerreform, S. 14.

Bestandteil dieses Besteuerungsgrundsatzes zu begreifen. Um eine horizontale Steuergerechtigkeit gewährleisten zu können, ist der Steuergesetzgeber an die Gleichwertigkeit und Gleichbelastbarkeit der Erwerbsgrundlagen verfassungsrechtlich gebunden.

III. Freiheitsrechtliche Perspektive

Aus der freiheitsrechtlichen Verankerung der Besteuerungsgleichheit nach Maßgabe wirtschaftlicher Leistungsfähigkeit ergibt sich nichts anderes. Keine Erwerbsgrundlage genießt einen grundsätzlichen Vorrang vor einer anderen Erwerbsgrundlage.[302] Das erwirtschaftete Erwerbsergebnis wird grundrechtlich nicht abgestuft bewertet. Solchermaßen beläuft sich das individuelle oder familiäre Existenzminimum, das einkommensteuerrechtlich beachtet werden muss, unabhängig von der Art der Erwerbsgrundlage auf einen einheitlichen Betrag.

Im Gegensatz dazu vertritt *Liesenfeld* die Auffassung, dass die verschiedenen Einkunftsarten verfassungsrechtlich in unterschiedlichem Ausmaße geschützt seien.[303] Art. 12 GG sei berührt, wenn das Ergebnis beruflicher Tätigkeit steuerlich belastet werde, also bei den Einkünften aus selbstständiger und nichtselbstständiger Tätigkeit.[304] Die Besteuerung des Ertrags der Eigentumsnutzung sei an Art. 14 GG zu messen, soweit Einkommen aus Gewerbebetrieb, aus Land- und Forstwirtschaft, aus Kapitalvermögen und aus Vermietung und Verpachtung belastet werde.[305] Diese Unterscheidung zwischen fundiertem (Kapital-)Einkommen und unfundiertem (Arbeits-)Einkommen sei gerechtfertigt, da Kapital als fundiertes Einkommen zusätzliche Leistungsfähigkeit, mehr Erwerbssicherheit, eine übertragbare Erwerbsgrundlage und mühelosere Einkünfte vermittele. Das Arbeitseinkommen hänge dagegen mehr von einer höchstpersönlichen individuellen Freiheitsausübung ab. Der Erfolg einer Eigentumsnutzung sei gesteigert sozialpflichtig (Art. 14 Abs. 2 Satz 2 GG), während die Freiheit zur erwerbenden Berufsausübung nur dem Regelungsvorbehalt des Art. 12 Abs. 1 Satz 2 GG unterworfen sei.

Vor Abschaffung der Sollertragsteuern einer Gewerbekapitalsteuer und einer Vermögensteuer[306] wurde daraus eine höhere Besteuerung der Kapitaleinkünfte gegenüber den Arbeitseinkünften gefolgert.[307] Gegenwärtig ist aber sogar die

302 *Jachmann*, Steuergesetzgebung, S. 110.

303 *Liesenfeld*, Freiheitsrechtliches Leistungsfähigkeitsprinzip, S. 140, 186.

304 *Liesenfeld*, Freiheitsrechtliches Leistungsfähigkeitsprinzip S. 140; *Scholz*, in: Maunz/Dürig, GG, Art. 12 Rn. 415; *Papier*, in: Maunz/Dürig, GG, Art. 14 Rn. 169.

305 *Liesenfeld*, Freiheitsrechtliches Leistungsfähigkeitsprinzip, S. 140; *Papier*, in: Maunz/Dürig, GG, Art. 14 Rn. 170.

306 Vgl. dazu BVerfGE 93, 121 (142).

307 *Kirchhof*, StuW 2006, S. 3 (10).

Tendenz einer Bevorzugung der Kapitalerträge zu beobachten.[308] Diese Ungleichwertigkeit unterscheide nach der Herkunft der Einkünfte. Die Freiheitsrechte geböten nicht eine Gleichbehandlung der Erwerbsgrundlagen.[309]

Dem ist entgegenzuhalten, dass *Liesenfeld* zwar zwischen dem Ertrag aus der Eigentumsnutzung am Beispiel des Vermieters und den Früchten einer beruflichen Tätigkeit unterscheidet, auf weitere Darstellungen konkreter Einkunftsarten des § 2 Abs. 1 Satz 1 EStG, mit Ausnahme der Einkünfte aus Vermietung und Verpachtung (Nr. 6), aber nicht eingeht. Anhand des Einkünftekatalogs wird der unterschiedliche Schutz nicht deutlich. Letztlich wird die Idee einer unterschiedlichen Besteuerung von Arbeit und Kapital vertreten. Alle Einkunftsarten setzen allerdings mehr oder weniger den Einsatz von Kapital und Arbeit voraus. Auch der Vermieter hat eine Verwaltungstätigkeit neben der Bereitstellung der Wohnung zu leisten. Insbesondere bei der Erwerbsgrundlage des Gewerbebetriebs wirken die Nutzung von Eigentum und das Ergebnis beruflicher Tätigkeit zusammen. Der einkommensteuerliche Belastungsgrund ist einheitlich zu bewerten: es ist das aufgrund der Erwerbstätigkeit Hinzuerworbene.[310]

Im Ergebnis besteht kein Primat der Ertragserzielung durch Arbeit gegenüber der Ertragserzielung durch Einsatz von Kapital und umgekehrt. Die Erträge sind einheitlich als Einkommen an Art. 14 GG zu messen, in dessen Schutzbereich die einkommensteuerliche Belastung fällt.[311] Die Einkommensteuer knüpft nicht an den Erwerb an, sondern an den Bestand des Hinzuerworbenen.[312] Das ist im Rahmen einer gewerblichen Erwerbsgrundlage der Zugang an bilanzierbaren Wirtschaftsgütern, die geschützte Rechtsgüter oder Rechte im Verfügungsbereich des Gewerbetreibenden sind. Bei Einkünften aus nichtselbstständiger Arbeit sind zivilrechtliche Lohnansprüche oder sonst erhaltene Zuwendungen geschützte vermögenswerte Rechtspositionen. Auch in den übrigen Einkunftsarten werden die Zuwächse an geldwerten Gegenständen und dinglichen oder obligatorischen Rechten steuerlich erfasst. Dieser im Laufe eines Jahres erreichte Hinzuerwerb von Eigentum im Sinne des Art. 14 GG ist einheitlicher Anknüpfungspunkt der Einkommensteuerpflicht, also tatbestandliche Voraussetzung für die belastende steuerliche Rechtsfolge. Der Steuerpflichtige wird belastet, weil und soweit er seine Leistungsfähigkeit durch den Erwerb von Einkommen gesteigert hat.[313] Durch den einheitlichen Einkommensbegriff wird gerade keine

308 Vgl. *Sachverständigenrat*, Jahresgutachten 2003/04, Ziff. 567 ff.

309 *Liesenfeld*, Freiheitliches Leistungsfähigkeitprinzip, S. 140, 186. Trotz Unterscheidung zwischen Ertragserzielung durch Arbeit und Ertragserzielung durch Einsatz von Eigentum sieht *Jachmann*, Steuergesetzgebung, S. 110, die Gleichbehandlung der Einkunftsarten auch freiheitsrechtlich geboten.

310 BVerfGE 115, 97 (112).

311 Siehe B.II.1.

312 BVerfGE, 115, 97 (112).

313 BVerfGE 115, 97 (112).

unterschiedlich gesteigerte Sozialpflichtigkeit der Erwerbsgrundlagen ersichtlich.

Auch wenn man Art. 12 Abs. 1 GG im Bereich der Einkommensbesteuerung berührt sieht, so sind doch zumindest im Rahmen der Berufsfreiheit alle Berufe gleichwertig.[314] Das deutsche Einkommensteuerrecht belastet nicht nach der beruflichen Herkunft und Art der Einkünfte, sondern knüpft allein an deren Höhe an. Gleich hohe Einkünfte lassen gleiche Leistungsfähigkeit vermuten. Eine unterschiedliche „Müheverwaltung" [315] bei der Erwirtschaftung der Einkünfte ist grundsätzlich unerheblich. Es ist bedeutungslos, mit welchem Aufwand und mit welcher Risikobereitschaft der Steuerpflichtige sein Geld verdient.[316] Um welche Erwerbsgrundlage es sich auch handelt, das Ergebnis erfasst das am Markt erwirtschaftete Einkommen als Leistungsfähigkeitsmaßstab. Art. 12 GG setzt insofern als Freiheitsrecht gleichheitsrechtliche Maßstäbe, als das Erwerben für die Wertigkeit des daraus erzielten Erfolgs keine Rolle spielen darf.

Auch bietet die Berufsfreiheit keinen geringwertigeren Schutz gegenüber einem Steuerzugriff als die Garantie der Eigentümerfreiheit.[317] Es sind keine Gründe ersichtlich, die eine grundsätzliche Privilegierung der Kapitaleinkünfte vor den Arbeitseinkünften rechtfertigen könnten.[318] *Tipke* stellt dazu zutreffend fest: „Relevant ist die Höhe der Einkünfte. Irrelevant ist der Beruf dessen, der die Einkünfte erzielt. Nur an den Einkünften kann die individuelle Leistungsfähigkeit gemessen werden, nicht am Beruf."[319]

IV. Zwischenergebnis

Die Gleichwertigkeit sämtlicher Einkunftsarten ist verfassungskonform im Einkommensteuergesetz einfachgesetzlich durch das Prinzip der Einheitssteuer umgesetzt, bedarf damit der folgerichtigen Ausgestaltung. Die Synthetizität findet ihren Ausdruck wie ihre Ursache in der Gleichwertigkeit der Erwerbsgrundlagen.

Daneben richtet sich die Gleichheit der in § 2 Abs. 1 Satz 1 EStG aufgezählten Einkunftsarten am Gebot der Besteuerung nach der finanziellen Leistungsfähigkeit des Steuerpflichtigen aus. Diese Konkretisierung ergibt sich aus den Anforderungen der horizontalen Steuergerechtigkeit des Art. 3 GG, aber auch aus dem einkommensteuerlichen Belastungsgrund und den wirtschaftlichen Freiheitsrechten des Art. 12 GG und Art. 14 GG.

---

314 *Tipke*, Steuerrechtsordnung II, S. 671; siehe dazu B.II.2..

315 *Weber-Grellet*, Steuern im Verfassungsstaat, S. 79.

316 *R. Wendt*, FR 1993, S. 1 (5).

317 *Kirchhof*, StuW 2006, S. 3 (10).

318 *Kirchhof*, StuW 2006, S. 3 (10).

319 *Tipke*, Steuerrechtsordnung II, S. 672.

Die Gleichheit der Einkunftsarten verwirklicht insofern als tragender Ordnungsgesichtspunkt das Leistungsfähigkeitsprinzip. Eine Verletzung der Gleichbehandlung der Einkunftsarten kann demnach zu denselben, die Verfassungsrechtssphäre berührenden Rechtsverletzungen führen wie Verstöße gegen das Grundprinzip des Gebotes der Besteuerung nach der Leistungsfähigkeit schlechthin.[320]

320 *Stoll*, Verluste, S. 137.

E. Anforderungen an eine Durchbrechung der Gleichwertigkeit der Einkunftsarten

Der im deutschen Einkommensteuerrecht geläufige Einkünftepluralismus mit seinen einkunftsartbezogenen Sonderregeln widerspricht dem Gebot der Gleichwertigkeit der Erwerbsgrundlagen und dem daraus anschließenden Postulat ihrer Gleichbehandlung. Die Ungleichbehandlungen der verschiedenen Einkunftsarten müssen als Durchbrechungen des Leistungsfähigkeitsprinzips gerechtfertigt werden. Das Leistungsfähigkeitsprinzip ist ein verfassungsrechtlich verankerter Vergleichsmaßstab einer gleichmäßigen Einkommensbesteuerung. Demnach sind erwerbsgrundlagenspezifische Ungleichheiten als Durchbrechungen des Gebots, wesentlich Gleiches gleich und wesentlich Ungleiches seiner Eigenart entsprechend verschieden zu behandeln,[321] rechtfertigungsbedürftig. Ungleichbehandlungen zwischen den Einkunftsarten müssen „besonderen Rechtfertigungsanforderungen genügen“[322].

In diesem Kapitel sind nun diese besonderen Rechtfertigungsmaßstäbe aufzuzeigen, die eine Differenzierung zwischen den Erwerbsgrundlagen als Durchbrechungen des Leistungsfähigkeitsprinzips erfordern. Gleichzeitig erschließt sich daraus die verfassungsgerichtliche Kontrolldichte steuergesetzgeberischer Entscheidungen. Somit ist der parlamentarische steuerspezifische Gestaltungsraum zu erfassen und dieser in seinen Bindungen, insbesondere an das Bestimmtheitsgebot und das Verhältnismäßigkeitsprinzip, darzustellen.

I. Durchbrechende Fallgruppen des Leistungsfähigkeitsprinzips

Zunächst sind aber die drei Fallgruppen der Durchbrechung des Leistungsfähigkeitsprinzips darzustellen, die durch die Literatur systematisch erarbeitet worden sind.[323]

Erstens kann der Steuergesetzgeber einen anderen zulässigen Lastenverteilungsmaßstab anstelle des Leistungsfähigkeitsprinzips auswählen. Zwar wäre dies eine Durchbrechung der Leistungsfähigkeit, ein Gleichheitsverstoß käme aber nicht in Betracht.[324] Insbesondere Regelungen, die grundgesetzliche Benachteiligungsverbote oder Förderungsgebote wie z.B. Art . 6 Abs. 1 GG ge-

---

321 BVerfGE 3, 58 (135 f.); 42, 64 (72); 71, 255 (271); 112, 268 (279); 116, 164 (180); 117, 1 (30); st. Rspr.

322 BVerfGE 116, 164 (181).

323 *Kulosa*, Verfassungsrechtliche Grenzen, S. 31.

324 *Birk*, Leistungsfähigkeitsprinzip, S. 164, 169 ff., 174 ff.

währleisten sollen, können im Einkommensteuerrecht die Lastenzuteilung gleichheitskonform ändern.[325]

Zweitens können auch Typisierungen und Pauschalierungen in gewissem Umfang Abweichungen vom Leistungsfähigkeitsprinzip aus Praktikabilitätserwägungen rechtfertigen.[326] Diese Vereinfachungszwecknormen verhindern eine Überkompliziertheit der Gesetze und einen unverhältnismäßigen Verwaltungsaufwand.[327] Es wird damit berücksichtigt, dass das Steuerrecht als Massenverfahren noch durchführbar sein muss, um gleichmäßig ausgeführt werden zu können. Typisierungen dienen schlussendlich auch dem Gleichheitssatz, sind somit in die Nähe des Lastenzuteilungsmaßstabs gerückt.

Drittens nimmt der Gesetzgeber häufig durch Lenkungs- und Umverteilungszwecke eine Durchbrechung des Leistungsfähigkeitsprinzips in Kauf. Damit verfolgt er außerfiskalische Zwecke und nutzt die Steuer als ein zentrales Lenkungsinstrument aktiver staatlicher Wirtschafts- und Gesellschaftspolitik. Die Deckung des staatlichen Finanzbedarfs tritt in den Hintergrund, ist bloßer Nebenzweck. Dennoch bedürfen Ungleichbehandlungen der Rechtfertigung.

II. Normzweck und Auswirkungen

Steuerliche Regelungen können nach diesen Fallgruppen grundsätzlich zwei Zwecken – dem Fiskalzweck und dem Sozialzweck – dienen.

1. Fiskalzweck- und Sozialzwecknormen

Fiskalzwecknormen, die das Leistungsfähigkeitsprinzip nicht durchbrechen, verfolgen ausschließlich den Zweck, staatliche Einnahmen zu erzielen. Bei diesen, auch Lastenausteilungsnormen genannten Regelungen geht es dem Gesetzgeber um die Verteilung der Belastungswirkungen, die mit der Auferlegung der staatlichen Steuerlast verbunden sind.[328]

Im Gegensatz zu den Fiskalzwecknormen bezweckt der Steuergesetzgeber bei so genannten Sozialzwecknormen nicht die gerechte Verteilung der Steuerbelastungen, sondern den Eintritt bestimmter Gestaltungswirkungen, die seinen Gestaltungsvorstellungen entsprechen.[329] Um diese Auswirkungen zu erreichen, nimmt der Gesetzgeber hierbei auch eine Durchbrechung einer gleichmäßigen Lastenverteilung in Kauf.

---

325 *Birk*, Leistungsfähigkeitsprinzip, S. 169, 174; *Kulosa*, Verfassungsrechtliche Grenzen, S. 31.

326 BVerfGE 116, 164 (182 f.).

327 *Tipke/Lang*, Steuerrecht. § 4 Rn. 130 ff.

328 *Tipke/Lang*, Steuerrecht, § 4 Rn. 20; *Birk*, Steuerrecht, Rn. 204.

329 *Tipke/Lang*, Steuerrecht, § 4 Rn. 21; *Birk*, Steuerrecht, Rn. 205.

Sozialzwecknormen lassen sich wiederum in zwei Kategorien unterscheiden: Sie können lenken oder umverteilen.

Sozialzwecknormen, die ein Gemeinwohlverhalten bewirken und eine Verhaltensänderung des Steuerpflichtigen erstreben, werden als Lenkungsnormen eingestuft.[330] Bei der Lenkungsnorm ist die Erlangung eines steuerlichen Vorteils somit an ein Verhalten geknüpft.

Sozialzwecknormen, die einen Zustand ändern wollen, werden als Umverteilungsnormen eingeordnet.[331] Durch diese Regelungen soll eine Einkommens- oder Vermögensverteilung berichtigt werden (Wohlstandskorrektur). Hier ist ein bestimmter wirtschaftlicher oder finanzieller Zustand des Steuerpflichtigen der Anknüpfungspunkt steuerlicher Gestaltung. Insbesondere sachliche Steuerbefreiungen erreichen eine solche Umverteilung, da Einnahmen des Steuerpflichtigen ausnahmsweise nicht belastet werden. Dadurch bleibt dem Begünstigten ein höheres Nettoeinkommen als anderen Steuerpflichtigen.[332]

Diese beiden Arten von Sozialzwecknormen können nach der Maßgabe abgegrenzt werden, inwiefern die steuerinterventionistische Norm Anreize für Investitionen schaffen oder das Einkommen aus einer bestimmten Tätigkeit verbessern soll.[333] Dient die Sozialzwecknorm der Investitionstätigkeit, liegt eine Lenkungsnorm vor. Dagegen ist bei der Änderung der Einkommensverhältnisse von einer Umverteilungsnorm auszugehen. Beide Alternativen durchbrechen das Leistungsfähigkeitsprinzip.

2. Steuerinterventionen als Steuersubventionen und Steuerverschärfungen

Sozialzwecknormen können sich bei dem Steuerpflichtigen in zwei Richtungen auswirken. Sie können entlasten oder zusätzlich sonderbelasten. Steuerinterventionen sind Steuersubventionen oder Steuerverschärfungen. Die Steuersubvention begünstigt den Steuerpflichtigen, die Steuerverschärfung belastet zusätzlich zur Regelbesteuerung. Diese zwei grundsätzlichen Effekte lassen sich auch beobachten, wenn Steuerinterventionen die Gleichheit der Erwerbsgrundlagen durchbrechen.

a. Die Steuersubvention

Die Steuersubvention ist – im Gegensatz zur Leistungsgewährung – nicht in einem Zuwendungstatbestand erkennbar, sondern verringert den steuerlichen Regelzugriff. Aus dem Maßstab der Regelbesteuerung ergibt sich die Steuervergünstigung. Der Tatbestand der Steuersubvention bestimmt sich also inhaltlich

330 *Tipke/Lang*, Steuerrecht, § 4 Rn. 21.
331 *Tipke/Lang*, Steuerrecht, § 4 Rn. 21.
332 *Jochum*, Steuervergünstigung, S. 150.
333 *Jochum*, Steuervergünstigung, S. 80 f.

als Belastungsausnahme, weicht von der Besteuerungsregel ab, ohne dass die Begünstigung in einem förmlichen Verfahren bewilligt würde.[334] Der Steuerpflichtige teilt sich diese steuerliche Bevorzugung durch Erfüllung des entlastenden Tatbestandes selbst zu.[335]

b. Die Steuerverschärfung

In entgegengesetzter Richtung verstärken Steuerverschärfungen[336] die gesetzlich ausgestaltete Regelbelastung und erhöhen die Belastung (Sonderbelastung).[337] Als steuerliche Sonderlasten durchbrechen sie auch das Gebot der Leistungsfähigkeit, nehmen Leistungsfähigkeit an, wo keine oder nur verminderte Leistungsfähigkeit vorhanden ist. Eine Benachteiligung einer Erwerbsgrundlage ist als Steuerverschärfung einzustufen. Wenn sie nicht gerechtfertigt ist, liegt eine Diskriminierung vor.

Insbesondere bei Einschränkungen des vertikalen Verlustausgleichs handelt es sich um grundsätzlich begründungsbedürftige Steuerverschärfungen und nicht um Beschränkungen einer gesetzgeberisch gewährten Steuervergünstigung.[338] Die Steuersonderbelastung als Art der steuerlichen Lenkung kommt allerdings erheblich seltener vor als Steuersubventionen.[339]

Beide Auswirkungen einkunftsartspezifischer Sonderbehandlungen lassen sich nicht mit dem einkommensteuerlichen Grundprinzip der Besteuerung des Erfolges aus der Nutzung von Erwerbsgrundlagen vereinbaren. Nach der Gewährleistung des Eigentumsschutzes des Art. 14 GG muss der Steuergesetzgeber insgesamt Belastungsergebnisse vermeiden, die einer vom Gleichheitssatz gebotenen Lastenverteilung nach Maßgabe finanzieller Leistungsfähigkeit zuwiderlaufen.[340] Differenzierungen in der steuerbelastenden Rechtsfolge einzelner Ausflüsse der erschlossenen Steuerquelle, nämlich das Einkommen zu besteuern, bedürfen einer besonderen Begründung.[341]

Als Ausnahmen sowohl von der gesetzgeberischen Besteuerungskonzeption als auch vom Gebot der Besteuerung nach der individuellen Leistungsfähigkeit können einkunftsartabhängige Sonderbehandlungen nicht schon als Fiskal-

---

334 Vgl. *Wernsmann*, Steuergesetz, S. 211; *Jochum*, Steuervergünstigung, S. 124; *Kirchhof*, in: FS Selmer, S. 745 (750).

335 *Kirchhof*, in: FS Selmer, S. 745 (751).

336 *Tipke/Lang*, Steuerrecht, § 7 Rn. 40 sprechen insoweit von „Steuerbenachteiligungen“ als Pendant zu Steuervergünstigungen.

337 *Tipke*, Steuerrechtsordnung I, S. 78.

338 *Jochum*, Steuervergünstigung, S. 170.

339 *Wernsmann*, Verhaltenslenkung, S. 149.

340 BVerfGE 93, 121 (138); *Kirchhof*, in: FS Selmer, S. 745 (757).

341 BVerfGE 107, 27 (47); 105, 73 (126); 99, 88 (95); 99, 280 (290); zuletzt BVerfGE 116, 164 (181).

zwecknormen gerechtfertigt werden.[342] Sie bedürfen einer gesonderten Rechtfertigung im Hinblick auf den Lenkungszweck. Dieser Maßstab ist nun darzustellen und ein spezifisches Prüfungsraster zu entwickeln.

Steuerverschärfungen sind als Ausnahme von der Besteuerungsgleichheit in zusätzlich belastender Weise nicht darüber hinaus verstärkt rechtfertigungsbedürftig. Zwar unterliegen nach einer Auffassung die Grundrechtsverpflichteten bei Differenzierungen im Rahmen der Auferlegung von Lasten einer strengeren Bindung als bei der Zuteilung von Begünstigungen.[343] Steuersubventionen können so materiell dem Leistungsrecht, der gewährenden Staatstätigkeit, zugeordnet werden, Steuerverschärfungen dann dem Eingriffsrecht, der eingreifenden Staatstätigkeit.[344]

Diese pauschale Zuteilung der gleichheitsrechtlichen Bindungsintensität nach Begünstigung oder Belastung vermag aber nicht zu überzeugen. Es sind vielmehr die allgemeinen Kriterien und die gestufte Prüfungsintensität vom Willkürverbot bis zur „neuen Formel“ als gleichheitsrechtliche Verhältnismäßigkeit anzuwenden.[345]

III. Rechtfertigungsintensität bei einkunftsartenspezifischen Ungleichbehandlungen

Die Frage ist zunächst, ob der Steuergesetzgeber, der lenkungs- und umverteilungspolitisch motivierte Ungleichbehandlungen der Einkunftsarten einführt, nun einer strengen oder lockeren Bindung an den Gleichheitssatz unterliegt.

Eine lockere Bindungswirkung und einen weiten Gestaltungsraum erfährt der Gesetzgeber nach dem Willkürverbot.[346] Danach sind Ungleichbehandlungen gerechtfertigt, wenn sich eine sachliche Begründung für die Ungleichbehandlung finden lässt. Daher muss der Steuergesetzgeber nicht die zweckmäßigste, vernünftigste oder gerechteste Lösung wählen.[347]

Eine strengere Bindung bei der Anwendung des Gleichheitssatzes nimmt das Bundesverfassungsgericht dann an, wenn „eine Gruppe von Normadressaten im Verhältnis zu anderen Normadressaten anders behandelt wird, obwohl zwischen beiden Gruppen keine Unterschiede von solcher Art und solchem Gewicht be-

---

342 *Wernsmann*, Verhaltenslenkung, S. 243.

343 BVerfGE 11, 50 (60).

344 So *Gublet*, in: v. Münch/Kunig, GG, Art. 3 Rn. 24. A.A. *Wernsmann*, Steuergesetz, S. 201 Fn. 535, der formal nur auf die Zuordnung zu einem Rechtsgebiet abstellen möchte.

345 Vgl. *Wernsmann*. Steuergesetz, S. 205.

346 Grundlegend BVerfGE 1, 14 (52); Ausgangspunkt einer st. Rspr.

347 BVerfGE 4, 144 (155); seitdem st. Rspr.

stehen, dass sie die ungleiche Behandlung rechtfertigen könnten“[348]. Das Bundesverfassungsgericht spricht in neueren Entscheidungen ausdrücklich davon, dass es Ungleichbehandlungen am Maßstab des Verhältnismäßigkeitsprinzips überprüfe.[349]

Die verfassungsrechtliche Kontrolldichte zwischen diesen beiden Bindungspolen ist fließend und ist abhängig von der Intensität der Ungleichbehandlung, dem Regelungsgegenstand und den Differenzierungsmerkmalen.[350] Die Forderung nach einem sachlichen Grund ist allerdings nur der Minimalstandard.[351] Bei einer Ungleichbehandlung aufgrund persönlichkeitsbedingter Eigenheiten und bei Differenzierungen, die sich auf grundrechtlich geschützte Freiheiten belastend auswirken, unterliegt der Gesetzgeber einer strengeren Bindung als bei verhaltensbezogenen Unterscheidungen.[352] Die Intensität der gebotenen Verhältnismäßigkeitsprüfung hängt im Einzelnen von der Personenbezogenheit der fraglichen Differenzierung, ihrer Gestaltbarkeit und ihrer freiheitsrechtlichen Wirksamkeit ab. Kennzeichen des verhaltensbezogenen Differenzierungstyps ist, dass die Betroffenen in der Lage sind, durch ihre Verhaltensweise die Verwirklichung der Differenzierungsmerkmale zu beeinflussen.

Auf den ersten Blick würde man Differenzierungen aufgrund der Erwerbsgrundlagen als verhaltensbezogene Ungleichbehandlungen einstufen. Die Einkunftsarten sind an historisch vorfixierten Tätigkeitsbildern orientiert, beschreiben mehr oder weniger ein wirtschaftliches Verhalten des Steuerpflichtigen, das er beeinflussen kann. Diesem Verständnis würde eine lockere parlamentarische Bindung entsprechen. Jeder nicht willkürliche, sachliche Grund beliebigen Gewichts würde eine Ungleichbehandlung der Einkunftsarten rechtfertigen. Auf diese Weise ordnen auch *Kokott* und *Kruse* die Steuergleichheit am ehesten dem niedrigen Kontrollmaßstab der Willkürkontrolle zu.[353]

Dass dieses Ergebnis nicht zufrieden stellt, zeigt schon das Leistungsfähigkeitsprinzip.[354] Erwerbsgrundlagenspezifische Ungleichbehandlungen sind als Durchbrechungen des Leistungsfähigkeitsprinzips einzustufen. Dann könnte je-

---

348 BVerfGE 55, 72 (88 ff.)

349 BVerfGE 88, 87 (96); 89, 15 (22); 101, 54 (101); 105, 73 (110); 107, 27 (45); 110, 412 (431).

350 BVerfGE 110, 274 (291); 112, 164 (174); BVerfGE 116, 164 (180).

351 *Heun*, in: Dreier, GG I, Art. 3 Rn. 31.

352 Grundlegend BVerfGE 88, 87 (96); vgl. ferner BVerfGE 89, 15 (22); 99, 367 (388 f.); 103, 310 (318 f.); 105, 73 (110); 107, 27 (46);

353 *Kruse*, in: FS Friauf, S. 793 (796 f.); *Kokott*, in: FS 50 Jahre BVerfG II, S. 127 (140) mit Bezug auf BVerfGE 81, 108 (117 f.); 74, 182 (200); 65, 325 (354); 49, 343 (360). Dagegen vertritt *F. Kirchhof*, StuW 2002, S. 185 (187), die Auffassung, dass im Bereich der Steuern in der Regel der Gleichheitssatz über ein reines Willkürverbot hinausgeht. Vgl. auch BVerfGE 89, 15 (22 f.) m.w.N.; BFHE 168, 69 (85).

354 *Wernsmann*, Verhaltenslenkung, S. 221, bezeichnet eine bloße Willkürkontrolle bei der steuerlichen Verhaltenslenkung als nicht „sachgerecht“.

der nicht willkürliche Grund eine Durchbrechung des Fundamentalprinzips der Besteuerung rechtfertigen. Die Willkürtheorie würde die Gleichbelastung als wesentlichen Steuergerechtigkeitswert unterlaufen, den Gleichheitssatz weitgehend leer laufen lassen.[355] Das Leistungsfähigkeitsprinzip würde seine Funktion als steuerrechtlicher Vergleichsmaßstab maßgeblich einbüßen.

Der zu regelnde Sachverhalt bestimmt wesentlich den gleichheitsrechtlichen Rechtfertigungsmaßstab. Eine bloße willkürliche Bindung besteht dann, wenn der einzelne Steuerpflichtige zwischen den verschiedenen Alternativen wählen und sein Verhalten nach dem gesetzlichen Angebot ausrichten kann. Dem Einkommensteuerpflichtigen wird es aber häufig untersagt bleiben, sein Verhalten nach für ihn günstigeren Einkunftsarten auszurichten. Dem Arbeitnehmer bleibt steuerrechtlich die nichtselbstständige Tätigkeit, der Freiberufler kann nicht zwischen gewerblichen und landwirtschaftlichen Einkünften wählen. Steuerpflicht knüpft an Ergebnisse, die durch höchstpersönliche individuelle Freiheitsausübung entstehen.

Die Steuerpflichtigen können in der Regel der Steuer nicht durch eine Änderung ihres Verhaltens ausweichen, weil ihre einkunftsartenspezifische Gruppenzugehörigkeit feststeht. Die Ausnahmetatbestände können dann also nicht durch den Zweck einer Verhaltenslenkung, der in dem Wechsel der Gruppenzugehörigkeit besteht, gerechtfertigt werden.

Weiterhin wirkt sich die Ungleichbehandlung von Erwerbsgrundlagen nachteilig auf die Ausübung grundrechtlich geschützter Freiheiten aus. Wie bereits festgestellt, greift die Einkommensteuer in den Schutzbereich der Eigentümerfreiheit nach Art. 14 Abs. 1 GG ein. Bei intensiven Differenzierungen kann auch die Berufsfreiheit gem. Art. 12 Abs. 1 GG berührt sein.

Im Unterschied zum Willkürmaßstab trifft die „neue Formel" mit einer verhältnismäßigen Bindungsintensität als gleichheitsrechtlicher Rechtfertigungsmaßstab die zu untersuchende Fragestellung, wenn die Aussagen des Bundesverfassungsgerichts zu einem Gleichheitsverstoß auf die erwerbsgrundlagenbezogenen Differenzierungen bereichsspezifisch angewendet werden:

Wenn Ungleichbehandlungen, die an die sieben einkommensteuerlichen Tatbestände der Einkunftsarten anknüpfen, Gruppen von Steuerpflichtigen im Verhältnis zu anderen Steuerpflichtigen anders belasten, müssen tatsächliche Unterschiede zwischen den Steuerpflichtigen von solcher Art und Gewicht bestehen, dass sie die ungleiche Behandlung rechtfertigen. „Allein die systematische Unterscheidung [in mehrere Einkunftsarten] durch den Gesetzgeber kann die Ungleichbehandlung in den Rechtsfolgen nicht rechtfertigen"[356].

355 *Wernsmann*, Verhaltenslenkung, S. 222; *Kulosa*, Verfassungsrechtliche Grenzen, S. 22; *Huster*, Rechte und Ziele, S. 375.

356 BVerfGE 99, 88 (95); Einfügung durch den Verfasser. Vgl. auch BVerfGE 84, 348 (363 f.); 96, 1 (6); 105, 73 (126); 116, 164 (181).

Somit geht zumindest im Bereich der Einkommensteuer bei einkunftsartbezogenen Differenzierungen der gleichheitsrechtliche Rechtfertigungsmaßstab über ein reines Willkürverbot hinaus. Eine gleichheitsrechtliche Verhältnismäßigkeit i.S.d. „neuen Formel“ gibt den Maßstab.[357]

IV. Prüfungsraster der strengen gleichheitsrechtlichen Rechtfertigung im Sinne einer Verhältnismäßigkeit

Das Verhältnismäßigkeitsprinzip hat seinen Ausgangspunkt in der Abwehr und Begrenzung staatlicher Eingriffe. Für dieses freiheitsrechtliche Verständnis ist die Perspektive des einzelnen Grundrechtsberechtigten entscheidend. Daneben tritt ein rein objektiv-rechtlicher Verhältnismäßigkeitsgrundsatz, der alles staatliche Handeln an dem Gemeinwohl ausrichtet.[358] Dieses Verhältnismäßigkeitsprinzip lässt sich für das Steuerrecht aus dem Gebot der Wirtschaftlichkeit (Art. 114 Abs. 2 GG) herleiten.

Der Verhältnismäßigkeitsgrundsatz kann aber auch bei Gleichheitsverstößen angewendet werden, denn seiner Struktur nach dient er zur Beschränkung und zum möglichst schonenden Ausgleich im Sinne praktischer Konkordanz kollidierender Rechtsgüter oder -prinzipien.[359]

Auf diese Weise aber argumentierte der BFH in BFHE 112, 466 (469), indem er allein aufgrund der systematischen Enumeration eine Ungleichwertigkeit der Einkunftsarten annahm: „Die Unterschiedlichkeit der einzelnen genau abgegrenzten und abgrenzbaren Einkunftsarten rechtfertigt allein die teilweise unterschiedliche Besteuerung. Ein äußerlich gleichartiges Tätigwerden verschiedener Steuerpflichtiger [...] kann nur dann steuerrechtlich gleich behandelt werden, wenn auch die Frage der steuerrechtlich maßgeblichen Art der Tätigkeit, nämlich ob selbständig oder nichtselbständig ausgeübt, gleich zu beantworten ist. Ist sonach eine nichtselbständige Tätigkeit stets von einer selbständigen Tätigkeit abzugrenzen und abgrenzbar, so ist auch bei ein und demselben Steuerpflichtigen die Abgrenzbarkeit einer nichtselbständigen von einer selbständigen Tätigkeit gegeben, selbst wenn es sich in beiden Fällen um ein äußerlich gleichartiges Tätigwerden handelt.“

Es scheint so, als sei der steuerrechtliche Maßstab die vertypisierte Tätigkeit der jeweiligen Einkunftsart und nicht die finanzielle Leistungsfähigkeit. Worin aber die Unterschiedlichkeit der Einkunftsarten, selbst wenn es sich um äußerlich gleichartiges Tätigwerden handelt, außer in ihrer Enumeration liegt, bleibt unbeantwortet.

357 Im Ergebnis auch *Tipke*, Steuerrechtsordnung I, S. 332, 524; *Kirchhof*, in: FS Selmer, S. 745 (758); *Wernsmann*, S. 222, 237; *Jochum*, S. 125; *Huster*, Rechte und Ziele, S. 374 f.; *Kulosa*, Verfassungsrechtliche Grenzen, S. 31; *Papier*, in: Benda/Maihofer, HVerfR, § 18 Rn. 108 ff.; *Friauf*, DStJG Bd. 12 (1989), S. 3 (28), A.A. *Selmer*, Steuerinterventionismus, S. 356 ff. und wohl auch *Drüen*, in: Tipke/Kruse, AO/FGO, § 3 AO Rn. 48.

358 *Wernsmann*, Verhaltenslenkung, S. 230.

359 Vgl. *Hesse*, Verfassungsrecht, Rn. 317 ff.

Ein gleichheitsrechtliches Verständnis der Verhältnismäßigkeit nimmt allerdings einen völlig anderen Bezugspunkt ein: nicht die Freiheitseinschränkung bildet den Maßstab, sondern die Ungleichbehandlung.[360] Der Differenzierungsgrund ist zu ermitteln. Art, Ausmaß sowie Gewicht der Verschiedenbehandlung werden mit deren Ziel und Wirkung in Relation gesetzt. Eine Abwägung zwischen dem Grad der Ungleichbehandlung und der Wertigkeit des vom Steuergesetzgeber gesetzten Differenzierungsziels ist Grundgedanke dieser Prüfung.[361]

Bei der gleichheitsrechtlichen Verhältnismäßigkeitsprüfung wird somit gefragt, ob die Differenzierungen, konkret hier die Ungleichbehandlungen der Erwerbsgrundlagen, zur Erreichung des Differenzierungszwecks geeignet, erforderlich und angemessen sind.[362]

1. Legitimer Zweck der Differenzierung und Ausgestaltung

Zunächst muss geprüft werden, worin mögliche gesetzgeberische Ziele der Ungleichbehandlung bestehen könnten. Da das Willkürverbot zumindest einen Mindeststandard für eine Rechtfertigung festlegt, dürfen keine beliebigen Gründe angebracht werden.[363] Der Zweck der Differenzierung muss also, für sich genommen, legitim sein. Setzt der Staat einkunftsartspezifische Sonderbehandlungen zur Erreichung wirtschaftspolitischer, umweltpolitischer oder anderer Ziele ein, so wird das regelmäßig der Fall sein. Der Finanzbedarf des Staates rechtfertigt dagegen alleine keine Durchbrechung einer gleichmäßigen Besteuerung.[364] Von dem Erfordernis einer gerechten, gleichmäßigen steuerlichen Lastenverteilung befreit die Tatsache, dass es um Einnahmeerzielung geht, nicht.[365] „Ungleiche Belastungen durch konkretisierende Ausgestaltung der steuerrechtlichen Grundentscheidungen können nicht schon allein mit dem Finanzbedarf des Staates oder einer knappen Haushaltslage gerechtfertigt werden."[366]

Weiterhin muss auch das Differenzierungsmittel, welches das Differenzierungsziel ausgestaltet, legitim sein. Das Differenzierungskriterium darf

---

360 *Brüning*, JZ 2001, S. 669 (671).

361 *Tipke*, Steuerrechtsordnung I, S. 331; *Birk*, Leistungsfähigkeitsprinzip, S. 236 ff.

362 *Tipke*, Steuerrechtsordnung I, S. 338, 342; *Kirchhof*, in: FS Selmer, S. 745 (758); *Jochum*, Steuervergünstigung, S. 129; *Wernsmann*, Verhaltenslenkung, S. 237, 242 ff.; *Kulosa*, Verfassungsrechtliche Grenzen, S. 20 ff; 103 ff.

363 *Tipke/Lang*, Steuerrecht, § 4 Rn. 125.

364 *Tipke*, Steuerrechtsordnung I, S. 329. Vgl. BVerfGE 6, 55 (80): „Der Finanzbedarf des Staates ist [...] niemals geeignet, eine verfassungswidrige Steuer zu rechtfertigen"; *Huster*, Rechte und Ziele, S. 360 m.w.N. in Fn. 62; *Osterloh*, in: Sachs, GG, Art. 3 Rn. 145.

365 *Tipke*, Steuerrechtsordnung I, S. 330.

366 BVerfGE 116, 164 (182).

nicht einem Differenzierungsverbot widersprechen und muss der Sachgesetzlichkeit des zu regelnden Lebenssachverhalts entsprechen.[367]

Problematisch wird dies insbesondere, wenn eine Steuervergünstigung durch Subtraktion von der Bemessungsgrundlage einer progressionsverlaufenden Steuer, wie z.B. der Einkommensteuer, gewährt wird. Dies führt zu einer ungleichen Entlastung der Steuerpflichtigen in absoluten Beträgen je nach ihrem persönlichen Grenzsteuersatz, auch wenn sie jeweils Aufwand in derselben Höhe begehren. Die Begünstigung wirkt sich nämlich umso stärker aus, je höher die Bemessungsgrundlage ist. Abzüge von der Bemessungsgrundlage führen insbesondere dazu, dass die Steuerersparnis mit steigendem Einkommen zunimmt und damit auch die durch den Verzicht auf Steuereinnahmen bewirkte staatliche Vergünstigung (sog. Regressionseffekt). Das bedeutet, dass derjenige am meisten profitiert, der unter Gerechtigkeitsgesichtspunkten am wenigsten darauf angewiesen ist.[368] Der Förderungseffekt sinkt also mit zurückgehender Leistungsfähigkeit. Für diese Ausgestaltung, welche die Höhe des Steuervorteils mit abnehmender Bedürftigkeit steigen lässt, findet sich in aller Regel zumindest bei umverteilenden Sozialzwecknormen schon keine legitime Begründung.[369]

Demgemäß begegnet eine einkunftsartabhängige Steuervergünstigung, wie die Steuerfreiheit von Sonn-, Feiertags- und Nachtarbeitszuschlägen nach § 3b EStG, schon wegen ihrer gleichheitswidrigen Ausgestaltung erheblichen verfassungsrechtlichen Bedenken.[370]

2. Eignung des Differenzierungskriteriums für die Erreichung des Differenzierungsziels

Weiterhin muss die Art und Weise der einkunftsartbezogenen Ungleichbehandlung geeignet sein, diese legitimen Zwecke zu erreichen.[371] Eine zur Erreichung des nichtfiskalischen Zwecks schlechthin ungeeignete Differenzierung käme als ein die Ungleichbehandlung rechtfertigender Grund nicht in Betracht.[372] Geeig-

367 *Jochum*, Steuervergünstigung, S. 220.

368 *Birk*, Steuerrecht, Rn. 211.

369 Einschränkend *Jochum*, Steuervergünstigung, S. 207 ff., der nur bei Steuervergünstigungen, die ausschließlich den Charakter einer Sozialleistung haben, den Abzug von der Bemessungsgrundlage als gleichheitswidrig einstuft. Den Regressionseffekt sieht er ansonsten bei lenkenden und umverteilenden Steuervergünstigungen als grundsätzlich unproblematisch an.

370 So auch *Wernsmann*, Verhaltenslenkung, S. 244 f.

371 Vgl. *Birk*, Steuerrecht, Rn. 209; *Jochum*, Steuervergünstigung, S. 206; *Wernsmann*, Verhaltenslenkung, S. 245; *Jarass*, in: Jarass/Pieroth, GG, Art. 3 Rn. 27; auch BVerfGE 106, 166 (179).

372 *Wernsmann*, NJW 2006, S. 1169 (1174).

net i.S.d. gleichheitsrechtlichen Verhältnismäßigkeitsprüfung bedeutet, dass das Differenzierungskriterium den Zweck fördert, also zwecktauglich ist.[373]

a. *Hinreichende Bestimmtheit durch tatbestandliches Vorzeichnen und gleichheitsgerechte Ausgestaltung der gleichheitsdurchbrechenden Norm*

Dies ist nur dann der Fall, wenn ein klarer Zusammenhang zwischen der Sonderbehandlung der Erwerbsgrundlage und dem Differenzierungsziel besteht. Bei steuerlichen Ungleichbehandlungen müssen der die Differenzierung tragende Grund und der gesetzgeberische Zweck übereinstimmen. Das Differenzierungsziel muss kongruent mit der Ausgestaltung der Norm sein. In diesem Sinn muss der verfolgte Zweck in der Regelung hinreichend bestimmbar, zielgenau und normenklar sein.[374] Daher muss der Steuergesetzgeber Ziele und Grenzen der einkunftsartspezifischen Sonderbehandlung mit hinreichender Bestimmtheit tatbestandlich vorzeichnen und gleichheitsgerecht ausgestalten, wenn er mittels des Einkommensteuerrechts nichtfiskalische Zwecke verfolgt.[375]

Differenzierungszweck und steuerliche Ungleichbehandlung sind aufeinander abzustimmen. Das Differenzierungsziel muss auf alle vom Tatbestand der Steuerintervention erfassten Steuerpflichtigen zutreffen, aber auch nur auf diese.[376] Dementsprechend muss die ungleich behandelnde Norm so formuliert sein, dass sie die Gruppe der Benachteiligten einerseits und die Gruppe der Bevorzugten andererseits zuverlässig und dem Zweck der Differenzierung entsprechend voneinander unterscheidet.[377] „Die „Trennlinie“ zwischen Bevorzugten und Benachteiligten muss so gezogen sein, dass die beiden Gruppen im Hinblick auf den Zweck, den die Trennung verfolgt, richtig zusammengesetzt sind.“[378] In dieser Hinsicht muss der Differenzierungszweck insoweit folgerichtig und systemgerecht umgesetzt sein, als Umfang und Grenze der Steuersubvention oder -verschärfung auf seiner Grundlage tatbestandlich realisiert werden.[379]

Der Steuergesetzgeber muss also Ziele und Grenzen der Lenkung oder Umverteilung im gesetzlichen Tatbestand genau normieren. Er muss in der Ausgestaltung des gesetzgeberischen Tatbestands Vorkehrungen dafür treffen, dass der Gesetzesanwender Maßstäbe für Inhalt und Ziele der Lenkung gewinnen

---

373 *Birk*, Steuerrecht, Rn. 209.

374 BVerfGE 93, 121 (147); 99, 280 (296); 105, 73 (112 f.); 110, 274 (296 f., 293); 116, 164 (182).

375 Vgl. BVerfGE 93, 121 (148); 99, 280 (296);. 110, 274 (293); 116, 164 (182); 117, 1 (32).

376 *Wernsmann*, Verhaltenslenkung, S. 245.

377 *Wernsmann*, Verhaltenslenkung, S. 245.

378 *Wernsmann*, Verhaltenslenkung, S. 246.

379 *Wernsmann*, Verhaltenslenkung, S. 245.

kann. Anhand dieser Zweckbestimmung kann dann entschieden werden, ob das Mittel geeignet ist.[380]

Im Ergebnis muss das Differenzierungskriterium, d.h. die vom Gesetzgeber gestaltete Ausnahme von der Gleichheit aller Erwerbsgrundlagen, geeignet sein, das Lenkungs- oder Umverteilungsziel zu erreichen. Diese Eignung muss gesetzestatbestandlich wiederum gleichmäßig und hinreichend bestimmt abgesichert sein. Differenzierungsziele, die nicht mit der Abgrenzung der Bevorzugten und Benachteiligten übereinstimmen, können eine Ungleichbehandlung im konkreten Fall nicht rechtfertigen.[381]

b. Typisierungen als Ausnahme der Kongruenz von Zweck und Norm

Fehlt es an einer solchen Deckungsgleichheit von Differenzierungszweck und Differenzierungskriterium, so kann eine mögliche Inkongruenz mit typisierenden und pauschalierenden Vereinfachungsnormen begründet werden.[382] Dies ist der Fall, wenn die vom Ausnahmetatbestand erfasste Gruppe typischerweise den Zweck erfüllt, dessentwegen die erwerbsgrundlagenbezogene Sonderregelung eingeführt wurde. Zu fragen ist, ob statt einer Anknüpfung an das Individuum eine Gruppenanknüpfung zulässig ist. Das setzt voraus, dass eine Typisierungskompetenz besteht.

Vereinfachungserwägungen können eine Gleichbehandlung von Ungleichem und eine Ungleichbehandlung von Gleichem rechtfertigen, sofern für die Typisierung ein Bedürfnis besteht.[383] Denn Steuergesetze erfassen Massenvorgänge und müssen daher, um praktikabel und verständlich zu sein, in typisierender Weise Besonderheiten einzelner Fälle oder einzelner Fallgruppen vernachlässigen.[384] Pauschalierungen und Typisierungen vermeiden bereits bei der Formulierung des materiellen Steueranspruchs den Aufwand aus seiner verfahrensmäßigen Umsetzung. Verfolgt demnach eine begünstigende Norm den Zweck, die Steuererhebung zu vereinfachen, so ist dieses ein Fiskalzweck, weil die Vereinfachung primär dem staatlichen Interesse der Einnahmeerzielung dient und Ausweichgestaltungen vermeidet.[385]

380 *Jochum*, Steuervergünstigung, S. 214.

381 Vgl. *Wernsmann*, Verhaltenslenkung, S. 249.

382 *Wernsmann*, Verhaltenslenkung, S. 245; Vgl. Osterloh, Gesetzesbindung und Typisierungsspielräume.

383 BVerfGE 96, 1 (6); 87, 153 (172); 101, 297 (309 ff.); *Birk*, Steuerrecht, Rn. 218; *Tipke/Lang*, Steuerrecht, § 4 Rn. 132.

384 BVerfGE 78, 214 (226 f.); 82, 126 (151 f.); 99, 280 (290); 105, 73 (127); 116, 164 (182 f.); 117, 1 (31).

385 *Jochum*, Steuervergünstigung, S. 135 f.

3. Erforderlichkeit der Differenzierung

Problematisch ist, welche Rolle das Erfordernis der Erforderlichkeit einer Differenzierung bei der gleichheitsrechtlichen Verhältnismäßigkeitsprüfung spielt.

Bei den Freiheitsrechten ist der Einsatz des Mittels dann zur Erreichung des Zwecks erforderlich, wenn der Zweck nicht durch ein gleich wirksames, aber weniger belastendes Mittel erreichbar ist.[386] Übertragen auf die Erforderlichkeit einer gleichheitsrechtlichen Rechtfertigung, dürfte dann keine weniger belastende Differenzierung zur Verfügung stehen.[387] Es dürfte keine Ungleichbehandlung mit geringerer Intensität geben, die das gesetzte Differenzierungsziel genauso gut erreichen kann.[388]

Diese Zweck-Mittel-Relation lässt sich aber auf gleichheitsrechtliche Rechtfertigungsanforderungen nicht einfach übertragen. Denn dieses setzt eine positive Bewertung betroffener Rechte oder Interessen als schonungsbedürftig voraus, an der es beim relativen Gebot verhältnismäßiger Gleich- oder Ungleichbehandlung fehlt.[389] Insoweit kann das Erfordernis der Erforderlichkeit nur eine schwächere Rolle einnehmen, zumindest wenn der Gesetzgeber bei der Verfolgung von Förderungszwecken, wie bei Steuersubventionen, ungleich behandelt. Denn bei der Förderung einer Gruppe von Steuerpflichtigen gibt es regelmäßig eine Vielzahl von Förderungsmöglichkeiten und eine solche Fülle von Begünstigungsalternativen, sodass der Nachweis des Fehlens milderer, schonenderer Alternativen selten gelingt.[390]

Dementsprechend lehnt eine Meinung im Schrifttum eine Erforderlichkeitsprüfung bei der Rechtfertigung von Verschiedenbehandlungen ab.[391] Das Differenzierungskriterium brauche nicht dem Grundsatz der Erforderlichkeit genügen. Es komme nicht darauf an, ob das Differenzierungskriterium das „mildeste“ Mittel darstelle oder andere Kriterien dem Ziel besser hätten dienen können.[392] Ansonsten würde der Gesetzgeber in seiner Einschätzungsprärogative zu weitgehend eingeschränkt.

Vermittelnd wird auch die Auffassung vertreten, dass zumindest bei Steuersubventionen eine Erforderlichkeit nicht zu prüfen sei.[393] Für *Jochum* bedeutet Erforderlichkeit bei Steuersubventionen vielmehr eine Wirtschaftlichkeitsprüfung im Sinne der sparsamen Verwendung staatlicher Finanzmittel. Es komme darauf an, ob der durch den Einnahmeverzicht zu bemessende Aufwand

---

386 *Pieroth/Schlink*, Grundrechte, Rn. 295.

387 *Jarass*, in: Jarass/Pieroth, GG, Art. 3 Rn. 27; *Brüning*, JZ 2001, S. 669 (672).

388 Vgl. *Kirchhof*, in: FS Selmer, S. 745 (758).

389 *Osterloh*, in: Sachs, GG, Art. 3 Rn. 21.

390 *Pieroth/Schlink*, Grundrechte, Rn. 475.

391 *Gubelt*, in: v. Münch/Kunig, GG, Art. 3 Rn. 29; *Michael*, JuS 2001, S. 148 (154).

392 *Gubelt*, in: v. Münch/Kunig, GG, Art. 3 Rn. 29.

393 *Jochum*, Steuervergünstigung, S. 216.

staatlicher Mittel den geringst möglichen zur effektiven Erreichung des Zieles darstelle.[394]

Meines Erachtens sollte am grundsätzlichen Gebot der Notwendigkeit des Differenzierungskriteriums festgehalten werden. Die gleichheitsrechtliche Erforderlichkeitsprüfung hat aber nicht den gleichen Stellenwert wie die Erforderlichkeitserwägungen als Schranken-Schranke der Freiheitsrechte. Bei Steuersubventionen genügt es, wenn sich keine Alternative aufdrängt, die den Förderungszweck besser verfolgt und zugleich die Personengruppe, der die Förderung vorenthalten wird, milder und schonender behandelt.[395] Im Hinblick auf Steuersubventionen erfährt die Erforderlichkeit weiter eine Aufwertung durch das Gebot der wirtschaftlichen Verwendung staatlicher Finanzmittel.[396] Die Abweichung von der Belastungsgleichheit ist nur dann erforderlich, wenn der staatliche Finanzaufwand, der dem Steuerausfall der ungleich behandelnden Vergünstigung entspricht, den geringstmöglichen zur Erreichung des Zieles darstellt.[397]

Ihre dirigierende Kraft entfaltet die Erforderlichkeitsprüfung aber bei steuerlichen Sonderbelastungen. In Entscheidungen des Bundesverfassungsgerichts finden sich Erforderlichkeitserwägungen vor allem dann, wenn es um belastende Ungleichbehandlungen geht.[398] Folglich ist insbesondere bei erwerbsgrundlagenbezogenen Steuerverschärfungen die Erforderlichkeit der Differenzierung zu untersuchen. Sie kann bejaht werden, wenn keine weniger belastende Ungleichbehandlung zur Verfügung steht. Somit lässt sich als äußerste Grenze der Erforderlichkeitserwägungen im Bereich des Besteuerungsgleichmaßes bestimmen, dass die den Gleichheitssatz durchbrechende Norm zumindest dann nicht erforderlich ist, wenn sich der zugrunde gelegte Differenzierungszweck auch ohne Durchbrechung der Belastungsgleichheit genauso gut erreichen lässt.[399] Das lässt auch dem Gesetzgeber die unerlässliche Einschätzungsprärogative bei seinen legislativen Gestaltungen.

4. Angemessenheit der Differenzierung durch Abwägung

Im Rahmen der Angemessenheit, auch bezeichnet als Verhältnismäßigkeit im engeren Sinne[400], ist die eigentliche gleichheitsrechtliche Abwägung zwischen

---

394 *Jochum*, Steuervergünstigung, S. 219.

395 Vgl. *Pieroth/Schlink*, Grundrechte, Rn. 475.

396 Das Prinzip der Wirtschaftlichkeit als Verfassungsgebot ergibt sich aus Art. 114 Abs. 2 GG; vgl. *Jochum*, Steuervergünstigung, S. 217 f.; *Wernsmann*, Verhaltenslenkung, S. 230 ff.

397 *Jochum*, Steuervergünstigung, S. 218

398 Vgl. BVerfGE 91, 389 (403).

399 *Tipke*, Steuerrechtsordnung I, S. 332 Fn. 337.

400 *Stern*, Staatsrecht Bd. III/2, S. 782 ff.; *Pieroth/Schlink*, Grundrechte, Rn. 299.

Differenzierungszielen und Differenzierungskriterium vorzunehmen. Hier fordert das Bundesverfassungsgericht „Gründe von solcher Art und solchem Gewicht", dass sie die ungleichen Rechtsfolgen rechtfertigen können.[401] Es formuliert verschiedentlich auch, dass „das zur Erreichung dieses sachgerechten Ziels eingesetzte Mittel angemessen" sein[402] oder der Rechtfertigungsgrund „in angemessenem Verhältnis zu dem Grad der Ungleichbehandlung" stehen müssen[403].

Zunächst sind die sich gegenüberstehenden Positionen darzustellen und ihre Wertigkeit festzulegen. In der Vergleichsperspektive geht es also um die relativierende Gewichtung und Bewertung von Gründen und Zielen gesetzlicher Differenzierungsmerkmale.

Bei der Durchbrechung von steuerlichen Lastenausteilungen steht demnach auf der einen Abwägungsseite die Gleichheit sämtlicher Erwerbsgrundlagen als Konkretisierung der gleichmäßigen Besteuerung nach der individuellen finanziellen Leistungsfähigkeit. Das Leistungsfähigkeitsprinzip ist, wie schon festgestellt, verfassungsrechtlich im Gebot der Steuergerechtigkeit nach Art. 3 Abs. 1 und Art. 14 GG verankert. Ihm kommt als Ausdruck einer gerechten Verteilung der Steuerlast ein hoher Stellenwert zu.[404] Die Übereinstimmung der Belastungswirkung mit dem Leistungsfähigkeitsprinzip ist ein eigener verfassungsrechtlicher Gemeinwohlwert,[405] eine gesetzgebungs- und auslegungsanleitende Verfassungsmaxime[406].

Auf der anderen Seite muss im Rahmen der Abwägung bei der abstrakten Gegenüberstellung der kollidierenden Rechtsgüter berücksichtigt werden, welchen Rang das Differenzierungsziel einnimmt. Dementsprechend muss sich der Wert des Differenzierungsziels, durch das einzelne Einkunftsarten einer Sonderbehandlung unterzogen werden, an der normativen, systemtragenden verfassungsrechtlichen Konkretisierung des Leistungsfähigkeitsprinzips messen lassen. Zu untersuchen ist also, welcher Rang diesem Differenzierungszweck zukommen muss, damit er eine ungleiche steuerliche Lastenzuteilung aufwiegen kann.

Abstrakt fordert das Bundesverfassungsgericht, dass Ungleichbehandlungen in der Steuerbelastung einer erschlossenen Steuerquelle eines „besonderen sachlichen Grundes" bedürfen.[407] Eine spezielle Sachbegründung muss danach eine Differenzierung der Einkunftsarten rechtfertigen. Damit steht zumindest fest,

---

401 Grundlegend schon BVerfGE 55, 72 (88); auch BVerfGE 88, 87 (97); 91, 389 (401).

402 BVerfGE 51, 1 (24); 81, 208 (224).

403 BVerfGE 102, 68 (87).

404 *Birk*, Leistungsfähigkeitsprinzip, S. 239; vgl. *Huster*, Rechte und Ziele, S. 371.

405 *Birk*, Leistungsfähigkeitsprinzip, S. 240.

406 *Kube*, Finanzgewalt, S. 237.

407 BVerfGE 105, 73 (126); 107, 27 (47); 116, 164 (180 f.); vgl. auch BVerfGE 99, 88 (95); 99, 280 (294).

dass die Rechtfertigungserwägungen über einen allgemeinen sachlichen Grund hinausgehen müssen; nicht jede Begründung kann eine Durchbrechung rechtfertigen.[408]

Es stellt sich also die Frage, welchen Stellenwert besondere sachliche Gründe haben. Nach Auffassung des Bundesverfassungsgerichts liegen solche besonderen sachlichen Gründe dann vor, wenn der Gesetzgeber dadurch das wirtschaftliche oder sonstige Verhalten des Steuerpflichtigen ausschließlich aus Gründen des Gemeinwohls fördern oder lenken will.[409] Damit sind auf jeden Fall Partikularmotive, Gruppenwünsche und Einzelinteressen, die sich vom Gemeinwohlanliegen entfernen, keine angemessenen Differenzierungsziele und rechtfertigen keine Durchbrechung des Leistungsfähigkeitsprinzips. Grundsätzlich auszuscheiden ist daher das auf tagespolitische Intervention zurückgehende Gruppenprivileg.[410]

Die Literatur, die im Leistungsfähigkeitsprinzip ein Fundamentalprinzip der Besteuerung erblickt, sieht grundsätzlich gemeinwohlorientierte Differenzierungsziele als angemessen an.[411] In welchem Verhältnis der Gemeinwohlzweck zum Grundgesetz zu stehen hat, ist aber umstritten. Dabei lassen sich zwei Positionen ausmachen.

Auf der einen Seite nimmt *Birk* an, dass eine Durchbrechung des Leistungsfähigkeitsprinzips nicht schon durch jeden „von der Verfassung tolerierten", sondern nur durch „verfassungsrechtlich bevorzugte oder sogar gebotene" Gemeinwohlzwecke begründet werden könne.[412] Nach dieser sehr weitgehenden Ansicht könnten in der Abwägung nur sehr hochrangig bewertete Gemeinschaftsgüter Verstöße gegen die Steuergerechtigkeit rechtfertigen.[413] Gleichzeitig relativiert *Birk* aber seinen grundsätzlich sehr strengen Ansatz, indem er den Kreis der verfassungsrechtlich gebotenen Gemeinwohlzwecke weit fasst. Er entnimmt aus Art. 109 GG den Verfassungsrang wirtschaftspolitischer Interventionen,[414] schließt weit reichend aus den Kompetenzkatalogen Verfassungsgüter[415] und folgert aus Grundrechten sowie dem Sozialstaatsprinzip großzügig

408 Eine Rechtfertigung durch einfache sachliche Gründe würde dem Maßstab der Willkürtheorie entsprechen.

409 BVerfGE 38, 61 (79); 84, 239 (274); 93, 121 (147); 99, 280 (296); 105, 73 (112); 116, 164 (182).

410 *Kirchhof*, Besteuerung, S. 72; *ders.*, AöR Bd. 128 (2003), S. 1 (48).

411 *Tipke/Lang*, Steuerrecht, § 4 Rn. 126; *Tipke*, Steuerrechtsordnung I, S. 524; *Kube*, Finanzgewalt, S. 239; *Wernsmann*, Verhaltenslenkung, S. 249 f.; *Kulosa*, Verfassungsrechtliche Grenzen, S. 103 ff.;

412 *Birk*, Leistungsfähigkeitsprinzip, S. 244 ff., 259; *ders.*, Steuerrecht, Rn. 172.

413 Auch sehr streng *R. Wendt*, FR 1993, S. 1 (6), der eine Rechtfertigung nur dann annimmt, wenn dem Lenkungszweck „aus Verfassungsgründen ausnahmsweise der Vorrang gebührt".

414 *Birk*, Leistungsfähigkeitsprinzip, S. 246 ff.

415 *Birk*, Leistungsfähigkeitsprinzip, S. 252 ff.

normierte Gemeinwohlziele[416]. Verfassungsrechtlich bedeutsam sind in diesem Zusammenhang insbesondere die Herstellung des gesamtwirtschaftlichen Gleichgewichts (Art. 109 Abs. 2 GG) oder die Herstellung gleichwertiger Lebensverhältnisse (Art. 72 Abs. 2 GG).[417]

Überwiegend wird hingegen nicht die verfassungsrechtliche Gebotenheit des Differenzierungszwecks verlangt, sondern schon dessen grundgesetzliche Tolerierung als hinreichend angesehen. Dies wird damit begründet, dass die Besteuerungsgleichheit nicht auf einen umfassenden Gesetzesvorbehalt verzichten könne; der Steuergesetzgeber könne nicht nur auf aus der Verfassung diktierte Gemeinwohlbelange verwiesen werden. Ansonsten würde das Gleichmaß in der Besteuerung wie ein schrankenlos gewährleistetes Grundrecht behandelt, das nur durch kollidierendes Verfassungsrecht begrenzt wird.[418]

Das Problem bei der Bewertung der ungleich behandelnden Differenzierungsziele liegt in der Unbestimmtheit des Rechtsbegriffs des Gemeinwohls und deren Bedeutung für die politische Philosophie.[419] Bei aller Differenz im Detail bezeichnet das Wohl der Allgemeinheit die allgemeinen übergeordneten Ziele und Werte, die einem politischen Gemeinwesen zugrunde liegen. Dementsprechend ist der Steuergesetzgeber nicht darauf beschränkt, nur eine bestimmte Auswahl ihm durch die Verfassung absolut vorgegebener Ziele des öffentlichen Interesses zu verfolgen. Vielmehr darf er in einer parlamentarischen Demokratie im durch das Grundgesetz vorgegebenen Rahmen auch selbst aus bestimmten wirtschafts-, sozial- oder gesellschaftspolitischen Vorstellungen neue Gemeinwohlziele ableiten.

Gleichzeitig ist aber das Gebot der Lastengleichheit für den Gesetzgeber nicht beliebig verfügbar. Deshalb muss die Qualifizierung des Leistungsfähigkeitsprinzips als gesetzgebungs- und auslegungsanleitende Verfassungsmaxime dazu führen, dass nur besondere Gemeinschaftsinteressen eine Durchbrechung der Gleichwertigkeit der Erwerbsgrundlagen als angemessen erscheinen lassen. Ein ungleich behandelndes Differenzierungsziel ist abstrakt angemessen, wenn es eine verfassungsrechtliche Wertentscheidung wiedergibt, die dem Leistungsfähigkeitsprinzip zumindest gleichwertig ist. Dementsprechend muss dessen Durchbrechung auf einem Gemeinwohlanliegen von hohem Rang beruhen, das die Verfassung als förderungswürdig ansieht, aber nicht schon absolut anordnen muss.[420] Insoweit ist diese Rechtfertigungsanforderung Ausdruck dafür, dass die Ungleichbehandlung im systematischen Zusammenhang des Steuerrechts

416 *Birk*, Leistungsfähigkeitsprinzip, S. 254.

417 *Birk*, Steuerrecht, Rn. 209.

418 *Kulosa*, Verfassungsrechtliche Grenzen, S. 104; *Huster*, Rechte und Ziele, S. 381.

419 Ausführlich zum Gemeinwohl *Isensee*, in: HStR Bd. IV, § 71.

420 Im Ergebnis auch vom hohen Rang des Durchbrechungsgrundes ausgehend *Tipke*, Steuerrechtsordnung I, S. 524.

steht.[421] Nicht nur der Vergleichsmaßstab erfährt seine bereichsspezifische Ausprägung im Steuerrecht, sondern auch der Rechtfertigungsmaßstab.

Entscheidend für die Abwägung ist dann aber die in einem nächsten Prüfungsschritt unerlässliche Einzelfallanalyse. Nach der abstrakten Bewertung ist bei der Abwägung der einzelnen Bestimmungen im konkreten Fall die Intensität der Durchbrechung der Leistungsfähigkeit sowie der Grad der Ungleichbehandlung wie auch die Größe des benachteiligten Personenkreises zu beurteilen. Diese Abwägung zwischen der Intensität der Ungleichbehandlung und dem Gewicht des rechtfertigenden Grundes bei den verschiedenen erwerbsgrundlagenbezogenen Sondervorschriften ist im nächsten Kapitel der Untersuchung zu erarbeiten.

5. Zwischenergebnis

Als Rechtfertigungsmaßstab für Durchbrechungen der Gleichwertigkeit der Erwerbsgrundlagen finden das Verhältnismäßigkeitsprinzip und der Gleichheitssatz in dem Differenzierungsziel ihren Rahmen. Die erwerbsgrundlagenbezogene Differenzierung muss in ihrem jeweiligen Zweck gerechtfertigt werden, die Intensität der Ungleichbehandlung für das Erreichen des Zwecks geeignet, erforderlich und angemessen sein.[422] Es müssen also die Bedeutung des Differenzierungsziels, mit dem die erwerbsgrundlagenspezifische Ungleichbehandlung verfolgt wird, und die Schwere der Abweichung von der Gleichwertigkeit der Erwerbsgrundlagen als Konkretisierung des Leistungsfähigkeitsprinzips gegeneinander abgewogen werden. Dabei nimmt die Gleichwertigkeit sämtlicher Einkunftsarten einen solchen Stellenwert ein, dass Ungleichbehandlungen nur durch Gemeinwohlzwecke gerechtfertigt werden können. Partikularinteressen oder Gruppenwünsche können eine solche Durchbrechung nicht begründen. Ein bloß legitimer sachlicher Grund reicht nicht aus, sondern dem Differenzierungszweck muss verfassungsrechtlich ein förderungswürdiger Gemeinwohlrang zukommen, der die ungleiche steuerliche Lastenzuteilung aufwiegen kann.[423] Das verfolgte Differenzierungsziel muss einem hochrangigen Wert entsprechen, es muss verfassungsrechtlich förderungswürdig sein.

421 A.A. *Kube*, Finanzgewalt, S. 239.
422 *Kirchhof*, in: FS Selmer, S. 745 (758).
423 Vgl. *Birk*, Steuerrecht, Rn. 214.

F. Das Einkunftsartenrecht des Einkommensteuergesetzes

Nachdem in den ersten Abschnitten der Untersuchung die Besteuerungskonzeption, die folgerichtige Durchführung im Binnensystem der Einkommensteuer und die Durchbrechungsanforderungen im Allgemeinen erläutert wurden, wende ich mich im folgenden Kapitel dem Einkünftekatalog im Besonderen zu. Im Mittelpunkt steht nicht die Abgrenzung der verschiedenen Einkunftsarten untereinander, sondern die Bedeutung der einzelnen Einkunftsarten in ihren Rechtsfolgen. Dabei wird erstens dargelegt, inwieweit die verschiedenen Einkunftsarten nach dem Belastungsmaßstab des Leistungsfähigkeitsprinzips und der gesetzgeberischen Besteuerungskonzeption einer Gleichheit aller Erwerbsgrundlagen widersprüchlich behandelt werden. Zweitens ist die Frage zu stellen, inwieweit es für etwaige Ungleichbehandlungen besondere Rechtfertigungsgründe gibt, die den Anforderungen einer gleichheitsrechtlichen Verhältnismäßigkeitsprüfung genügen.

Dazu ist zu untersuchen, welchem legitimen Gemeinwohlzweck die einzelne Ungleichbehandlung dienen soll und ob dieses Mittel geeignet, erforderlich und verhältnismäßig ist.[424] Dabei hat der Steuergesetzgeber dieses gemeinwohldienliche Lenkungsziel strikt von der Gruppenbevorzugung abzugrenzen.[425]

I. Die Spezifikation des Einkommens durch einen Einkünftekatalog

Die Erwerbsgrundlagen des Einkommens sind in einem Katalog der Einkunftsarten in § 2 Abs. 1 Satz 1 EStG spezifiziert.[426]

Zunächst stellt sich die Frage, ob den unterschiedenen Arten von Einkünften teleologische Unterscheidungskriterien zugrunde liegen oder ob sie sich an historisch vorgegebenen Tätigkeitsbildern orientieren. Ein unterschiedlicher Zweck der einzelnen Einkunftsarten zeichnet sich nicht ab.[427] Die systematische Unterscheidung in Einkunftsarten an sich rechtfertigt keine Belastungsunterschiede.[428]

---

424 Vgl. zu Ungleichbehandlungen der einzelnen Einkunftsarten und zu Rechtfertigungsgründen: *Tipke*, Steuerrechtsordnung II, S. 679 ff.; *ders.*, Steuergerechtigkeit, S. 65 ff.

425 *Kirchhof*, AöR Bd. 128 (2003), S. 1 (48).

426 Vgl. unter A.

427 *Tipke*, Steuerrechtsordnung II, S. 679; *Tipke/Lang*, Steuerrecht, § 9 Rn. 400.

428 *Kirchhof*, in: Kirchhof, EStG, § 2 Rn. 22.

Durch die enumerative Benennung wird das Einkommen pragmatisch als Ergebnis ganz bestimmter Einkünfte abschließend umgrenzt.[429] Mit Hilfe des Einkunftsartenkatalogs sowie der anschaulichen Umschreibung der Einkunftsarten sollen Erträge verlässlich zugeordnet werden können.[430] Die plastischen und allgemein verständlichen Begriffe sollen dabei sowohl den Steuerpflichtigen als auch der Verwaltung Hilfestellung geben.[431]

In der Aufzählung des § 2 Abs. 1 Satz 1 EStG werden zunächst die steuerbaren Einkünfte abschließend angeführt. Die §§ 13–24 EStG erläutern und verdeutlichen die Einkunftsarten, indem sie die steuerlich bedeutsamen Einnahmen aufzählen[432] oder aber die den Einnahmen zugrunde liegenden wesentlichen Tätigkeiten schildern[433]. Lassen sich dagegen Erträge keiner der insgesamt sieben Einkunftsarten zuordnen, sind sie nicht steuerbar und fließen auch nicht in die Bemessungsgrundlage (§ 2 Abs. 5 EStG) ein. Damit wird der Sinn der Einkunftsarten ersichtlich. Der Katalog mit seinen sieben Einkunftsarten zeigt keine unterschiedliche Belastbarkeit auf. An ihn sollen grundsätzlich keine privilegierenden oder diskriminierenden Rechtsfolgen anknüpfen. Den Einkunftsarten kommt die entscheidende Aufgabe zu, den steuerbaren Rahmen abzugrenzen.

Alle sieben Einkunftsarten erfassen die erwerbswirtschaftliche Nutzung marktbezogener Erwerbsgrundlagen.[434] Sie unterscheiden sich zwar in der jeweiligen Art und Weise der Marktteilnahme, typisieren aber in dem Einkünftekatalog den einheitlichen einkommensteuerlichen Belastungsgrund.[435]

II. Die Erheblichkeit der Einkünftezuordnung

In der Rechtswirklichkeit jedoch ist die Zuordnung der Nutzung einer vorhandenen Erwerbsgrundlage zu einer Einkunftsart von entscheidender Bedeutung, denn daran knüpft sich eine Reihe von Rechtsfolgen, die zu einer unterschiedlichen Besteuerung führen können. Dieser Pluralismus der Einkunftsarten erfasst die Einkünfte der Erwerbsgrundlagen unvollständig, quantifiziert sie verschiedenartig und belastet sie steuerlich ungleich.[436]

---

429 BT-Drucks. 7/1470, S. 211.

430 *Uelner*, Referat, in: 57. Deutscher Juristentag Bd. II, S. N 9 (N 16).

431 *Caspers*, Besteuerung freiberuflicher Einkünfte, S. 6.

432 Als Beispiel lässt sich § 19 EStG nennen, der u. a. Löhne und Gehälter den Einkünften aus nichtselbstständiger Arbeit zuordnet.

433 § 13 EStG beschreibt etwa das Betreiben von Landwirtschaft.

434 *Kirchhof*, in: Kirchhof/Söhn/Mellinghoff, EStG, § 2 Rn. B 135.

435 *Kirchhof*, in: Kirchhof/Söhn/Mellinghoff, EStG, § 2 Rn. B 136.

436 *Tipke/Lang*, Steuerrecht, § 9 Rn. 400.

III. Der Dualismus von Gewinn und Überschuss (§ 2 Abs. 2 Nr. 1 und Nr. 2 EStG)

Abgesehen von spezifischen Sonderregelungen, die im Weiteren je nach Einkunftsart aufgezeigt werden, wird die Gleichwertigkeit empfindlich dadurch gestört, dass Einkünfte unterschiedlich erfasst werden.

Das Einkommensteuerrecht sieht im disponiblen Markteinkommen den Belastungsgrund steuerlicher Leistungsfähigkeit.[437] Im Zusammenhang damit fordert die Belastungsgleichheit, dass bei allen Steuersubjekten das gesamte disponible Einkommen erfasst und ermittelt wird.[438] Einen grundlegenden Belastungsunterschied zwischen den Erwerbsgrundlagen bewirkt die Unterscheidung der Einkünfteermittlung in Gewinn und Überschuss.[439]

Diese hat Auswirkungen im Rahmen der Steuerpflichtigkeit von Veräußerungsgewinnen, bei der zeitlichen Zuordnung von Bezügen und Aufwendungen, bei der Besteuerung nicht entnommener Gewinne gem. § 34a EStG n.F. und bot für den Veranlagungszeitraum 2007 den Anknüpfungspunkt für die Tarifbegrenzung der Gewinneinkünfte gem. § 32c EStG[440].

1. Die Steuerbarkeit von Veräußerungsgewinnen

In § 2 Abs. 2 EStG spaltet das Einkommensteuerrecht die Einkünfteermittlung in die Gewinneinkünfte (§ 2 Abs. 2 Nr. 1 EStG) und die Überschusseinkünfte (§ 2 Abs. 2 Nr. 2 EStG) (formeller Einkünftedualismus).[441] Die materiellen Auswirkungen dieses Dualismus sind im Gesetz nicht ausdrücklich erwähnt, son-

437 *Tipke/Lang*, Steuerrecht, § 9 Rn. 180.

438 *Jachmann*, Steuergesetzgebung, S. 122.

439 *Tipke*, Steuerrechtsordnung II, S. 723; *Wagner*, DStR 1997, S. 517 (518).

440 I.d.F. des Art. 1 Nr. 13 des StÄndG 2007 vom 19.7.2006, BGBl. I 2006, S. 1652 (1654). Vgl. auch CDU/CSU/SPD, Koalitionsvertrag v. 11.11.2005, Zeilen 3367 ff., der nur die gewerblichen Einkünfte von der Anhebung des Spitzensteuersatzes ausnehmen wollte. Danach wurden die Gewinneinkünfte von der Erhöhung des Spitzensteuersatzes von 42 auf 45 Prozent ausgenommen. Im Ergebnis verstieß diese Tarifbegrenzung gegen das Gebot steuerlicher Lastengleichheit. Weder konnten ein spezifisch unternehmerisches Risiko (BT-Drucks. 16/1545, S. 15) noch die Aussicht auf eine Reform der Unternehmensbesteuerung (BT-Drucks. 16/1545, S. 15) diese Durchbrechung der Gleichheit aller Erwerbsgrundlagen rechtfertigen.

441 Vgl. zum Dualismus der Einkünfteermittlung insbesondere *Kirchhof*, in: Kirchhof/Söhn/Mellinghoff, EStG, § 2 Rn. C 5; *Lang*, Bemessungsgrundlage, S. 273; *Merkenich*, Einkünfteermittlung, S. 40 ff., 42; *Tipke*, in: FS Paulick, S. 391 ff.; zu Definitionen und Bedeutung des Dualismus *Dechant*, Besteuerung privater Veräußerungsgeschäfte, S. 57 ff.

dern ergeben sich mittelbar aus den anwendbaren Normen der Einkunftsermittlung.[442]

Die Einkünfte, die aus unternehmerischen oder betrieblichen Erwerbsgrundlagen erwirtschaftet werden (Land- und Forstwirtschaft, Gewerbebetrieb und selbstständiger Arbeit), werden definiert als Gewinn (§§ 4–7k EStG). Der Gewinnbegriff (§ 4 Abs. 1 Satz 1 EStG) beruht auf der Reinvermögenszugangstheorie[443] und stützt sich auf einen Vergleich des Betriebsvermögens am Anfang und am Schluss des betreffenden Steuerabschnitts. Daraus folgt, dass nicht nur alltägliche Umsatzgewinne ermittelt, sondern auch Werterhöhungen in Form des Veräußerungsgewinns bei Wirtschaftsgütern, die in ein Betriebsvermögen eingelegt wurden, grundsätzlich voll erfasst werden. Die aus diesen Veräußerungsgeschäften folgende Veränderung des Betriebsvermögens in Höhe des Saldos zwischen den Anschaffungskosten (abzüglich der Abschreibungen) und dem tatsächlich erzielten Veräußerungspreis (abzüglich der Veräußerungskosten) unterliegt daher ermittlungsbedingt der Besteuerung.[444] Realisierte Wertsteigerungen aus der Veräußerung von Wirtschaftsgütern des eingesetzten Betriebsvermögens, die auf eine Vermehrung des Stammvermögens und nicht auf eine wirtschaftliche Tätigkeit zurückzuführen sind, sind also im Bereich der Gewinneinkunftsarten grundsätzlich steuerbar. Den Hinweis auf die Steuerpflicht in besonderen Veräußerungsfällen bestätigen die §§ 14, 16, 18 Abs. 3 EStG. Allerdings haben diese Vorschriften insoweit nur deklaratorische Bedeutung, bedeutsam ist jedoch der an diese Normen anknüpfende ermäßigte Steuersatz gem. § 34 Abs. 1, 2 EStG.[445]

Die übrigen, aus nichtbetrieblichen oder nichtunternehmerischen Erwerbsgrundlagen erzielten Einkünfte (Einkünfte aus nichtselbstständiger Arbeit, aus Kapitalvermögen, aus Vermietung und Verpachtung und sonstige Einkünfte i.S.d. § 22 EStG) werden ermittelt mit dem Überschuss der Einnahmen über die Werbungskosten (§§ 8, 9, 9a EStG). Das zugrunde liegende Konzept ist die Quellentheorie, nach der nur die Erträge dauerhaft fließender Quellen, nicht hin-

---

442 *Schneider*, Private Vermögensverwaltung, S. 30; *Kirchhof*, in: Kirchhof/Söhn/Mellinghoff, EStG, § 2 Rn. C 201.

443 Zur Reinvermögenszugangstheorie siehe C.I.1.

444 Dies gilt nicht nur für die bestandsvergleichende Gewinnermittlung nach § 4 Abs. 1, § 5 Abs. 1 EStG, sondern auch für die Gewinnermittlung nach § 4 Abs. 3 EStG. Dies betrifft z.B. Freiberufler und Landwirte, soweit sie keine Bücher führen, aber auch Kleingewerbetreibende, die auf Grund des Umfangs ihrer Tätigkeit nach den steuerrechtlichen Buchführungsvorschriften der §§ 140 ff. AO nicht buchführungspflichtig sind. Bei ihnen wird der Veräußerungsgewinn in der Weise ermittelt, dass die fortgeführten Anschaffungskosten zum Zeitpunkt der Veräußerung als Betriebsausgaben und der Veräußerungserlös als Betriebseinnahme angesetzt werden. Der Überschuss aus diesem Vorgang stellt dann den Veräußerungsgewinn dar. Vgl. *Stobbe*, DStR 1967, S. 82 ff.

445 *Durchlaub*, Veräußerung von Privatvermögen, S. 24.

gegen die Quellen selbst wirtschaftliche Leistungsfähigkeit anzeigen.[446] Das Stammvermögen selbst, welches der Erzielung der Einkünfte zu dienen hat und deshalb nicht dazu bestimmt ist, veräußert zu werden, soll nicht zur Einkommenssphäre gehören.

Diese quellentheoretische Konzeption hat grundsätzlich zur Folge, dass Veräußerungseinkünfte sowie Substanz- und Wertverluste des Stammvermögens nicht im Rahmen der Methode der Überschussermittlung erfasst werden. Bei einer Überschussrechnung werden nur Zahlungsvorgänge erfasst. Veränderungen im Wert eines Wirtschaftsgutes können daher auch im Falle einer Realisierung dieser stillen Reserven auf Grund der Berechung der Einkünfte steuerlich nicht berücksichtigt werden. Von diesem Grundsatz der Steuerfreiheit privater Veräußerungsgewinne macht das Einkommensteuerrecht Ausnahmen in den §§ 17 und 22 Nr. 2 i.V.m. § 23 EStG und seit 2009 in § 20 Abs. 2 EStG.

§ 17 EStG betrifft die im Privatvermögen gehaltenen Anteile an einer Kapitalgesellschaft von mindestens einem Prozent Beteiligungsquote. Gewinne aus der Veräußerung dieser Beteiligungen werden steuertechnisch dadurch erfasst, dass sie zu gewerblichen Einkünften fingiert[447] werden und damit einer Gewinnermittlung unterliegen. Tatsächlich hat aber die Beteiligung i.S.d. § 17 EStG keine Betriebsvermögensqualität, sondern gehört zum privaten Stammvermögen.[448]

Eine weitere Ausnahme konstituiert § 22 Nr. 2 i.V.m. § 23 EStG bei privaten Veräußerungsgeschäften von Grundstücken und anderen Wirtschaftsgütern innerhalb bestimmter Fristen zwischen Anschaffung und Veräußerung, die im Rahmen der sonstigen Einkünfte (§ 2 Abs. 1 Nr. 7 EStG) steuerpflichtig sind.[449] Veräußerungsgewinne aus Kapitaleinkünfte im Privatvermögen sind ab 2009 unabhängig von einer Frist steuerpflichtig. Damit wird im Bereich der Überschusseinkünfte die quellentheoretische Ausgestaltung dieser Einkunftsermittlungsmethode teilweise durchbrochen.

Die Quantifizierungstechniken der Gewinnermittlung und Überschussermittlung führen also zu Belastungsunterschieden bei Veräußerungsvorgängen, die damit die Frage eines Gleichheitsverstoßes aufwerfen. Insbesondere die

---

446 Zur Quellentheorie siehe C.I.1.

447 Dass aufgrund dieser Fiktion Privatvermögen nicht zu Betriebsvermögen wird, vermag man daran zu erkennen, dass Veräußerungsgewinne aus wesentlichen Beteiligungen zwar zu den Einkünften aus Gewerbebetrieb gehören, aber nicht der Gewerbesteuerpflicht unterliegen, vgl. *Durchlaub*, Veräußerung von Privatvermögen, S. 25 Fn. 24; *Schneider*, in: Kirchhof/Söhn/Mellinghoff, EStG, § 17 Rn. A 85; *Eilers/Schmidt*, in: Herrmann/Heuer/Raupach, EStG, § 17 Rn. 31.

448 Daher ist die Zuordnung des § 17 EStG zu den Einkünften aus Gewerbebetrieb verfehlt und die §§ 17, 23 EStG gehören systematisch zusammen; vgl. *Tipke/Lang*, Steuerrecht, § 9 Rn. 197, 547.

449 Die Fristen betragen bei Immobilien zehn Jahre (§ 23 Abs. 1 Satz 1 Nr. 1 EStG), bei anderen Wirtschaftsgütern ein oder zehn Jahre (§ 23 Abs. 1 Satz 1 Nr. 2 EStG n.F.).

Rechtsprechung erachtet diesen materiellen Dualismus der Einkünfteermittlung bisher als verfassungsgemäß,[450] während weite Teile der Literatur[451] darin übereinstimmen, dass er mit dem Gleichheitssatz nicht zu vereinbaren sei.

Insbesondere wird gefordert, dass sowohl im unternehmerischen wie auch im nichtbetrieblichen Bereich Veräußerungserlöse in gleichem Maße berücksichtigt werden müssen. Auch durch die gewinnbringende Veräußerung von Privatvermögen werde wirtschaftliche Leistungsfähigkeit erzielt, die vollständig zu besteuern sei.[452] Die gleichmäßige Besteuerung aller Veräußerungseinkünfte des Erwerbseinkommens – jenseits einer gewissen privaten Konsumsphäre – scheine für eine gleichmäßige Besteuerung nach Maßgabe der wirtschaftlichen Leistungsfähigkeit unabdingbar.[453]

Dem wird entgegengehalten, dass das Vermögen bei den Gewinn- und Überschusseinkünften eine unterschiedliche Bedeutung für die Einkünfteerzielung habe. Wenn der wirtschaftliche Erfolg durch Vermögenseinsatz erzielt wird, soll auch der steuerliche Erfolg durch einen Vergleich der Vermögensbestände am Anfang und am Ende einer Steuerperiode bemessen werden.[454] Dies sei typischerweise bei den Gewinneinkunftsarten der Fall. Unterschiedlich liege der Fall beim Bezieher von Überschusseinkünften, der nur mit den gezogenen Früchten wirtschafte. Der Vermögenseinsatz könne im Rahmen einer steuerbaren Tätigkeit, wie typischerweise bei einem Arbeitnehmer, vernachlässigt werden. Dann sei eine Geldrechnung die adäquate Methode, um den wirtschaftlichen und steuerlichen Erfolg zu ermitteln. Die Gewinneinkünfte drücken sich somit in der Entwicklung des Betriebsvermögens aus, die Überschusseinkünfte würden sichtbar im Vermögenszu- und -abfluss.[455]

Ergänzt wird diese Begründung weiter damit, dass auch der grundrechtliche Schutz der Privatsphäre eine einkommensteuerliche Nichtberücksichtigung privater Veräußerungsvorgänge rechtfertige.[456] Das Privatvermögen, das anders als

450 BVerfGE 26, 302 (312); 27, 111 (127); 28, 227 (236 ff.).

451 *Dechant*, Besteuerung privater Veräußerungsgeschäfte, S. 311 ff.; *Merkenich*, Einkünfteermittlung, S. 51; *Tipke*, Steuerrechtsordnung II, S. 723 f.; *ders.*, in: FS Paulicke, S. 391 (397 ff.); *Jachmann*, Steuergesetzgebung, S. 122 ff.; *Lang*, in: Besteuerung von Einkommen, S. 123 (141); *Tipke/Lang*, Steuerrecht, § 9 Rn. 185; *Elicker*, StuW 2002, S. 217 (229 f.); a.A. *Durchlaub*, Veräußerung von Privatvermögen, S. 138; *Schneider*, Private Vermögensverwaltung, S. 37; *Uhländer*, Vermögensverluste, S. 89; *Wittmann*, Markteinkommen, S. 42 ff.

452 *Tipke*, Steuerrechtsordnung II, S. 721.

453 *Tipke/Lang*, Steuerrecht, § 9 Rn. 560 f.

454 *Jakob*, Einkommensteuer, § 2 Rn. 62.

455 *Kirchhof*, in: Kirchhof/Söhn/Mellinghoff, EStG, § 2 Rn. A 675; *ders.*, StuW 2006, S. 3 (11).

456 *Kirchhof*, in: Kirchhof/Söhn/Mellinghoff, EStG, § 2 Rn. A 676.

das Betriebsvermögen vorrangig nicht zur Überschusserzielung eingesetzt werde, sei verfassungsrechtlich schonender zu behandeln.[457]

Zudem sei der materielle Dualismus zwischen Gewinn- und Überschusseinkünften Ausdruck einer abgestuften Marktintensität der Erwerbsgrundlagen. Im Bereich der unternehmerischen Einkünfte sei die Intensität der Teilnahme am Markt durch die Erwerbsgrundlagen wesentlich ausgeprägter als bei den nichtbetrieblichen Einkünften.[458] Bei den Gewinneinkünften würden Güter und Leistungen zur dauernden Nachfrage für grundsätzlich beliebige Dritte angeboten im Unterschied zu den Überschusseinkunftsarten, die weniger intensiv am Markt teilnehmen.[459]

a. Intensität der Marktteilnahme und –teilhabe

Entscheidend bei einer Bewertung des Dualismus der Einkünfteermittlung ist zunächst, ob überhaupt eine Ungleichbehandlung an sich vorliegt. Wenn man als Vergleichsmaßstab die steuerliche Leistungsfähigkeit, ausgedrückt durch die Reinvermögenszugangstheorie, annimmt, drängt sich eine Ungleichbehandlung auf. Aber gerade diese finanzwissenschaftliche Theorie hat sich als Rechtstheorie und als Vergleichsmaßstab der Einkommensbesteuerung nicht durchsetzen können. Vielmehr hat sich der Dualismus am Belastungsgrund des Markteinkommens zu messen.[460] Dieser drückt sich in der Teilnahme des Steuerpflichtigen am Markt aus.

Diese Feststellung kann auch für die Gewinn- und Überschussermittlung und deren Unterschiede fruchtbar gemacht werden, indem auf die Intensität der Marktteilnahme und -teilhabe abgestellt wird. Diese Intensität nimmt im Regelfall bei den betrieblichen Erwerbsgrundlagen zu und bei den nichtbetrieblichen ab.[461] Dies äußert sich darin, dass auf der einen Seite das Vermögen eingesetzt wird, um einen wirtschaftlichen Erfolg zu erwirtschaften, und dass auf der anderen Seite die Überschusseinkünfte genutzt werden, um einen Ertragsfluss zu erzielen. Der Dualismus hat also nicht den Sinn, Belastungsunterschiede zwischen den Erwerbsgrundlagen deutlich zu machen oder einen Sozialzweck zu verfolgen, sondern grenzt die Sphäre der Einkommenserzielung von der Einkommensverwendung ab.[462]

---

457 *Jakob*, Einkommensteuer, § 2 Rn. 15; *Kirchhof*, in: Kirchhof/Söhn/Mellinghoff, EStG, § 2 Rn. 663 ff.

458 *Wittmann*, Markteinkommen, S. 42 ff.; *Schneider*, Private Vermögensverwaltung, S. 37; *Kirchhof*, in: Kirchhof/Söhn/Mellinghoff, EStG, § 2 Rn. B 89; *Alt*, StuW 1994, S. 138 (145 f.).

459 *Alt*, StuW 1994, S. 138 (145).

460 Zum Markteinkommen als Belastungsgrund und Strukturprinzip der Einkommensteuer siehe C.I.3.b.

461 *Wittmann*, Markteinkommen, S. 42 ff.; Alt, StuW 1994, S. 138 (145 f.).

462 *Schneider*, Private Vermögensverwaltung, S. 37.

An sich erfüllt die Vorschrift des § 2 Abs. 2 EStG diesen Zweck angemessen. Fraglich sind nur Einzelfragen, die das System der dualistischen Einkunftsermittlung aber nicht in Frage stellen. Das betrifft insbesondere die Veräußerung von Anlagen des Kapitalvermögens und von Wirtschaftsgütern bei Vermietung und Verpachtung von unbeweglichem Vermögen. Hier sind gesetzgeberische Grenzen und Fristen genannt, die die Intensität der Marktteilhabe nicht zutreffend typisierend erfassen. Insbesondere bei den Einkünften aus Vermietung und Verpachtung von unbeweglichem Vermögen wird zu überlegen sein, ob diese gegenwärtig im Rahmen der Überschusseinkünfte als Privatvermögen richtig qualifiziert sind.[463] Denn es zeigen sich Systemwidrigkeiten bei der Absetzung für Abnutzung (AfA) von Wirtschaftgütern im Rahmen der Vermietung und Verpachtung von unbeweglichem Vermögen. Anschaffungskosten z.B. von vermieteten Gebäuden sind im Wege der Absetzung für Abnutzung Werbungskosten (§ 9 Abs. 1 Satz 3 Nr. 7, § 7 EStG), die zum Teil aus der Steuerersparnis durch den Verlustausgleich mit anderen Einkünften finanziert werden können. Gleichzeitig werden Vermögensgegenstände des Privatvermögens geschaffen, deren Erlöse im Falle einer Veräußerung nach mehr als zehn Jahren steuerfrei sind (§ 22 Nr. 2, § 23 Abs. 1 Satz 1 Nr. 1 EStG). Somit können durch Steuerersparnisse finanzierte Vermögensgegenstände steuerfrei veräußert werden.[464]

Auch dieses Beispiel zeigt, dass eine grundsätzliche Erfassung der Veräußerungserlöse des Erwerbsvermögens unabhängig von den Fristen des § 23 geboten ist. Dies würde sich auch im Rahmen der gesetzgeberischen Systementscheidung, am Markt erzielte Erwerbseinkünfte zu besteuern, bewegen.

b. Entwicklung zu einer Wertzuwachsbesteuerung

In diese Richtung geht auch die Unternehmensteuerreform 2008, nach der Veräußerungsgewinne aus nach dem 31.12.2008 angeschafften Wertpapieren unabhängig von einer Haltefrist mit einer Abgeltungsteuer i.H.v. 25 Prozent belastet werden (§ 20 Abs. 2 Satz 1 Nr. 1, § 32d Abs. 1 Satz 1, §§ 43, 43a, 52a Abs. 1 Satz 3 EStG n.F.). Gleichzeitig verlängert sich die Veräußerungsfrist gem. § 23 Abs. 1 Nr. 2 Satz 2 n.F. für erwerbswirtschaftlich genutzte Wirtschaftsgüter von einem auf zehn Jahre. Dadurch wird die bisherige Entwicklung der Veräußerungsgewinnbesteuerung hin zu einer generellen Wertzuwachsbesteuerung fortgeführt.[465]

Aber auch die zehnjährige Spekulationsfrist für Immobilien sollte abgeschafft werden. Dies wäre ein richtiger steuerpolitischer Schritt, die Gleichheit der Erwerbsgrundlagen zumindest in diesem Bereich herzustellen.

463 *Kirchhof*, StuW 2006, S. 3 (11).
464 *Birk*, Steuerrecht, Rn. 786.
465 *Bäuml/Gageur*, FR 2006, S. 213.

2. Zeitliche Zuordnung von Bezüge und Aufwendungen

Als weitere materielle Auswirkung des Dualismus der Einkünfteermittlung ergibt sich eine unterschiedliche zeitliche Zuordnung der Bezüge und Aufwendungen, deren Bedeutung inhaltsgleich bei allen Erwerbsgrundlagen synchron im Sinne des Veranlassungsprinzips[466] auszulegen ist. Dabei steht das Zufluss- und Abflussprinzip der periodengerechten Gewinnermittlung durch Bilanzierung gegenüber.[467]

Bei Überschusseinkünften vereinfacht die Kassenrechnung die Einkünfteermittlung, die lediglich einen Unterschiedsbetrag der Einnahmen und Ausgaben festhält. Es gilt das Zufluss- und Abflussprinzip des § 11 EStG. Danach werden Einnahmen innerhalb des Kalenderjahres steuerlich wirksam, in dem sie zufließen (§ 11 Abs. 1 Satz 1 EStG). Ausgaben sind grundsätzlich für das Kalenderjahr abzusetzen, in dem sie abfließen (§ 11 Abs. 2 Satz 1 EStG). Eine Ausnahme besteht bei Anschaffungs- und Herstellungskosten von steuerbar genutzten Wirtschaftsgütern, die gem. § 9 Abs. 1 Satz 3 Nr. 7 EStG auf die Nutzungsdauer abgeschrieben werden. Gleiches gilt grundsätzlich auch bei Gewinneinkünften, wenn der Gewinn nach § 4 Abs. 3 EStG ermittelt wird.[468]

Wird der Gewinn dagegen bilanziell ermittelt (§ 4 Abs. 1, § 5 EStG), richtet sich die Gewinnwirksamkeit eines Geschäftsvorfalls danach, ob sich das Betriebsvermögen geändert hat. Diese Frage beurteilt sich nach bilanzsteuerrechtlichen Grundsätzen. Vermögensumschichtungen sind somit im Gegensatz zum Zufluss- und Abflussprinzip steuerlich erheblich. Infolgedessen wird schon der Zugang einer Forderung angesetzt. Verbindlichkeiten und Rückstellungen stellen Vermögensabflüsse dar. Das Wesen des Bilanzvergleichs nach den § 4 Abs. 1, § 5 EStG ist die periodengerechte Erfolgsrechnung.[469] Die in § 11 EStG verankerten Prinzipien des Zu- und Abflusses gelten beim Bilanzvergleich nicht (§ 11 Abs. 1 Satz 5, Abs. 2 Satz 4 EStG). Vielmehr werden Einkünfte i.S.d. § 4 Abs. 1, § 5 EStG durch die Aufwendungen und die Erträge bestimmt, die dem Wirtschaftsjahr „unabhängig von den Zeitpunkten der entsprechenden Zahlungen“ (§ 252 Abs. 1 Nr. 5 HGB) zuzuordnen sind.

Aus dem Glättungseffekt der Periodisierung bei starken Einnahmen und Ausgabenschwankungen ergibt sich eine steuerliche Vorteilhaftigkeit der Bilanzierung gegenüber der Überschussrechnung.[470] Das Zufluss- und Abflussprinzip kann also im Falle der Überschussrechnung eine überhöhte progressive Steuer-

---

466 *Tipke/Lang*, Steuerrecht, § 9 Rn. 213: „Das Veranlassungsprinzip [...] verwirklicht jene kausalrechtliche Symmetrie, die für die Gleichbehandlung von Einkunftsarten in einem synthetischen Einkommensteuersystem benötigt wird.“

467 *Tipke/Lang*, Steuerrecht, § 9 Rn. 188 ff.; *Jakob*, Einkommensteuer, § 2 Rn. 83.

468 *Jakob*, Einkommensteuer, § 2 Rn. 83.

469 *Tipke/Lang*, Steuerrecht, § 9 Rn. 190.

470 *Tipke/Lang*, Steuerrecht, § 9 Rn. 190.

belastung bewirken, die aber durch den Zweck einer möglichst einfachen, den Steuerpflichtigen nicht übermäßig strapazierenden Einkünfteermittlung ausgeglichen wird.[471]

3. Unternehmensteuerreform 2008: Begünstigung für nicht entnommene Gewinne (§ 34a EStG n.F.)

Nach der Unternehmensteuerreform 2008 unterliegen nicht entnommene Gewinne aus Land- und Forstwirtschaft, Gewerbebetrieb oder selbstständiger Arbeit auf Antrag des Steuerpflichtigen ganz oder teilweise einem Einkommensteuersatz von 28,25 Prozent zzgl. SolZ (§ 34a Abs. 1 Satz 1 EStG n.F.[472]). Der ermäßigt besteuerte Gewinnanteil ist vom Verlustausgleich und –abzug ausgeschlossen (§ 34a Abs. 8 EStG n.F.). Diese Thesaurierungsbegünstigung knüpft somit an die Gewinneinkunftsarten an.

Werden die ermäßigt besteuerten Gewinne später entnommen, soll eine Nachversteuerung folgen, die dem zukünftigen Steuersatz für Einkünfte aus Kapitalvermögen gem. § 32d EStG n.F.[473] vergleichbar ist. Der Nachversteuerungssatz beträgt in Anlehnung an den Abgeltungsteuersatz 25 Prozent (§ 34a Abs. 4 Satz 2 EStG n.F.); dies ergibt eine Gesamtbelastung von 53,25 Prozent

Ziel der Regelung ist es, Einzelunternehmer und Mitunternehmer mit ihren Gewinneinkünften in vergleichbarer Weise wie das Einkommen einer Kapitalgesellschaft tariflich zu belasten, Investitionsmöglichkeiten zu verbessern und mittelfristig die Fremdkapitalquote der Unternehmen zu senken.[474] Der Anteil des thesaurierten Gewinns aus den betrieblichen Einkunftsarten soll nicht mehr dem persönlichen progressiven Steuersatz des Steuerpflichtigen, sondern lediglich einem ermäßigten Steuersatz von 28,25 Prozent unterliegen. Dem Steuerpflichtigen wird eine Vergünstigung gewährt, wenn er durch den Verzicht auf die private Verwendung von Gewinnen seinem Betrieb erwirtschaftetes Kapital weiterhin zur Verfügung stellt. Eigenkapitalbasis und Investitionsmöglichkeiten sollen damit nachhaltig verbessert werden, ohne dass Fremdkapital in Anspruch genommen werden muss.[475] Soweit der begünstigt besteuerte Gewinn in späteren Jahren vom Steuerpflichtigen entnommen und damit die Eigenkapitalbasis des Unternehmens wieder geschwächt wird, entfällt der Begünstigungsgrund. Der entnommene Gewinn ist in Höhe von 25 Prozent nachzuversteuern.

---

471 *Tipke/Lang*, Steuerrecht, § 9 Rn. 192.

472 Art. 1 Nr. 23 des UntStRefG 2008 v. 14.8.2007, BGBl. I 2007, S. 1912 (1919). Eingehend zu § 34a EStG n.F. *Kessler/Ortmann-Babel/Zipfel*, BB 2007, S. 523 (526 f.); *Förster*, DB 2007, S. 760 (763).

473 Zu § 32d EStG n.F. siehe F.VIII.7.d..

474 BT-Drucks. 16/4841, S. 109.

475 BT-Drucks. 16/4841, S. 109.

Grundsätzlich ist davon auszugehen, dass die Thesaurierungsbegünstigung des § 34a EStG n.F. zumindest typisierend eine Gleichbehandlung von Personengesellschaften und Kapitalgesellschaften erreichen wird.[476] Dabei werden die anderen betrieblichen Einkunftsarten nicht ausgenommen, sondern erfahren auch die Tarifbegrenzung.

Verfassungsrechtlich bedenklich könnte es sein, dass kleinere und mittlere Personenunternehmen, deren Gesellschafter einem persönlichen durchschnittlichen Einkommensteuersatz von unter 28,25 Prozent unterliegen, mit der Einführung der Thesaurierungsbegünstigung benachteiligt werden. Ob dieser Nachteil durch die künftige Möglichkeit für kleinere und mittlere Betriebe gem. § 7g EStG n.F.[477], Anschaffungskosten beweglicher Wirtschaftsgüter als Investitionsabzugsbetrag steuermindernd geltend zu machen, kompensiert werden kann, erscheint fraglich.

Die Begünstigung nach § 34a EStG ist dem Grunde nach bereits ausgeschlossen, wenn der Gewinn durch Einnahmenüberschussrechnung nach § 4 Abs. 3 EStG ermittelt wurde, da für die Ermittlung des nicht entnommenen Gewinns der nach dem Betriebsvermögensvergleich ermittelte Gewinn maßgeblich ist. Der typische Einzelkaufmann profitiert folglich nicht von der Thesaurierungsbegünstigung; dies könnte zu Ungleichbehandlungen führen.

IV. Zu der Einkunftsart der Land- und Forstwirtschaft (§ 2 Abs. 1 Satz 1 Nr. 1; §§ 13 bis 14a EStG)

1. Tatbestandsmerkmale der Land- und Forstwirtschaft

Die Land- und Forstwirtschaft gem. §§ 2 Abs. 1 Satz 1 Nr. 1; 13–14a EStG erfüllt zunächst die allgemeinen Voraussetzungen des Gewerbebetriebs nach § 15 Abs. 2 EStG, wird aber als eigenständige Einkunftsart geführt. Ein Betrieb der Land- und Forstwirtschaft setzt also eine selbstständige nachhaltige Betätigung im Sinne von § 13 EStG voraus, die auf Gewinnerzielung im Sinne des § 2 Abs. 2 Nr. 1 EStG ausgerichtet ist. Die Leistung muss sich als eine Beteiligung am allgemeinen wirtschaftlichen Verkehr darstellen.[478]

Was die Land- und Forstwirtschaft von der gewerblichen Bodenbewirtschaftung unterscheidet, ist die Urproduktion[479], d.h. die Nutzung des Bodens mit Hilfe der Naturkräfte und die Verwertung der dadurch gewonnenen Erzeugnisse

---

476 Vgl. die Berechnungen von *Kessler/Ortmann-Babel/Zipfel*, BB 2007, S. 523 (526 f.); *Förster*, DB 2007, S. 760 (763).

477 Art. 1 Nr. 11 des UntStRefG 2008 v. 14.8.2007, BGBl. I 2007, S. 1912 (1914).

478 BFH, v. 13.12.2001, IV R 86/99, BStBl. II 2002, 80 (81); *Kube*, in: Kirchhof, EStG, § 13 Rn. 2.

479 Im Gegensatz zur baulichen, industriellen, spekulativen etc. Nutzung.

pflanzlicher oder tierischer Art.[480] Forstwirtschaft ist die Bodennutzung zur Gewinnung von Walderzeugnissen, vor allem Holz, soweit sie nicht einem landwirtschaftlichen oder gewerblichen Betrieb zuzuordnen ist.[481]

Können die Einkünfte nicht mehr wesentlich auf die Urproduktion zurückgeführt werden, so sind gewerbliche Einkünfte oder Einkünfte aus Vermietung und Verpachtung zu unterstellen. In diesem Sinne schließt § 13 Abs. 1 Nr. 1 Satz 4, 5 EStG i.V.m. §§ 51 Abs. 2–5; 51a BewG die im Verhältnis zur landwirtschaftlichen Nutzfläche übermäßige Tierzucht und Tierhaltung von der Landwirtschaft aus. Daran knüpft § 15 Abs. 4 EStG für diese gewerbliche Tierhaltung ein Verlustausgleichs- und –abzugsverbot, das die herkömmliche, mit der Bodenwirtschaft verbundene Tierhaltung vor der industriellen Tierveredelungsproduktion schützen soll.[482]

2. Gewinnermittlung nach Durchschnittssätzen (§ 13a EStG)

§ 13a EStG gestattet der Land- und Forstwirtschaft zusätzlich zur Gewinnermittlung durch Betriebsvermögensvergleich (§ 4 Abs. 1 EStG) und durch Überschussrechnung (§ 4 Abs. 3 EStG) die Ermittlung des Gewinns nach Durchschnittssätzen. Voraussetzung ist, dass die Land- und Forstwirte insbesondere nach §§ 140, 141 Abs. 1 AO nicht buchführungspflichtig sind (§ 13a Abs. 1 Satz 1 Nr. 1 EStG) und im Übrigen die in § 13a Abs. 1 Satz 1 Nr. 2–4 EStG niedergelegten Anforderungen für Kleinbetriebe erfüllen. Der Durchschnittssatzgewinn besteht aus einem flächenbezogenen Grundbetrag, aus pauschalen Zuschlägen für Gewinnteile aus Sondernutzung, aus den Gewinnteilen der forstwirtschaftlichen Nutzung, aus bestimmten Veräußerungs- und Entnahmegewinnen, aus Dienstleistungen und vergleichbaren Tätigkeiten sowie aus der Auflösung von Rücklagen (§ 13a Abs. 3 Satz 1 EStG).

Gegen die Gewinnermittlung nach § 13a EStG werden seit langem verfassungsrechtliche Bedenken geäußert.[483] Obwohl seit der Neufassung des § 13a EStG durch das Steuerentlastungsgesetz 1999/2000/2002[484] die Durchschnittssatzgewinnermittlung vereinfacht und auf kleinere Nebenerwerbs-

---

480 BFH, v. 23.1.1992, IV R 19/90, BStBl. II 1992, 651 (652); *Tipke/Lang*, Steuerrecht, § 9 Rn. 404.

481 *Kube*, in: Kirchhof, EStG, § 13 Rn. 4.

482 BFH, v. 19.12.2002, IV R 47/01, BStBl. II 2003, 507 (508); *Wacker*, in: Schmidt, EStG, § 15 Rn. 895. Zu § 15 Abs. 4 EStG siehe F.V.5.

483 Niedersächsisches FG, v. 13.10.1978, I 290/77, EFG 1979, 28; Schleswig-Holsteinisches FG, v. 7.5.1981, II 352/80, EFG 1981, 571; BFH, v. 13.10.1983, IV R 217/80, BStBl. II 1984, 198 (200); Bundesrechnungshof, BT-Drucks. 13/2600, S. 108 ff., 115; *Kanzler*, FR 1998, S. 233 (246 f.)

484 StEntlG v. 19.12.1998, BGBl. I 1998, S. 3779; 1999, S. 402; BStBl. I 1999, S. 304.

betriebe zielgenauer zugeschnitten werden sollte[485], bestehen diese Zweifel noch immer.

Die Durchschnittssatzgewinnermittlung verstößt von vornherein in gewissem Umfang gegen das einkommensteuerliche Prinzip der Besteuerung nach der Leistungsfähigkeit, weil die bewertungsrechtlichen Maßgrößen grundsätzlich ungeeignet sind, den tatsächlich erwirtschafteten Gewinn auszuweisen.[486] Vielmehr wird durch § 13a EStG ein Sollertrag erfasst, der dem System der Einkommensteuer als Ertragsteuer fremd ist.[487] Land- und Forstwirte, die mit Hilfe der Durchschnittssätze ihren Gewinn ermitteln, werden daher gegenüber anderen Erwerbsgrundlagen, aber auch gegenüber anderen land- und forstwirtschaftlichen Betrieben, die nicht die § 13a EStG-Kriterien erfüllen, bevorzugt.[488]

Dementsprechend ist zu untersuchen, ob diese Durchbrechung der Gleichheit aller Erwerbsgrundlagen und des Leistungsfähigkeitsprinzips anhand der Anforderungen einer gleichheitsrechtlichen Verhältnismäßigkeit gerechtfertigt werden kann.

Begründet wird die Durchschnittssatzgewinnermittlung damit, dass erstens die durch die besondere Situation der Land- und Forstwirte bedingten wirtschaftlichen Nachteile auszugleichen seien und zweitens kleinere Betriebe von Buchführungs- und Aufzeichnungspflichten entlastet würden.[489] Es kommt folglich einmal eine agrar- und strukturpolitische sowie ein anderes Mal eine sozialpolitische Rechtfertigung in Betracht.

Diese Zielsetzung ist an sich ein legitimer Differenzierungsgrund. Es zeigt sich aber, dass die Gewinnerermittlung nach Durchschnittssätzen in der Form des § 13a EStG nicht geeignet ist, diese beiden Differenzierungszwecke zu erreichen.

---

485 Begründung des RegEntw. für das StEntlG 1999/2000/2002, BT-Drucks. 14/265, S. 177.

486 *Kanzler*, in: Leingärtner/Zaisch, Besteuerung der Landwirte, Kap. 26 Rn. 9; *Mitterpleininger*, in: Littmann/Bitz/Pust, EStG, § 13a Rn. 13.

487 Niedersächsisches FG, v. 13.10.1978, I 290/77, EFG 1979, 28. Die Durchschnittssatzgewinnermittlung an sich soll nicht verfassungswidrig sein. Eine Sollertragsbesteuerung ist aber im System der Einkommensbesteuerung besonders zu rechtfertigen; dies nicht der Fall. Würde man die Durchschnittssätze realitätsgerecht anheben, könnte dies dazu führen, dass Vermögenssubstanz im Einzelfall abgeschöpft wird. Deswegen sollen nur etwa 50-80 v.H. der durchschnittlichen tatsächlichen Gewinne erfasst werden. Diese Gewinnerfassungsquote wird zurzeit nicht erreicht.

488 *Tipke*, in: FS Paulick, S. 391 (392) spricht von doppelter Verletzung des Gleichheitssatzes.

489 Bericht der Abgeordneten *Dr. Meyer zu Bentrup* und *Gobrecht* zum Gesetz zur Neuregelung der Einkommensbesteuerung der Land- und Forstwirte v. 25.6.1980, BT-Drucks. 8/3673, S. 13 ff.; vgl. *Kanzler*, in: Leingärtner/Zaisch, Besteuerung der Landwirte, Kap. 26 Rn. 9.

Die Nachteile durch eine ungünstige Wirtschafts- und Preissituation sowie durch die gebundene Stellung der Land- und Forstwirtschaft innerhalb der Volkswirtschaft betreffen nämlich nicht nur kleinere Betriebe der Land- und Forstwirtschaft, sondern auch buchführungspflichtige Land- und Forstwirte, die nicht in den Genuss des § 13a EStG kommen.[490] Aber auch die Entlastungswirkung kleinerer Unternehmungen im Bereich der Land- und Forstwirtschaft von Buchführungs-, Aufzeichnungs-, Nachweis- und Aufbewahrungspflichten ist durch das Antrags- und Wahlrecht zwischen Gewinnermittlung nach Durchschnittssätzen und einer Überschussrechnung (§13a Abs. 3 EStG) tatbestandlich nicht vorgezeichnet, da das Wahlrecht eine steuerminimierende Vergleichsrechnung zwischen den Alternativen erfordert. Vielmehr zeigt sich die Kompliziertheit der Norm durch die zahlreichen Verwaltungsanweisungen zu § 13a EStG und durch die Streitanfälligkeit der Regelung.[491] Das Vorurteil von der steuerlichen Unerfahrenheit des Landwirts[492] wird dadurch widerlegt.[493]

Weiterhin müsste sich die Erfassungsquote der tatsächlich erzielten Gewinne in einem vertretbaren Rahmen halten, um eine Durchschnittssatzgewinnermittlung zu rechtfertigen.[494] Nach der Neuregelung des § 13a EStG hat sich die Erfassungsquote der tatsächlichen Gewinne bei Haupterwerbsbetrieben mit Tierhaltung extrem vermindert und ist lediglich bei typischen Nebenerwerbsbetrieben ohne Tierhaltung gegenüber der Altfassung des § 13a EStG verbessert worden.[495] Die ständigen Umformulierungen des hektarbezogenen Grundbetrages im Gesetzgebungsverfahren zeigen auch, dass die Hektarsätze in keinerlei Bezug zu den tatsächlich erzielbaren Gewinnen stehen.[496] Außerdem ergeben sich Besteuerungslücken dadurch, dass Gewinne aus außergewöhnlichen Geschäftsvorfällen mangels entsprechender Auffangnorm nicht erfasst werden können.[497] Dadurch verstößt § 13a EStG auch deshalb gegen die Besteuerungs-

490 *Kanzler*, in: Leingärtner/Zaisch, Besteuerung der Landwirte, Kap. 26 Rn. 9.

491 *Kanzler*, FR 1999, S. 423 (424); *ders.*, FR 1998, S. 233 (247 Fn. 189); *Tipke/Lang*, Steuerrecht, § 9 Rn. 411.

492 BFH, v. 9.5.1957, IV 383/55 U, BStBl. III 1957, 291 (292): „Es handelt sich hier um einen Personenkreis, der erfahrungsgemäß mit Buchführungs- und Steuerfragen nicht sehr vertraut ist."

493 *Tipke/Lang*, Steuerrecht, § 9 Rn. 411; vgl. *Kanzler*, FR 1998, S. 233 (240).

494 Gefordert wird eine Quote deutlich über 50 v.H., vgl. *Kanzler*, in: Leingärtner/Zaisch, Besteuerung der Landwirte, Kap. 26 Rn. 10, 13.

495 Nachweislich anhand von Gewinnschätzungen nach statistischen Erhebungen der Agrarberichterstattung, *Märkle/Hiller*, Einkommensteuer bei Land- und Forstwirten, Rn. 7a, Beispiele siehe Rn. 20b-d; *Hiller*, INF 1999, S. 449 (453 f.).

496 *Kanzler*, DStZ 1999, S. 682.

497 Z.B. Entschädigungen für Wirtschaftserschwernisse und für Brandschäden werden mit den Durchschnittssätzen abgegolten; vgl. *Hiller*, INF 2002, S. 321 (322); *ders.*, INF 1999, S. 487 (491).

gleichheit, weil gleiche Leistungsfähigkeit innerhalb der Einkunftsart der Land- und Forstwirtschaft ohne Rechtfertigung ungleichmäßig steuerlich belastet wird.

Die angestrebte Zielgenauigkeit der Durchschnittssätze und die beabsichtigte Vereinfachung der Gewinnermittlung werden zumindest durch die aktuelle Vorschrift des § 13a EStG weit verfehlt, sodass § 13a EStG nicht mit hinreichender Bestimmtheit tatbestandlich vorgezeichnet und gleichheitsgerecht ausgestaltet ist. Eine Rechtfertigung misslingt.

Die Gewinnermittlung nach Durchschnittssätzen gem. § 13a EStG verletzt folglich die Gleichbehandlung der Erwerbsgrundlagen.[498] § 13a EStG ist zu streichen. Die land- und forstwirtschaftlichen Betriebe haben – wie im gewerblichen und freiberuflichen Bereich – die normalen Gewinnermittlungsmethoden anzuwenden.

3. Abweichendes Wirtschaftsjahr (§ 4a EStG)

Eng mit den Methoden über die Gewinnermittlung sind die Regelungen verbunden, die bestimmen, für welchen Zeitraum der Gewinn zu ermitteln (§ 4a Abs. 1 EStG) und welchem Kalenderjahr er dann zuzurechnen ist (§ 4a Abs. 2 EStG). Auch hier ergeben sich Sonderregelungen für die Land- und Forstwirtschaft.

Bei Land- und Forstwirten bestimmt sich der Gewinnermittlungszeitraum nach den Vorschriften des § 4a EStG i.V.m. §§ 8b, 8c EStDV. Grundsätzlich ist danach der Gewinn eines Land- und Forstwirts für das Regelwirtschaftsjahr vom 1. Juli bis zum 30. Juni zu ermitteln (§ 4a Abs. 1 Satz 2 Nr. 1 Satz 1 EStG). Andere Zeiträume sieht § 8c Abs. 1 EStDV je nach landwirtschaftlichem Schwerpunkt vor. Im gewerblichen Bereich ist dagegen im Regelfall das Wirtschaftsjahr das Kalenderjahr (§ 4a Abs. 1 Satz 2 Nr. 3 Satz 1 EStG); es sei denn, die Firma ist im Handelregister eingetragen.

Diese unterschiedliche Behandlung wird damit begründet, dass das vom Kalenderjahr abweichende Wirtschaftsjahr dem Land- und Forstwirt die Bestandsaufnahme und Bilanzierung erleichtern soll. Das Wirtschaftsjahr soll zu dem Zeitpunkt enden, an dem erfahrungsgemäß nur noch wenige bilanzierungspflichtige Bestände im Betrieb vorhanden sind, weil die angefallenen Erträge (z.B. Ernte) im Wesentlichen verwertet sind und die Feldbestellung für die neuen Erträge abgeschlossen ist.[499]

Ursprünglich war diese Differenzierung für die „klassische“ Land- und Forstwirtschaft durchaus angemessen. Sie ist es jedoch nicht mehr für die fortentwickelten Bewirtschaftungs- und Vermarktungsverhältnisse einer speziali-

498 So auch *Hiller*, INF 2002, S. 321.

499 *Kanzler*, in: Leingärtner/Zaisch, Besteuerung der Landwirte, Kap. 21 Rn. 8; *Kleeberg*, BB 1979, S. 1029 (1030).

sierten intensiven Land- und Forstwirtschaft.[500] Aus einer vermeintlichen Bevorzugung hat sich im Laufe der Zeit wohl eher eine Behinderung und Hemmung für eine rationelle Buchhaltungs- und Verwaltungsorganisation ergeben.[501]

Eine weitere, vom gewerblichen und freiberuflichen Bereich abweichende, allein für die Land- und Forstwirtschaft geltende Sonderregelung ist die zeitanteilige Zurechnung des Gewinns des Wirtschaftsjahres auf die Kalenderjahre gem. § 4a Abs. 2 Nr. 1 Satz 1 EStG.

Dadurch soll eine ausgeglichene Besteuerung schwankender Erträge aufgrund aufeinander folgender guter und schlechter Wirtschaftsjahre erreicht werden, weil die Gewinne in ihrer Höhe von Naturabläufen abhängig seien.[502] Diese zeitanteilige Gewinnzurechnung nähert sich also einer zweijährigen Durchschnittsbesteuerung an. Die Rechtfertigung dieser einkunftsartspezifischen Sondervorschrift erscheint aber bedenklich, weil Markteinflüsse zumindest ähliche Auswirkungen auf Erträge haben können wie Umwelteinflüsse.[503] Den Einwirkungen des Marktes ist aber auch der gewerbliche Bereich ausgesetzt. Zudem wird die Bedeutung des Gesetzeszwecks in Zeiten ständig zunehmender staatlicher Leistungssubventionierung an Landwirte bestritten.[504]

4. Freibeträge und Steuerbefreiungen

Neben der Durchschnittssatzgewinnermittlung können noch weitere Steuersubventionen der land- und forstwirtschaftlichen Einkommensbesteuerung aufgezeigt werden.

a. Freibetrag für laufende Gewinne (§ 13 Abs. 3 Satz 1 EStG)

Nach § 13 Abs. 3 Satz 1 EStG ist bei der Ermittlung des Gesamtbetrags der Einkünfte für land- und forstwirtschaftliche Einkünfte ein Freibetrag[505] in Höhe von 670 € zu berücksichtigen (bei zusammenveranlagten Ehegatten 1.340 €, § 13 Abs. 3 Satz 3 EStG). Der Freibetrag wird systemwidrig nicht unmittelbar bei Ermittlung der Einkünfte berücksichtigt, sondern von der Summe aller Einkünfte bei Ermittlung des Gesamtbetrags der Einkünfte (§ 2 Abs. 3 EStG) abge-

---

500 *Märkle/Hiller*, Einkommensteuer bei Land- und Forstwirten, Rn. 121; *Fink*, in: Herrmann/Heuer/Raupach, EStG, § 4a Rn. 4.

501 *Kleeberg*, BB 1979, S. 1029 (1030).

502 Zweifelnd *Märkle/Hiller*, Einkommensteuer bei Land- und Forstwirten, Rn. 122.

503 *Märkle/Hiller*, Einkommensteuer bei Land- und Forstwirten, Rn. 122.

504 *Kanzler*, in: Leingärtner/Zaisch, Besteuerung der Landwirte, Kap. 21 Rn. 8.

505 Freibeträge stellen Einkünfte in der jeweiligen Höhe stets steuerfrei, unabhängig von der absoluten Höhe der Einkünfte. Freigrenzen stellen Einkünfte nur steuerfrei, wenn die Einkünfte insgesamt unter der festgelegten Freigrenze bleiben. Vgl. *Zugmaier*, in: Herrmann/Heuer/Raupach, EStG, § 2 Rn 515.

zogen.[506] Der Abzug des Freibetrags hängt davon ab, dass die Summe der Einkünfte 30.700 € nicht übersteigt (§ 13 Abs. 3 Satz 2 EStG; bei Zusammenveranlagung 61.400 €).

Eine in diesem betragsmäßigen Umfang vergleichbare Entlastung gibt es bei den übrigen Einkunftsarten nicht.[507] Die Freibetragsregelung stellt also eine allgemeine Steuersubvention für die Berufsgruppe der Land- und Forstwirte dar und erfordert deswegen eine Rechtfertigung vor dem Gleichheitssatz.

Begründet wird der Freibetrag mit den standort- und produktionsbedingten Nachteilen und der Sozialpflichtigkeit land- und forstwirtschaftlicher Flächen (z.B. Betretungsrechte).[508] Diese Steuervergünstigung soll außerdem die Wettbewerbsfähigkeit kleiner und mittlerer Betriebe fördern, deren Erhaltung im öffentlichen Interesse einer ausgewogenen nationalen Agrarstruktur und einer breiten Eigentumsstreuung liege.[509]

Die finanzgerichtliche Rechtsprechung sieht keine Verletzung der Besteuerungsgleichheit durch die Gewährung des Freibetrages nach § 13 Abs. 3 EStG, weil die Regelung des § 13 Abs. 3 EStG dem gesetzgeberischen Gestaltungsraum entspreche und die Differenzierung nicht als grob sachwidrig anzusehen sei.[510] Auch das Bundesverfassungsgericht sieht die Freibetragsregelung und deren Höhe als nicht willkürlich an.[511]

Dem ist kritisch entgegenzuhalten, dass zunächst nicht das Willkürverbot, sondern eine gleichheitsrechtliche Verhältnismäßigkeitsprüfung die Rechtfertigungsanforderungen vorgibt. Die Subventionierung der Land- und Forstwirtschaft könnte aber noch als verfassungsrechtlich förderungswürdig unter Verweis auf Art. 74 Abs. 1 Nr. 17 GG eingestuft werden.

Die Freibetragsregelung ist mit Blick auf den Differenzierungszweck der Begünstigung kleinerer und mittlerer Betriebe jedoch nicht hinreichend geeignet. Die Abzugsgrenze i.H.v. 30.700 € im Rahmen der Summe der Einkünfte ist nämlich nicht tauglich, zwischen kleineren und größeren land- und forstwirtschaftlichen Unternehmungen zu unterscheiden.[512] Vielmehr kann dies entgegen der beabsichtigten Wirkung dazu führen, dass der kleine Betrieb eines Nebenerwerbslandwirts mit Facharbeitereinkommen vom Freibetrag ausgenommen

---

506 BFH, v. 25.2.1988, IV R 32/86, BStBl. II 1988, 827.

507 Mit Ausnahme des bis zum Veranlagungszeitraum 2008 gewährten Sparer-Freibetrags gem. § 20 Abs. 4 Satz 1 EStG a.F. i.H.v. 750 € bzw. 1.500 €.

508 BT-Drucks. 13/8023, S. 20, 30; 14/443, S. 26.

509 Hessisches FG, v. 7.3.1996, 11 K 350/95, EFG 1996, 812 (814); Niedersächsisches FG, v. 26.8.1999, XIV 838/97, EFG 2000, 745 (746).

510 Hessisches FG, v. 7.3.1996, 11 K 350/95, EFG 1996, 812 (813); Niedersächsisches FG, v. 26.8.1999, XIV 838/97, EFG 2000, 745 (746).

511 BVerfG, v. 24.11.1969, 1 BvR 682/69, HFR 1970, 40.

512 *Kanzler*, in: Leingärtner/Zaisch, Besteuerung der Landwirte, Kap. 47 Rn. 4.

wird, der Vollerwerbslandwirt mit Verlusten aus Vermietung und Verpachtung oder Kapitalvermögen ihn aber erlangt.[513]

Des Weiteren sind produktionsbedingte Nachteile, wie erschwerte Arbeitsbedingungen, dem Leistungsfähigkeitsprinzip fremd, weil sie nicht quantifizierbar sind.[514] Diese Nachteile, wie auch die Sozialpflichtigkeit land- und forstwirtschaftlicher Flächen, hängen nicht davon ab, dass die Summe der Einkünfte 30.700 € übersteigt, und sie sind i.d.R. bereits in der Bemessungsgrundlage eingepreist.[515]

Der Zweck des § 13 Abs. 3 EStG, produktionsbedingte Nachteile der Land- und Forstwirtschaft auszugleichen und die Sozialpflichtigkeit land- und forstwirtschaftlicher Flächen zu berücksichtigen, ist nicht mit hinreichender Bestimmtheit tatbestandlich vorgezeichnet.[516] Die Freibetragsregelung ist nicht tauglich, das Differenzierungsziel zu fördern. Entgegen der Finanzrechtsprechung ist der Freibetrag gem. § 13 Abs. 3 EStG dem Grunde nach verfassungswidrig.[517]

b. Freibetrag für gesondert zu ermittelnde Gewinne (§ 13a Abs. 6 Satz 1 EStG)

Im Rahmen der Gewinnermittlung nach Durchschnittssätzen sieht § 13a Abs. 6 Satz 1 EStG für bestimmte Sondergewinne einen Freibetrag in Höhe von 1.534 € vor, der nur bis zur Höhe des Gewinnsaldos gewährt wird, also zu keinem Verlust führen kann. Die Sondergewinne sind in § 13a Abs. 6 Satz 1 EStG aufgezählt, werden nach den Grundsätzen der Einnahme-Überschussrechnung des § 4 Abs. 3 EStG ermittelt und sind insofern nicht mit dem Grundbetrag nach § 13a Abs. 4 EStG abgegolten.

Dieser Freibetrag dient als Ausgleich dafür, dass auf diese Sondergewinne keine Steuerermäßigung nach § 34e EStG gewährt wird, obwohl abweichend von dem ermittelten Durchschnittssatzgewinn die tatsächlich erwirtschafteten Betriebsgewinne der Einkommensteuer unterliegen.[518]

§ 34e EStG gewährt einen Steuerabzugsbetrag für Land- und Forstwirte, mit dem der Übergang von der Durchschnittssatzgewinnermittlung zur Gewinnermittlung nach § 4 Abs. 1 oder Abs. 3 EStG abgefedert und dadurch ent-

---

513 *Kanzler*, in: Leingärtner/Zaisch, Besteuerung der Landwirte, Kap. 47 Rn. 4.

514 *Tipke*, Steuerrechtsordnung II, S. 634 ff.

515 *Tipke*, Steuerrechtsordnung II, S. 681.

516 Vgl. *Tipke*, Steuerrechtsordnung II, S. 681 Fn. 250; *Kanzler*, in: Leingärtner/Zaisch, Besteuerung der Landwirte, Kap. 47 Rn. 3.

517 A.A. *Bauer*, in: Altehoefer/Bauer/Fichtelmann, Besteuerung der Land- und Forstwirtschaft, Rn. 969; *Gmach*, in: Herrmann/Heuer/Raupach, EStG, § 13 Rn. 362, der aber eine Abschaffung aus systematischen Gründen und zur Vereinfachung des Steuerrechts für wünschenswert hält.

518 *Kanzler*, in: Leingärtner/Zaisch, Besteuerung der Landwirte, Kap. 26 Rn. 256.

stehende Belastungssprünge vermieden werden sollen.[519] Für den Veranlagungszeitraum 2000 wird letztmalig der Steuerabzugsbetrag nach § 34e EStG gewährt. Gegen § 34e EStG wurden erhebliche verfassungsrechtliche Bedenken erhoben,[520] die letztendlich zur Abschaffung dieser Steuerermäßigung führten.[521]

Die Freibetragsregelung gem. § 13a Abs. 6 Satz 1 EStG hat nach Abschaffung des § 34e EStG somit ihre Ausgleichsfunktion verloren und ist auch unter keinem Vereinfachungsaspekt begründbar. Diese Steuersubvention hat keinen legitimen Zweck mehr und ist nach Maßgabe des Gleichheitssatzes nicht gerechtfertigt.

c. *Steuerfreiheit des Gewinns bei der Entnahme von Grund und Boden für die Errichtung einer Wohnung (§ 13 Abs. 5 EStG)*

Nach § 13 Abs. 5 EStG sind Entnahmegewinne steuerfrei, die dadurch entstehen, dass auf dem Grund und Boden die Wohnung des Steuerpflichtigen oder eine Altenteilerwohnung errichtet wird. Eingeführt wurde die Steuerbefreiung wegen der besonderen Verhältnisse in der Land- und Forstwirtschaft; nach der gesetzgeberischen Vorstellung sollte „eine organische Weiterentwicklung der Agrarstruktur, z.B. durch Aussiedlung von Höfen aus einer engen Dorflage heraus“[522], steuerlich nicht behindert werden. Dieses Entnahmeprivileg kann heute nur noch aus Gründen der Billigkeit gerechtfertigt werden.[523]

Unter dem Gesichtspunkt der Gleichbehandlung wurde diese Steuersubvention auch auf die gewerblichen und die freiberuflichen Betriebsvermögen ausgedehnt (§ 15 Abs. 1 Satz 3, § 18 Abs. 4 Satz 1 EStG), allerdings mit der gleichheitswidrigen Einschränkung, dass der Grund und Boden bereits 1986 zum Betriebsvermögen des Gewerbebetriebs oder dem der freiberuflichen Tätigkeit dienenden Vermögen gehört haben muss.[524] Dieses Erfordernis der Zuge-

---

519 *Kube*, in: Kirchhof, EStG, § 34e Rn. 1.

520 Zu den verfassungsrechtlichen Bedenken *Traxel*, Freibeträge, S. 173 ff.; *M. Wendt*, in: Herrmann/Heuer/Raupach, EStG, § 34e Rn. 5; *Bauer*, in: Altehoefer/Bauer/Fichtelmann, 6. Aufl. 2007, Besteuerung der Land- und Forstwirtschaft, Rn. 998.

521 - BT-Drucks. 14/23, S. 283: „Es handelt sich um eine Lenkungsnorm, die aus Gründen der Gleichmäßigkeit der Besteuerung zu streichen ist. Sie widerspricht zudem dem Gebot einer Besteuerung nach der wirtschaftlichen Leistungsfähigkeit.“
- BT-Drucks. 14/443, S. 30: „Zur Gleichbehandlung der Land- und Forstwirte mit Gewerbetreibenden und anderen Selbstständigen entfällt die Steuerermäßigung ab dem Veranlagungszeitraum 2001.“

522 BT-Drucks. 11/2536, S. 87, noch zu § 52 Abs. 15 Satz 10 EStG a.F.

523 *Tipke*, Steuerrechtsordnung II, S. 681; mit dem Billigkeitsgedanken argumentiert auch *Kanzler*, in: Herrmann/Heuer/Raupach, EStG, § 13 Rn. 390.

524 *Märkle/Hiller*, Einkommensteuer bei Land- und Forstwirten, Rn. 250a weist darauf hin, dass bei Übernahme der Rechtsnorm des § 52 Abs. 15 Satz 10 EStG a.F in § 13 Abs. 5 EStG im Rahmen des StEntlG 1999/2000/2002 (BGBl. I 1999, S. 402; BStBl. I 1999,

hörigkeit des Grund und Bodens zum Betriebsvermögen im Veranlagungszeitraum 1986 gilt jedoch nicht für die Land- und Forstwirtschaft. Eine sachliche Rechtfertigung für diese Benachteiligung der anderen Gewinneinkunftsarten ist nicht ersichtlich und dementsprechend verfassungsrechtlich problematisch.[525] Deshalb plädiert eine Literaturmeinung für eine verfassungskonforme Auslegung der § 15 Abs. 1 Satz 3, § 18 Abs. 4 Satz 1 EStG mit dem Ergebnis, dass das Entnahmeprivileg einkunftsartenübergreifend ohne zeitliche Einschränkung gilt.[526]

d. Steuerbefreiungen auf der Einnahmeseite (§ 3 Nr. 17, 27 EStG)

Von der Einkommensteuer befreit sind weiterhin gemäß § 3 Nr. 17 EStG die Zuschüsse zum Beitrag der Alterssicherung der Landwirte nach § 32 ALG[527]. Ohne die sachliche Steuerbefreiung wären die Zuschüsse steuerpflichtige Betriebseinnahmen nach § 13 EStG.[528] Gleichzeitig wären ohne Steuerbefreiung die Zuschüsse, soweit sie den Landwirt betreffen, als Sonderausgaben oder bei Zuschüssen für die beitragspflichtigen mitarbeitenden Familienangehörigen als Betriebsausgaben abziehbar.

Zweck des § 3 Nr. 17 EStG ist es, einkommensschwache landwirtschaftliche Klein- und Mittelbetriebe von den Beiträgen zur landwirtschaftlichen Alterssicherung finanziell zu entlasten.[529] Das Differenzierungsziel wird durch die Zuschuss-Höchstgrenze von 15.500 € des jährlichen Einkommens angemessen sichergestellt (§ 32 Abs. 1 ALG). Die Vorschrift wirkt somit als Steuersubvention umverteilend.

Eine weitere Steuerbefreiung sieht § 3 Nr. 27 EStG für den Grundbetrag der Produktionsaufgabenrente und das Ausgleichsgeld nach dem Gesetz zur Förderung der Einstellung der landwirtschaftlichen Erwerbstätigkeit[530] bis zu einem Höchstbetrag von 18.407 € vor. Der Grundsatz der Besteuerung nach der wirtschaftlichen Leistungsfähigkeit gebietet grundsätzlich, dass diese Leistungen zu versteuern sind.[531] Die Vorschrift wird als Sozialzwecknorm mit dem Zweck gerechtfertigt, den Entschluss zur Stilllegung landwirtschaftlicher Flächen zu för-

---

S. 304) ein fehlerhafter Wortlaut übernommen worden ist; m.E. gibt es für ein Redaktionsversehen aber keine Anhaltspunkte.

525 *Märkle/Hiller*, Einkommensteuer bei Land- und Forstwirten, Rn. 250a.

526 *Kanzler*, in: Herrmann/Heuer/Raupach, EStG, § 13 Rn. 390.

527 Gesetz über die Alterssicherung der Landwirte v. 29.7.1994, BGBl. I 1994, S. 1890, 1891.

528 *v. Beckerath*, in: Kirchhof/Söhn/Mellinghoff, EStG, § 3 Nr. 17 Rn. B 17/14.

529 *Bergkemper*, in: Herrmann/Heuer/Raupach, EStG, § 3 Nr. 17 Rn. 2; *v. Beckerath*, in: Kirchhof/Söhn/Mellinghoff, EStG, § 3 Nr. 17 Rn. B 17/19.

530 FELEG v. 21.2.1989, BGBl. I 1989, S. 233.

531 *Kanzler*, in: Herrmann/Heuer/Raupach, EStG, § 3 Nr. 27 Rn. 2; so auch BT-Drucks. 14/23, S. 168; dieser Entwurf sah zunächst die Aufhebung des § 3 Nr. 27 EStG vor.

dern.[532] Dies war bis zur Umsetzung von europarechtlich gebotenen Flächenstilllegungsmaßnahmen unter Umständen geboten. Die Steuerbefreiung des § 3 Nr. 27 EStG ist allenfalls bis zum Veranlagungszeitraum 2008 möglich.[533] Diese Befristung macht es auch unnötig, diese Steuerbefreiung bei der Neuregelung der Alterseinkünfte zu berücksichtigen.[534]

5. Steuersatzvergünstigungen (§ 34b EStG)

§ 34b EStG sieht für außerordentliche Einkünfte, die aus außerordentlicher Holznutzung (§ 34b Abs. 1 Nr. 1 EStG) und die aus Holznutzung infolge höherer Gewalt (Kalamitätsnutzungen; § 34b Abs. 1 Nr. 2 EStG) entstanden sind, Tarifermäßigungen gegenüber der Regelbelastung vor.

Außerordentlich ist eine Holznutzung, die auf wirtschaftliche Gründe zurückzuführen ist. Kalamitätsnutzungen sind Nutzungen, die durch ein Naturereignis, z.B. Windbruch oder Windwurf, verursacht werden.

Wegen der Schwierigkeiten einer jährlichen Erfassung und Bewertung des stehenden Holzes findet eine Holzbestandsaufnahme im forstwirtschaftlichen Betrieb praktisch nie statt.[535] Der jährliche Holzwertzuwachs wird im jeweiligen Wirtschaftsjahr somit nicht ermittelt und als höherer Teilwert bilanziert. Der Zeitraum zwischen der Bestandbegründung und der geplanten Nutzung beträgt in der Forstwirtschaft zwischen 80 und 120 Jahren. Dies führt regelmäßig zu einer Zusammenballung von Gewinnen bei der tatsächlichen Holznutzung durch die Aufdeckung stiller Reserven. § 34b EStG hat den Zweck, die Progression des Einkommensteuertarifs abzuschwächen, die infolge dieser geballten Gewinnrealisierung bei außerordentlichen Holznutzungen oder Kalamitätsnutzungen entsteht.[536]

§ 34b EStG entschärft dementsprechend Härten des Jährlichkeitsprinzips, um eine Besteuerungsgleichheit durch Milderung der Progression zu erzielen.[537] Dies fordert das Gebot periodengerechter Belastungsgleichheit.[538] Die Vorschrift

---

532 BT-Drucks. 14/443, S. 6, 20; *Kanzler*, in: Herrmann/Heuer/Raupach, EStG, § 3 Nr. 27 Rn. 3.

533 Nach § 20 FELEG müssen die Voraussetzungen des FELEG bis zum 1.1.1997 vorgelegen haben, sodass die Produktionsaufgabenrente und das Ausgleichsgeld bei Berufsunfähigkeit längstens bis zum 31.12.2008 gezahlt wird; eingehender *Kanzler*, FR 1999, S. 423 (426).

534 *Kanzler*, in: Herrmann/Heuer/Raupach, EStG, § 3 Nr. 27 Rn. 3; Vgl. BVerfGE 54, 11; 86, 369; 105, 73; *Tipke/Lang*, Steuerrecht, § 9 Rn. 564 ff.

535 *M. Wendt*, FR 1996, S. 130 (131).

536 BT-Drucks. 16/6290, S. 57; *Wittwer*, in: Blümich, § 34b EStG Rn. 2; *Kulosa*, in: Schmidt, EStG, § 34b Rn. 1.

537 *Stalbold*, in: Herrmann/Heuer/Raupach, EStG, § 34b Rn. 3.

538 *Bruckmeier*, in: Kirchhof/Söhn/Mellinghoff, EStG, § 34b Rn. A 1.

ist also als Fiskalzwecknorm anzusehen und durchbricht in diesem Sinne nicht das Leistungsfähigkeitsprinzip.[539]

Auch ergeben sich keine erwerbsgrundlagenspezifischen Bevorzugungen, denn die Einkünfte aus außerordentlichen Holznutzungen (§ 34b Abs. 1 Nr. 1 i.V.m. § 34 Abs. 2 Nr. 5 EStG) werden ebenso wie die anderen in § 34 Abs. 2 EStG genannten außerordentlichen Einkünfte anderer Erwerbsgrundlagen besteuert.[540] Die Steuerermäßigung nach § 34 Abs. 1 EStG beschränkt sich dabei auf eine Progressionsglättung.

Verfassungsrechtliche Bedenken wurden aber insbesondere gegen die Tarifermäßigung nach § 34b EStG vorgebracht, weil die Regelung bis zur Änderung durch das Jahressteuergesetz 2008 dem Wortlaut nach ausschließlich „Gewinne aus Land- und Forstwirtschaft" erfasste.[541] Zweifelhaft war es daher, ob Einkünfte aus Holznutzungen begünstigt waren, wenn die Forstwirtschaft zu einem Betrieb gehörte, aus dem Einkünfte aus Gewerbebetrieb erzielt wurden.[542] Die Gleichbehandlung der Erwerbsgrundlagen forderte jedoch eine verfassungskonforme, tätigkeitsbezogene Auslegung und eine Erfassung auch von Holznutzungen im Rahmen eines Gewerbebetriebs.[543]

Die Gesetzesänderung durch das Jahressteuergesetz 2008[544] bestätigt diese Sichtweise und stellt klar, dass § 34b EStG bei „außerordentlichen Einkünften aus Holznutzungen" unabhängig von der Einkunftsart den Steuersatz begünstigt.[545]

6. Zusammenfassende Würdigung

In der Gesamtschau ist das System der Sonderregelungen, Freibeträge und Steuersubventionen für Einkünfte aus Land- und Forstwirtschaft als unabgestimmt und unsystematisch zu bewerten.

Der eigentliche Zweck der einkunftsartbezogenen Sondervorschriften besteht im geltenden Recht darin, dass der Gesetzgeber an den Tatbestand der Land- und Forstwirtschaft unterschiedliche Rechtsfolgen knüpfen kann, um diese Einkunftsart vor anderen bevorzugen zu können. Die Einkunftsart der Land- und Forstwirtschaft dient hauptsächlich der steuerpolitischen Privilegierung eines vertypten Berufsbildes. Gegen einzelne Vorschriften gibt es erhebliche verfas-

---

539 A.A. *Jochum*, Steuervergünstigung, S. 177.

540 *M. Wendt*, in: Leingärtner/Zaisch, Besteuerung der Landwirte, Kap. 44 Rn. 72.

541 *Stalbold*, in: Herrmann/Heuer/Raupach, EStG, § 34b Rn. 11.

542 Gegen eine Einbeziehung *M. Wendt*, in: Leingärtner/Zaisch, Besteuerung der Landwirte, Kap. 44 Rn. 86; *Hiller*, INF 2003, S. 104 (106 f.); *Stalbold*, in: Herrmann/Heuer/Raupach, EStG, § 34b Rn. 11; *Mitterpleininger*, in: Littmann/Bitz/Pust, EStG, § 34b Rn. 20; zweifelnd *Kanzler*, FR 1999, S. 423 (425).

543 *Bruckmeier*, in: Kirchhof/Söhn/Mellinghoff, EStG, § 34b Rn. A 20, B 3f.

544 Art. 1 Nr. 13 des JStG 2008 v. 20.12.2007, BGBl. I 2007, S. 3150 (3153).

545 Vgl. BT-Drucks. 16/6290, S. 57.

sungsrechtliche Bedenken; andere Besonderheiten sind aus steuersystematischen Gründen bedenklich. Insgesamt ist die Einkunftsart der Land- und Forstwirtschaft aus verfassungsrechtlichen und rechtspolitischen Überlegungen abzuschaffen und zumindest einer einheitlichen Einkunftsart des Gewerbebetriebs zuzuordnen.

V. Zu der Einkunftsart des Gewerbebetriebs (§ 2 Abs. 1 Satz 1 Nr. 2; §§ 15 bis 17 EStG)

Die Abgrenzung der Erwerbsgrundlage Gewerbebetrieb von den anderen Einkunftsarten hat besondere einkommensteuerrechtliche Bedeutung für die Gewährung von Freibeträgen, für die Beschränkungen der Verlustverrechnung, für die Zulässigkeit von Außenprüfungen nach § 193 Abs. 1 AO und für den bereits dargestellten Umfang der Einkünfteermittlung, insbesondere für unterschiedliche Gewinnermittlungsvorschriften und die Steuerbarkeit von Veräußerungserlösen. Weiterhin wird an die Einkünfte aus Gewerbebetrieb die zur Einkommensteuer hinzutretende Gewerbesteuerpflicht nach dem Gewerbesteuergesetz geknüpft (§ 2 Abs. 1 Satz 2 GewStG).

1. Tatbestandsmerkmale des Gewerbebetriebs

§ 15 EStG definiert, welche Einkünfte solche aus Gewerbebetrieb sind. Gewerbebetrieb ist nach § 15 Abs. 2 Satz 1 EStG[546] eine „selbständige nachhaltige Betätigung, die mit der Absicht, Gewinn zu erzielen, unternommen wird und sich als Beteiligung am allgemeinen wirtschaftlichen Verkehr darstellt, wenn die Betätigung weder als Ausübung von Land- und Forstwirtschaft noch als Ausübung eines freien Berufs noch als eine andere selbständige Arbeit anzusehen ist.“

Die Erwerbsgrundlage des Gewerbebetriebs[547] ist also die Vorkehrung zu einer selbstständigen, nachhaltigen, marktbezogenen unternehmerischen Erwerbstätigkeit, die auf Erzielung von Gewinneinkünften nach § 2 Abs. 2 EStG gerichtet ist und weder als Ausübung von Land- und Forstwirtschaft noch als

546 Der einkommensteuerliche Begriff des Gewerbebetriebs ergibt sich seit StEntlG 1984 v. 22.12.1983, BGBl. I 1983, S. 1583 unmittelbar aus dem EStG. Die Vorschrift des § 15 Abs. 2 EStG übernimmt die Definition des § 1 Abs. 1 GewStDV, der seinerseits auf die Rechtsprechung des PrOVG und des RFH zur Gewerbesteuer zurückgeht.

547 Nach h.M. ist der Begriff des Gewerbebetriebs kein Klassen-, sondern ein Typusbegriff, d.h. es müssen nicht alle Merkmale erfüllt sein, entscheidend vielmehr ist das „Gesamtbild der Betätigung“, vgl. *Tipke/Lang*, Steuerrecht, § 9 Rn. 415; *Wacker*, in: Schmidt, EStG, § 15 Rn. 8. Zum Unterschied zwischen „Begriff“ und „Typus“ eingehend *Larenz*, Methodenlehre, S. 216 ff.

Ausübung selbstständiger Arbeit anzusehen ist und den Rahmen privater Vermögensverwaltung überschreitet.[548]

Sowohl Land- und Forstwirtschaft als auch die freie Berufstätigkeit und die Vermögensverwaltung (Anlage von Finanzkapital, Vermietung und Verpachtung, §§ 20, 21 EStG) erfüllen alle Voraussetzungen der gewerblichen Erwerbsgrundlage und unterscheiden sich von dieser aufgrund spezifischer Merkmale, die sich infolge historisch vorfixierter Berufsbilder entwickelt haben. Daraus ergeben sich schwierige Abgrenzungsprobleme. Die Rechtsprechung nimmt eine Vermögensverwaltung an, wenn das Vermögen zu einer regelmäßig längerfristigen Erhaltung und Fruchtziehung im Sinne der finanzwissenschaftlichen Quellentheorie angelegt wird.[549] Liegt der Schwerpunkt hingegen bei der Umschichtung von Vermögen, insbesondere durch Wertpapier- und Grundstückshandel, ist eine gewerbliche Erwerbstätigkeit zu unterstellen.[550]

2. Unternehmensteuerreform 2008: Steuerfreie Einnahmen aus dem Teileinkünfteverfahren gem. § 3 Nr. 40 EStG n.F.

An Einnahmen aus Kapitalvermögen, die insbesondere durch die Beteiligung an Kapitalgesellschaften erzielt werden, knüpft § 3 Nr. 40 EStG a.F. bis zum Veranlagungszeitraum 2008 eine hälftige Steuerbefreiung an (Halbeinkünfteverfahren). Das Halbeinkünfteverfahren gilt unabhängig davon, ob die Beteiligungen im Betriebs- oder Privatvermögen gehalten werden.

Dadurch wird eine Gewinnausschüttung beim Anteilseigner einer Kapitalgesellschaft, der Einnahmen aus Kapitalvermögen erzielt, zur Hälfte steuerfrei gestellt. Über § 3c Abs. 2 EStG werden die zugehörigen Aufwendungen des Anteilseigners hälftig gekürzt. Das Halbeinkünfteverfahren[551] soll die steuerliche

---

548 *Kirchhof*, in: Kirchhof, EStG, § 2 Rn. 35; *Reiß*, in: Kirchhof, EStG, § 15 Rn. 10 f.; *Wacker*, in: Schmidt, EStG, § 15 Rn. 8; *Tipke/Lang*, Steuerrecht, § 9 Rn. 413 f.

549 BFH, v. 10.12.2001, GrS 1/98, BStBl. II 2002, 291 (292); BFH, v. 3.7.1995, GrS 1/93, BStBl. II 1995, 617 (619).

550 BFH, v. 10.12.2001, GrS 1/98, BStBl. II 2002, 291 (292); BFH, v. 3.7.1995, GrS 1/93, BStBl. II 1995, 617 (619); *Tipke*, Steuerrechtsordnung II, S. 685.

551 Das Halbeinkünfteverfahren wurde mit dem StSenkG v. 23.10.2000 (BGBl. I 2000, S. 1433) eingeführt und löste das bis dahin geltende Anrechnungsverfahren ab. Bis zum Veranlagungszeitraum 2000 galt das Anrechnungsverfahren für die Besteuerung von Ausschüttungen. Nach dem Konzept des Anrechnungsverfahrens sollten Gewinnausschüttungen erst beim Anteilseigner endgültig mit dessen individuellem Einkommensteuersatz belastet werden. Die Belastung mit Körperschaftsteuer sollte dagegen nur vorübergehend sein, indem die von der Körperschaft abgeführte Körperschaftsteuer auf die Einkommensteuerschuld des Anteilseigners angerechnet wurde. Es führte im Ergebnis dazu, dass die von der Kapitalgesellschaft gezahlte Körperschaftsteuer, wirtschaftlich betrachtet, lediglich eine Vorauszahlung auf die vom Anteilseigner geschuldete Einkommensteuer darstellte. Gleichzeitig wurde so eine Doppelbelastung des Gewinns

Doppelbelastung der von einer Kapitalgesellschaft erwirtschafteten Gewinne durch eine pauschale Reduzierung der einkommensteuerlichen Belastung des Anteilseigners abmildern. Die hälftige Erfassung der Ausschüttung soll die definitive Vorbelastung mit Körperschaftsteuer berücksichtigen und eine Doppelbesteuerung vermeiden.

Durch das Unternehmensteuerreformgesetz 2008 ändert der Steuergesetzgeber das Halbeinkünfteverfahren ab 2009 für im Betriebsvermögen gehaltene Beteiligungen zu einem Teileinkünfteverfahren, indem der steuerfreie Anteil des Beteiligungsertrags auf 40 Prozent abgesenkt wird (§ 3 Nr. 40 Satz 1 EStG n.F.). Über § 3c Abs. 2 EStG n.F. werden die zugehörigen Aufwendungen des betrieblichen Anlegers bei der Einkünfteermittlung zu 60 Prozent abgezogen. Für Kapitaleinkünfte aus im Privatvermögen gehaltene Beteiligungen gilt dieses Teileinkünfteverfahren nicht. Sie unterliegen ab 2009 einem abgeltenden Steuersatz in Höhe von 25 Prozent gem. § 32d EStG n.F. Ein Werbungskostenabzug ist grundsätzlich ausgeschlossen (§ 20 Abs. 9 Satz 1, 2. Halbsatz EStG n.F.)

Beteiligungen im Betriebs- und Privatvermögen werden ungleich behandelt. Durch die Vorbelastung auf der Ebene der Kapitalgesellschaft mit Körperschaftsteuer zzgl. Solidaritätszuschlag und Gewerbesteuer beträgt bei einem Anteilseigner mit Grenzsteuersatz von 40 Prozent die Gesamtbelastung für Ausschüttungen in ein Betriebsvermögen 46,7 Prozent.[552] Für Ausschüttungen im Privatvermögen liegt die Gesamtbelastung unabhängig vom individuellen Grenzsteuersatz aufgrund der Abgeltungsteuer bei maximal 47,3 Prozent. Für Anteilseigner mit Grenzsteuersatz unter 25 Prozent kommt es zu einer wirtschaftlichen Doppelbelastung, da der volle Beteiligungsertrag auch bei der Veranlagungsmöglichkeit gem. § 32d Abs. 6 EStG versteuert wird. Trotz der Veranlagung können oberhalb des Sparer-Pauschbetrags gem. § 20 Abs. 9 EStG n.F. tatsächliche Werbungskosten nicht geltend gemacht werden. Diese erhebliche Ungleichbehandlung von Kleinanlegern ist nicht zu rechtfertigen.[553]

Des Weiteren führt das Teileinkünfteverfahren i.V.m. der Definitivbesteuerung bei der Körperschaftsteuer zu einer Verzerrung der Belastungsrelationen im Vergleich der teilweise steuerbefreiten Kapitaleinkünfte im Betriebsvermögen zu anderen Einkünften.[554] Dies beruht darauf, dass die auf der Unternehmensebene eingetretene Belastung von Ausschüttungen im Einkommensteuerrecht nicht exakt durch Anrechnung der Körperschaftsteuer, sondern nur

---

mit Körperschaftsteuer und Einkommensteuer vermieden. Vgl. umfassend zum Halbeinkünfteverfahren *Desens*, Halbeinkünfteverfahren.

552 Vgl. *Tipke/Lang*, Steuerrecht, § 11 Rn. 19.

553 *Tipke/Lang*, Steuerrecht, § 11 Rn. 20.

554 *Tipke/Lang*, Steuerrecht, § 11 Rn. 20; zum Halbeinkünfteverfahren *Englisch*, Dividendenbesteuerung, S. 376; *Hey*, in: Herrmann/Heuer/Raupach, KStG, Einf. KSt. Rn. 199 a.E.; *dies.*, BB 1999, S. 1192 (1195); *Schneeloch/Trockels-Brand*, DStR 2000, S. 907 (909).

vergröbernd durch die teilweise Steuerbefreiung beim betrieblichen Anteilseigner berücksichtigt wird.

Diese Durchbrechung der Gleichwertigkeit aller Einkunftsarten könnte durch besondere sachliche Gründe des Gemeinwohls gerechtfertigt sein. Im Einzelnen kommen als Rechtfertigungsgründe in Betracht: die typisierende Berücksichtigung der Vorbelastung[555], die Beseitigung der Kompliziertheit des Anrechnungsverfahrens[556], die Beseitigung der Missbrauchsanfälligkeit[557] und die Herstellung der Europatauglichkeit[558].

Das Teileinkünfteverfahren ist nicht geeignet und nicht erforderlich, die vorgenannten Aspekte zu erreichen. Die gem. § 3 Nr. 40 EStG teilweise steuerbefreiten Kapitaleinkünfte werden regressiv belastet.[559] Je geringer das Einkommen, je geringer der persönliche Grenzsteuersatz des Steuerpflichtigen ist, desto stärker wirkt sich die Mehrbelastung durch die definitive Körperschaftsteuer aus. Für eine regressive Belastung findet sich im Rahmen einer ansonsten progressiven Einkommensteuer kein hinreichender Rechtfertigungsgrund.[560] Insbesondere kann dies nicht durch Schaffung einer typisierten Regelung oder Beseitigung der Kompliziertheit und Missbrauchanfälligkeit des Anrechnungsverfahrens gerechtfertigt werden. Als Typisierung kann eine Regelung nur dann gerechtfertigt werden, wenn sie in der überwiegenden Anzahl der Fälle zu einer zutreffenden Besteuerung führt und sich Ungleichbehandlungen auf Einzelfälle beschränken.[561] Die Ertragsteuerbelastung zu 40 Prozent steuerbefreiter ausgeschütteter Gewinne von Kapitalgesellschaften entspricht nicht in zulässig generalisierender Weise der Belastung anderer Einkünfte, da das Ausmaß der Ungleichbehandlung erheblich und die Anzahl der betroffenen Personen groß ist. Die weitaus überwiegende Mehrheit der vom Teileinkünfteverfahren Betrof-

555 BT-Drucks. 14/2683, S. 96.

556 BT-Drucks. 14/2683, S. 94.

557 BT-Drucks. 14/2683, S. 94.

558 BT-Drucks. 14/2683, S. 95. Dem Anrechnungsverfahren wurde fehlende Europatauglichkeit vorgeworfen, weil es nur bei rein inländischen Sachverhalten zu einer vollen Entlastung von der Körperschaftsteuer führte. Bei Sachverhalten mit Auslandsbezug erhielten ausländische Kapitalanleger einer inländischen Kapitalgesellschaft kein bei der Einkommensteuer anrechenbares Körperschaftsteuerguthaben, inländische Anleger einer ausländischen Kapitalgesellschaft im Inland kein anrechenbares Körperschaftsteuerguthaben. In beiden Fällen trat eine Doppelbelastung der Anteilseigner ein, die jedenfalls im Hinblick auf die Kapitalverkehrsfreiheit (Art. 63 ff. AEUV, ex-Art. 56 ff. EGV) und die Niederlassungsfreiheit (Art. 49 ff. AEUV; ex-Art. 43 ff. EGV) problematisch war. Eine grenzüberschreitende Körperschaftsteueranrechnung war mit dem Anrechnungsverfahren nicht realisierbar.

559 *Englisch*, Dividendenbesteuerung, S. 376 f. zu § 3 Nr. 40 EStG a.F.

560 *Hey*, in: Herrmann/Heuer/Raupach, KStG, Einf. KSt Rn. 199 a.E. zu § 3 Nr. 40 EStG a.F.

561 BVerfGE 82, 60 (96 f.); 87, 153 (169 ff.); 96, 1 (6 f.).

fenen wird im Vergleich unterschiedlich belastet; von einer zulässigen Typisierung ist daher nicht mehr auszugehen.[562]

Die Herstellung der Europatauglichkeit hätte durch ein milderes, weniger verzerrendes und gleichheitsgerechtes Mittel, ein pauschales (Teil-)Anrechnungsverfahren, hergestellt werden können.[563] Das Teileinkünfteverfahren ist somit nicht erforderlich, um eine europakonforme Belastung ausgeschütteter Gewinne sicherzustellen.

Das Teileinkünfteverfahren gem. § 3 Nr. 40 EStG n.F. durchbricht in ungerechtfertigter Weise den Grundsatz der gleichmäßigen Besteuerung aller Einkünfte.[564]

3. Privilegierende Gewinnermittlung (§ 5a EStG)

Grundsätzlich werden die Einkünfte aus Gewerbebetrieb als Gewinn im Wege des qualifizierten Betriebsvermögensvergleichs gem. § 5 Abs. 1 EStG bei bilanzierenden Gewerbetreibenden oder im Wege der Einnahme-Überschussrechnung gem. § 4 Abs. 3 EStG bei nicht Bücher führenden Kleingewerbetreibenden bemessen.

Statt durch Betriebsvermögensvergleich gem. § 4 Abs. 1, § 5 EStG kann der Gewinn aus dem Betrieb von Handelsschiffen im internationalen Verkehr seit 1999 gem. § 5a EStG[565] wahlweise nach der Tonnage von Schiffen ermittelt werden. Mit dieser so genannten Tonnagebesteuerung wird auf die Erfassung des wirklichen Gewinns von Gewerbebetrieben der Handelsschifffahrt weitgehend verzichtet, weil sie an eine vom Ertrag völlig unabhängige Größe anknüpft. Damit ist die Gewinnermittlung nach § 5a EStG ebenso wie die Durchschnittssatzermittlung nach § 13a EStG ein systemwidriger Fremdkörper im Einkommensteuerrecht. Diese pauschale Einkünfteermittlungsmethode bevorzugt gezielt Einkünfte aus dem Betrieb von Handelsschiffen und durchbricht damit das System der Einkünfteermittlung, soweit es auf der Gleichheit der Erwerbsgrundlagen in ihrem realisierten Erfolg aufbaut. Insofern weicht die Gewinnermittlung nach der Tonnage von der Besteuerungsgleichheit im Rahmen der Einkommensbesteuerung ab.[566] Somit handelt es sich bei § 5a EStG um eine als Gewinnermittlung verkleidete Subvention, deren Verfassungsmäßigkeit bedenklich ist.[567]

---

562 *Seer*, StbJb 2000/2001, S. 15 (25 f.); *Nacke*, in: Herrmann/Heuer/Raupach, EStG, § 3 Nr. 40 Rn. 17 zu § 3 Nr. 40 EStG a.F.

563 *Hey*, DStJG Bd. 24 (2001), S. 155 (198) zu § 3 Nr. 40 EStG a.F.; vgl. dazu den Lösungsvorschlag von *Englisch*, Dividendenbesteuerung, S. 403 ff.

564 *Tipke/Lang*, Steuerrecht, § 11 Rn. 20.

565 Eingeführt durch Art. 6 Nr. 1 SeeSchAnpG v. 9.9.1998, BGBl. I 1998, S. 2860.

566 *Tipke/Lang*, Steuerrecht, § 9 Rn. 202.

567 *Gosch*, in: Kirchhof, EStG, § 5a Rn. 1.

Eine Rechtfertigung hierfür könnte sich daraus ergeben, dass es sich um Gewinne handelt, die außerhalb des deutschen Steuerbereichs erzielt werden.[568] Weiter soll § 5a EStG die Wettbewerbsfähigkeit der deutschen Reeder im internationalen Vergleich verbessern, mithin die Seeschifffahrt in Deutschland erhalten und ihre Standortbedingungen verbessern.[569] Die durch die Tonnagesteuer bewirkte Steuerentlastung setzt eine langfristige Bindung des aktiven Schifffahrtsbetriebs an den Wirtschaftsstandort voraus. Es ist aber äußerst zweifelhaft, ob ein solches wirtschaftspolitisches Förderungs- und Lenkungsziel diese Sozialzwecknorm als eine schwere Durchbrechung des Leistungsfähigkeitsprinzips angemessen rechtfertigen kann.[570] Zuzugeben ist aber, dass die Vergünstigung nicht ohne Erfolg geblieben ist.[571] Auch hat Deutschland wegen seiner exportorientierten Wirtschaftsstruktur ein erhebliches Interesse, dass Seeschiffe im Inland bereedert werden.[572]

4. Freibeträge für Veräußerungs- und Aufgabengewinne (§ 16 Abs. 4; § 17 Abs. 3 EStG)

Der Gewerbetrieb unterscheidet sich von anderen Einkunftsarten auch in der Gewährung von Freibeträgen.

§ 16 Abs. 4 EStG gewährt einem Steuerpflichtigen, der das 55. Lebensjahr vollendet hat oder dauernd berufsunfähig ist, einen Freibetrag für gewerbliche Veräußerungs- und Aufgabegewinne in Höhe von 45.000 €, die sich um den Betrag ermäßigen, um den die Veräußerungsgewinne 136.000 € übersteigen. Dieser Freibetrag enthält somit eine sachliche Steuerbefreiung, der bereits bei der Ermittlung der Summe der Einkünfte anzusetzen ist.

Das gesetzgeberische Ziel besteht darin, bei geringen Veräußerungsgewinnen auftretende Härten durch die steuerliche Freistellung zu vermeiden.[573] Im Zusammenhang mit § 16 Abs. 1, 2 und § 34 EStG soll ein Härteausgleich für die punktuelle Besteuerung der stillen Reserven geschaffen werden, um einer überhöhten progressiven Belastung des Veräußerungs- und Aufgabengewinns entgegenzuwirken.[574] Insbesondere den kleineren Gewerbetreibenden, die aus Alters-

---

568 *Jachmann*, Steuergesetzgebung, S. 128; *Tipke/Lang*, Steuerrecht, § 9 Rn. 202: „von der Einkommensteuer abgeschichtete Sonderunternehmensteuer (ohne Anrechnung bei Ausschüttungen)".

569 *Schultze*, FR 1999, S. 977 (977).

570 A.A. *Hofmeister*, in: Blümich, § 5a EStG Rn. 9; *Hennrichs/Kuntschik*, in: Kirchhof/Söhn/Mellinghoff, EStG, § 5a Rn. A 75.

571 Das Ziel der Rückbeflaggung von wenigstens 100 Schiffen wurde erreicht, *Seeger*, in: Schmidt, EStG, § 5a Rn. 1; vgl. zur Parallele der niederländischen Regelung *Rubbens/Stevens*, IStR 2000, S. 1 (2).

572 *Hofmeister*, in: Blümich, § 5a EStG Rn. 9.

573 *Reiß*, in: Kirchhof, EStG, § 16 Rn. 500; *Wacker*, in: Schmidt, EStG, § 16 Rn. 577.

574 *Tipke/Lang*, Steuerrecht, § 9 Rn. 421.

gründen oder wegen Berufsunfähigkeit ihren Betrieb veräußern oder aufgeben, soll erlaubt werden, den Gewinn ungeschmälert für ihre Altersversorgung zu verwenden.[575]

Diese Freibetragsregelung gilt ebenso für die Veräußerungseinkünfte aus den anderen Gewinneinkunftsarten der Land- und Forstwirtschaft sowie der selbstständigen Arbeit (§ 14 Satz 2, § 18 Abs. 3 EStG). Deshalb besteht keine einkunftsartenbezogene Ungleichbehandlung, weil sich diese Freibeträge auf Veräußerungsgewinne beziehen, die grundsätzlich nur bei den Gewinneinkunftsarten im Rahmen des Dualismus der Einkünfteermittlung steuerpflichtig sind. Eine parallele Freibetragsreglung gibt es aber nicht in Rahmen der § 20 Abs. , 21, 22 EStG

§ 17 Abs. 3 EStG sieht einen Freibetrag für die Veräußerung von Anteilen an Kapitalgesellschaften i.S.d. § 17 Abs. 1 EStG bei unmittelbarer und mittelbarer einprozentiger Beteiligung innerhalb der letzten fünf Jahre in Höhe von 9.060 € vor, wenn sämtliche Anteile an einer Kapitalgesellschaft veräußert werden.[576] Er verringert sich entsprechend, wenn ein geringerer Prozentsatz veräußert wird. Gem. § 17 Abs. 3 Satz 2 EStG verringert sich dieser maximale Freibetrag um jenen Betrag, um den der Veräußerungsgewinn den Teil von 36.100 € übersteigt, der dem veräußerten Anteil an der Kapitalgesellschaft entspricht. Zu beachten ist, dass vor Abzug dieses Freibetrages der Veräußerungsgewinn der Geltung des Halbeinkünfteverfahrens[577] unterliegt (§ 3 Nr. 40 Satz 1 lit. c, § 3c Abs. 2 Satz 1 EStG).[578] Daraus resultiert eine Verdoppelung des mit dem Freibetrag steuerfrei gestellten Gewinns.[579] Deswegen wurde § 17 Abs. 3 EStG aus der Tarifermäßigung des § 34 EStG ausgenommen.

Die Regelung des § 17 Abs. 3 EStG nimmt eine systematische Mittelstellung zwischen der gewinneinkunftsartenspezifischen Freibetragsregelung des § 16 Abs. 4 EStG (i.V.m. § 14 Satz 2, § 18 Abs. 3 Satz 2 EStG) und der Freigrenze des § 23 Abs. 3 Satz 6 EStG in Höhe von 512 €[580] für Einkünfte aus privaten Veräußerungsgeschäften ein. Wie schon dargestellt, sind die Gewinne aus der Veräußerung von Anteilen an Kapitalgesellschaften nur fingierte Einkünfte aus Gewerbebetrieb, systematisch richtig wäre die Zuordnung zu den Einkünften aus privaten Veräußerungsgeschäften. Mit der Absenkung der Beteiligungsquote auf

575 *Stuhrmann*, in: Blümich, § 16 EStG Rn. 446.

576 Die veräußerten Anteile werden zum gesamten Grund- oder Stammkapital in Verhältnis gesetzt. So ganz h.M. *Schneider*, in: Kirchhof/Söhn/Mellinghoff, EStG, § 17 Rn. D 15; *Ebling*, in: Blümich, § 17 Rn. 235; *Eilers/Schmidt*, in: Herrmann/Heuer/Raupach, EStG, § 17 Rn. 251; a.A. *Gosch*, in: Kirchhof, EStG, § 17 Rn. 254, der nur auf die Veräußerungsanteile der personenbezogenen Beteiligung abstellt.

577 Ab VZ 2009 Teileinkünfteverfahren, 40 Prozent des Gewinns steuerbefreit (§ 3 Nr. 40 EStG n.F.).

578 Vgl. R 17 Abs. 9 EStR 2005.

579 *Eilers/Schmidt*, in: Herrmann/Heuer/Raupach, EStG, § 17 Rn. 251.

580 Ab VZ 2009 § 23 Abs. 3 Satz 5 EStG n.F. Der Freibetrag erhöht sich dann auf 600 €.

ein Prozent und der damit verbundenen Angleichung des § 17 EStG an den Tatbestand des § 23 EStG stellt sich die Frage nach der Rechtfertigung der unterschiedlichen Rechtsfolgen somit nicht mehr nur im Vergleich zur Freibetragsregelung des § 16 Abs. 4 EStG, sondern auch im Vergleich zur Freigrenze des § 23 Abs. 3 Satz 6 bzw. Satz 5 n.F. EStG.[581]

Daneben besteht aber auch noch eine Parallele zu der Besteuerung der Einkünfte aus Kapitalvermögen nach § 20 EStG. Durch die Unternehmensteuerreform 2008 unterliegen ab dem Veranlagungszeitraum 2009 grundsätzlich auch Gewinne aus der Veräußerung privater Kapitalanlagen der Einkommensteuer (§ 20 Abs. 2 EStG n.F.). Kapitalerträge aus Beteiligungen im Privatvermögen unterfallen dann nicht mehr dem Teileinkünfteverfahren, sondern einem Steuersatz in Höhe von 25 Prozent mit Abgeltungswirkung. Zudem entfernt sich die Besteuerung der Veräußerung von Beteiligungen an Kapitalgesellschaften gem. § 17 EStG wegen der Nichtanwendung der Tarifermäßigung nach § 34 EStG von der Besteuerung der Veräußerungsgewinne bei den Gewinneinkunftsarten.

In diesem Dreieck zwischen privaten und betrieblichen Veräußerungsgeschäften sowie Einkünften aus Kapitalvermögen ist die Freibetragsregelung des § 17 Abs. 3 EStG systematisch zu verorten. Der Freibetrag des § 17 Abs. 3 EStG soll progressionsbedingte Härten für kleinere Gewinne aus der Verwertung von Anteilen an Kapitalgesellschaften vermeiden.[582] Ein Sozialzweck, der eine Steuererleichterung für Gewinne zur Alterversorgung wie § 16 Abs. 4 EStG vorsieht, ist bei der Regelung nicht festzustellen. Die Regelung des § 17 Abs. 3 EStG ist trotz eines niedrigeren Frei- und Grenzbetrags regelmäßiger günstiger, da der Freibetrag nach § 16 Abs. 4 EStG nur Steuerpflichtigen gewährt wird, die das 55. Lebensjahr vollendet haben oder dauernd berufsunfähig sind. Der Freibetrag des § 17 Abs. 3 EStG wird demgegenüber ohne Rücksicht auf persönliche Verhältnisse des Steuerpflichtigen gewährt.[583] Die Freibetragsregelung ist auch nicht mit dem Sparerfreibetrag des § 20 Abs. 4 EStG, dem – ab 2009 anwendbaren – Sparer-Pauschbetrag des § 20 Abs. 9 EStG n.F. und der Freigrenze des § 23 Abs. 3 Satz 6 EStG abgestimmt.[584]

Ein folgerichtiges Konzept für Einkünfte aus der privaten Veräußerung von Anteilen an Kapitalgesellschaften im Vergleich zu anderen Veräußerungsgeschäften und laufenden Einkünften zeichnet sich also nicht ab.[585] Die unter-

---

581 *Schneider*, in: Kirchhof/Söhn/Mellinghoff, EStG, § 17 Rn. D 46.

582 Vgl. BT-Drucks. 14/23, S. 179; *Fohler*, Private Anteilsveräußerung, S. 121 f.; *Traxel*, Freibeträge, S. 190.

583 *Frotscher*, in: Frotscher, EStG, § 17 Rn. 109.

584 *Schneider*, in: Kirchhof/Söhn/Mellinghoff, EStG, § 17 Rn. D 46; *Heinemann*, Veräußerung privater Beteiligungen, S. 154; auch *Fohler*, Private Anteilsveräußerung, S. 121, die jedoch eine sachliche Rechtfertigung annimmt.

585 *Heinemann*, Veräußerung privater Beteiligungen, S. 154; a.A. *Fohler*, Private Anteilsveräußerung, S. 121.

schiedliche Höhe der Freibeträge, der Steuersätze und der systematische Gegensatz zwischen Freibetrag, –grenze und Pauschbetrag werden angesichts der verfassungsrechtlichen Präzisierungen des Einkommensteuerrechts durch das Gebot steuerlicher Lastengleichheit und Folgerichtigkeit zu Recht kritisiert. Angesichts dieser Ungleichbehandlung zwischen den unterschiedlichen Einkunftsarten trotz eines einheitlichen Belastungsgrundes bestehen erhebliche gleichheitsrechtliche Bedenken.[586]

5. Beschränkungen der Verlustverrechnung

Beschränkungen der Verlustverrechnung hängen durch spezielle Vorschriften auch von einzelnen Einkunftsarten ab. Im Bereich der Verlustverrechnung ist zu unterscheiden zwischen dem Verlustausgleich, der die Verrechnung von positiven und negativen Einkünften innerhalb eines Veranlagungszeitraums unter einer Einkunftsart und zwischen den verschiedenen Einkunftsarten vorsieht, und dem Verlustabzug, der die Verrechnung von positiven und negativen Einkünften über verschiedene Veranlagungszeiträume hinweg bezeichnet.[587]

Die Verlustverrechnung ist keine Steuersubvention, sondern eine Maßnahme richtiger Leistungsfähigkeitsbemessung nach dem objektiven Nettoprinzip. Einschränkungen des Verlustausgleichs und –abzugs durchbrechen die Besteuerung nach der Leistungsfähigkeit. Die Verlustverrechnung ist Ausfluss des leistungsfähigkeitsgerechten Syntheseprinzips.[588]

Da das objektive Nettoprinzip nicht Hauptthema dieser Untersuchung ist, werden nur Beschränkungen der Verlustverrechnung aufgezeigt, die einkunftsartenbezogen den Ausgleich und Abzug von Verlusten einschränken. Allgemeine Verlustverrechnungsbeschränkungen stehen einer synthetischen Zusammenfassung im Sinne der Gleichbehandlung der einzelnen Einkunftsarten nicht entgegen, weil sie auf alle Einkunftsarten anwendbar sind.[589]

Insoweit wird im Rahmen des Gewerbebetriebs nicht näher auf die Norm des § 15b EStG eingegangen, der die Verlustverrechnung im Zusammenhang mit Steuerstundungsmodellen einschränkt.[590] § 15b EStG gilt seiner systematischen Stellung nach nur für gewerbliche Einkünfte. Über Verweise in § 13 Abs. 7, § 18 Abs. 4 Satz 2, § 20 Abs. 1 Nr. 4 Satz 2, § 21 Abs. 1 Satz 2 EStG und § 22 Nr. 1 Satz 1 Halbsatz 2 EStG wird aber die „entsprechende" oder „sinngemäße" Anwendung der Norm bei anderen Einkunftsarten, in denen Steuerstundungsmodelle denkbar sind, angeordnet. Hierdurch sollen Umgehungsgestaltungen

586 *Hörger*, in: Littmann/Bitz/Pust, EStG, § 17 Rn. 285; a.A. *Ebling*, in: Blümich, § 17 EStG Rn. 238, die keine „Gesetzesparallelität" fordert.

587 *Tipke/Lang*, Steuerrecht, § 9 Rn. 60 f.

588 *Mönikes*, Verlustverrechnungsbeschränkungen, S. 18.

589 *Werz*, Verlustverrechnungsbeschränkungen, S. 145.

590 Zu § 15b EStG ausführlich *Mönikes*, Verlustverrechnungsbeschränkungen, S. 120 ff.

vermieden[591] und eine gleiche Besteuerung wirtschaftlich gleich gelagerter Sachverhalte sichergestellt werden. Insofern ist die Gleichheit aller Erwerbsgrundlagen nicht betroffen, obwohl § 15b EStG das objektive Nettoprinzip durchbricht und dementsprechend rechtfertigungsbedürftig ist.[592]

Das Gleiche gilt für die Beschränkung der Verlustverrechnung bei beschränkter Haftung gem. 15a EStG[593], der für Kommanditisten mit Einkünften aus Gewerbebetrieb den allgemeinen horizontalen und vertikalen Verlustausgleich und –abzug ausschließt, soweit ein negatives Kapitalkonto des Kommanditisten entsteht oder sich erhöht. Nach § 15a Abs. 2 EStG mindern diese verrechenbaren Verluste die Gewinne, die dem Kommanditisten in späteren Wirtschaftsjahren aus seiner Beteiligung an der Kommanditgesellschaft zuzurechnen sind. Damit sollen Verlustzuweisungsgesellschaften bekämpft und eine leistungsfähigkeitsgerechte Besteuerung eines beschränkt haftenden Gesellschafters verfolgt werden. Trotz buchmäßig ausgewiesenem Verlust fehlt es in diesem Fall an einer wirtschaftlichen Vermögensminderung.[594]

Über Verweise in § 13 Abs. 7, § 18 Abs. 4 Satz 2, § 20 Abs. 1 Nr. 4 Satz 2, § 21 Abs. 1 Satz 2 EStG und § 22 Nr. 1 Satz 1 Halbsatz 2 EStG wird die „entsprechende" oder „sinngemäße" Anwendung des § 15a EStG bei anderen Einkunftsarten, in denen eine gemeinschaftliche Einkunftserzielung vorkommt, sichergestellt. Diese Erweiterung auf andere Einkunftsarten wirft keine gleichheitsrechtlichen Probleme auf.[595] Eine Gleichbehandlung erscheint hier angesichts der wirtschaftlich gleichen Sachlage vielmehr geboten.[596]

a. Verluste aus gewerblicher Tierzucht (§ 15 Abs. 4 Satz 1 EStG)

§ 15 Abs. 4 Satz 1 EStG knüpft eine Beschränkung der Verlustverrechnung an Gewerbebetriebe, welche die Zucht und Haltung traditionell in land- und forstwirtschaftlichen Betrieben gezogener und gehaltener Tierarten ohne hinreichende eigene land- und forstwirtschaftliche Nutzfläche als Futtergrundlage (§ 13 Abs. 1 EStG i.V.m. §§ 51, 51a EStG) bei Erfüllung der übrigen Voraussetzungen eines Gewerbebetriebs ausüben.[597] Die Verluste aus gewerblicher Tierzucht oder Tierhaltung dürfen danach weder mit sonstigen Einkünften aus Gewerbebetrieb noch mit Einkünften aus anderen Einkunftsarten verrechnet werden. Die allgemeinen Regeln zur Verlustverrechnung sind damit ausgeschlossen. Zulässig bleiben Verlustausgleich und -abzug nur mit Gewinnen aus gewerblicher Tierzucht oder Tierhaltung (§ 15 Abs. 4 Satz 2 EStG).

---

591 BT-Drucks. 16/107, S. 6.

592 *Mönikes*, Verlustverrechnungsbeschränkungen, S. 124 f.

593 Vgl. *Werz*, Verlustverrechnungsbeschränkungen, S. 250 ff.

594 *Kirchhof*, in: Kirchhof/Söhn/Mellinghoff, EStG, § 2 Rn. B 104.

595 *Mönikes*, Verlustverrechnungsbeschränkungen, S. 178.

596 *Lüdemann*, in: Herrmann/Heuer/Raupach, EStG, § 15a Rn. 31.

597 *Reiß*, in: Kirchhof, EStG, § 15 Rn. 603; *Wacker*, in: Schmidt, EStG, § 15 Rn. 896.

Das Ausgleichs- und Abzugsverbot begründet in Anbetracht der erwerbsgrundlagenabhängigen Sonderbehandlung auch Ungleichbehandlungen gegenüber anderen Einkunftsbeziehern, für welche die allgemeinen Regeln gelten, insbesondere gegenüber land- und forstwirtschaftlichen Tierzüchtern und Tierhaltern. Liegen nämlich Einkünfte aus anderen Einkunftsarten vor, so steht den landwirtschaftlichen Tierhaltern der Ausgleich mit anderen Einkunftsarten offen, den gewerblichen Tierhaltern dagegen nicht. Diesbezüglich wird die Gleichwertigkeit der Einkunftsarten durchbrochen.

Das Verlustabzugs- und Ausgleichsverbot für Verlust aus gewerblicher Tierzucht gem. § 15 Abs. 4 Satz 1 EStG wird begründet mit den Zielen der agrarpolitischen Wirtschaftslenkung und der steuerlichen Missbrauchsbekämpfung.[598] Die Norm soll die traditionelle, mit Bodenbewirtschaftung verbundene land- und forstwirtschaftliche Tierzucht und –haltung vor der industriellen Tierveredelungsproduktion schützen und steuerliche Anreize für das Eindringen wirtschaftspolitisch unerwünschter gewerblicher Verlustzuweisungsgesellschaften in diesem Sektor der Landwirtschaft vermeiden.[599]

Die Regelung ist geeignet, die Verlustzuweisungsgesellschaften im Bereich der Tierzucht und –haltung zurückzudrängen.[600] Entsprechende industrielle Veredelungsbetriebe stellten ihre Tätigkeit ein; Neugründungen blieben aus.[601] Erweitert durch die Typisierungsbefugnis des Gesetzgebers und durch den hinzutretenden Zweck der Erhaltung einer funktionierenden Landwirtschaft scheint die Beschränkung der Verlustverrechnung von Verlusten aus gewerblicher Tierzucht und gewerblicher Tierhaltung gem. § 15 Abs. 4 Satz 1 EStG angemessen zum Differenzierungszweck zu sein. Der Bundesfinanzhof sieht § 15 Abs. 4 Satz 1 EStG als verfassungsgemäß an.[602]

b. Verluste aus gewerblichen Termingeschäften (§ 15 Abs. 4 Satz 3 EStG)

Nach § 15 Abs. 4 Satz 3 EStG gilt für gewerbliche Termingeschäfte die Verlustverrechnungsnorm des § 15 Abs. 4 Satz 1–2 EStG entsprechend. Termingeschäfte sind Geschäfte, die ein Recht auf Zahlung eines Geldbetrags oder auf einen sonstigen Vorteil (z.B. Lieferung von Wertpapieren) einräumen, der sich nach anderen Bezugsgrößen (z.B. Wertentwicklung von Wertpapieren, Indices, Futures, Zinssätzen) bestimmt.[603] Verluste aus gewerblichen Termingeschäften dürfen nur bis zur Höhe des Gewinns aus Termingeschäften ausgeglichen werden, die im gleichen Wirtschaftsjahr erzielt worden sind. Ein Verlustausgleich

598 *Mönikes*, Verlustverrechnungsbeschränkungen, S. 129 f, 132.
599 BT-Drucks. IV/1934, S. 2; BFH, v. 5.2.1981, IV R 163/77, BStBl. II 1981, 359 (362).
600 *Mönikes*, Verlustverrechnungsbeschränkungen, S. 132.
601 *Sorgenfrei*, DStR 1999, S. 1928 (1935).
602 BFH, v. 5.2.1981, IV R 163/77, BStBl. II 1981, 359 (360 ff.); v. 29.10.1987, VIII R 272/83, BStBl. II 1988 264 (264).
603 *Grützner*, StuB 1999, S. 961 (962).

mit anderen gewerblichen Einkünften oder mit Einkünften sonstiger Einkunftsarten ist nicht möglich. Entsprechend ist auch der allgemeine Verlustabzug nach § 10d EStG nur auf eine interne Verrechnung eingeschränkt. Die Vorschrift dient der Gleichbehandlung gewerblicher und privater Termingeschäfte,[604] die der Gleichwertigkeit der Einkunftsarten entspricht.[605] Einkünfte aus privaten Termingeschäften sind gem. § 23 Abs. 1 Satz 1 Nr. 4 EStG bei Erwerb und Beendigung innerhalb eines Jahres steuerbar und für sie gilt demnach die ähnliche Verlustverrechnungsbeschränkung des § 23 Abs. 3 Sätze 8–9 EStG.

Nach den gesetzgeberischen Vorstellungen soll durch die Verlustverrechnungsbeschränkungen bei diesen Termingeschäften die steuerliche Berücksichtigung von Verlusten aus in spekulativer Absicht durchgeführten Geschäften ausgeschlossen werden.[606] Ein Spekulationsgeschäft ist aber nicht anzunehmen, wenn die Termingeschäfte im Rahmen des gewöhnlichen Geschäftsverkehrs abgewickelt werden. Damit lassen sich die Ausnahmen in § 15 Abs. 4 Satz 4 begründen.

Im Vergleich zwischen den verschiedenen Einkunftsarten ist festzustellen, dass es eine Verrechnungsbeschränkung für Verluste aus Termingeschäften nur bei den privaten Veräußerungsgeschäften und bei den gewerblichen Einkünften gibt. Bei den übrigen Gewinneinkunftsarten der selbstständigen Arbeit (§ 18 EStG) und der Land- und Forstwirtschaft (§ 13 EStG) fehlen entsprechende Beschränkungen der Verlustverrechnung. Verluste aus Termingeschäften, die in einem solchen Betriebsvermögen entstanden sind, unterliegen demnach keinen Ausgleichs- und Abzugsbeschränkungen. Hierin liegt eine Ungleichbehandlung gegenüber anderen Einkunftsarten.[607]

Allerdings kommen Termingeschäfte von Land- und Forstwirten und selbstständig Tätigen in der Praxis nur in seltenen Ausnahmefällen vor.[608] Auch würden sie sich im Regelfall dem gewöhnlichen Geschäftsbetrieb zuordnen lassen. Angesichts der Ausnahmeregelung des § 15 Abs. 4 Satz 4 EStG liegt dann keine einkunftsartenbezogene Ungleichbehandlung vor.

Zu einer Differenzierung würde dagegen die Zuordnung von Termingeschäften zum gewillkürten Betriebsvermögen führen, die aber eine betriebliche Veranlassung erfordert. Eine solche Begründung dürfte gerade im Verlustfall auf den Einzelfall beschränkt bleiben. Der Bundesfinanzhof ordnet Termingeschäfte regelmäßig dem Privatvermögen zu.[609] Die Anforderungen an eine betriebliche Veranlassung liegen umso höher, je weiter sich das Geschäft von

---

604 Vgl. BT-Drucks. 14/23, S. 178.

605 *Mönikes*, Verlustverrechnungsbeschränkungen, S. 151.

606 *Herrmann*, in: Frotscher, EStG, § 15 Rn. 341; *Grützner*, StuB 1999, S. 961 (962).

607 *Mönikes*, Verlustverrechnungsbeschränkungen, S. 155 f.

608 *Herrmann*, in: Frotscher, EStG, § 15 Rn. 350; *Grützner*, StuB 1999, S. 961 (963).

609 RFH, v. 12.12.1935, VI A 858/35, RStBl. 1936, 694; BFH, v. 5.3.1981, IV R 94/78, BStBl. I 1981, 658 (659).

der Haupttätigkeit des Unternehmens entfernt.[610] Termingeschäfte sind gegenüber der eigentlichen Betätigung von Land- und Forstwirtschaft und der üblichen selbstständigen Tätigkeit daher wesensfremd.[611]

Folglich ist die einkunftsartenspezifische Ungleichbehandlung der Verlustverrechnungsbeschränkungen bei Termingeschäften durch die gesetzgeberische Typisierungsbefugnis gedeckt, da es sich um atypische Einzelfälle handelt.[612]

c. *Verluste aus stillen Gesellschaften und Unterbeteiligungen (§ 15 Abs. 4 Satz 6 EStG)*

Ein weiteres Verlustausgleichs- und –abzugsverbot statuiert § 15 Abs. 4 Satz 6 für gewerbliche Verluste aus atypisch stillen Gesellschaften, Unterbeteiligungen und sonstigen Innengesellschaften, die mitunternehmerisch an einer Kapitalgesellschaft beteiligt sind. Für typisch stille Gesellschaften gilt dieses Verbot gem. § 20 Abs. 1 Nr. 4 Satz 2 EStG entsprechend.

Als Rechtsfolge normiert § 15 Abs. 4 Satz 6 EStG den Ausschluss der vertikalen sowie horizontalen Verlustverrechnung. Nach § 15 Abs. 4 Satz 7 EStG dürfen die Verluste nur mit einkunftsquellenbezogenen Gewinnen aus derselben Innengesellschaft verrechnet werden. Insoweit sind Verlustrück- und -vortrag nach Maßgabe des § 10d EStG möglich. Eine Verlustverrechnung mit Gewinnen derselben Art aus anderen Innengesellschaften an Kapitalgesellschaften ist dagegen ausgeschlossen. Dadurch beschränkt § 15 Abs. 4 Satz 6 EStG die Verlustverrechnung umfassender als die meisten anderen speziellen einkunftsartenbezogenen Verrechnungsbeschränkungen (vgl. etwa § 15 Abs. 4 Satz 1–5, § 22 Nr. 3 Satz 3–4, § 23 Abs. 3 Satz 8–9 EStG), die zumindest einen verrechnungskreisinternen Ausgleich mit Gewinnen aus anderen, von der Norm erfassten Einkunftsquellen anerkennen.[613] Werden aus derselben Beteiligung keine Gewinne mehr erwirtschaftet, kommt es stets zu einer vollständigen Versagung der Verlusterrechnung, außer wenn ein Verlustrücktrag möglich ist.[614] Damit besteht neben der Durchbrechung des objektiven Nettoprinzips auch im Vergleich zu anderen speziellen Verrechnungsbeschränkungen eine Ungleichbehandlung.[615]

Durch diese strenge einkunftsquellenbezogene Verrechnung ergibt sich eine schwerwiegende Ungleichbehandlung, deren Verfassungsmäßigkeit höchst

---

610 *Herrmann*, in: Frotscher, EStG, § 15 Rn. 350.

611 *Grützner*, StuB 1999, S. 961 (963).

612 Im Ergebnis auch *Mönikes*, Verlustverrechnungsbeschränkungen, S. 156; *Herrmann*, in: Frotscher, EStG, § 15 Rn. 350; *Grützner*, StuB 1999, S. 961 (963).

613 *Intemann*, in: Herrmann/Heuer/Raupach, EStG, Jahresband 2004, § 15 Rn. J 03-8; *Wagner*, INF 2003, S. 618 (624).

614 *Intemann*, in: Herrmann/Heuer/Raupach, EStG, Jahresband 2004, § 15 Rn. J 03-3.

615 *Mönikes*, Verlustverrechnungsbeschränkungen, S. 198.

zweifelhaft ist.[616] Selbst das Ziel der Vereitelung von Umgehungsgestaltungen nach Abschaffung der Mehrmütterorganschaft[617] und ein darauf bezogener Vereinfachungszweck sind eine zweifelhafte tragfähige Rechtfertigung, um diesen intensiven Gleichheitsverstoß angemessen zu rechtfertigen.[618]

d. Verluste aus der Veräußerung von Anteilen an Kapitalgesellschaften (§ 17 Abs. 2 Satz 6 EStG)

Eine weitere Beschränkung der Verlustverrechnung im gewerblichen Bereich normiert § 17 Abs. 2 Satz 6 EStG[619] für Verluste aus der Veräußerung von Anteilen an Kapitalgesellschaften, die systematisch den privaten Veräußerungsgeschäften zuzuordnen sind und zu gewerblichen Einkünften umqualifiziert werden.[620] Grundsätzlich sind diese Veräußerungsverluste nach den allgemeinen Vorschriften der § 2 Abs. 3, § 10d EStG ausgleichs- und abzugsfähig.[621] Zur Missbrauchbekämpfung ist ein Verlust dann nicht zu berücksichtigen, soweit er auf Anteile entfällt, die innerhalb der letzten fünf Jahre vor Veräußerung unentgeltlich erworben worden sind, es sei denn, die Verlustverrechnung ist auch beim Rechtsvorgänger möglich (§ 17 Abs. 2 Satz 6 lit. a EStG). Bei entgeltlichem Erwerb ist ein Verlust nur abziehbar, wenn die veräußerten Anteile fünf Jahre lang Teil einer Beteiligung des Steuerpflichtigen im Sinne von § 17 Abs. 1 Satz 1 EStG[622] waren (§ 17 Abs. 2 Satz 6 lit. b EStG). Nach § 17 Abs. 2 Satz 6 EStG ist neben der vertikalen Verlustverrechnung auch die horizontale Verlustverrechnung vollständig ausgeschlossen. Eine norminterne Verlustverrechnungsmöglichkeit ist abweichend von den übrigen speziellen Verrechnungsbeschränkungen nicht vorgesehen. Verluste dürfen mit im selben Veranlagungszeitraum erwirtschafteten Gewinnen aus Veräußerungen nach § 17 EStG und

---

616 *Intemann*, in: Herrmann/Heuer/Raupach, EStG, Jahresband 2004, § 15 Rn. J 03-3; *Wagner*, INF 2003, S. 618 (623); vgl. auch BFH, v. 3.2.2005, I B 208/04, BStBl. II 2005, 351.

617 BT-Drucks. 15/119, S. 38; *Förster*, DB 2003, S. 899 (899). Vgl. zur Mehrmütterorganschaft *Tipke/Lang*, Steuerrecht, § 18 Rn. 405.

618 So *Mönikes*, Verlustverrechnungsbeschränkung, S. 199 ff.

619 I.d.F. des StEntlG 1999/2000/2002 v. 24.3.1999, BGBl. I 1999, S. 402; die Vorgängerregelung i.d.F. des JStG 1996 v. 11.10.1995, BGBl. I 1995, S. 1250, unterlag heftiger steuersystematischer und verfassungsrechtlicher Kritik; vgl. *Mönikes*, Verlustverrechnungsbeschränkungen, S. 158; *Schneider*, in: Kirchhof/Söhn/Mellinghoff, EStG, § 17 Rn. C 351.

620 Zur systematischen Rechtfertigung des § 17 EStG ausführlich *Fohler*, Private Anteilsveräußerung, S. 53 ff.; *Heinemann*, Veräußerung privater Beteiligungen, S. 17 ff.

621 BFH, v. 16.1.1999, VIII R 32/96, BFH/NV 1999, 922 (923); v.12.12.2000, VII R 36/97, BFH/NV 2001, 761 (762).

622 Eine qualifizierte Beteiligung liegt vor, wenn der Steuerpflichtige am Kapital der Gesellschaft zu mindestens einem Prozent unmittelbar oder mittelbar beteiligt war.

sogar mit aus derselben Beteiligung erzielten Veräußerungsgewinnen nicht verrechnet werden.

Im Vergleich unter den Einkunftsarten erscheint vor allem diese Ungleichbehandlung gegenüber Verlusten aus privaten Veräußerungsgeschäften i.S.d. § 23 Abs. 1 Satz 1 Nr. 2 EStG besonders bedenklich. Im Konkurrenzfall greift angesichts des Anwendungsvorrangs des § 23 Abs. 1 Satz 1 Nr. 2 EStG (§ 23 Abs. 2 Satz 2 EStG) die Verrechnungsbeschränkung des § 23 Abs. 3 Sätze 8–9 EStG mit der Möglichkeit erwerbsgrundlageninterner Verlustverrechnung. Nach Absenkung der Beteiligungsquote in § 17 EStG und Verlängerung der Haltefristen in § 23 EStG kommt es zwischen diesen Einkunftsarten oft zu tatbestandlichen Überschneidungen. Wenn die Beteiligungen länger als ein Jahr gehalten worden sind, ist § 23 Abs. 1 Satz 1 Nr. 2 i.V.m. Abs. 3 Sätze 8–9 EStG nicht anwendbar und es gilt § 17 Abs. 2 Satz 6 EStG ohne verrechnungskreisinterne Verlustverrechnungsmöglichkeiten.[623]

Gründe für diese umfassenden Verlustverrechnungseinschränkungen sind unerwünschte Praxisgestaltungen, bei denen Steuerpflichtige kurzfristig den Umfang ihrer Beteiligung erhöhen, um angesichts eines drohenden Veräußerungsverlusts die Verrechenbarkeit zu erlangen.[624] Beim unentgeltlichen Anteilserwerb i.S.d. lit. a soll so verhindert werden, dass ein nicht qualifiziert Beteiligter seine Verlustbeteiligung einem Beteiligten i.S.v. § 17 Abs. 1 Nr. 1 EStG schenkt.[625] Beim entgeltlichen Erwerb i.S.d. lit. b geht es um die Verhinderung der Eröffnung der Verlustverrechnung durch kurzfristigen Zukauf weniger Anteile.[626] Nach dem Bundesverfassungsgericht ist ein solch vollständiger Verrechnungsausschluss nur dann gerechtfertigt, wenn die betroffenen Einkünfte typischerweise für unerwünschte Steuergestaltungen genutzt werden, die in einem stärkeren Maße eingedämmt werden müssen als bei den übrigen Einkünften.[627]

Im Vergleich zu § 23 Abs. 3 Satz 8 EStG ist zu beachten, dass § 17 Abs. 2 Satz 6 EStG zwar ein umfassendes Verrechnungsverbot normiert, aber eine Ausnahme zum Grundsatz der allgemeinen Verlustverrechnungsmöglichkeit darstellt. § 23 Abs. 3 Satz 8 EStG schränkt dagegen für die betroffene Einkunftsart die Verlustverrechnung stets ein. Zwar ist § 17 Abs. 2 Satz 6 EStG ohne verrechnungskreisinterne Verrechnungsmöglichkeit schärfer. Als Ausnahme greift die Regelung aber seltener ein und ist dafür stärker auf tatsächliche steuergestaltene Missbrauchsfälle zugeschnitten. Auch führen die Rückausnah-

623 Vgl. *Mönikes*, Verlustverrechnungsbeschränkungen, S. 162; *Schneider*, in: Kirchhof/Söhn/Mellinghoff, EStG, § 17 Rn. C 366.

624 BT-Drucks. 13/901, S. 133; 14/265, S. 180; 14/6877, S. 28; vgl. *Schneider*, in: Kirchhof/Söhn/Mellinghoff, EStG, § 17 Rn. C 360; *Gosch*, in: Kirchhof, EStG, § 17 Rn. 260.

625 BT-Drucks. 14/23, S. 179.

626 BT-Drucks. 13/901, S. 133; BR-Drucks. 171/95, S. 133.

627 BVerfGE 99, 88 (99).

men vom Verrechnungsverbot dazu, dass die Vorschrift des § 17 Abs. 2 Satz 6 EStG trennschärfer ist als die anderen Verrechnungsbeschränkungen des EStG. Die Zahl von Fällen, die zu Unrecht von § 17 Abs. 2 Satz 6 EStG getroffen werden, ist folglich als gering einzuschätzen. Auch ist zu berücksichtigen, dass die unterschiedliche Behandlung von Gewinnen und Verlusten aus der Veräußerung von Beteiligungen im Rahmen des § 17 EStG nicht auf Dauer, sondern nur für einen vorübergehenden Zeitraum besteht.[628] Wenn die wesentliche Beteiligung entweder innerhalb der fünf Jahre vor der Veräußerung bestanden hat oder mehr als fünf Jahre vorher weggefallen ist, tritt wieder eine gleichlaufende steuerliche Behandlung ein.[629]

Die mit diesem Verrechungsverbot einhergehenden einkunftsartspezifischen Ungleichbehandlungen sind daher aus Gründen typisierender Missbrauchsbekämpfung angemessen gerechtfertigt.[630] § 17 Abs. 2 Satz 6 EStG ist hinsichtlich der Gleichheit der Einkunftsarten verfassungskonform.

6. Steuersatzvergünstigungen (§ 34 Abs. 2 Nr. 1, Abs. 3 EStG)

§ 34 EStG sieht in Abs. 1 und Abs. 3 besondere Berechnungen der Einkommensteuer für außerordentliche Einkünfte vor, die in Abs. 2 qualifiziert werden. Als Tarifnorm für diese bestimmten Einkünfte weichen die Regelungen des § 34 EStG vom Prinzip der synthetischen Einkommensteuer ab.[631]

Die Tarifvorschrift des § 34 Abs. 1 EStG, die das Prinzip der Abschnittsbesteuerung erweitert, soll der erhöhten Progressivbelastung bei der Zusammenballung von Einkünften entgegenwirken.[632] Die Einkommensteuer für die außerordentlichen Einkünfte beträgt nach § 34 Abs. 1 Satz 2 EStG das Fünffache desjenigen Steuerbetrags, der sich für ein Fünftel dieser Einkünfte ergibt, wenn die Steuerbelastung diese Fünftels unter Einbeziehung der übrigen nicht durch § 34 EStG begünstigten Einkünfte ermittelt wird. Die Tarifermäßigung des § 34 Abs. 1 EStG verteilt insofern die begünstigten Einkünfte auf fünf Jahre und bewirkt so eine Progressionsglättung.[633]

Die außerordentlichen Einkünfte werden in Abs. 2 definiert. § 34 Abs. 2 Nr. 1 EStG erfasst auch gewerbliche Veräußerungsgewinne i.S.d. § 16 EStG mit Ausnahme des steuerpflichtigen Teils der Veräußerungsgewinne, die dem Halb-

---

628 BFH, v. 14.6.2005, VIII R 20/04, GmbHR 2005, 1625 (1627).

629 BFH, v. 14.6.2005, VIII R 20/04, GmbHR 2005, 1625 (1627).

630 BFH, v. 14.6.2005, VIII R 20/04, GmbHR 2005, 1625 (1628); Sächsisches FG, v. 21.1.2004, 7 K 58/99, EFG 2004, 1695 (1697); *Mönikes*, Verlustverrechnungsbeschränkungen, S. 168; a.A. *Werz*, Verlustverrechnungsbeschränkungen, S. 241 ff., der von der Verfassungswidrigkeit auch der Neufassung i.d.F. des StEntlG 1999/2000/2002 ausgeht.

631 *Sieker*, in: Kirchhof/Söhn/Mellinghoff, EStG, § 34 Rn. A 2, A 26.

632 BT-Drucks. 14/23, S. 183; *M. Wendt*, FR 1999, S. 333 (334).

633 *Sieker*, in: Kirchhof/Söhn/Mellinghoff, EStG, § 34 Rn. A 7.

bzw. ab 2009 Teileinkünfteverfahren unterliegen (§ 3 Nr. 40 lit. b i.V.m. § 3c Abs. 2 EStG). Im Grundsatz ist die Tarifermäßigung in Abs. 1 für außerordentliche Einkünfte als Fiskalzwecknorm zur Vermeidung einer Übermaßbesteuerung gerechtfertigt, da der Normaltarif zusammengeballte Einkünfte progressiv überhöht belasten würde.[634]

Einkunftsartenspezifische Sonderbehandlungen ergeben sich aus der Steuerermäßigung für außerordentliche Einkünfte insofern nicht, als auch die Veräußerungsgewinne der §§ 14, 14a Abs. 1 und § 18 Abs. 3 EStG von der Absenkung des Normaltarifs in § 34 Abs. 1 EStG umfasst werden. Aber auch Einkünfte aus Kapitalvermögen sowie aus Vermietung und Verpachtung können unter der Voraussetzung des § 34 Abs. 2 Nr. 3 EStG außerordentliche Einkünfte i.S.d. § 34 Abs. 1 EStG darstellen. Vergütungen für mehrjährige Tätigkeiten gem. § 34 Abs. 2 Nr. 4 EStG betreffen vor allem die nichtselbstständige Arbeit. § 34 Abs. 1, 2 EStG ist hinsichtlich der Gleichheit der Einkunftsarten verfassungsrechtlich unproblematisch.[635] Diese Steuerermäßigung steht nicht im Zusammenhang mit einer bestimmten Erwerbsgrundlage.[636]

Bedenken ergeben sich aber bei der Regelung des § 34 Abs. 3 EStG, die ausschließlich Veräußerungsgewinne i.S.d. § 34 Abs. 2 Nr. 1 EStG erfasst. Danach kann ein Steuerpflichtiger, der das 55. Lebensjahr vollendet hat oder dauernd berufsunfähig ist, einmal im Leben für den Teil des Veräußerungsgewinns, der 5 Millionen Euro nicht übersteigt, einen ermäßigten Steuersatz in Anspruch nehmen. Nach dieser Tarifvorschrift gilt für diese außerordentlichen Einkünfte eine besondere Tarifermäßigung in Höhe von 56 Prozent des Durchschnittssteuersatzes, der sich ergäbe, wenn die Einkommensteuer nach dem zu versteuernden Einkommen zuzüglich der dem Progressionsvorbehalt unterliegenden Einkünfte zu bemessen wäre. Unternehmer, die aus dem Erwerbsleben ausscheiden, sollen auf diese Weise in die Lage versetzt werden, ihre Altersversorgung zu finanzieren.[637] Mit diesem Ziel ist § 34 Abs. 3 EStG als Sozialzwecknorm einzustufen.[638]

Gleichheitsrechtlich problematisch ist, dass für Ausgleichszahlungen an Handelsvertreter nach § 89b HGB diese Steuerermäßigung auch dann nicht gewährt wird, wenn diese im Zusammenhang mit einer endgültigen Aufgabe der Erwerbstätigkeit stehen. Der nach dem Sozialzweck der Vorschrift wesentliche Aspekt, die Altersvorsorge von aus dem Erwerbsleben ausscheidenden Unter-

---

634 *Tipke/Lang*, Steuerrecht, § 9 Rn. 813.

635 Verfassungsrechtliche Bedenken werden allerdings gegen den Tarifverlauf und die tatbestandliche Rückanknüpfung der Fünftelregelung des § 34 Abs. 1 EStG vorgebracht, vgl. *Jahndorf/Lorscheider*, FR 2000, S. 433 (435 ff.); *List*, BB 2003, S. 761 ff.; eingehend *Sieker*, in: Kirchhof/Söhn/Mellinghoff, EStG, § 34 Rn. A 100 ff.

636 Vgl. FG München, v. 26.6.2002, 9 V 821/01, EFG 2002, 1460; *Sieker*, in: Kirchhof/Söhn/Mellinghoff, EStG, § 34 Rn. A 105.

637 BT-Drucks. 14/4217, S. 8

638 BFH, v. 9.12.2002, X B 28/02, BFH/NV 2003, 471.

nehmern zu erleichtern, trifft auch auf Handelsvertreter zu, die ihre gewerbliche Tätigkeit endgültig einstellen.[639] Die Unterschiede der beiden verschiedenen Arten außerordentlicher Einkünfte können eine Sonderbehandlung der Veräußerungsgewinne im Rahmen des § 34 Abs. 3 EStG im Verhältnis zum verfolgten Differenzierungsziel nicht rechtfertigen. Der Steuergesetzgeber hat im Katalog des § 34 Abs. 2 EStG Veräußerungsgewinne (Nr. 1) und Ausgleichsansprüche nach § 89b HGB (Nr. 2 i.V.m. § 24 Nr. 1 lit. c EStG) trotz ihrer unterschiedlichen Rechtsnatur systematisch gleichgestellt. Das Argument, Ausgleichszahlungen eines Handelsvertreters nach § 89 HGB gehörten noch zu den laufenden Geschäftsvorfällen der Handelsvertretung und seien folglich mit der Realisation stiller Reserven eines gewerblichen Unternehmers nicht vergleichbar, erweist sich daher als nicht geeignet, die Beschränkung der besonderen Tarifermäßigung auf Veräußerungsgewinne zu rechtfertigen.[640] Der Gesetzgeber hat den von ihm verfolgten Sozialzweck mithin nicht hinreichend tatbestandlich vorgezeichnet und gleichheitsgerecht ausgestaltet.[641] In die Steuerermäßigung des § 34 Abs. 3 EStG müssten Ausgleichsansprüche von Handelsvertretern nach § 89b HGB ebenso eingezogen werden. Im Sinne der Gleichheit der Einkunftsarten muss Entsprechendes auch für Abfindungen an Arbeitnehmer gelten, die aus dem Berufsleben ausscheiden und die persönlichen Voraussetzungen der besonderen Tarifermäßigung erfüllen.[642]

7. Zulässigkeit von Außenprüfungen (§ 193 Abs. 1 AO)

Bei Steuerpflichtigen, die gewerbliche Einkünfte erzielen, sind – ebenso wie bei Land- und Forstwirten und bei Freiberuflern i.S.d. § 18 Abs. 1 Nr. 1 EStG – Außenprüfungen zulässig (§ 193 Abs. 1 AO).[643] Diese sog. Betriebsprüfung bedarf keiner besonderen Voraussetzung und liegt im Ermessen der Finanzbehörde. Die generelle Prüfungsbedürftigkeit von Steuerpflichtigen mit unternehmerischen

---

639 *Horn*, in: Herrmann/Heuer/Raupach, EStG, § 34 Rn. 74.

640 *Sieker*, in: Kirchhof/Söhn/Mellinghoff, EStG, § 34 Rn. A 118.

641 *Hey*, DStJG Bd. 24 (2001), S. 155 (202 f.); *List*, BB 2003, 761 (764).

642 *Sieker*, in: Kirchhof/Söhn/Mellinghoff, EStG, § 34 Rn. A 187; *List*, BB 2003, S. 761 (764). Vgl. auch Stellungnahme, BR-Drucks. 469/100, S. 31: „Es sei nicht hinnehmbar, dass ein Handelsvertreter oder Arbeitnehmer für seine Abfindung, die vor allem der Aufstockung seiner Rentenbezüge bestimmt ist, trotz Vorliegens der übrigen Voraussetzungen nicht den halben Steuersatz in Anspruch nehmen kann."

643 Nach der Rechtsprechung erstreckt sich die Außenprüfung bei Steuerpflichtigen i.S.d. § 193 Abs. 1 AO auch auf ihre Überschusseinkünfte, ohne dass es insoweit der besonderen Voraussetzung des § 193 Abs. 2 Nr. 2 AO bedarf. Diese Auslegung verletzt den Gleichheitssatz. Vgl. *Seer*, in: Tipke/Kruse, AO/FGO, § 193 Rn. 10; *Seer*, DStR 1987, S. 178 ff.; a.A. BFH, v. 24.8.1989, IV R 65/88, BStBl. II 1990, 2 (3); *Eckhoff*, in: Hübschmann/Hepp/Spitaler, AO/FGO, § 194 Rn. 37 ff.

Einkünften wird abstrakt typisierend unterstellt.[644] Dasselbe gilt gem. § 193 Abs. 2 Nr. 1 AO auch für Steuerentrichtungspflichtige, welche z.B. die Lohn- oder Kapitalertragsteuer an der Quelle einzubehalten haben.[645]

Bis zum Steuerhinterziehungsbekämpfungsgesetz v. 27.7.2009[646] waren bei anderen Steuerpflichtigen, z.B. Personen mit erheblichen Überschusseinkünften aus Kapitalvermögen oder Vermietung und Verpachtung, Außenprüfungen nur unter der Voraussetzung zulässig, dass für die Besteuerung erhebliche Verhältnisse der Aufklärung bedürfen und eine Prüfung an Amtsstelle nicht zweckmäßig ist (§ 193 Abs. 2 Nr. 2 AO). Ein Prüfungsbedürfnis i.S.d. § 193 Abs. 2 Nr. 2 AO besteht dann, wenn die Finanzbehörde es nach ihrer Erfahrung für möglich hält, dass ein Besteuerungstatbestand erfüllt ist.[647] Nunmehr ist der Kreis der Prüfungssubjekte auf Steuerpflichtige, deren Summe ihrer positiven Einkünfte aus Überschusseinkünfte einen Betrag i.H.v. 500.000 € übersteigen (§ 147a AO), ausgedehnt worden. Dem gleichheitswidrigen Vollzugsdefizit ist zumindest in diesem Bereich abgeholfen worden.

Eine fortbestehende Differenzierung nach Einkunftsarten auch nach der Höhe der Einkünfte ist unter dem Gesichtspunkt der Prüfungsbedürftigkeit nicht angemessen zu begründen. Zur Gleichheit der Einkunftsarten gehört auch die Gleichmäßigkeit der Kontrollintensität, die sich gleichmäßig am Prüfungsbedürfnis zu orientieren hat.[648] Ungleiche Prüfungsintensität führt zu ungleicher steuerlicher Belastung.[649] Das Prüfungsbedürfnis müsste sich alleine danach richten, ob die Einkunftsarten dem Veranlagungsverfahren und nicht dem Quellenabzug unterliegen. Die Kontrolle der Einkunftsarten muss ansonsten gleich effizient sein.

8. Die Gewerbesteuer und die Entlastung durch § 35 EStG

Das Gewerbesteuergesetz verweist auf das gewerbliche Unternehmen im Sinne des Einkommensteuergesetzes (§ 2 Abs. 1 Satz 2 GewStG). Die Begriffe des Gewerbebetriebs i.S.d. § 2 Abs. 1 Satz 1 GewStG und i.S.d. § 15 Abs. 1 Satz 1 Nr. 1 i.V.m. § 15 Abs. 2 EStG stimmen inhaltlich grundsätzlich überein. Unterschiede bestehen zeitlich insofern, als der Gewerbebetrieb im Sinne von § 15 Abs. 2 EStG früher beginnt und später endet. Die Verweisung umfasst sowohl den Begriff des Gewerbebetriebs (§ 15 Abs. 2 EStG), den Umfang der gewerbli-

644 *Eckhoff*, in: Hübschmann/Hepp/Spitaler, AO/FGO, § 193 Rn. 51.; *Tipke/Lang*, Steuerrecht, § 21 Rn. 227.

645 *Seer*, in: Tipke/Kruse, AO/FGO, § 193 Rn. 29.

646 BGBl. I 2009, S. 2302, 2303.

647 BFH, v. 17.11.1992, VIII R 25/89, BStBl. II 1993, 146 (147); *Tipke/Lang*, Steuerrecht, § 21 Rn. 229.

648 *Seer*, in: Tipke/Kruse, AO/FGO, § 193 Rn. 10.

649 *Seer*, in: Tipke/Kruse, AO/FGO, § 193 Rn. 10, 24.

chen Einkünfte (§ 15 Abs. 1 EStG) als auch die „Abfärberegelung" des § 15 Abs. 3 EStG.

Andere Einkunftsarten, insbesondere Einkünfte aus Land- und Forstwirtschaft, aus freiberuflicher Tätigkeit sowie aus Vermögensverwaltung, dienen nicht als Anknüpfungspunkt für eine gewerbesteuerliche Belastung.[650] Dementsprechend erklärt sich eine Vielzahl von Rechtsstreitigkeiten, die sich mit der Zugehörigkeit zur gewerblichen Tätigkeit und den Abgrenzungsmerkmalen zur freien Berufstätigkeit befassen.

Die Belastung der Einkünfte aus Gewerbebetrieb mit der Gewerbesteuer kann die Anforderungen einer gleichmäßigen Besteuerung[651] nach der wirtschaftlichen Leistungsfähigkeit[652] nur erfüllen, wenn entweder schon die Wirkung der Gewerbesteuer nicht zu der Belastung der Einkommensteuer als Ertragsteuer zu addieren oder aber eine solche einseitige Zusatzbelastung als eine Durchbrechung der Gleichheit der Einkunftsarten im Rahmen einer gleichheitsrechtlichen Verhältnismäßigkeitsprüfung gerechtfertigt ist.[653]

a. Doppelbelastung gewerblicher Einkünfte durch ihre gewerbe- und einkommensteuerliche Doppelerfassung

Gegen eine strukturelle und generelle Belastungskonkurrenz der Gewerbesteuer mit der Einkommensteuer könnte sprechen, dass zwischen beiden erhebliche steuersystematische Unterschiede bestehen.

Die Einkommensteuer ist eine Personensteuer, die sich an der finanziellen Leistungsfähigkeit einer natürlichen Person ausrichtet. Sie beachtet bei der Bildung der Bemessungsgrundlage nach dem subjektiven Nettoprinzip folgerichtig

---

650 Zwischen 1924 und 1935 wurden die freien Berufe in den Ländern und im Reich in die Gewerbesteuer fast vollständig einbezogen. Erst 1937 wurden die selbstständig Tätigen mit dem GewStG v. 01.12.1936, RGBl. I 1936, 979, wieder aus der Gewerbesteuer herausgenommen; dazu Niedersächsisches FG, v. 21.4.2004, 4 K 317/91, EFG 2004, 1065 (1070 f.). Zur Geschichte der Gewerbesteuer vgl. *Zitzelsberger*, Gewerbesteuer, S. 5 ff.; *Freier*, Tatbestand der freien Berufe, S. 69 ff.

651 Zur Gleichheitswidrigkeit der Gewerbesteuer vgl. grundlegend die Vorlagen des Niedersächsischen FG, v. 23.7.1997, IV 317/91, EFG 1997, 1456 ff. und v. 21.4.2004, 4 K 317/91, EFG 2004, 1065 ff.; *Jachmann*, Gewerbesteuerreform, S. 26 ff.; *dies.*, DStJG Bd. 25 (2002), S. 195 (203); *Gosch*, DStZ 1998, S. 327 (328 f.); *Hey*, StuW 2002, S. 314 (316); *Jochum*, StB 2005, S. 254 (257 ff.); *Keß*, FR 2000, S. 695 (698 f.); *Seer*, FR 1998, S. 1022 ff.; *R. Wendt*, BB 1987, S. 1257 ff.

652 Zur Ausrichtung der Gewerbesteuer am Leistungsfähigkeitsprinzip *Tipke/Lang*, Steuerrecht, § 12 Rn. 1; *R. Wendt*, BB 1987, S. 1257 (1259); a.A. *Zitzelsberger*, Gewerbesteuer, S. 159 ff.

653 Vgl. *Jachmann*, Gewerbesteuerreform, S. 21; anders im Ansatz *Kirchhof*, in: Kirchhof/Söhn/Mellinghoff, EStG, § 2 Rn. A 178: „Bei der normativ bedingten Konkurrenz, z.B. der Belastung der Gewerbeerträge mit Gewerbesteuer und Einkommensteuer, bietet das Gesetz als Geltungsgrund für die generelle Steuerkumulierung grundsätzlich eine Rechtfertigung für die Mehrfachbelastung."

auch existenzsichernde Aufwendungen des Steuerpflichtigen für sich und seine Familie.

Dagegen berücksichtigt die Gewerbesteuer, die den Gewerbebetrieb zum Steuerobjekt erklärt, nicht die subjektive Leistungsfähigkeit des Unternehmers.[654] Das Gewerbesteuergesetz kennt dennoch gewisse subjektive Durchbrechungen, so in § 8 Nr. 9, § 10a Satz 8 GewStG und im Freibetrag nach § 11 Abs. 1 Satz 3 GewStG.

Die Leistungsfähigkeit konkretisiert sich in beiden Steuergesetzen unterschiedlich. Bei der Einkommensteuer zeigt sich Leistungsfähigkeit in der individuellen Zahlungsfähigkeit des Steuerpflichtigen selbst, bei der Gewerbesteuer in der objektivierten Ertragskraft des Gewerbebetriebs.

Tipke verneint aufgrund dessen die Belastungskonkurrenz der Gewerbe- mit der Einkommensteuer. Er ist der Ansicht, eine Unternehmensteuer sei immer ein Aliud gegenüber einer die subjektive Leistungsfähigkeit berücksichtigenden Personensteuer.[655]

Dem ist nicht beizupflichten. Ein Gleichmaß der Ertragsbesteuerung hat sowohl der objektiven wie auch der subjektiven Leistungsfähigkeit zu genügen.[656] Bei der Unterscheidung zwischen diesen beiden Komponenten handelt es sich lediglich um eine Frage nach Maßstab und Ausgestaltung der jeweiligen Bemessungsgrundlage als Indikator der jeweiligen Leistungsfähigkeit.[657]

Sowohl die Einkommen- wie auch die Gewerbesteuer knüpfen an Einkünfte oder Erträge aus Gewerbebetrieb als Besteuerungsgut an, die sich systematisch vergleichbar auf der Ebene der objektiven Leistungsfähigkeit einordnen.
Maßgeblich sind aber nicht die systematischen Unterschiede zwischen Einkommen- und Gewerbesteuer, sondern die Belastungswirkungen der einzelnen Steuern für die betroffenen Gewerbetreibenden. Entscheidend ist, dass Einkommen- und Gewerbesteuer gleichermaßen an das ertragswirksame Betreiben eines Gewerbebetriebs anknüpfen.[658]

In ihrer ursprünglichen Grundstruktur wurde die Gewerbesteuer durch die Besteuerungsmerkmale Ertrag, Kapital und Lohnsumme bestimmt, mit dem Ziel, die objektivierte Ertragskraft des Gewerbebetriebs zu erfassen und zugleich zur Konjunkturunabhängigkeit des Gewerbesteueraufkommens beizutragen.[659] Mit Abschaffung der Lohnsummen-[660] und Gewerbekapitalsteuer[661] sind diese

654 Zum Begriff der Objekt- oder Realsteuer *Tipke/Lang*, Steuerrecht, § 8 Rn. 21.
655 *Tipke*, Steuerrechtsordnung II, S. 1141.
656 *Jachmann*, Gewerbesteuerreform, S. 23.
657 *Gosch*, DStZ 1998, S. 327 (329).
658 BVerfGE 116, 164 (186).
659 *Tipke/Lang*, Steuerrecht, § 12 Rn. 1.
660 Wegfall der Lohnsumme als Besteuerungsgrundlage durch StÄndG 1979 v. 30.11.1978, BGBl. I 1978, S. 1489.

beiden Soll-Ertragselemente entfallen. Die Gewerbesteuer hat sich damit weitgehend zu einer Ertragsteuer hinentwickelt, auch wenn deren Besteuerungsgrundlage durch Hinzurechnungen und Kürzungen modifiziert wird.[662] Diese verbliebenen objektsteuertypischen Rudimente betreffen jedoch alleine die Besteuerungsmaßstäbe, nicht aber den Besteuerungsgrund. Die Gewerbesteuer hat ihren Objektsteuercharakter weitgehend verloren; daran ändert auch die Ausweitung der gewerbesteuerlichen Hinzurechnungstatbestände in § 8 GewStG n.F. durch die Unternehmensteuerreform 2008 nichts. Besteuerungsgrundlage der Gewerbesteuer ist der Ist-Ertrag. Sie greift auf dieselbe Schöpfung objektiver wirtschaftlicher Leistungsfähigkeit durch privatwirtschaftliche Ertragserzielung zu wie die Einkommensteuer.[663]

Die Gewerbesteuer schöpft dasselbe Ertragspotential ab wie die Einkommensteuer; sie betrifft denselben Steuerpflichtigen und denselben Steuergegenstand. Damit wird ein und derselbe wirtschaftliche Sachverhalt durch zwei Steuern – doppelt – belastet.[664] Die Belastungswirkungen beider Steuerzugriffe sind wegen ihrer gleichen Zielsetzung zu addieren.

Gewerbetreibende werden im Vergleich zu Freiberuflern sowie Land- und Forstwirten mit gleicher Leistungsfähigkeit ungleich behandelt. Die Gewerbesteuer ist das Paradebeispiel einer erwerbsgrundlagenspezifischen Sonderbehandlung; *Lang* bezeichnet sie auch als „Krone des Einkünftepluralismus“[665].

b. Rechtfertigung der Zusatzbelastung

Fraglich ist, ob sich für diese Sonderbelastung gewerblicher Ertragserzielung Rechtfertigungsgründe finden.

Die überwiegende Ansicht in der Literatur bestreitet die Vereinbarkeit der Gewerbesteuer mit dem Grundgesetz, insbesondere mit dem allgemeinen Gleichheitssatz (Art. 3 Abs. 1 GG).[666] Auch einige Finanzgerichte zweifeln in Vorlageverfahren nach Art. 100 Abs. 1 GG an der Verfassungsmäßigkeit des geltenden Gewerbesteuergesetzes.[667] Die Vorlagen der Instanzgerichte wurden

---

661 Abschaffung der Gewerbekapitalsteuer in den alten Bundesländern durch UntStRefFortG v. 29.10.1997, BGBl. I 1997, S. 2590.

662 *Gosch*, DStZ 1998, S. 327 (328 f.).

663 *Jachmann*, Gewerbesteuerreform, S. 24.

664 BVerfGE 116, 164 (186).

665 *Lang*, Bemessungsgrundlage, S. 228.

666 *Jachmann*, Gewerbesteuerreform, S. 26 ff.; *dies.*, DStJG Bd. 25 (2002), S. 195 (203); *Gosch*, DStZ 1998, S. 327 (328 f.); *Hey*, StuW 2002, S. 314 (316); *Jochum*, StB 2005, S. 254 (257 ff.); *Keß*, FR 2000, S. 695 (698 f.); *Seer*, FR 1998, S. 1022 ff.; *R. Wendt*, BB 1987, S. 1257 ff.; *ders.*, in: HStR Bd. IV, 2. Aufl., § 104 Rn. 66; zweifelnd *Güroff*, in: Glanegger/Güroff, GewStG, § 1 Rn. 18 ff.; a.A. *Sarrazin*, in: Lenski/Steinberg, GewStG, § 1 Rn. 105 ff.

667 Niedersächsisches FG, v. 21.4.2004, 4 K 317/91, EFG 2004, 1065 ff.; v. 24.6.1998, IV 317/91, EFG 1998, 1428 ff.; v. 23.7.1997, IV 317/91, EFG 1997, 1456 ff.; Baden-

aber vom Bundesverfassungsgericht in der Mehrheit als unzulässig abgewiesen und in der Sache nicht beantwortet.[668] Anfang 2008 bewertete das Bundesverfassungsgericht eine konkrete Normenkontrolle des Niedersächsischen Finanzgerichts zwar als zulässig, sah sie aber als nicht begründet an und bejahte somit die Vereinbarkeit der Gewerbesteuer mit dem Grundgesetz.[669]
Folglich hat das Bundesverfassungsgericht in ständiger Rechtsprechung die Verfassungsmäßigkeit der Gewerbesteuer festgestellt, obwohl die Bezieher von anderen betrieblichen Einkunftsarten nicht mit der Gewerbesteuer belastet werden.[670] In seiner Rechtsprechung stützt es sich dabei im Wesentlichen auf drei Rechtfertigungsansätze.

Der Produktionsfaktor Kapital stehe bei den Gewerbetreibenden im Gegensatz zu den freien Berufen im Vordergrund, sodass eine Ungleichbehandlung hinsichtlich der Gewerbesteuer nicht zu beanstanden sei.[671] Zweitens verschaffe die Gewerbesteuer den Gemeinden einen Ausgleich für die Lasten, die ihnen Gewerbebetriebe verursachen.[672] Außerdem sei die Gewerbesteuer finanzverfassungsrechtlich über Art. 106 Abs. 6 GG abgesichert.[673]

aa. Unterschiedlicher Einsatz von Produktionsfaktoren

Zunächst hat das Bundesverfassungsgericht früher die Gewerbesteuer durch den unterschiedlichen Einsatz der Produktionsfaktoren gerechtfertigt. Die Kombination der Produktionsfaktoren Boden, Kapital und Arbeit sei bei Landwirtschaft, freien Berufen und Gewerbe so grundlegend verschieden, dass der Produktionsfaktor Kapital bei den gewerblichen Einkünften im Vordergrund stehe und deshalb mit einer besonderen Steuer zu belegen sei.[674]

Auch greift das Gericht in einer anderen früheren Entscheidung auf das Differenziationsprinzip und damit die Fundustheorie zurück.[675] Danach soll fundiertes Einkommen eine erhöhte Steuerkraft ergeben. Deshalb soll es auch gerecht-

---

Württembergisches FG, v. 16.10.1998, 9 K 208/92, EFG 1999, 113 ff.; Sachsen-Anhaltinisches FG, v. 19.8.2003, 4 V 108/02, EFG 2003, 1640 ff.; a.A. in st. Rspr. zuletzt BFH, v. 18.9.2003, X R 2/00, BStBl. II 2004, 17 (18 ff.). Vgl. *Hey*, FR 2004, S. 876 ff.

668 Vgl. nur BVerfG, v. 17.11.1998, 1 BvL 10/98, BStBl. II 1999, 509. Dazu insbesondere *Tipke*, FR 1999, 532 ff.; *Paus*, FR 1999, 534 f.

669 BVerfGE 120, 1.

670 BVerfGE 26, 1 (7); 46, 224; 120, 1.

671 BVerfGE 26, 1 (8 f.).

672 BVerfGE 13, 331 (348).

673 BVerfGE 46, 224 (236); 120, 1 (25).

674 BVerfGE 26, 1 (8 f.); 46, 224 (240).

675 Zur Fundustheorie vgl. z.B. *v. Eheberg*, Finanzwissenschaft, S. 189; *Dettmer*, Gewerbesteuer in Deutschland, S. 93; zur Kritik an der Fundustheorie *Zitzelsberger*, Gewerbesteuer, S. 164 ff.; *Tipke*, Steuerrechtsordnung II, S. 1140.

fertigt sein, solches Einkommen eher zusätzlich zu belasten als unfundiertes.[676] Unter fundiertem Einkommen versteht man Einkommen, das allein oder doch vorwiegend aus Vermögen stammt, wie beim Gewerbetreibenden. Unfundiertes Einkommen soll dagegen allein aus der Verwendung der Arbeitskraft fließen.

In einem weiteren Beschluss stellt das Gericht auch wieder auf die unterschiedliche Kombination der Produktionsfaktoren ab. Das Gericht relativiert aber insofern, dass weder der geistige Gehalt einer freiberuflichen Tätigkeit der alleine ausschlaggebende Grund sein könne, diese von der Gewerbesteuerpflicht freizustellen; noch seien Kapitaleinsatz und die Beschäftigung von Arbeitnehmern konstitutiv für eine gewerbesteuerpflichtige Tätigkeit.[677] Entscheidend sei, ob der Gesetzgeber eine Tätigkeit aus sachlichen Erwägungen als freiberuflich einordne. Sachgerechte Differenzierungskriterien seien der persönliche Einsatz bei der Berufsausübung, der Charakter des Berufs nach rechtlicher Ausgestaltung und Verkehrsanschauung, die Stellung und Bedeutung des Berufs im Sozialgefüge sowie die Qualität und Länge der erforderlichen Berufsausbildung.[678]

Die genannten Differenzierungen indizieren aber in keiner Weise – auch nicht typisierend – eine unterschiedliche Leistungsfähigkeit.[679] Die Ertragserzielung durch Kapitaleinsatz oder Einsatz von Arbeitnehmern führt nicht zu einer höheren steuerlichen Belastbarkeit als die Ertragserzielung durch persönlichen Einsatz und individuelle Arbeitsleistung.[680] Aufgrund des verfassungsrechtlichen Postulats der Gleichwertigkeit der Erwerbsgrundlagen vermitteln Einkünfte aus gewerblicher Betätigung dem Steuerpflichtigen dieselbe wirtschaftliche Leistungsfähigkeit wie die anderen Einkünfte.[681]

Weiter ist festzustellen, dass sich die Berufsbilder der freien Berufe, der übrigen selbstständig Tätigen, der Land- und Forstwirte und der Gewerbetreibenden bei vergleichbarer Betriebsgröße in einer Weise angeglichen haben, dass sie anhand der jeweilig typischen Kombination ihrer Produktionsfaktoren nicht mehr unterscheidbar sind.[682] Diese Angleichung der Berufsbilder und die damit verbundene Synchronisierung der für die wirtschaftliche Betätigung eingesetzten Produktionsfaktoren in allen betroffenen Berufsgruppen begründet eine Gewerbesteuer zumindest heute nicht mehr.[683]

---

676 BVerfGE 13, 331 (348 f.).

677 BVerfGE 46, 224 (240 f.)

678 BVerfGE 46, 224 (242).

679 *Jachmann*, Gewerbesteuerreform, S. 27 f.

680 *Jachmann*, Gewerbesteuerreform, S. 28.

681 *Freier*, Tatbestand der freien Berufe, S. 156; *Tipke*, StuW 1993, S. 8 (12 f.); *Gorski*, DStZ 1993, S. 613.

682 Niedersächsisches FG, v. 23.7.1997, IV 317/91, EFG 1997, 1456 (1464 f.). Diese Annahme sei aber nicht durch rechtstatsächliche Erkenntnisse gesichert, vgl. BVerfGE 120, 1 (34).

683 Niedersächsisches FG, v. 21.4.2004, 4 K 317/91, EFG 2004, 1065 (1068 ff.).

Der unterschiedliche Einsatz von Produktionsfaktoren ist ein untauglicher Differenzierungsgrund für eine nur Gewerbetreibende belastende Gewerbesteuer.[684]

bb. Äquivalenzprinzip

Der historische Gesetzgeber begründete das Gewerbesteuergesetz mit dem Äquivalenzprinzip, das als Maßstab von Leistung und Gegenleistung die Höhe der Steuer bemessen sollte.[685] Auf diese Weise beschrieb *von Miquel* den Vergleichsmaßstab in seiner Denkschrift zu den Entwürfen der preußischen Steuerreformgesetze im Jahr 1892: „Die Realsteuern sollen den Grund und Boden und die Gewerbebetriebe für die ihnen vorzugsweise zu gute kommenden oder durch sie veranlassten Ausgaben nach dem Grundsatze der Leistung und Gegenleistung in Anspruch nehmen, während die Aufwendungen für allgemeine öffentliche Zwecke allen Einwohnern zur Last fallen und von denselben auch innerhalb der Gemeinde nach Maßgabe der persönlichen Leistungsfähigkeit, also im Wege der Einkommenbesteuerung aufzubringen sind."[686]

Inzwischen anerkennt das Bundesverfassungsgericht, dass auch für die Gewerbesteuer die Leistungsfähigkeit der steuerspezifische Vergleichsmaßstab ist und sich im Steuergegenstand konkretisiert.[687]

Das Äquivalenzprinzip könnte aber eine angemessene Begründung für die Ungleichbehandlung bei gleicher Leistungsfähigkeit darstellen. Die Zusatzbelastung durch die Gewerbesteuer könnte sich aus deren Zwecksetzung rechtfertigen, durch Gewerbebetriebe verursachte Infrastrukturlasten der Gemeinden auszugleichen.[688] Diese Rechtfertigung aus einer Kostenäquivalenz entspricht der Rechtfertigung aus einer Nutzenäquivalenz.[689] Danach habe der Gewerbebetrieb für den Vorteil, den ihm die gemeindliche Aufgabenerfüllung biete, eine Gegenleistung zu erbringen.[690] In den ersten Entscheidungen hatte das Bundesverfassungsgericht die finanzpolitische Begründung der Gewerbesteuer vorrangig in diesen äquivalenztheoretischen Überlegungen gesehen,[691] später sah

684 *Gosch*, DStZ 1998, S. 327 (332).

685 Zum Äquivalenzprinzip als Maßstab und Rechtfertigung *Tipke*, Steuerrechtsordnung II, S. 1136 ff.

686 *v. Miquel*, FinArch. 1893, S. 296 (334).

687 BVerfGE 116, 164 (185 f.).

688 Begründung der Reichsregierung zum GewStG v. 01.12.1936, RStBl. 1937, S. 693, 696; BVerfGE 26, 1 (11) m.w.N. Das BVerfG bezieht sich in seiner jüngsten Entscheidung wieder verstärkt auf das Äquivalenzprinzip, BVerfGE 120, 1 (39).

689 Zu den beiden Aspekten des Äquivalenzprinzips *Keß*, FR 2000, S. 695 (698 f.).

690 *Zitzelsberger*, DStZ 1984, S. 294 (297).

691 BVerfGE 13, 331 (348); 19, 101 (112); 21, 54 (65 f.); 26, 1 (11).

es vielmehr darin nur noch eine pauschale Rechtfertigung der Gewerbesteuer insgesamt[692].

Diese äquivalenztheoretische Rechtfertigung der Gewerbesteuer ist nicht sachgerecht und schon deshalb kein legitimes Differenzierungskriterium.

Die Rechtfertigung einer Steuer erwächst aus der Gleichheit der Lastenzuteilung und nicht aus der Verwendung des Steueraufkommens. Steuern werden voraussetzungslos erhoben. Die Qualität der Steuer als Gemeinlast bietet keine sachliche Begründung, einzelne Steuern äquivalenztheoretisch zu rechtfertigen.[693]

Zwischen der steuerlichen Belastung der örtlichen Betriebe und der Inanspruchnahme der kommunalen Infrastruktur lässt sich eine Kausalbeziehung nur unschwer feststellen,[694] zumal die von Gewerbebetrieben ausgelösten Infrastrukturbelastungen weit über das Gemeindegebiet hinaus reichen. Im Übrigen besteht eine unangemessene Diskrepanz zwischen etwaigen, speziell den Gewerbebetrieben zurechenbaren kommunalen Leistungen und dem Umfang der von ihnen gezahlten Gewerbesteuer.[695] Die Gewerbesteuerlast richtet sich auch nicht nach dem Grad der Verursachung als Indikator einer Kosten- oder Nutzenäquivalenz, sondern nach der Höhe des Gewinns, durch den die Inanspruchnahme gemeindlicher Infrastruktur aber nicht in zulässiger Typisierung abgebildet werden kann.[696]

Die Gewerbesteuer lässt sich aus einem weiteren Grund nicht mit dem Argument rechtfertigen, sie gelte den Gemeinden die durch Gewerbebetriebe verursachten besonderen Infrastrukturlasten ab. Der Gewerbesteuer unterliegen auch Unternehmen, die nicht durch ihre große Beschäftigtenzahl die Ausgaben für Schulwesen, Polizei, Wohlfahrts- und Verkehrswesen beeinflussen.[697] Diese Aufwendungen für die gemeindliche Infrastruktur sind durchweg nicht genuin betriebsbezogen, sondern kommen in erheblichem Umfang allen Einwohnern zugute.[698] Insbesondere die Vielzahl kleinerer dienstleistender Gewerbebetriebe nimmt gemeindliche Infrastruktureinrichtungen nicht stärker in Anspruch als freiberufliche Betriebe. Gegen eine Nutzenäquivalenz spricht außerdem, dass die Erschließungs- und Infrastrukturleistungen für die Unternehmen keineswegs nur von den Gemeinden erbracht werden.

---

692 BVerfGE 46, 224 (236).

693 *Hey*, StuW 2002, S. 314 (319).

694 *Jochum*, StB 2005, S. 254 (258).

695 *R. Wendt*, BB 1987, S. 1257 (1263).

696 *Jachmann*, Gewerbesteuerreform, S. 30; vgl. *Keß*, FR 2000, S. 695 (699), der die Lohnsummensteuer als die geeignetste Steuer zur Verwirklichung des Äquivalenzprinzips sieht.

697 *Keß*, FR 2000, S. 695 (699).

698 *Jochum*, StB 2005, S. 254 (258).

Letztlich entzog die Einführung der Gewerbesteuerumlage[699] gem. Art. 106 Abs. 6 Satz 4 bis 6 GG[700], mit der Bund und Länder am Gewerbsteueraufkommen beteiligt wurden, jeglicher äquivalenztheoretischer Rechtfertigung der Gewerbesteuer den Boden.[701]

Selbst wenn man aber ein besonderes Gegenleistungsinteresse des Besteuerten anerkennt, dass gemeindliche Infrastrukturen geschaffen und vorrätig gehalten werden sollen, so darf dies die Freiberufler doch nicht ausnehmen.[702] Sie haben ein nämliches Interesse, denn gemeindliche Lasten entstehen so oder so.

cc. *Erwähnung der Gewerbesteuer in den finanzverfassungsrechtlichen Kompetenznormen*

Das Bundesverfassungsgericht misst den vorgenannten Rechtfertigungsgründen ein geringeres Gewicht zu und stützt seine Argumentation im Wesentlichen auf die finanzverfassungsrechtlichen Kompetenznormen. Aus der ausdrücklichen Erwähnung in Art. 106 GG sei zu schließen, dass der Verfassunggeber die Gewerbesteuer – zwar nicht in allen Einzelheiten, aber doch in ihrer üblichen Ausgestaltung und ihrer historisch gewachsenen Bedeutung – billige und als zuläs-

699 Vgl. GFinRefG v. 8.9.1969, BGBl. I 1969, S. 1587.

700 Eingeführt durch FinRefG v. 12.5.1969, BGBl. I 1969, S. 359, 360.

701 *Jachmann*, Steuergesetzgebung, S. 116.

702 Die Bundesregierung hat in der Begründung zum Entwurf eines Gesetzes zur Reform der Gewerbesteuer v. 8.9.2003, der letztendlich gescheiterten Gemeindewirtschaftsteuer, die Einbeziehung der Einkünfte aus selbstständiger Arbeit wie folgt gerechtfertigt, BT-Drucks. 15/1517, S. 11: „Die Einbeziehung der Einkünfte aus selbständiger Arbeit in die kommunale Besteuerung ist gerechtfertigt. Im Laufe der wirtschaftlichen Entwicklung während der letzten Jahrzehnte haben sich die Berufsbilder der Gewerbetreibenden und der übrigen selbständig Tätigen gegeneinander so verschoben, dass sie sich überschneiden und die Abgrenzung voneinander immer schwieriger und streitanfällig geworden ist. Angehörige der freien Berufe üben ihre Erwerbstätigkeit in immer größerem Umfang in Formen aus, wie sie früher nur bei Gewerbebetrieben üblich waren. Große Arzt- und Rechtsanwaltspraxen beispielsweise beschäftigen eine Vielzahl von – auch akademisch vorgebildeten – Angestellten, kleine Handwerks- und kaufmännische Betriebe werden dagegen häufig vom Betriebsinhaber allein und ohne Personal betrieben. Die Besteuerungsgerechtigkeit und der Grundsatz eines möglichst einfachen Steuerrechts ohne unnötige Abgrenzungsschwierigkeiten gebieten eine steuerliche Gleichbehandlung beider Gruppen von Erwerbstätigen. Aus diesem Grund wird die Unterscheidung der beiden Gruppen für die Zwecke der Erhebung der Gemeindewirtschaftssteuer aufgegeben. Die Gemeindewirtschaftssteuer bezieht künftig die Einkünfte beider Berufsgruppen in ihre Besteuerungsgrundlage ein und behandelt sie gleich."

sige Form des Steuerzugriffs anerkenne.[703] Zu den Grundstrukturen gehöre jedenfalls die Beschränkung der Erhebung der Gewerbesteuer auf Gewerbebetriebe.[704] Hierbei handele es sich um ein strukturprägendes Prinzip, dass schon daraus deutlich werde, dass der Begriff Gewerbe bereits für die Benennung dieser Steuerart verwendet worden sei. Unterstützung erfährt es dabei vom Bundesfinanzhof, der sich zur Begründung auf die Einheit der Verfassung beruft.[705]

Die ausführliche Erwähnung der Gewerbesteuer in Art. 106 Abs. 6 GG wie auch die Gewährleistung des Art. 28 Abs. 2 Satz 3 GG können eine in ihrer konkreten Ausgestaltung verfassungswidrige Gewerbesteuer nicht rechtfertigen.[706] Aus diesen Normen kann zwar gefolgert werden, dass der Verfassunggeber die Gewerbesteuer in ihrer historisch gewachsenen Struktur als mögliche Form des Steuerzugriffs betrachtete.[707] Aber weder lässt sich aus dem Regelungsgehalt von Art. 106 GG,[708] noch aus dem von Art. 28 Abs. 2 Satz 3 GG eine positive Aussage über die materielle verfassungsrechtliche Rechtfertigung des derzeit geltenden Gewerbesteuergesetzes entnehmen.[709]

Die Sonderbelastung der Einkünfte aus Gewerbebetrieb durch die Gewerbesteuer ist als eine Durchbrechung der Gleichheit der Einkunftsarten nicht zu rechtfertigen.

c. *Anrechnung der Gewerbesteuer durch § 35 EStG*

Wegen ihrer Gleichheitswidrigkeit dürfte die Gewerbesteuer grundsätzlich von vorneherein nicht erhoben werden.

Diese Ungleichbehandlung könnte aber durch eine Anrechnung der Gewerbesteuer gem. § 35 EStG auf die Einkommensteuerschuld beseitigt werden. Nach der Unternehmensteuerreform 2008 ist die Gewerbesteuer einschließlich der darauf entfallenden Nebenleistungen (z.B. Zinsen gem. § 233 f. AO) nicht mehr als Betriebsausgabe abziehbar (§ 4 Abs. 5b EStG n.F.). Eine Entlastung von der Gewerbesteuer erfolgt nur noch über § 35 EStG.

---

703 BVerfGE 13, 331 (348); 26, 1 (8); 46, 224 (236); 120, 1 (25); vgl. zur Verfassungsmäßigkeit der Grundsteuer BVerfG, v. 18.2.2009, 1 BvR 1334/07, NJW 2009, 1868.

704 *Rodi*, Rechtfertigung von Steuern, S. 219 ff.

705 BFH, v. 18.9.2003, X R 2/00, BStBl. II 2004, 17 (19).

706 Niedersächsisches FG, v. 23.7.1997, IV 317/91, EFG 1997, 1456 (1464); Niedersächsisches FG, v. 21.4.2004, 4 K 317/91, EFG 2004, 1065 (1069 f.); *Tipke*, FR 1999, S. 532 (533); *Gosch*, DStZ 1998, S. 327 (329); *R. Wendt*, BB 1987, S. 1677 ff.; *Jachmann*, Gewerbesteuerreform, S. 31.

707 Vgl. BVerfGE 93, 121 (134 f.).

708 *Tipke*, BB 1994, S. 439; *Hey*, StuW 2002, S. 314 (318); a.A. *Vogel*, in: FS Tipke, S. 93 (101).

709 *Seer*, FR 1998, S. 1022 (1023); *R. Wendt*, BB 1987, S. 1677 (1678).

§ 35 EStG sieht eine bestimmte Kürzung der Steuerschuld vor, enthält somit eine Steuerbetragsermäßigung und ist als Tarifvorschrift ausgestaltet.[710] Die pauschale Anrechnung der Gewerbesteuer nach § 35 EStG bei Einkünften aus gewerblichen Unternehmen (§ 15 Abs. 1 Satz 1 Nr. 1 EStG) und gewerblichen Mitunternehmerschaften (§ 15 Abs. 2 Nr. 2, 3 EStG) ist als mittelständischer Ausgleich zur Senkung des Körperschaftsteuersatzes nach dem Scheitern einer Option von Personenunternehmen für die Körperschaftsteuer eingeführt worden.[711] Nach § 35 Abs. 1 EStG ermäßigt sich die Einkommensteuer abzüglich der anderen Steuerermäßigungen mit Ausnahme der §§ 34f, 34g EStG um das 3,8fache des Gewerbesteuer-Messbetrages[712], soweit sie anteilig auf im zu versteuernden Einkommen enthaltene gewerbliche Einkünfte entfällt. Unter Berücksichtigung der Absenkung der Steuermesszahl von 5 % auf 3,5 % bewirkt dies, dass bei einem Hebesatz von 381 Prozentpunkten[713] der Bezieher gewerblicher Einkünfte wirtschaftlich regelmäßig in vollem Umfang von der Gewerbesteuer entlastet wird.

Dieser Vorschrift werden mit unterschiedlichen Begründungen verfassungsrechtliche Bedenken entgegengehalten. Dabei ist die Entscheidung des Bundesverfassungsgerichts[714] zu seiner Vorgängervorschrift § 32c EStG a.F. zu beachten, die auf § 35 EStG in seiner Bedeutung ausstrahlt.

Zu prüfen ist insbesondere, ob die Anrechnung nach § 35 EStG aufgrund einer hinreichenden Kompetenzgrundlage erlassen worden ist und den finanzverfassungsrechtlichen Anforderungen der Ertragsverteilung des Art. 106 GG genügt sowie – in gleichheitsgerechter Weise – die ungerechtfertigte Sonderbelastung gewerblicher Gewinne durch die Gewerbesteuer ergebnisgleich aufwiegt.

aa. Finanzverfassungsrechtliche Bedenken

In Art. 105 Abs. 2 GG findet die Anrechnung nach § 35 EStG eine hinreichende Kompetenzgrundlage, die an eine vorgegebene Ertragshoheit anknüpft. Das Anrechnungsmodell bewegt sich im verfassungsrechtlichen Rahmen des Art. 106

---

710 *Gosch*, in: Kirchhof, EStG, § 35 Rn. 1.

711 Vgl. BT-Drucks. 14/2683, S. 97.

712 Nach dem UntStRefG 2008 ist die Anrechnung vom 1,8 auf das 3,8fache des Gewerbesteuer-Messbetrags ab 2008 – zum Ausgleich der Nichtabzugsfähigkeit der Gewerbesteuer als Betriebsausgabe – angehoben worden (§ 35 Abs. 1 EStG n.F.), BT-Drucks. 16/4841, S. 21.

713 Vgl. *Blumenberg/Benz*, Unternehmensteuerreform, S. 3. *Tipke/Lang*, Steuerrecht, § 9 Rn. 841: Hebesatz von 400 Prozentpunkten.

714 BVerfG, Beschl. v. 21.6.2006, 2 BvL 2/99, BVerfGE 116, 164 = DStR 2006, 1316 ff. = DStRE 2006, 988 ff.

GG. Die in den Art. 105 und 106 GG genannten Steuerbegriffe schreiben nur die Essentialien der genannten Typen fest.[715]

§ 35 EStG betrifft allein die Einkommensteuer und verändert nicht das Wesen der Gewerbesteuer.[716] Aus der Perspektive der Einkommensteuer handelt es sich um eine Kürzung der Steuerschuld, welche zumindest formal die grundlegende Struktur und Systematik der Einkommensteuer unberührt lässt.[717] Der festgesetzte Gewerbesteuer-Messbetrag beeinflusst nur das Ausmaß der Einkommensteuerermäßigung. Insofern überschreitet die Anrechnungsregelung die Kompetenzgrundlage des Art. 105 Abs. 2 GG nicht.

Erheblichere verfassungsrechtliche Vorwürfe werden aber gegen § 35 EStG erhoben, weil mit dem Anrechnungsmodell unzulässigerweise in das finanzverfassungsrechtliche System der Steuerertragsverteilung eingegriffen werde.[718]

Nach Art. 106 Abs. 6 GG steht das Aufkommen der Gewerbesteuer den Gemeinden zu, die damit über die von Art. 28 Abs. 2 Satz 2 GG garantierte, ihnen mit Hebesatzrecht zustehende wirtschaftskraftbezogene Steuerquelle verfügen. Die Einkommensteuer ist demgegenüber eine Gemeinschaftssteuer, deren Aufkommen Bund und Ländern gemeinsam zusteht (Art. 106 Abs. 3 Satz 1 GG). Eine Verschränkung der Ertragshoheit für diese beiden Steuern ergibt sich daraus, dass einerseits die Gemeinden einen Teil der Einkommensteuer erhalten (Art. 106 Abs. 5 GG), andererseits Bund und Länder am Gewerbesteueraufkommen durch eine Umlage beteiligt werden (Art. 106 Abs. 6 Satz 4 GG).

Die Anrechnung der Gewerbesteuerlast auf die Einkommensteuerschuld verlagere daher das Steueraufkommen entgegen diesen Vorgaben zwischen den Gebietskörperschaften und führe so zu einer unzulässigen Steuerertragsaushöhlung.[719] Durch die einkommensteuerliche Anrechnung der Gewerbesteuer verkürze der Bundesgesetzgeber das Bund, Ländern und Gemeinden bereits zustehende Einkommensteueraufkommen zu Lasten dieser drei Finanzausgleichspartner.[720] Das materielle Steuerrecht werde zu einem Instrument des Finanzausgleichs.

Die Finanzverfassung tariert zwar die Ertragsverteilung zwischen Bund, Ländern und Gemeinden aus, verpflichtet den Bundesgesetzgeber aber nicht, eine Ertragskongruenz von Steuersystem und Ertragsverteilung zu wahren.[721]

---

715 *Vogel/Waldhoff*, in: Bonner Kommentar, Vorbem. z. Art. 104a-115 Rn. 578.

716 *Jachmann*, Gewerbesteuerreform, S. 33.

717 *Jachmann*, Gewerbesteuerreform, S. 33; *dies.*, BB 2000, S. 1432 (1436); *Hey*, FR 2001, S. 870 (877).

718 *Hidien*, BB 2000, S. 485 ff.

719 *Schön*, StuW 2000, S. 151 (156).

720 *Hidien*, BB 2000, S. 485 (487).

721 *Jachmann*, BB 2000, S. 1432 (1436); so aber *Hidien*, BB 2000, S. 485 (486 f.).

Der Gesetzgeber kann über Steuersubventionen Einfluss auf den Ertragsanteil von Ländern und Gemeinden nehmen.[722]

Auch steht das Anrechnungsmodell einer Abschaffung der Gewerbesteuer nicht gleich, denn die Gewerbesteuer bleibt unverändert als eigenständige Steuer in der Ertragshoheit der Gemeinden.[723] Zwar erhalten alle am Ertrag aus der Einkommensteuer Beteiligten infolge der Anrechnung geringere Einnahmen, auch die Gemeinden mittelbar über ihren Anteil gem. Art. 106 Abs. 5 GG. Das gilt aber auch für jede andere Änderung im Einkommensteuerrecht, die zu einer Reduzierung des Aufkommens führt.[724]

Die Finanzverfassung garantiert kein bestimmtes Aufkommensniveau einzelner Steuern.[725] Aus Art. 106 GG ist nur abzuleiten, dass sich die Verteilung des Steueraufkommens aus dem Ertrag gewerblich erzielter objektiver Leistungsfähigkeit grundsätzlich danach bestimmt, inwieweit die Abschöpfung im Rahmen der Einkommensteuer, Körperschaftsteuer oder Gewerbesteuer entsteht.[726]

bb. Konnex und Kongruenz zwischen Gewerbesteuerbelastung und Einkommensteuerentlastung

Ein Verstoß gegen den Gleichheitssatz könnte sich einerseits bei Betrachtung der Gruppe der Gewerbetreibenden und andererseits im Vergleich zur Belastung anderer Einkünfte ergeben.

Das intendierte gesetzgeberische Ziel des Anrechnungsmodells des § 35 EStG ist es, durch die Gewerbesteueranrechnung Gewerbetreibende „wirtschaftlich regelmäßig in vollem Umfang von der Gewerbesteuer“ zu entlasten.[727] Grundsätzlich wird anerkannt, dass auch eine verfassungswidrige Belastung durch eine entsprechende Begünstigung kompensiert oder saldiert werden kann.[728] Erforderlich sind ein Konnex sowie eine Kongruenz zwischen Belastung und Entlastung.[729] Die dargelegte Doppelbelastung durch Einkommensteuer und Gewerbesteuer[730] hat zur Konsequenz, dass ein Mehr an Gewerbesteuer-

---

722 *Jachmann*, BB 2000, S. 1432 (1436 f.).

723 *Levedag*, in: Herrmann/Heuer/Raupach, EStG, § 35 Rn. 8; *Thiel*, StuW 2000, S. 413 (417); vgl. BT- Drucks. 14/2683, S. 98.

724 *Hey*, FR 2001, S. 870 (877).

725 *Glanegger*, in: Schmidt, EStG, § 35 Rn. 3.

726 *Jachmann*, Gewerbesteuerreform, S. 33.

727 BT-Drucks. 14/2683, S. 97.

728 Zu den Anforderungen an eine Kompensation oder Saldierung von Vor- und Nachteilen vgl. *Hey*, AöR Bd. 128 (2003), S. 226 ff.

729 Zu der Anforderung eines inneren Zusammenhangs der zum Ausgleich gebrachten Vor- und Nachteile vgl. *Hey*, AöR Bd. 128 (2003), S. 226 (242 ff.).

730 Siehe dazu F.V.8.a.

belastung grundsätzlich ohne verfassungswidrigen Systembruch durch ein Weniger an Einkommensteuerbelastung kompensiert werden kann.[731]
Die Anrechnung müsste die gewerbesteuerliche Sonderbelastung in gleichheitsgerechter Weise ausgleichen. Dazu ist erforderlich, dass die gewerbesteuerliche Belastung und die einkommensteuerliche Entlastung deckungsgleich sind.[732] Hieran fehlt es im Anrechnungsmodell des § 35 EStG in mehrfacher Hinsicht, da inkongruente Größen miteinander verknüpft werden. Die Entlastungswirkung der Einkommensteuerermäßigung wird von Determinanten beeinflusst, die nicht der Belastungswirkung der Gewerbesteuer entsprechen.

Der Anteil der gewerblichen Einkünfte am zu versteuernden Einkommen sowie der individuelle Einkommensteuersatz lassen ebenso wenig wie der Freibetrag und die einheitliche Steuermesszahl von 3,5 % gem. § 11 GewStG Rückschlüsse auf die Gewerbesteuerbelastung zu.[733]

Dadurch kann die Möglichkeit, tatsächliche Gewerbesteuerbelastung auszugleichen, verloren gehen. So genannte Anrechnungsüberhänge[734] werden im Falle der Mitunternehmerschaft nochmals potenziert.[735]

Der vertikale Verlustausgleich und Verlustabzug gem. § 10d EStG, die gegenüber § 35 EStG vorrangig zu berücksichtigen sind, können das Anrechnungspotential aus gewerblichen Einkünften abschöpfen.[736] Eine die tarifliche Einkommensteuer übersteigende Gewerbesteuer wird unter solchen Umständen nicht erstattet und kann auch nicht in einen anderen Veranlagungszeitraum vor- oder rückgetragen werden. In dem nicht ausgeschöpften Umfang geht das Anrechnungspotential vielmehr endgültig verloren. Eine Gewerbesteuerbelastung wird sogar überhaupt nicht ausgeglichen, wenn ein zu versteuerndes Einkommen nicht vorhanden ist und eine entsprechende wirtschaftliche Leistungsfähigkeit fehlt.[737]

Das Anrechnungsmodell des § 35 EStG kompensiert bei Hebesätzen über 381 v.H. die Gewerbesteuerbelastung nicht mehr voll. Bei höheren kommunalen Hebesätzen kommt es zu einer gewissen Mehrbelastung, umgekehrt führen niedrigere Hebesätze zu einer Überkompensation.[738] Im Erhebungszeitraum 2007 betrug der gewichtete Hebesatzdurchschnitt bei Gemeinden mit mehr als 50.000 Einwohnern 432 v.H.;[739] das bedeutet, dass es bei nahezu allen Steuerpflichtigen

731 *Jachmann*, BB 2000, S. 1432 (1435); *Steiner/Wichert*, in: Lademann, EStG, § 35 Rn. 77.

732 *Jachmann*, Gewerbesteuerreform, S. 34.

733 Vgl. dazu *Gosch*, in: Kirchhof, EStG, § 35 Rn. 22.

734 *Herzig/Lochmann*, DB 2000, S. 1728 (1731 f.).

735 *Steiner/Wichert*, in: Lademann, EStG, § 35 Rn. 98.

736 *Gosch*, in: Kirchhof, EStG, § 35 Rn. 15.

737 *Steiner/Wichert*, in: Lademann, EStG, § 35 Rn. 97.

738 *Gosch*, in: Kirchhof, EStG, § 35 Rn. 22.

739 Pressemitteilung des Instituts „Finanzen und Steuern“ v. 1.10.2007, abrufbar unter: http://ifst.de/ (besucht am 18.3.2010)

nicht zu der von § 35 EStG intendierten Neutralisierung der Gewerbesteuerlast kommt. Soweit der persönliche Einkommensteuersatz unter dem Spitzensteuersatz liegt, ist eine vollständige Entlastung von der Gewerbesteuerbelastung nur bei entsprechend niedrigen Hebesätzen möglich.[740]

Daraus resultieren je nach tatsächlich anzuwendendem gemeindlichem Hebesatz bei gleicher objektiver Leistungsfähigkeit unterschiedliche Steuerbelastungen, da die Anrechnung die tatsächlich gezahlte Gewerbesteuer nicht berücksichtigt. Ebenfalls findet keine Entlastung von der Gewerbesteuer in den Fällen statt, in denen die Hinzurechnung nach § 8 GewStG für die Gewerbesteuer ursächlich ist und ein einkommensteuerliches Entlastungspotential fehlt. In der Regel bleibt für den Steuerpflichtigen mit Einkünften aus Gewerbebetrieb eine Gewerbesteuer-Nettobelastung in unterschiedlicher Höhe bestehen.

Bei gleicher Leistungsfähigkeit werden Gewerbetreibende gleicher Rechtsform somit unterschiedlich hoch besteuert. Durch die Kompensation der Gewerbesteuerlast entstehen durch die Entlastungswirkungen neue Ungleichbehandlungen; im Regelfall führt das Anrechnungsmodell zu einer Unterkompensation in unterschiedlicher Höhe. Damit ist die horizontale Steuergerechtigkeit durchbrochen.

Zwar wird sich dieses Ergebnis wohl im Rahmen der Typisierungsbefugnis bewegen, die das Bundesverfassungsgericht dem Steuergesetzgeber in seiner Entscheidung zu § 32c EStG a.F. zugebilligt hat.[741] Danach sei die Kompensation einer Zusatzbelastung durch die Gewerbesteuer ein hinreichender Grund für Ungleichbehandlungen, und der gesetzgeberische Typisierungsraum werde durch auf Standortsicherung bezogene wirtschaftspolitische Ziele erheblich erweitert. Im Vergleich zu § 32c EStG a.F. zeichnet sich § 35 EStG sogar noch durch eine größere Zielgenauigkeit bei einer gewerbesteuerlichen Entlastung aus, da die Vorgängervorschrift § 32c EStG a.F. lediglich eine Tarifkappung des Einkommensteuerspitzensatzes für gewerbliche Einkünfte vorsah.[742]

Dennoch wird beim derzeitigen Anrechnungsmodell des § 35 EStG der Erfolg der Entlastung vielfach verfehlt, ohne dass es hierfür einen Rechtfertigungsgrund gibt. Aus einem inkongruenten Entlastungsmechanismus resultieren Anrechnungsüberhänge. Ursache hierfür sind die Pauschalierung des Anrechnungsumfangs sowie die unterschiedlichen Bemessungsgrundlagen von Einkommensteuer und Gewerbesteuer.[743]

Im Vergleich zu den gewerblichen Einkünften aus einem Personenunternehmen werden Einkünfte aus Beteiligungen an Kapitalgesellschaften im Rahmen der Anrechnung des § 35 EStG nicht erfasst. Auch Dividenden aus Kapitalgesellschaften sind gewerbesteuerlich vorbelastet, da die Kapitalgesellschaf-

740 *M. Wendt*, in: Herrmann/Heuer/Raupach, EStG, Steuerreform I, § 35 Rn. R 6.

741 BVerfGE 116, 164 (184, 189).

742 *Hey*, AöR Bd. 128 (2003), S. 226 (249 f.).

743 *M. Wendt*, in: Herrmann/Heuer/Raupach, EStG, Steuerreform I, § 35 Rn. R 5.

ten Gewerbesteuer zahlen müssen. § 35 EStG ist aber nur auf gewerbliche Einkünfte i.S.v. § 2 Abs. 1 Nr. 2, § 15 EStG anwendbar, also auf Einkünfte, die unmittelbar beim Steuerpflichtigen mit der Gewerbesteuer belastet werden. Zwar unterliegen Dividenden im Rahmen des Halbeinkünfteverfahrens gem. § 3 Nr. 40 EStG beim Anteilseigner nur noch zur Hälfte der Einkommensteuer; ab 2009 dann der Kapitalertragsteuer mit Abgeltungswirkung. Das Halbeinkünfteverfahren gleicht jedoch allein die körperschaftsteuerliche Vorbelastung aus und kann eine Gewerbesteuerbelastung nicht auffangen.[744]

Durch die pauschale Anrechnung der Gewerbesteuer nach § 35 EStG bei Personenunternehmen mutiert somit die Gewerbesteuer zur Sonderbelastung für Kapitalgesellschaften.[745]

Nach der Rechtsprechung des Bundesverfassungsgerichts wird aber eine solche Ungleichbehandlung dadurch gerechtfertigt, dass in der Vermögenssphäre einer Kapitalgesellschaft eine eigenständige objektive Leistungsfähigkeit entstehe, die gegenüber ihren Anteilseignern abgeschirmt sei.[746] Dies sei ein sachlicher Grund, unternehmerische Tätigkeiten je nach Rechtsform steuerlich unterschiedlich zu behandeln. Danach könne der Gesetzgeber die Begünstigung für solche Einkünfte versagen, die nicht bei der einkommensteuerpflichtigen Person als Ausschüttungsempfänger mit Gewerbesteuer belastet wurden, sondern nur eine Vorbelastung mit Gewerbesteuer bei der ausgeschütteten Kapitalgesellschaft erfahren haben.

cc. Systemgerechtigkeit innerhalb des Steuerrechts

Das Problem der Gewerbesteuerbelastung und ihre einkommensteuerliche Entlastung durch das Anrechnungsmodell des § 35 EStG betreffen das Gebot der Systemgerechtigkeit innerhalb der Steuerrechtsordnung. Es widerspricht sich, einerseits Gewerbeerträge mit einer gleichheitswidrigen Sondereinkommensteuer zu belasten, sie andererseits durch eine gegenläufige Ungleichbehandlung bei der Einkommensteuer wieder zu entlasten.[747]

Von einer Systemwidrigkeit ist nicht unmittelbar auf eine Gleichheitswidrigkeit zu schließen. Vielmehr wird bei der Anrechnung nach § 35 EStG die Belastungsgleichheit aufgrund ungerechtfertigter Entlastungsdifferenzen verletzt. Dieser Verstoß ist, wie sich gezeigt hat, weder planwidrig und auf Einzelfälle beschränkt, noch besteht eine gesetzestechnische Notwendigkeit.

Die Gewerbesteuerbelastung wird auch mit der zusätzlichen Belastbarkeit des ausschlaggebenden Produktionsfaktors Kapital gerechtfertigt. Diese Begründung kehrt sich aber in der Gegenwart um. Aus Gründen der deutschen Standort-

---

744 *Hey*, FR 2001, S. 870 (876).
745 *Jachmann*, Gewerbesteuerreform, S. 40.
746 BVerfGE 116, 164 (199).
747 *Seer*, FR 1998, S. 1022 (1023).

sicherung im internationalen Vergleich soll gewerblich angelegtes Kapital über die Steuerermäßigung des § 35 EStG entlastet werden. Diese grundlegenden, einander aber entgegengesetzten gesetzgeberischen Absichten berühren in ihrer Widersprüchlichkeit maßgeblich den Gleichheitssatz. Der Gesetzgeber muss eindeutig Stellung beziehen, welchen allgemeinen Belastungsgedanken er im Steuersystem verfolgen will.

Insofern ist das Bundesverfassungsgericht aufgefordert, seine folgende Aussage hinsichtlich der Gewerbesteuerbelastung einerseits und einer Einkommensteuerentlastung andererseits zu konkretisieren:

> „Lassen sich die einzelnen Ungleichbehandlungen nur durch unterschiedliche Gründe rechtfertigen, dürfen diese Gründe zueinander nicht in Widerspruch stehen, sondern müssen innerhalb eines vertretbaren gesetzgeberischen Konzepts aufeinander abgestimmt sein.“[748]

Eine solche Wertungsrationalität lässt sich bei einer systemimmanenten Gegenüberstellung des gewerbesteuerlichen Belastungsgedankens und des Entlastungsgedankens der einkommensteuerlichen Anrechnungsmöglichkeit nicht feststellen.

§ 35 EStG zeigt, wie systemwidrig die geltende Einkommenbesteuerung ausgestaltet ist. Weder die geltende Gewerbesteuer noch deren Anrechnung nach dem Modell des § 35 EStG genügen danach den Anforderungen einer gleichmäßigen Besteuerung von Einkommen nach der wirtschaftlichen Leistungsfähigkeit. Auf Dauer ist die Gewerbesteuer gleichheitsgerecht zu ersetzen. Der Gesetzgeber hätte die Möglichkeit, den Gleichheitssatzverstoß durch Abschaffung der Gewerbesteuer und Ersetzung durch eine andere, alle Steuerpflichtigen gleich treffende wirtschaftskraftbezogene Steuer (Art. 28 Abs. 2 Satz 3 GG) zu beseitigen.

9. Zusammenfassende Würdigung

Die Abgrenzung der Einkünfte aus Gewerbebetrieb zu den anderen Einkunftsarten hat einkommensteuerrechtliche Bedeutung unter anderem für die Gewährung von Freibeträgen für Veräußerungs- und Aufgabengewinne, für Beschränkungen der Verlustverrechnungen von einzelnen gewerblichen Erwerbsgrundlagen und für Steuersatzvergünstigungen. Als Krone des Einkünftepluralismus kann die gewerbesteuerliche Belastung bezeichnet werden, die an die Einkunftsart des Gewerbebetriebs anknüpft. Diese Sonderbelastung verstößt gegen die Gleichwertigkeit der Einkunftsarten und kann durch die Anrechnungsvorschrift des § 35 EStG nicht kompensiert werden.

---

748 BVerfGE 116, 164 (182 f.).

VI. Zu der Einkunftsart der selbstständigen Arbeit (§ 2 Abs. 1 Satz 1 Nr. 3; § 18 EStG)

Im Folgenden werden die besonderen Steuerrechtsfolgen betrachtet, die an die Einkunftsart der selbstständigen Arbeit anknüpfen.

Aus der Zuordnung zu Einkünften aus selbstständiger Arbeit folgt maßgeblich, dass die Steuerpflichtigen nicht der Gewerbesteuer unterliegen und ihren Gewinn bilanziell nicht zu ermitteln haben.

1. Tatbestandsmerkmale der selbstständigen Arbeit

Einkünfte aus selbstständiger Arbeit im Rahmen des § 18 EStG sind Einkünfte aus der selbstständigen, nachhaltigen, auf den Erwerb gerichteten Betätigung unter Teilnahme am allgemeinen wirtschaftlichen Verkehr bestimmter, gesondert aufgeführter Berufe oder Tätigkeiten.[749] Die Tätigkeit ist auch dann nachhaltig, wenn sie nur vorübergehend ausgeübt wird (§ 18 Abs. 2 EStG). Die selbstständige Arbeit unterscheidet sich somit vom Gewerbebetrieb und der Land- und Forstwirtschaft durch die Art der Tätigkeit.

Die freiberuflichen Einkünfte[750] stellen im Rahmen dieser Einkunftsart den häufigsten Anwendungsfall dar. Ihnen unterfallen einerseits die Einkünfte aus allgemein umschriebenen Tätigkeiten nach § 18 Abs. 1 Nr. 1 Satz 2 Halbsatz 1 EStG (wissenschaftliche, künstlerische, schriftstellerische, unterrichtende oder erzieherische Tätigkeit), andererseits die Einkünfte aus der selbstständigen Tätigkeit ausdrücklich genannter sowie ähnlicher Berufe gem. Satz 2 Halbsatz 2 der Norm. Bei Aufzählung dieser Katalogberufe wird auf das Berufsrecht (z.B. der Ärzte, der Rechtsanwälte, der Steuerberater pp.) Bezug genommen, das neben der allgemeinrechtlichen Ausgestaltung und der Verkehrsanschauung für § 2 Abs. 1 Nr. 3, § 18 EStG tatbestandsbegründend ist.[751]

Nach dem EuGH sind freie Berufe Tätigkeiten, „die ausgesprochen intellektuellen Charakter haben, eine hohe Qualifikation verlangen und gewöhnlich einer genauen und strengen berufständischen Regelung unterliegen. Bei der Ausübung einer solchen Tätigkeit hat das persönliche Element besondere Bedeu-

---

749 *Brandt*, in: Herrmann/Heuer/Raupach, EStG, § 18 Rn. 60; *Stuhrmann*, in: Kirchhof/Söhn/Mellinghoff, EStG, § 18 Rn. A 13.

750 Ausführlich zu den freien Berufen *Freier*, Tatbestand der freien Berufe; *Caspers*, Besteuerung freiberuflicher Einkünfte.

751 *Kirchhof*, in: Kirchhof/Söhn/Mellinghoff, EStG, § 2 Rn. A 211. Kulturgeschichtlich geht der Begriff der freien Berufe auf die mittelalterlichen artes liberales zurück; vgl. *Freier*, Tatbestand der freien Berufe, S. 30 ff.

tung, und diese Ausübung setzt auf jeden Fall eine große Selbstständigkeit bei der Vornahme der beruflichen Handlung voraus."[752]

Daneben zählt das Gesetz auch die Einkünfte staatlicher Lotterieeinnehmer (§ 18 Abs. 1 Nr. 2 EStG) sowie der Testamentsvollstrecker und Aufsichtsratsmitglieder nach § 18 Abs. 1 Nr. 3 EStG zu den Einkünften aus selbstständiger Arbeit.

Für die Einkünfte aus selbstständiger Arbeit kommt es vor allem auf die persönliche Arbeitsleistung des Berufsträgers und weniger auf den Einsatz von Betriebsvermögen an. Die selbstständige Arbeit muss also eine Tätigkeit sein, die unter eigener Verantwortung und für eigene Rechnung gegen Entgelt ausgeübt wird, und bei welcher der maßgebende Faktor nicht, wie beim Gewerbe, der Einsatz eines gewerblichen Vermögens oder, wie bei der Landwirtschaft, der Einsatz landwirtschaftlichen Betriebsvermögens, sondern ausschließlich oder fast ausschließlich die persönliche – in der Regel wissenschaftlich ausgebildete – Arbeitskraft des Steuerpflichtigen ist.[753]

2. Buchführungsfreiheit

Als Sonderrechtsfolge ist zunächst für die Steuerpflichtigen mit Einkünften nach § 18 EStG die Buchführungsfreiheit zu nennen.[754] Da sie nicht aufgrund gesetzlicher Vorschriften (§ 140 AO i.V.m. §§ 1 ff., 238 HGB; § 141 AO) von der Buchführungspflicht erfasst sind, können sie auswählen, wie sie den Gewinn ermitteln möchten (§ 4 Abs. 3 EStG). Sie können sich auf die Einnahme-Überschussrechnung beschränken, während Gewerbetreibende nach § 4 Abs. 1, § 5 Abs. 1 EStG einen qualifizierten Betriebsvermögensvergleich durchführen müssen. Vorteile für Bezieher von Einkünften aus selbstständiger Arbeit bestehen insbesondere in der Befreiung von der Bilanzierungspflicht für Forderungen und Verbindlichkeiten. Sie verbuchen ihre Betriebseinnahmen und -ausgaben im Zeitpunkt des Zu- und Abflusses, was Gewinnverschiebungsmöglichkeiten von einem Jahr in das andere eröffnet. Auf diese Art kann die Höhe des progressiven Steuersatzes beeinflusst werden. Es ergibt sich insgesamt für die Gewinnermittlung ein geringerer organisatorischer Aufwand im Vergleich zur Gewinnfeststellung durch Betriebsvermögensvergleich.[755]

---

752 EuGH, Ent. v. 11.10.2001, Adam, C-267/99, Slg. 2002, I – 7467, 7470 = BFH/NV Beil. 2002, 21.

753 Begründung zum REStG 1934, RStBl. 1935, S. 42; *Kirchhof*, in: Kirchhof, EStG, § 2 Rn. 36.

754 Dazu *Freier*, Tatbestand der freien Berufe, S. 135 ff., 143; *Caspers*, Besteuerung freiberuflicher Einkünfte, S. 10, 23 f.

755 Ausführlich *Stuhrmann*, in: Kirchhof/Söhn/Mellinghoff, EStG, § 18 Rn. A 78 ff.; *Weber-Grellet*, in: Kirchhof/Söhn/Mellinghoff, EStG, § 4 Rn. D 5.

3. Abschreibungsdauer des derivativen Praxiswertes

Sowohl der entgeltlich erworbene Praxiswert der selbstständigen Tätigkeit als auch der entgeltlich erworbene Firmenwert der gewerblichen Tätigkeit sind abnutzbare, immaterielle Wirtschaftsgüter des Anlagevermögens, auf dessen Anschaffungskosten in der Regel AfA zulässig sind.[756] Der Geschäfts- oder Firmenwert ist als selbstständiges Wirtschaftsgut der Mehrwert, der einem eingeführten gewerblichen Unternehmen über den Substanzwert der einzelnen materiellen und immateriellen Wirtschaftsgüter hinaus abzüglich der Verbindlichkeiten innewohnt.[757] Bei freiberuflichen Unternehmen spricht man vom Praxiswert, der auf dem persönlichen Vertrauensverhältnis der Mandanten zum Praxisinhaber beruht.[758]

Eine unterschiedliche Behandlung erfahren der Praxiswert und der Firmenwert hinsichtlich der Abschreibungsdauer, die sich nach der Nutzungsdauer richtet. Für den Geschäfts- oder Firmenwert eines Gewerbebetriebes oder eines Betriebs der Land- und Forstwirtschaft normiert § 7 Abs. 1 Satz 3 EStG einen Zeitraum von 15 Jahren als betriebsgewöhnliche fiktive Nutzungsdauer. Die Nutzungsdauer darf aber auch dann nicht unterschritten werden, wenn im Einzelfall der tatsächliche Nutzungszeitraum kürzer als 15 Jahre sein wird, beispielsweise bei personenbezogenen Betrieben, bei denen der Unternehmenswert so eng mit der Person des Betriebsinhabers verbunden ist, dass nach dessen Ausscheiden mit einer kürzeren Nutzungsdauer des erworbenen Geschäfts- oder Firmenwertes zu rechnen ist.[759]

Im Gegensatz dazu sind die Abschreibungen eines derivativen Praxiswertes nach der im Einzelfall zu schätzenden Nutzungsdauer zu bemessen. Die Abschreibungen werden deshalb auf drei bis fünf Jahre für den Einzelpraxiswert und sechs bis zehn Jahre für den Sozietätspraxiswert verteilt vorgenommen werden müssen.[760]

Es ist nicht zu rechtfertigen, den Abschreibungszeitraum daran anzuknüpfen, ob es sich um den Firmenwert eines Gewerbebetriebs oder um den Praxiswert eines freiberuflichen Unternehmers handelt. Zwar ist richtig, dass sich der Abschreibungszeitraum danach richten muss, ob der Unternehmenswert im Wesentlichen auf dem persönlichen Vertrauensverhältnis zum bisherigen Inhaber beruht oder ob er aufgrund besonderer, von der Person des bisherigen Inhabers unabhängiger Vorteile besteht. Jedoch kann sich diese Frage nicht nach der Ein-

---

756 *Fischer*, in: Kirchhof, EStG, § 6 Rn. 125.

757 Vgl. dessen handelsrechtliche Grundlage in § 255 Abs. 4 HGB; *Fischer*, in: Kirchhof, EStG, § 6 Rn. 125.

758 *Lambrecht*, in: Kirchhof, EStG, § 18 Rn. 27.

759 *Weber-Grellet*, in: Schmidt, EStG, § 5 Rn. 227; vgl. BMF, BStBl. I 1986, 532.

760 BFH, v. 24.2.1994, IV R 33/93, BStBl. II 1994, 590 (591); *Wacker*, in: Schmidt, EStG, § 18 Rn. 202.

kunftsart entscheiden, wonach Praxiswerte immer personenbedingt, Firmen- und Geschäftswerte dagegen immer personenunabhängig sind. Denn ebenso wie es bei den freien Berufen Unternehmen gibt, deren Wert sich nicht auf die Person als solche bezieht, gibt es andererseits gewerbliche Unternehmen, deren Wert nicht nur vom Kapitaleinsatz abhängt, sondern in erster Linie von der Persönlichkeit des Gewerbetreibenden.[761]

Der Abschreibungszeitraum muss deshalb davon abhängig gemacht werden, inwieweit personenbezogene oder aber nichtpersonenbezogene Gründe den Wert des Unternehmens bilden. Die Nutzungsdauer sollte dabei nicht auf einen bestimmten Zeitraum festgelegt werden, sondern je nach Art des Unternehmens einen Zeitraum zwischen drei und 15 Jahren umfassen.

4. Keine Gewerbesteuerbelastung

Die bedeutendste Privilegierung der selbstständig Tätigen im Vergleich zu den Gewerbetreibenden ergibt sich aus dem Fehlen der Gewerbesteuerpflicht. Diese Problematik ist bereits dargelegt worden.

5. Weitere, mit gewerblichen Einkünften identische Sonderrechtsfolgen

Das Einkommensteuerrecht behandelt die Einkünfte aus Gewerbebetrieb und die Einkünfte aus selbstständiger Tätigkeit bis auf die genannten Rechtsfolgen weitgehend gleich. In beiden Fällen handelt es sich um Gewinneinkünfte; unterschiedliche verfahrensrechtliche Vorschriften existieren nicht. Gewährleistet wird dies durch § 18 Abs. 3 Satz 2 und Abs. 4 Satz 2 EStG, wonach Vorschriften, die originär nur für Einkünfte aus Gewerbebetrieb gelten, auf die Einkünfte aus selbstständiger Arbeit entsprechend anzuwenden sind. § 18 Abs. 3 EStG bestimmt, dass in Anlehnung an § 16 EStG im Einzelnen bezeichnete Veräußerungsvorgänge zu den steuerpflichtigen zählen. § 18 Abs. 3 Satz 2 EStG verweist auf den Freibetrag im Sinne von § 16 Abs. 4 EStG. Weiterhin gilt die Tarifvergünstigung gem. § 34 Abs. 2 Nr. 1 EStG. Die in § 18 Abs. 4 EStG enthaltenen Bezugnahmen führen zur Übernahme der in § 13 Abs. 5 EStG sowie §§ 15, 15a und 15b EStG festgelegten Regelungsinhalte.

Der bis einschließlich Veranlagungszeitraum 1989 nach § 18 Abs. 4 EStG geltende Freiberuflerfreibetrag, wonach bei Ermittlung des Einkommens aus selbstständiger Arbeit fünf Prozent der Einnahmen aus freier Berufstätigkeit, höchstens jedoch 1.200 DM jährlich abzusetzen waren, wenn die Einkünfte aus der freien Berufstätigkeit die anderen Einkünfte überwogen, wurde durch das Steuerreformgesetz 1990 abgeschafft.[762] Der ermäßigte Steuersatz für bestimmte

761 *Freier*, Tatbestand der freien Berufe, S. 154.
762 StRefG 1990 v. 25.7.1988, BGBl. I 1988, S. 1093.

freiberufliche Nebeneinkünfte nach § 34 Abs. 4 EStG a.F. besteht seit dem Jahr 1982 ebenfalls nicht mehr.

6. Zusammenfassende Würdigung

Grundsätzlich treten bei der Einordnung von Einkünften unter § 18 EStG geringere steuerliche Belastungen als unter § 15 EStG ein, die weniger im Einkommensteuerrecht, sondern hauptsächlich in der Gewerbesteuer und der Umsatzsteuer begründet sind. Auf die Gewerbesteuer ist ausführlich eingegangen worden. Bei der Umsatzsteuer kommt ein ermäßigter Steuersatz für Lieferungen und Leistungen aus der Tätigkeit als Freiberufler und Steuerfreiheit für bestimmte Umsätze in Betracht.

Die Steuerpflichtigen ziehen deshalb die Zugehörigkeit zur freien Berufstätigkeit der Zugehörigkeit zur gewerblichen Tätigkeit vor. Durch die wirtschaftliche Entwicklung ist eine Unterscheidung zwischen freiberuflicher und gewerblicher Tätigkeit überholt.

VII. Zu der Einkunftsart der nichtselbstständigen Arbeit (§ 2 Abs. 1 Satz 1 Nr. 4; §§ 19 und 19a EStG)

Die Einkunftsart der nichtselbstständigen Arbeit führt gem. § 2 Nr. 2 EStG zur Einkünfteermittlung nach der Überschussmethode, begründet verschiedene Sonderrechtsfolgen und die Erhebungsform des Lohnsteuerabzugsverfahrens gem. §§ 38 ff. EStG.

1. Tatbestandsmerkmale der nichtselbstständigen Arbeit

§ 19 Abs. 1 Satz 1 Nr. 1 EStG zählt beispielhaft, aber nicht abschließend typische Einnahmen aus nichtselbstständiger Arbeit auf („Gehälter, Löhne, Gratifikationen, Tantiemen"). Die Einkünfte müssen danach aus einer „Beschäftigung im öffentlich oder privaten Dienst" oder aus „früheren Dienstleistungen" erzielt worden sein.

Die Einkunftsart der nichtselbstständigen Arbeit setzt einen laufenden oder einmaligen Ertrag einer am Markt ausgeübten Erwerbstätigkeit voraus. Anders als bei den Gewinneinkunftsarten, die eine selbstständige Erwerbstätigkeit erfordern, wird die Tätigkeit bei den Einkünften aus nichtselbstständiger Arbeit von einem Arbeitnehmer in dem Ordnungsgefüge eines Dienstverhältnisses ausgeübt.

Die Lohnsteuer-Durchführungsverordnung ergänzt und konkretisiert zutreffend das Einkommensteuergesetz.[763] Nach § 1 Abs. 1 Satz 1 LStDV sind Arbeitnehmer Personen, die in öffentlichem oder privatem Dienst angestellt oder beschäftigt sind oder waren und die aus diesem Dienstverhältnis oder einem früheren Dienstverhältnis Arbeitslohn beziehen. Ein Dienstverhältnis liegt vor, wenn der Arbeitnehmer dem Arbeitgeber seine Arbeitskraft schuldet; d.h. in der Betätigung seines geschäftlichen Willens unter der Leitung des Arbeitgebers steht oder im Ordnungsgefüge eines Dienstverhältnisses den Weisungen des Arbeitgebers zu folgen verpflichtet ist (vgl. § 1 Abs. 2 Satz 2 LStDV). Ganz im Unterschied zum Unternehmer ist der Bezieher von Einkünften aus nichtselbstständiger Tätigkeit vom Vermögensrisiko der Erwerbstätigkeit grundsätzlich freigestellt.[764]

Die Erwerbsgrundlage der nichtselbstständigen Tätigkeit lässt sich folglich definieren als die Nutzung der eigenen Arbeitskraft im Rahmen einer abhängigen und fremdbestimmten Anstellung unter Beteiligung am Marktgeschehen. Einnahmen aus nichtselbstständiger Arbeit sind auch die Versorgungsbezüge des § 19 Abs. 2 EStG; hierbei handelt es sich um aus früheren Dienstleistungen bezogenen Arbeitslohn.

Die Einkünfte aus nichtselbstständiger Arbeit erbringen unter den sieben Einkunftsarten das höchste Aufkommen und bieten den meisten Steuerpflichtigen die wesentliche Wirtschaftsgrundlage ihrer Lebensführung.[765]

2. Steuerentlastungen auf der Einnahmeseite

Erhebliche Sondersteuerrechtsfolgen sehen die Vorschriften der §§ 3, 3b EStG für Bezüge vor, die sich zu einem großen Teil den Einkünften aus nichtselbstständiger Arbeit zuordnen lassen.

Der in § 3 EStG geregelte umfangreiche Katalog erklärt die unter Nr. 1 bis 69 aufgeführten Einnahmen für steuerfrei. Nach § 3b EStG sind Zuschläge, die für tatsächlich geleistete Sonntags-, Feiertags- oder Nachtarbeit neben dem Grundlohn gezahlt werden, nicht steuerpflichtig. § 3c EStG ergänzt die Regelungen über Steuerbefreiung auf der Einnahmeseite mit einem Abzugsverbot. Soweit Ausgaben mit steuerfreien Einnahmen in unmittelbarem wirtschaftlichen Zusammenhang stehen, dürfen sie nicht als Betriebsausgaben oder Werbungskosten abgezogen werden. Ansonsten liegt ein „ungerechtfertigtes superfluum"[766] vor, wenn Aufwendungen zur Erzielung von steuerfreien Einnahmen abzugsfähig sind.

---

763 BFH, v. 23.10.1992, VI R 59/91, BStBl. II 1993, 303 (304); *Eisgruber*, in: Kirchhof, EStG, § 19 Rn. 1.

764 *Lang*, DStJG Bd. 9 (1986), S. 15 (33).

765 *Eisgruber*, in: Kirchhof, EStG, § 19 Rn. 1.

766 *Ruppe*, DStJG Bd. 3 (1980), S. 103 (128).

a. Steuerfreie Einnahmen nach § 3 EStG

Systematisch gesehen regelt die Vorschrift des § 3 EStG die Befreiung von Einnahmen, die anderenfalls bei der Ermittlung der Einkünfte zu berücksichtigen und in das zu versteuernde Einkommen einzubeziehen wären. Tatsächlich werden aber zum Teil Einnahmen systemwidrig für steuerfrei erklärt, die schon keine steuerbaren Einnahmen und damit keine Einkünfte im Sinne des § 2 Abs. 1 Nr. 1 bis 7 EStG sind.[767] In anderen Fällen werden Einnahmen ausgenommen, denen ohnehin steuerlich zu berücksichtigende Aufwendungen gegenüberstehen.

Es lassen sich insoweit konstitutive, deklaratorische und aufwendungsbezogene Steuerbefreiungen unterscheiden.[768] Je nach Zugehörigkeit zu einer dieser Gruppen ist die Begünstigungswirkung völlig unterschiedlich.

Im Bereich der Einnahmen aus nichtselbstständiger Arbeit ist die größte Anzahl der Befreiungen des § 3 EStG zu verorten. Fragen nach der Verfassungsmäßigkeit beziehen sich deshalb weitgehend auf diese Einkunftsart.[769]

aa. Konstitutive Steuerbefreiungen

Werden Einnahmen konstitutiv für steuerfrei erklärt, die unter eine der sieben Einkunftsarten fallen, liegt eine umfassend Begünstigung vor. Eine Befreiung nicht steuerbarer Einnahmen wirkt dagegen nur deklaratorisch.[770]

Zu untersuchen ist, ob die von der Einkommensteuerpflicht ausgenommenen Einnahmen tatsächlich als Einnahmen im Sinne des § 2 Abs. 1 Satz 1 Nr. 4 i.V.m. § 19 Abs. 1 EStG subsumierbar wären. Anschließend ist zu fragen, ob diese Ausnahmen von der Einkünftegleichwertigkeit als Konkretisierung einer Steuerbelastung am Gebot der finanziellen Leistungsfähigkeit gerechtfertigt sind.

In folgenden Fällen handelt es sich um aus nichtselbstständiger Tätigkeit erzielte Einnahmen, die konstitutiv für steuerfrei erklärt werden:

- der vom Arbeitgeber gezahlte Zuschuss im Sinne von § 3 Nr. 1 lit. d EStG

Nach § 14 MuSchG wird das Mutterschaftsgeld durch einen Zuschuss des Arbeitgebers ergänzt, welches das Mutterschaftsgeld bis zur Höhe des um die gesetzlichen Abzüge verminderten Arbeitsentgelts aufstockt. Der Arbeitgeber hat

---

767 *Bergkemper*, FR 1996, S. 509.

768 *Ruppe*, Ausnahmebestimmungen, S. 14.

769 Ausführlich *Koether*, Steuerbefreiungen.

770 Danach handelt es sich z.B. bei der unentgeltlichen oder verbilligten Sammelbeförderung von Arbeitnehmern nach § 3 Nr. 32 EStG um eine deklaratorische Steuerbefreiung, da diese im ganz überwiegend eigenbetrieblichen Interesse des Arbeitgebers liegt. Vgl. *v. Beckerath*, in: Kirchhof/Söhn/Mellinghoff, EStG, § 3 Nr. 32 Rn. B 32/8; *Bergkemper*, in: Herrmann/Heuer/Raupach, EStG, § 3 Nr. 32 Rn. 1.

eine Lohnfortzahlung während der Mutterschutzfrist „sechs Wochen vor und acht Wochen nach der Geburt“ zu erbringen, die der Lohnfortzahlung im Krankheitsfall vergleichbar ist und die nach § 19 zu besteuern wäre.[771] Diesen Arbeitgeberzuschuss erklärt § 3 Nr. 1 lit. d EStG für steuerfrei.

- Kapitalabfindungen aufgrund der Beamtenpensionsgesetze nach § 3 Nr. 3 lit. d EStG

In § 3 Nr. 3 lit. a bis d EStG wird konkret aufgezählt, welche Kapitalabfindungen, Beitragserstattungen oder Ausgleichszahlungen aufgrund von Sozialversicherungsrecht und Beamtenversorgungsrecht steuerbefreit sind, z. B. der Abfindungsbetrag einer Witwen- oder Witwerrente wegen Wiederheirat oder Ausgleichszahlungen an Beamte oder Soldaten. Steuerbefreit werden auch entsprechende Leistungen aus berufsständischen Versorgungseinrichtungen.[772]

Noch im Gesetzgebungsverfahren zum Jahressteuergesetz 2007 hat der Bundesrat gebeten, zu prüfen, ob die Regelung zur Steuerfreiheit von Kapitalabfindungen nach § 3 Nr. 3 EStG aufgehoben werden könne.[773] Der Gesetzgeber ist dem nicht gefolgt, sondern hat die Vorschrift verkompliziert und sogar auf berufständische Versorgungseinrichtungen ausgedehnt.[774]

Bei Kapitalabfindungen, die auf Grund einer Rentenversicherung gewährt werden, handelt es sich um vermögensumschichtende Vorgänge, die einkommensteuerlich unbeachtlich sind. Abfindungen auf Grund der Beamtenpensionsgesetze i.S.d. lit. d wären dahingehend nach § 19 Abs. 1 Nr. 2 Satz 2 EStG steuerpflichtig. Eine Aufhebung dieser Steuerfreiheit ist durch das Prinzip der Gleichwertigkeit der Einkunftsarten geboten, weil vergleichbare Ausgleichsleistungen nach tarifvertraglichen Regelungen im öffentlichen Dienst und Pensionsabfindungen in der privaten Wirtschaft nicht steuerbefreit sind.[775]

- Verpflegungszuschüsse nach § 3 Nr. 4 lit. c EStG und die Heilfürsorge für Angehörige nach § 3 Nr. 4 lit. d EStG

Verpflegungszuschüsse i.S.d § 3 Nr. 4 lit. c EStG wären steuerpflichtiger Arbeitslohn, bei dem kein entsprechender steuerlich zu berücksichtigender Verpflegungsmehraufwand vorliegt. Die freie ärztliche Behandlung von Ehegatten und Kindern gem. lit. d wäre ohne Befreiung steuerpflichtiger Arbeitslohn, weil

771 *v. Beckerath*, in: Kirchhof/Söhn/Mellinghoff, EStG, § 3 Nr. 1 d Rn. B 1 d/6.

772 Vgl. *Melchior*, DStR 2006, S. 2233.

773 BT-Drucks. 16/3036, S. 2.

774 Vgl. dazu die Stellungnahme, BT-Drucks. 16/3368, S. 16.

775 Nach den Vorschlägen der Einkommensteuer-Kommission von 1994 sollte § 3 Nr. 3 EStG gestrichen werden; vgl. Thesen der Einkommensteuer-Kommission zur Steuerfreistellung des Existenzminimums ab 1996 und zur Reform der Einkommensteuer, BB 1994, Beil. 24, S. 7 (8).

ein unmittelbarer Zusammenhang zwischen dem Betrieb des Arbeitgebers und der Arbeitskraft des Arbeitnehmers fehlt. Insoweit ist die Regelung konstitutiv.[776]

Eine sachliche Rechtfertigung für diese Sonderbehandlung kann nicht auf Praktikabilitätsgründe oder auf außerfiskalische Verwaltungsziele gestützt werden, sondern lässt sich ausschließlich auf die ursprünglich sehr weitgehende Freistellung der Bezüge von Militär und Polizei entstehungsgeschichtlich zurückführen.[777] Für diese steuerliche Bevorzugung von Soldaten und Polizisten gegenüber anderen Steuerpflichtigen bei der steuerlichen Behandlung von Sachbezügen ist kein legitimer sachlicher Zweck ersichtlich. Die Freistellung ist gleichheitswidrig.[778]

- ausnahmsweise die Bezüge im Sinne von § 3 Nr. 11 EStG

Grundsätzlich ist § 3 Nr. 11 EStG deklaratorisch. Die Rechtsprechung geht aber von einer Steuerbefreiung der Beihilfen im Krankheitsfall im öffentlichen Dienst nach § 3 Nr. 11 EStG aus, die ansonsten nach § 19 EStG steuerbar und einkommensteuerpflichtig wären.[779] Allerdings setzt § 3 Nr. 11 Satz 3 EStG voraus, dass der Empfänger der Bezüge nicht zu einer „bestimmten" Arbeitnehmertätigkeit verpflichtet wird, und schränkt die Steuerbefreiung von nach § 19 EStG steuerbaren Bezügen insoweit wesentlich ein.

- zum Teil Einnahmen aus nebenberuflicher Tätigkeit im Sinne von § 3 Nr. 26 EStG

§ 3 Nr. 26 EStG enthält einen Freibetrag bis zur Höhe von insgesamt 2.100 € für Einnahmen aus nebenberuflich ausgeübten Tätigkeiten, mit denen gemeinnützige, mildtätige oder kirchliche Zwecke gefördert werden. Die Regelung ist eine Sozialzwecknorm zur Förderung gemeinnütziger Tätigkeit.
Die Formulierung im „Dienst oder Auftrag" weist daraufhin, dass die Tätigkeit unselbstständig i.S.d. § 19 EStG geleistet werden kann, aber auch Einkünfte aus selbstständiger Tätigkeit und aus Gewerbebetrieb befreit werden. Eine erwerbsgrundlagenspezifische Ungleichbehandlung ist demnach trotz anderer erheblicher verfassungsrechtlicher Bedenken nicht festzustellen.

776 *v. Beckerath*, in: Kirchhof/Söhn/Mellinghoff, EStG, § 3 Nr. 4 Rn. B 4/21.

777 So auch *Kother*, Steuerbefreiungen, S. 37 ff.; *v. Beckerath*, in: Kirchhof/Söhn/Mellinghoff, EStG, § 3 Nr. 4 Rn. B 4/22 ff.; *Bergkemper*, in: Herrmann/Heuer/Raupach, EStG, § 3 Nr. 4 Rn. 2.

778 *Tipke/Lang*, Steuerrecht, § 9 Rn. 143.

779 BFH, v. 1.12.1995, VI R 76/91, BStBl. II 1996, 239 (240 f.).

Die Bedenken beziehen sich zum einen darauf, dass der Wert der mit dem Steuerverzicht gewährten Prämie mit steigendem Einkommen zunimmt[780] und dass bestimmte Personenkreise ohne erkennbaren sachlichen Grund ausgegrenzt werden.[781] Zum anderen dürfte § 3 Nr. 26 Satz 2 EStG gegen die Besteuerungsgleichheit verstoßen, weil die Norm den Abzug von Betriebsausgaben oder Werbungskosten zulässt, wenn die Einnahmen den steuerfreien Betrag von 2.100 € überschreiten, nicht jedoch dann, wenn die Einnahmen geringer oder gleich 2.100 € sind.[782] Dadurch schlägt die vorgesehene Begünstigung folgewidrig in eine Benachteiligung um.

- zum Teil Einnahmen aus nebenberuflicher Tätigkeit im Sinne von § 3 Nr. 26a EStG

Durch das Gesetz zur weiteren Stärkung des bürgerlichen Engagements[783] ist ab 2008 ein allgemeiner Freibetrag für Einnahmen aus nebenberuflichen Tätigkeiten im gemeinnützigen, mildtätigen oder kirchlichen Bereich in Höhe von 500 Euro im Jahr eingeführt worden. Die Regelung ist eine Sozialzwecknorm zur Förderung gemeinnütziger Tätigkeit. Mit dem Freibetrag soll pauschal der Aufwand, der den nebenberuflich tätigen Personen durch ihre Beschäftigung entsteht, abgegolten werden.[784] Entgegen dieser Gesetzesbegründung ist der Freibetrag eine echte Steuerbefreiung und beschränkt sich in seiner konkreten Ausgestaltung nicht auf Aufwandsentschädigungen. Denn es bleibt ohne nähere Prüfung, ob die gezahlten Aufwandsentschädigungen tatsächlich nur abzugsfähige Werbungskosten ersetzen.

Entsprechend zu § 3 Nr. 26 EStG weist der Wortlaut „im Dienst oder Auftrag“ darauf hin, dass der Freibetrag neben Einnahmen aus unselbständiger, auch aus selbständiger Tätigkeit und aus Gewerbebetrieb erfasst. Eine erwerbsgrundlagenspezifische Ungleichbehandlung ist nicht festzustellen.

- das Ausgleichsgeld nach § 3 Nr. 27 EStG

Das Ausgleichsgeld wäre Arbeitslohn aus einem früheren Dienstverhältnis gem. § 19 Abs. 1 Nr. 2 EStG, wenn der Bezieher ursprünglich einem einkommensteuerrechtlich wirksamen Arbeitsverhältnis in der Landwirtschaft unterlag. Die Steuerbefreiung des § 3 Nr. 27 EStG ist allenfalls bis zum Veranlagungszeit-

780 *Tipke*, in: Niedergang oder Neuordnung des deutschen Einkommensteuergesetzes?, S. 133 (151 f.).

781 *Bergkemper*, in: Herrmann/Heuer/Raupach, EStG, § 3 Nr. 26 Rn. 2; *v. Beckerath*, in: Kirchhof/Söhn/Mellinghoff, EStG, § 3 Nr. 26 Rn. B 26/39; *Traxel*, Freibeträge, S. 117.

782 *v. Beckerath*, in: Kirchhof/Söhn/Mellinghoff, EStG, § 3 Nr. 26 Rn. B 26/39.

783 Gesetz v. 10.10.2007, BGBl. I 2007, S. 2332.

784 BT-Drucks. 16/5985, S. 11.

raum 2008 möglich.[785] Schon im Rahmen der Einkunftsart der Land- und Forstwirtschaft ist diese Regelung hinreichend untersucht worden.[786]

- die Leistungen nach dem Altersteilzeitgesetz nach § 3 Nr. 28 EStG

§ 3 Nr. 28 EStG befreit Einnahmen von Arbeitnehmern, die Altersteilzeitarbeit leisten. Ohne die Steuerbefreiung nach § 3 Nr. 28 EStG wären die Aufstockungsbeträge, Beiträge und Aufwendungen i.S.d. Altersteilzeitgesetzes[787] ebenso wie die Zuschläge an versicherungsfrei Beschäftigte steuerpflichtige Einnahmen nach § 19 EStG. Auch die Steuerbefreiung für die Beiträge i.S.d. § 187a SGB VI, die der Arbeitgeber für den Arbeitnehmer übernimmt, ist konstitutiv. Die Leistungen wären nur im Einzelfall nach § 24 Nr. 1 lit. a i.V.m. § 34 Abs. 1, Abs. 2 Nr. 2 EStG als Entschädigungen begünstigt.[788]

Durch § 3 Nr. 28 EStG soll dem Arbeitnehmer ein zusätzlicher Anreiz geboten werden, von dem Angebot zur Altersteilzeitarbeit Gebrauch zu machen.[789] Es soll älteren Arbeitnehmern die Möglichkeit geboten werden, ihre Arbeitszeit zu reduzieren, größere Erholungszeiträume zu gewinnen und sich auf den Ruhstand vorzubereiten. Außerdem soll es zur Entlastung des Arbeitsmarktes beitragen.[790] Fraglich ist, ob diese Leistungsgewährung im öffentlichen Interesse liegt.

- die Bezüge der Diplomaten und Konsuln nach § Nr. 29 EStG

Nach § 3 Nr. 29 lit. a EStG werden das Gehalt und die Bezüge der genannten Botschafts- und Konsulatsangehörigen befreit. Diese Einnahmen wären als Einkünfte aus nichtselbstständiger Tätigkeit gem. § 19 Abs. 1 Nr. 1 EStG steuerpflichtig.

Mit § 3 Nr. 29 soll im Wege internationalen Entgegenkommens der völkerrechtlichen Vorstellung über die Exterritorialität von Diplomaten, Konsuln und Botschafts- und Konsulatsangehörigen entsprochen werden.[791] Die Freistellung des Gehalts und der Bezüge folgt allgemeinen Regeln des Völkerrechts.[792]

---

785 Nach § 20 FELEG müssen die Voraussetzungen des FELEG bis zum 1.1.1997 vorgelegen haben, sodass die Produktionsaufgabenrente und das Ausgleichsgeld bei Berufsunfähigkeit längstens bis zum 31.12.2008 gezahlt wird; eingehender *Kanzler*, FR 1999, S. 423 (426).

786 Siehe dazu F.IV.4.d.

787 Gesetz zur Förderung eines gleitenden Übergangs älterer Arbeitnehmer in den Ruhestand, BGBl. I 1988, S. 2343, 2351.

788 *Offerhaus*, FR 1989, S. 138.

789 *Offerhaus*, FR 1989, S. 138 (139).

790 Vgl. *Schaub*, BB 1989, S. 1751 m.w.N.

791 *v. Beckerath*, in: Kirchhof/Söhn/Mellinghoff, EStG, § 3 Nr. 29 Rn. B 29/29.

792 Vgl. Wiener Übereinkommen über diplomatische Beziehungen (WÜD) v. 18.4.1961, BGBl. II 1964, S. 957; BGBl. II 1965, S. 147 sowie Wiener Übereinkommen über konsularische Beziehungen (WÜK), BGBl. II 1969, S. 1585; BGBl. II 1971, S. 1285.

• die Kinderbetreuung nach § 3 Nr. 33 EStG

§ 3 Nr. 33 EStG befreit Leistungen des Arbeitgebers zur Unterbringung und Betreuung von Kindern des Arbeitnehmers in Kindergärten oder vergleichbaren Einrichtungen.
Die Norm hat konstitutive Bedeutung, da die Arbeitgeberleistungen zur Kinderbetreuung regelmäßig Arbeitslohn im Sinne des § 19 Abs. 1 Satz 1 Nr. 1 EStG sind.[793]
Die Regelung des § 3 Nr. 33 EStG soll die Bereitstellung von Plätzen in betriebseigenen und fremden Kindergärten fördern. Damit liegt die mit diesem Gesetzeszweck verfolgte Leistungsgewährung im öffentlichen Interesse.[794]

• Einnahmen von Postbeamten nach § 3 Nr. 35 EStG

§ 3 Nr. 35 EStG wurde im Zuge der Neuordnung des Postwesens und der Telekommunikation eingeführt.[795] Die bei den Nachfolgeunternehmen der Deutschen Bundespost beschäftigten Beamten sollen in Bezug auf die Steuerbefreiungen nach § 3 Nr. 11–13 und 64 EStG weiterhin wie unmittelbare Bundesbeamte behandelt werden und keine Schlechterstellung erfahren.[796] Sie behalten in Bezug auf diese Steuersubventionen ihren bisherigen Status. Dementsprechend bestehen auch gegen § 3 Nr. 35 EStG dieselben verfassungsrechtlichen Bedenken wie gegen § 3 Nr. 11, 12 und 13 EStG.

• ausnahmsweise die Einnahmen für die Pflege von Angehörigen im Sinne des § 3 Nr. 36 EStG

§ 3 Nr. 36 EStG befreit die Bezüge der Pflegepersonen und zwar in der Regel das weitergeleitete Geld aus der Pflegeversicherung, aber auch aus privaten Pflegeversicherungen und Beihilfen bis zur Höhe von 665 € monatlich. Im Regelfall liegen keine steuerpflichtigen Einnahmen vor. § 3 Nr. 36 EStG gilt aber auch für Pflegepersonen, „die auf ein formelles Arbeitsverhältnis Wert legen".[797] Voraussetzung ist allerdings, dass die Pflegetätigkeit objektiv auf den Erwerb ausgerichtet ist.

Die Steuerbefreiung begünstigt Angehörige und sonstige nahe stehende Personen im Vergleich zu erwerbsmäßig tätigen Pflegepersonen und ist durch den

793 *Bergkemper*, in: Herrmann/Heuer/Raupach, EStG, § 3 Nr. 33 Rn. 1.
794 *v. Beckerath*, in: Kirchhof/Söhn/Mellinghoff, EStG, § 3 Nr. 33 Rn. B 33/14.
795 PTNeuOG v. 14.9.1994, BGBl. I 1994, S. 2335.
796 BT-Drucks. 12/8060, S. 204.
797 Vgl. BT-Drucks. 13/1558, S. 152 f.

Zweck, die häusliche Pflege durch dem Pflegebedürftigen nahe stehende Personen zu fördern, angemessen gerechtfertigt.[798]

- die Nutzung von Personalcomputern und Telekommunikationseinrichtungen im Sinne von § 3 Nr. 45 EStG

§ 3 Nr. 45 EStG erklärt die Vorteile des Arbeitnehmers aus der privaten Nutzung von betrieblichen Personalcomputern und Telekommunikationsgeräten für steuerfrei.

Bei den Vorteilen handelt es sich um geldwerte Vorteile, die aus dem Dienstverhältnis fließen. Es besteht ein Veranlassungszusammenhang zwischen Arbeitsverhältnis und Vorteil. Die Sachbezüge im Sinne des § 3 Nr. 45 EStG wären als Einnahmen aus nichtselbstständiger Arbeit gem. § 19 Abs. 1 Satz 1 Nr. 1 EStG einkommensteuerpflichtig.[799] Steuerpflichtige mit Einkünften beispielsweise aus selbstständiger oder gewerblicher Tätigkeit werden vom Wortlaut dieser Steuerbefreiung nicht erfasst;[800] es besteht somit eine Ungleichbehandlung zwischen den Einkunftsarten.

§ 3 Nr. 45 EStG soll die Nutzung des Internets fördern und zugleich den Erfassungs- und Bewertungsaufwand vereinfachen.[801]

Der Bundesfinanzhof hat den auf nichtselbstständige Tätigkeit begrenzten Anwendungsbereich des § 3 Nr. 45 EStG damit gerechtfertigt, dass typischerweise davon auszugehen sei, dass sich die private Nutzung betrieblicher Geräte durch Arbeitnehmer in einem begrenzten Rahmen bewege. Daher sei eine Gleichstellung von Selbstständigen nicht geboten, vielmehr würde diese zu einer Ungleichbehandlung derjenigen Steuerpflichtigen führen, denen keine private Nutzung betrieblicher Geräte eröffnet sei.[802]

Keine dieser beiden Gesichtspunkte, weder die Verbreitung des Internets noch eine Steuervereinfachung, sind aber geeignet, diese einkunftsartspezifische Sonderbehandlung zu rechtfertigen. Die Steuerbefreiung begünstigt die allgemeine Nutzung von „Personalcomputern und Telekommunikationsgeräten“ und nicht nur die Nutzung des Internets. § 3 Nr. 45 EStG ist betragsmäßig nicht beschränkt; eine Vereinfachung wird schon durch die Freigrenze für Sachbezüge nach § 8 Abs. 2 Satz 9 EStG erreicht.

---

798 *Kanzler*, in: Herrmann/Heuer/Raupach, EStG, § 3 Nr. 36 Rn. 2; *v. Beckerath*, in: Kirchhof/Söhn/Mellinghoff, EStG, § 3 Nr. 36 Rn. B 36/27 f.

799 *v. Beckerath*, in: Kirchhof/Söhn/Mellinghoff, EStG, § 3 Nr. 45 Rn. B 45/4; *Bergkemper*, in: Herrmann/Heuer/Raupach, EStG, § 3 Nr. 45 Rn. 1.

800 Vgl. BMF-Schreiben v. 6.5.2002, DStR 2002, S. 999.

801 BT-Drucks. 14/4626, S. 6, 13; *Welling*, DStR 2001, S. 650; *v. Beckerath*, in: Kirchhof/Söhn/Mellinghoff, EStG, § 3 Nr. 45 Rn. B 45/18.

802 BFH, v. 21.6.2006, XI R 50/05, BStBl. II 2006, 715 (717).

Das Differenzierungsziel deckt sich also schon nicht mit der tatbestandlichen Ausgestaltung dieser konstitutiven Steuerbefreiung; die Regelung ist somit nicht hinreichend bestimmt. § 3 Nr. 45 EStG ist nicht zu rechtfertigen.[803]

- die Bergmannsprämien nach § 3 Nr. 46 EStG

Nach § 1 BergPG erhalten Arbeitnehmer des Bergbaus eine Bergmannsprämie in Höhe von 5 € für jede, unter Tage verfahrene volle Schicht (§ 2 BergPG). § 4 BergPG erklärt diese Prämie für steuerfrei; § 3 Nr. 46 EStG wiederholt lediglich die Steuerbefreiung und ist daher überflüssig.

Die Bergmannsprämie wird von einem Dritten als Entgelt für eine Leistung gezahlt, die ein Arbeitnehmer im Rahmen seines Dienstverhältnisses für seinen Arbeitgeber erbringt. Ohne die Befreiungsvorschrift des § 3 Nr. 46 EStG und des § 4 BergPG wären die Bergmannsprämien als Arbeitslohn i.S.d. § 19 EStG zu besteuern.

Zu unterscheiden ist zunächst zwischen dem Leistungszweck der Bergmannsprämie und dem Zweck der konstitutiven Steuerbefreiung des § 4 BergPG i.V.m. § 3 Nr. 46 EStG.

Nach der Begründung des Regierungsentwurfs des Bergmannsprämiengesetzes sollen die Prämien „in Anerkennung der besonderen Leistung gewährt werden, welche der unter Tage tätige Bergarbeiter für die Allgemeinheit erbringt“[804]. Die Schwere der zu verrichtenden Arbeit dürfte jedoch als Grund für die Zahlung der Bergmannsprämie nicht ausreichen, da auch in anderen Berufen eine vergleichbare schwere Arbeit geleistet wird. Deswegen soll zusätzlich die Leistungsgewährung „das Interesse qualifizierter Arbeitnehmer für eine Tätigkeit im Bergbau“ wecken und der „Vorrang der heimischen Kohle bei der Energieversorgung unterstrichen werden“[805]. Die Bergmannsprämie soll einen Anreiz für die Wahl des Bergmannsberufes geben.[806]

Der Befreiungszweck liegt darin, die Begünstigung nach der für die Besteuerung maßgeblichen wirtschaftlichen Leistungsfähigkeit zu modifizieren. Jedem Bergmann soll unabhängig von der Höhe seiner sonstigen Einkünfte und seines Familienstandes ein gleich großer Anreiz geboten werden, den Beruf des Bergmanns zu ergreifen.[807] Dies reicht aber nicht aus, diese Steuersubvention vor der Besteuerungsgleichheit zu rechtfertigen.[808] Nach dem Prinzip der gleichmäßigen Besteuerung nach der wirtschaftlichen Leistungsfähigkeit besteht kein Grund, diese Zulagen steuerfrei zu belassen. Auch aus dem Subventionscharakter des

---

803 Vgl. *v. Beckerath*, in: Kirchhof/Söhn/Mellinghoff, EStG, § 3 Nr. 45 Rn. B 45/18; *Bergkemper*, in: Herrmann/Heuer/Raupach, EStG, § 3 Nr. 45 Rn. 1.

804 BT-Drucks. 2/2351, S. 4.

805 BMF-Pressemitteilung v. 13.5.1980, Nr 41/80, DB 1980, S. 1049.

806 *v. Beckerath*, in: Kirchhof/Söhn/Mellinghoff, EStG, § 3 Nr. 46 Rn. B 46/8.

807 *v. Beckerath*, in: Kirchhof/Söhn/Mellinghoff, EStG, § 3 Nr. 46 Rn. B 46/9.

808 *Kirchner*, Objektive Befreiungen, S. 172 f.

Bergmannsprämiengesetzes heraus, den Bergbau durch Beschaffung von Arbeitskräften zu stärken, ist die Befreiung zumindest heute nicht mehr einleuchtend.[809]

- Trinkgelder nach § 3 Nr. 51 EStG

§ 3 Nr. 51 EStG befreit Trinkgelder von Arbeitnehmern ohne betragsmäßige Begrenzung. Die Trinkgelder müssen anlässlich einer Arbeitsleistung von Dritten freiwillig und zusätzlich zu dem Entgelt für die Arbeitsleistungen gegeben werden.

Die Befreiung ist konstitutiv, denn Trinkgelder werden vom Bundesfinanzhof in ständiger Rechtsprechung[810] und auch von der herrschenden Ansicht in der Literatur[811] als Einnahmen aus nichtselbstständiger Arbeit qualifiziert, die auf einer Leistung durch Dritte beruhen.[812] Freiwillig durch Dritte gezahlte Trinkgelder werden aus der Sicht des Trinkgeldempfängers wirtschaftlich als Ergebnis seiner Arbeitsleistung betrachtet. Auch aus der Sicht des Kunden handelt es sich bei der Trinkgeldzahlung um zusätzliches Entgelt für die entgegengenommene Dienstleistung.[813]

Bei Einführung des § 3 Nr. 51 EStG sollte die Norm eine Beeinträchtigung des Klimas zwischen Arbeitnehmer und Arbeitgeber vermeiden, die mit der Kontrolle der Trinkgeldeinnahmen durch den Arbeitgeber verbunden wäre.[814] Heutzutage strebt § 3 Nr. 51 EStG eine Entlastung des Niedriglohnsektors und die Vermeidung von Erhebungsproblemen an.[815]

Diese Gesichtspunkte können allerdings nicht die Ungleichbehandlung zwischen den Einkunftsarten rechtfertigen;[816] schon die Ausnahme selbst ist fragwürdig. § 3 Nr. 51 EStG erfasst nur die Trinkgelder für Einnahmen aus nichtselbstständiger Tätigkeit. Vergleichbare Trinkgelder für Unternehmer wie Gastwirte, selbstständige Taxifahrer oder Friseure sind in vollem Umfang einkommensteuerpflichtig.

---

809 *Bergkemper*, in: Herrmann/Heuer/Raupach, EStG, § 3 Nr. 46 Rn. 1.

810 BFH, v. 19.2.1999, VI R 43/95, BStBl. II 1999, 361 (363); BFH, v. 24.10.1997, VI R 23/94, BStBl. II 1999, 323.

811 *Koether*, Steuerbefreiungen, S. 129; *Kloubert*, DStR 2000, S. 231 (232); *Richter*, DStR 1999, S. 843.

812 Anders das Preußische Oberverwaltungsgericht, das Trinkgelder als freiwillig geleistete Geschenke einstufte, PrOVG, Ent. v. 24.6.1891, Bd. 1, 127. Bedenken gegen die Steuerbarkeit von Trinkgeldern erheben *Fischer*, FR 1988, S. 331; *Crezelius*, DStJG Bd. 9 (1986), S. 85 (109 ff.).

813 BFH, v. 23.10.1992, VI R 62/88, BStBl. II 1993, 117 (118).

814 *Bergkemper*, in: Herrmann/Heuer/Raupach, EStG, § 3 Nr. 51 Rn. 1.

815 BT-Drucks. 14/9428, S. 1; 14/9029, S. 3.

816 *v. Beckerath*, in: Kirchhof/Söhn/Mellinghoff, EStG, § 3 Nr. 51 Rn. B 51/35; *Bergkemper*, in: Herrmann/Heuer/Raupach, EStG, § 3 Nr. 51 Rn. 1; *Kruse*, StuW 2001, S. 366 (371); *Bowitz*, DStZ 1995, S. 553 (555).

Auch im Rahmen der anderen Einkunftsarten können Erhebungsprobleme bei der Besteuerung von Trinkgeldern auftreten. Die Begrenzung der Steuerbefreiung auf Arbeitnehmer ist zudem kein erforderliches Mittel, den Niedriglohnsektor zu entlasten. Im Niedriglohnsektor befindet sich auch der wenig verdienende selbstständig Tätige, wie z.B. die selbstständige Toilettenfrau oder der Gepäckträger. Dieser Zweck würde gleichheitsgerechter durch eine Erhöhung des Grundfreibetrags sichergestellt als durch die Steuerfreistellung einzelner Lohnbestandteile.

- Zuwendungen des Arbeitgebers an eine Pensionskasse für eine nicht kapitalgedeckte Altersversorgung

§ 3 Nr. 56 dehnt die sog. nachgelagerte Besteuerung aus. Die Norm begünstigt Zahlungen an eine Pensionskasse im Rahmen der umlagefinanzierten Altersversorgung.
Die von § 3 Nr. 56 EStG für steuerfrei erklärten Zuwendungen des Arbeitgebers unterfallen den Einkünften aus nichtselbstständiger Arbeit nach § 19 Abs. 1 Satz 1 Nr. 3 Satz 1 EStG. Mit § 3 Nr. 56 EStG wird die Grundentscheidung für eine nachgelagerte Besteuerung nach dem Alterseinkünftegesetz umgesetzt und werden Arbeitgeberbeiträge von der Besteuerung beim Arbeitnehmer in der Ansparphase ausgenommen, um – wie die Befreiung nach § 3 Nr. 63 EStG – dem verfassungsrechtlichen Gebot der Einmalbesteuerung zu genügen.[817]

- die Wiedereingliederungshilfe nach dem Entwicklungshelfergesetz nach § 3 Nr. 61 EStG

Die Steuerbefreiung des § 3 Nr. 61 EStG nimmt eine Reihe von Leistungen, die an Entwicklungshelfer erbracht werden, von der Einkommensteuer aus. Diese Leistungen werden durch eine Verweisung auf die Leistungstatbestände des Entwicklungshelfer-Gesetzes beschrieben.

Die Wiedereingliederungsbeihilfe (§ 4 Abs. 1 Nr. 2 EhfG) wäre nach § 19 EStG steuerpflichtig, andere beschriebene Leistungen könnten als wiederkehrende Bezüge im Sinne des § 22 EStG steuerbar sein. Die Befreiungsvorschrift des § 3 Nr. 61 EStG soll die Leistungsregelungen des EhFG ergänzen und den Entwicklungshelfer steuerlich so stellen, als ob er in der gesetzlichen Kranken-, Unfall- und Arbeitslosenversicherung versichert wäre.[818]

- freiwillige Zukunftssicherungsleistungen nach § 3 Nr. 62 Sätze 2-4 EStG

Die Vorschrift des § 3 Nr. 62 EStG befreit Ausgaben des Arbeitgebers für die Zukunftssicherung des Arbeitnehmers. Sie unterscheidet zwischen Arbeitgeber-

817 *v. Beckerath*, in: Kirchhof/Söhn/Mellinghoff, EStG, § 3 Nr. 56 Rn. B 56/35.
818 *v. Beckerath*, in: Kirchhof/Söhn/Mellinghoff, EStG, § 3 Nr. 61 Rn. B 61/12.

leistungen aufgrund gesetzlicher Verpflichtung (Satz 1) und freiwilligen Arbeitgeberleistungen (Sätze 2 bis 4). Die verpflichtenden Arbeitgeberleistungen betreffen die gesamte gesetzliche Sozialversicherung, die freiwilligen nach den Sätzen 2 bis 4 nur die Alterssicherung.

Die verpflichtenden Leistungen nach § 3 Nr. 62 Satz 1 EStG sind deklaratorisch von der Einkommensteuer befreit, denn sie stellen keinen gegenwärtigen zufließenden Arbeitslohn dar.[819] Die freiwilligen Zuschüsse nach den Sätzen 2 bis 4 wären hingegen steuerpflichtiger Arbeitslohn, da sich die Zahlungen des Arbeitgebers an den Versicherungsträger – wirtschaftlich betrachtet – so darstellen, als ob der Arbeitgeber dem Arbeitnehmer Beträge zur Verfügung stellt, die der Arbeitnehmer anschließend für Aufwendungen zur Zukunftssicherung verwendet.[820] In diesem Sinne bestimmt § 2 Abs. 2 Nr. 3 LStDV, dass die Ausgaben des Arbeitgebers zur Zukunftssicherung zum Arbeitslohn gehören, falls der Arbeitnehmer der Zukunftssicherung ausdrücklich oder stillschweigend zustimmt.

§ 3 Nr. 62 Sätze 2 bis 4 EStG stellen die von der Rentenversicherungspflicht befreiten Arbeitnehmer den rentenversicherungspflichtigen Arbeitnehmern hinsichtlich bestimmter Zukunftssicherungsaufwendungen gleich.[821] Nr. 62 hat auch insoweit eine vereinfachende Bedeutung, als der Arbeitnehmer ohne Steuerbefreiung die Aufwendungen als Vorsorgeaufwendungen im Rahmen der Sonderausgaben, allerdings durch die Höchstbetragsregelung nach § 10 Abs. 3 EStG begrenzt, abziehen könnte.[822]

Verfassungsrechtliche Bedenken können sich nur gegenüber den Sätzen 2 bis 4 ergeben, da Satz 1 keine materielle Befreiungsvorschrift ist.

Problematisch ist, dass § 3 Nr. 62 EStG nur für Arbeitnehmer gilt und für Vorsorgeaufwendungen Selbstständiger oder Gewerbetreibender keine vergleichbare Befreiungsvorschrift existiert. Diese können ihre Vorsorgeaufwendungen nur betragsmäßig nach Maßgabe des § 10 Abs. 3 EStG als Sonderausgaben abziehen. Dies ist aber mit dem Zweck der Vorschrift als Vereinfachungsbefreiung gerechtfertigt.[823]

- die Beiträge des Arbeitgebers im Sinne von § 3 Nr. 63 EStG

§ 3 Nr. 63 EStG befreit Beiträge des Arbeitgeber an eine Pensionskasse, einen Pensionsfond oder für eine Direktversicherung, um den Aufbau der Alterssicherung im Rahmen der betrieblichen Altersvorsorge zu fördern.

---

819 BFH, v. 2.8.1968, VI R 124/67, BStBl. II 1968, 800 (801); Hessisches FG, v. 24.3.1992, 4 K 1112/88, EFG 1993, 56.

820 *v. Beckerath*, in: Kirchhof/Söhn/Mellinghoff, EStG, § 3 Nr. 62 Rn. B 62/12.

821 *v. Beckerath*, in: Kirchhof/Söhn/Mellinghoff, EStG, § 3 Nr. 62 Rn. B 62/27.

822 A.A. *v. Beckerath*, in: Kirchhof/Söhn/Mellinghoff, EStG, § 3 Nr. 62 Rn. B 62/26.

823 Vgl. BVerfG, v. 2.5.1978, 1 BvR 136/78, HFR 1978, 293; BFH, v. 16.10.2002, XI R 41/99, BStBl. II 2003, 179 (183).

Diese Beitragsleistungen des Arbeitgebers wären beim Arbeitnehmer ohne die Befreiungsvorschrift des § 3 Nr. 63 EStG sofort zufließender steuerpflichtiger Arbeitslohn, da der Arbeitnehmer gegenüber den Versorgungseinrichtungen einen unmittelbaren Anspruch auf Versorgung erhält.[824]

Mit § 3 Nr. 63 EStG wird die Grundentscheidung für eine nachgelagerte Besteuerung nach dem Alterseinkünftegesetz[825] umgesetzt und werden Arbeitgeberbeiträge von der Besteuerung beim Arbeitnehmer in der Ansparphase ausgenommen.[826]

- Auslandszuschläge nach § 3 Nr. 64 EStG

§ 3 Nr. 64 EStG befreit in Satz 1 die Bezüge von Auslandsbediensteten im öffentlichen Dienst, soweit sie den Arbeitslohn übersteigen, der dem Arbeitnehmer im Inland gezahlt würde (Auslandszuschlag). Satz 2 dehnt die Befreiung auf Mitarbeiter von privaten Einrichtungen aus, bei denen der Arbeitslohn aus einer öffentlichen Kasse gezahlt und aus öffentlichen Mitteln aufgebracht wird. Satz 3 begründet eine Steuerbefreiung des vom Arbeitgeber gewährten Kaufkraftausgleichs für Arbeitnehmer der Privatwirtschaft, die für einen begrenzten Zeitraum ins Ausland entsandt sind und dort ihren Wohnsitz oder gewöhnlichen Aufenthalt haben.

Diese von § 3 Nr. 64 EStG für steuerfrei erklärten Bezüge wären ohne die Steuerbefreiung als Arbeitslohn im Sinne von § 19 EStG zu besteuern. Die Bezüge wären auch nicht deshalb von der Besteuerung ausgenommen, weil sich der Arbeitsort im Ausland befindet. Soweit nicht ohnehin eine unbeschränkte Steuerpflicht nach § 1 Abs. 1 Satz 1 EStG aufgrund des Wohnsitzes oder gewöhnlichen Aufenthalts besteht, ist jedenfalls eine unbeschränkte Steuerpflicht nach § 1 Abs. 2 EStG vorhanden, da im Fall des § 3 Nr. 64 Satz 1 EStG die Steuerpflichtigen im öffentlichen Dienst angestellt sind. In den Fällen des § 3 Nr. 64 Satz 2 EStG besteht jedenfalls eine beschränkte Steuerpflicht nach § 49 Abs. 1 Nr. 4 lit. b EStG. In den Fällen des § 3 Nr. 64 Satz 3 EStG kann eine unbeschränkte Steuerpflicht nach § 1 Abs. 1 Satz 1 EStG oder eine beschränkte Steuerpflicht nach § 49 Abs. 1 Nr. 4 lit. a EStG bestehen, wenn die nichtselbstständige Tätigkeit im Inland verwertet wird.

§ 3 Nr. 64 EStG ist keine Regelung zur Vermeidung der Doppelbesteuerung, da es bei diesem Zweck unverständlich wäre, ausschließlich die Auslandszuschläge zu befreien.

---

824 BFH, v. 12.9.2001, VI R 154/99, BStBl. II 2002, 22 (24).

825 Gesetz zur Neuordnung der einkommensteuerrechtlichen Behandlung von Altersvorsorgeaufwendungen und Altersbezügen v. 5.7.2004, BGBl. I 2004, S. 1427.

826 *v. Beckerath*, in: Kirchhof/Söhn/Mellinghoff, EStG, § 3 Nr. 63 Rn. B 63/44.

Diese Steuerbefreiung lässt sich ebenso wenig als Vereinfachungsvorschrift verstehen, die aufwendungsbezogene Bezüge freistellt.[827] Zwar können Aufwendungen für eine doppelte Haushaltsführung gegenüber einem gezahlten Mietzuschuss berücksichtigt werden; insbesondere dem aufgrund höherer Lebenshaltungskosten geleisteten Kaufkraftausgleich stehen aber keine Werbungskosten im Sinne von § 9 EStG gegenüber.[828]

Auslandszuschläge und Kaufkraftausgleich sind Zahlungen, die dem Umstand Rechnung tragen, dass der Arbeitnehmer im Ausland für seinen Arbeitslohn weniger an realer Gegenleistung erhält. Demnach bezweckt die Steuerbefreiung des § 3 Nr. 64 EStG, eine Minderung der wirtschaftlichen Leistungsfähigkeit auszugleichen.[829] Sie soll den Mehraufwand kompensieren, der den Arbeitnehmern durch das Leben im Ausland entsteht. Der Kaufkraftsaugleich soll insbesondere das höhere Preisniveau im Ausland berücksichtigen.[830]

Die Befreiungsvorschrift stößt mit Blick auf den Gleichheitssatz gem. Art. 3 Abs. 1 GG auf verfassungsrechtliche Bedenken.[831]

Die Beschränkung der Steuerbefreiung auf Einkünfte aus nichtselbstständiger Tätigkeit ist nicht gerechtfertigt.[832] Zwar mag ein vergleichbarer Sachverhalt bei Steuerpflichtigen mit anderen Einkünften nur selten vorkommen. Dies allein ist jedoch kein besonderer sachlicher Grund für eine Ungleichbehandlung der Einkunftsarten.

Ebenso lässt sich mit der Annahme einer Ausgrenzungsbefreiung nicht rechtfertigen, dass bei öffentlich Bediensteten neben dem Kaufkraftausgleich alle Auslandsbezüge steuerbefreit werden, während bei Arbeitnehmern der Privatwirtschaft hingegen nur der Kaufkraftausgleich ausgenommen wird. Arbeitnehmer im öffentlichen und privaten Diensten müssen den gleichen steuerlichen Regeln unterworfen werden.[833] Sollen auch die sonstigen Auslandsbezüge einen erhöhten, leistungsfähigkeitsmindernden Aufwand im Ausland abgelten, müssen sie allgemein für alle Erwerbsgrundlagen gleichmäßig befreit werden.

---

827 *v. Beckerath*, in: Kirchhof/Söhn/Mellinghoff, EStG, § 3 Nr. 64 Rn. B 64/32.

828 *Lang*, StuW 1974, S. 293 (307).

829 „Ausgrenzungsbefreiung", *v. Beckerath*, in: Kirchhof/Söhn/Mellinghoff, EStG, § 3 Nr. 64 Rn. B 64/33; *Intemann*, in: Herrmann/Heuer/Raupach, EStG, § 3 Nr. 64 Rn. 2.

830 *Pelka*, DStJG Bd. 5 (1982), S. 209 (230).

831 Vgl. FG Hamburg, v. 21.11.1996, V 161/94, 1385 (1386 f.); *Tipke/Lang*, Steuerrecht, § 9 Rn. 143.

832 *Pelka*, DStJG Bd. 5 (1982), S. 209 (230); *v. Beckerath*, in: Kirchhof/Söhn/Mellinghoff, EStG, § 3 Nr. 64 Rn. B 64/35; *Intemann*, in: Herrmann/Heuer/Raupach, EStG, § 3 Nr. 64 Rn. 2.

833 BFH, v. 27.5.1994, VI R 67/92, BStBl. II 1995, 17 (19).

- Leistungen der Insolvenzsicherung nach § 3 Nr. 65 EStG

Die Leistungen i.S.d. § 3 Nr. 65 lit. a bis c EStG wären zum größten Teil Einnahmen aus nichtselbstständiger Tätigkeit und somit ist die Befreiungsregelung konstitutiv.[834] Zweck der Vorschrift ist, dass sich die Insolvenz des Arbeitgebers beim Arbeitnehmer weder zum Vorteil noch zum Nachteil auswirkt.[835] Durch § 3 Nr. 65 Satz 2 bis 4 EStG wird die Befreiung aber mit der Leistungsgewährung verknüpft, sodass die Versorgungsleistungen wie vorgesehen besteuert werden können.

- die Leistungen des Arbeitgebers im Sinne von § 3 Nr. 66 EStG

§ 3 Nr. 66 EStG ermöglicht die steuerfreie Überleitung einer betrieblichen Altersversorgung im Form der Direktzusage oder über eine Unterstützungskasse auf eine Altersversorgung durch einen Pensionsfond. Ohne die Regelung des § 3 Nr. 66 EStG läge steuerpflichtiger Arbeitslohn vor, da der Arbeitnehmer gegen den Pensionsfond einen unmittelbaren Rechtsanspruch auf Versorgung erhält. Die Freistellung entspricht der Grundentscheidung zur nachgelagerten Besteuerung von Alterseinkünften, bei der die Aufwendungen in der Ansparphase befreit und die Zahlungen in der Leistungsphase steuerlich belastet werden.

bb. Aufwendungsbezogene Steuerbefreiungen

Eine andere Wirkung als die konstitutive Freistellung entfalten die Steuerbefreiungen von Einnahmen, denen Aufwendungen gegenüberstehen.[836]

Werden Einnahmen steuerfrei gestellt, die eine Ersatzleistung für abzugsfähige Aufwendungen darstellen, der ersetzte Aufwand aber dafür nicht abgezogen werden darf, liegt eine Vereinfachung vor. Der Steuerpflichtige muss seine abzugsfähigen Aufwendungen nun nicht mit Hilfe von Aufzeichnungen und Belegen nachweisen. Eine materielle Begünstigung findet sich aber dann, wenn die Ersatzleistungen die tatsächlichen Aufwendungen übersteigen oder wenn zusätzlich neben der Freistellung ein Abzug der steuerfrei abgedeckten Aufwendungen möglich ist. Letzteres ist besonders problematisch, wenn der Steuerpflichtige durch die Steuerbefreiung in den zusätzlichen Genuss einer Werbungskostenpauschale kommt, die ansonsten durch die mit den steuerfreien Einnahmen „verrechneten" Aufwendungen aufgezehrt würde.[837]

---

834 *v. Beckerath*, in: Kirchhof/Söhn/Mellinghoff, EStG, § 3 Nr. 65 Rn. B 65/13, 65/17; BT-Drucks. 16/3036, S. 3; a.A. zu § 3 Nr. 65 Satz 1 EStG a.F., entspricht § 3 Nr. 65 lit. a EStG n.F., *Rätke*, in: Herrmann/Heuer/Raupach, EStG, § 3 Nr. 65 Rn. 12.

835 BT-Drucks. 7/2843, S. 13.

836 Dazu *Ruppe*, Ausnahmebestimmungen, S. 237 ff.

837 *v. Beckerath*, in: Kirchhof/Söhn/Mellinghoff, EStG, § 3 Rn. A 172.

In folgenden Fällen handelt es sich um aus nichtselbstständiger Tätigkeit erzielte Einnahmen, denen abzugsfähige Aufwendungen gegenüberstehen:

- zum Teil die Aufwandsentschädigungen nach § 3 Nr. 12 EStG

§ 3 Nr. 12 EStG, eine aufwendungsbezogene Steuerbefreiung, befreit aus öffentlichen Kassen gezahlte Aufwandsentschädigungen, die zum überwiegenden Teil als Erwerbseinkünfte aus nichtselbstständiger Arbeit steuerpflichtig wären. Soweit diese Aufwandsentschädigungen auch Werbungskosten abgelten, stünden den steuerbaren Einnahmen abzugsfähige Ausgaben gegenüber.

Die Steuerbefreiung des § 3 Nr. 12 EStG unterstellt aus Vereinfachungsgründen zum einen, dass nur tatsächlich entstandener Aufwand entschädigt wird, und zum anderen, dass der entschädigte Aufwand als Werbungskosten und Betriebsausgaben zu berücksichtigen wäre. In den Fällen des § 3 Nr. 12 Satz 1 EStG unterliege nach Ansicht des Gesetzgebers die Bewilligung von Aufwandsentschädigungen so starken Bindungen, dass es keiner näheren Überprüfung bedürfe, ob es sich tatsächlich um abzugsfähige Werbungskosten handele. § 3 Nr. 12 Satz 2 EStG lässt die Steuerbefreiung erst entfallen, wenn festgestellt wird, dass die Entschädigungen für Verdienstausfall oder Zeitverlust gewährt werden oder den Aufwand offenbar übersteigen.[838]

§ 3 Nr. 12 EStG bevorzugt die Empfänger von Zuwendungen aus einer Bundes- oder Landeskasse im Vergleich zur Allgemeinheit der Einkommensteuerpflichtigen und zu den Beziehern von Aufwandsentschädigungen aus sonstigen Kassen, insbesondere privaten Arbeitnehmern.[839] Die Ungleichbehandlung besteht zunächst darin, dass die Bezieher von Aufwandsentschädigungen noch den Werbungskostenpauschbetrag zusätzlich in Anspruch nehmen können, während dieser bei Bezug steuerpflichtigen zusätzlichen Arbeitslohns durch die geltend zu machenden Werbungskosten aufgebraucht wird. Außerdem müssen sie ihren Aufwand nicht nachweisen. Vor allem aber beschränkt § 3 Nr. 12 EStG die Steuerbefreiung in seiner konkreten Ausgestaltung nicht auf die Aufwandsentschädigungen, sondern bietet Raum für eine darüber hinausgehende echte Steuerbefreiung. Denn es bleibt ohne nähere Prüfung, ob die gezahlten Aufwandsentschädigungen tatsächlich nur abzugsfähige Werbungskosten ersetzen.

Das Bundesverfassungsgericht hat § 3 Nr. 12 Satz 1 EStG als mit dem Gleichheitssatz für unvereinbar erachtet.[840] Diese verfassungsrechtlichen Bedenken sind auf Satz 2 entsprechend zu übertragen.[841]

---

838 Zuletzt BFH, v. 29.11.2006, VI R 3/04, DB 2007, 204 (205).

839 BVerfGE 99, 280 (291).

840 BVerfGE 99, 280.

841 Die Rechtsprechung des BFH, v. 9.7.1992, IV R 7/91, BStBl. II 1993, 50 zu § 3 Nr. 12 Satz 2 EStG ist dementsprechend überholt. Vgl. *Bergkemper*, FR 1999, S. 517; *v. Beckerath*, in: Kirchhof/Söhn/Mellinghoff, EStG, § 3 Rn. B 12/30.

• Reise und Umzugskostenvergütungen nach § 3 Nr. 13 und 16

§ 3 Nr. 13 EStG befreit aus öffentlichen Kassen gezahlte Reisekostenvergütungen, Umzugskostenvergütungen und Trennungsgelder, die in der Regel Einkünfte im Sinne von § 19 EStG darstellen.

Entgegen dem Wortlaut und dem Vereinfachungszweck dieser Vorschrift, die befreiende Wirkung an die tatsächliche Leistungsgewährung nach Leistungsrecht anzuknüpfen, ohne zu prüfen, ob die erstatteten Kosten tatsächlich Werbungskosten darstellen,[842] schränkt der Bundesfinanzhof die Steuerbefreiung ein. Danach sind nicht nur die Zahlungen von der Steuerbefreiung auszunehmen, die keine besoldungsrechtliche Grundlage haben.[843] Es soll die Steuerfreiheit auch nur im Fall der Abgeltung von Aufwand im Sinne von Werbungskosten eintreten.[844]

Damit wird § 3 Nr. 13 EStG dem für Arbeitnehmer im privaten Dienst entsprechenden § 3 Nr. 16 EStG konzeptionell weitgehend angeglichen. § 3 Nr. 13 und Nr. 16 EStG normieren – ebenso wie § 3 Nr. 12 EStG – eine Ausnahme von der gesetzlichen Regel, nach der auch Aufwandsentschädigungen steuerpflichtig sind. Beide bezwecken eine Vereinfachung; es sollen nicht die Aufwandsentschädigung als Einnahme besteuert und die vergüteten Aufwendungen als Werbungskosten abgezogen werden.

Aber trotz der Begrenzung auf Werbungskostenersatz enthalten beide aufwandsbezogenen Steuerbefreiungen eine Steuersubvention und zwar vor allem durch die Kumulation von steuerfreiem Werbungskostenersatz und Arbeitnehmerpauschbetrag, die eine sachlich nicht zu rechtfertigende Besserstellung darstellt.[845]

• das Werkzeuggeld im Sinne von § 3 Nr. 30 EStG

§ 3 Nr. 30 EStG befreit – wie § 3 Nr. 13, 16 EStG – Werbungskostenersatz des Arbeitgebers. Die Vorschrift nimmt Entschädigungen für die betriebliche Benutzung von Werkzeugen des Arbeitnehmers – das so genannte Werkzeuggeld – von der Steuerpflicht aus, soweit sie die entsprechenden Aufwendungen des Arbeitnehmers nicht offensichtlich übersteigen.

Streitig ist, wie das Werkzeuggeld einzuordnen ist. Mit dem Werkzeuggeld zahlt der Arbeitgeber dem Arbeitnehmer eine Entschädigung für den Einsatz der

---

842 *v. Beckerath*, in: Kirchhof/Söhn/Mellinghoff, EStG, § 3 Nr. 13 Rn. B 13/26.

843 BFH, v. 15.10.1982, VI R 229/77, BStBl. II 1983, 75 (77).

844 BFH, v. 27.4.2001, VI R 2/98, BStBl. II 2001, 601 (602); v. 27.5.1994, VI R 67/92, BStBl. II 1995, 17 (20); dazu auch *Völlmeke*, DB 1993, S. 1590 (1593) vgl. aber BVerfGE 99, 280.

845 *v. Beckerath*, in: Kirchhof/Söhn/Mellinghoff, EStG, § 3 Nr. 13 Rn. B 13/28; *Bergkemper*, in: Herrmann/Heuer/Raupach, EStG, § 3 Nr. 13 Rn. 2.

Werkzeuge im Betrieb des Arbeitgebers. Nach einer Meinung stellt diese Zahlung keine steuerbare Einnahme dar, da es sich um den Ersatz von Aufwendungen handele, die aufgrund einer arbeitsrechtlichen Verpflichtung des Arbeitgebers oder im Interesse des Arbeitgebers geleistet würden.[846] Zutreffend stellt aber die Zahlung von Werkzeuggeld eine aufwendungsbezogene Steuerbefreiung dar, da der Arbeitnehmer die eigenen Aufwendungen für eigene Arbeitsmittel als Werbungskosten geltend machen könnte.[847] Dieser Werbungskostenersatz wäre als Einnahme aus nichtselbstständiger Tätigkeit steuerpflichtig.

Ebenso wie der nach § 3 Nr. 16 EStG steuerfrei gewährte Werbungskostenersatz führt § 3 Nr. 30 EStG zu einer Ungleichbehandlung dadurch, dass keine Nachweise zu führen sind und der Werbungskostenersatz mit dem Arbeitnehmerpauschbetrag kumuliert. Über diese Begünstigungen hinaus bleiben die Entschädigungen auch insoweit steuerfrei, als sie die entsprechenden Aufwendungen des Arbeitnehmers „nicht offensichtlich" übersteigen. Somit handelt es sich um eine konstitutive Steuerbefreiung, wenn Beträge steuerfrei belassen werden, die höher als die angefallenen Werbungskosten sind. Dies lässt sich nicht durch eine Vereinfachung für den Arbeitnehmer im Rahmen der Einkommensteuerveranlagung rechtfertigen.[848]

- zum Teil die Gewährung und Barablösung typischer Berufskleidung im Sinne von § 3 Nr. 31 EStG

Zum überwiegenden Teil stellt die Gewährung typischer Berufskleidung lediglich eine deklaratorische Steuerbefreiung dar, wenn die objektive Bereicherung des Arbeitnehmers fehlt oder die Überlassung im überwiegend eigenbetrieblichen Interesse liegt.[849] Allerdings kann die Überlassung typischer Berufskleidung sich auch als steuerbarer Arbeitslohn darstellen, wenn dem Arbeitnehmer z.B. Arbeitshandschuhe übereignet werden, um Verletzungen zu vermeiden, oder ein Arbeitskittel, damit er seine Kleidung vor Verunreinigungen schützt.[850] Dagegen wäre die Barablösung auf Gestellung typischer Berufskleidung im Regelfall eine steuerpflichtige Einnahme i.S.d. § 19 EStG.[851]

---

846 *Heinicke*, in: Schmidt, EStG, § 3 ABC „Arbeitsmittelgestellung", „Werbungskostenersatz", „Werkzeuggeld".

847 BFH, v. 21.8.1995, VI R 30/95, BStBl. II 1995, 906 (908); *Bergkemper*, in: Herrmann/Heuer/Raupach, EStG, § 3 Nr. 30 Rn. 2; *v. Beckerath*, in: Kirchhof/Söhn/Mellinghoff, EStG, § 3 Nr. 30 Rn. B 30/5; *v. Bornhaupt*, StuW 1990, S. 46 (47, 55).

848 A.A. *v. Beckerath*, in: Kirchhof/Söhn/Mellinghoff, EStG, § 3 Nr. 30 Rn. B 30/12.

849 *v. Beckerath*, in: Kirchhof/Söhn/Mellinghoff, EStG, § 3 Nr. 31 Rn. B 31/5.

850 *v. Beckerath*, in: Kirchhof/Söhn/Mellinghoff, EStG, § 3 Nr. 31 Rn. B 31/5; *Thomas*, StbJb 1990/91, S. 183 (196); a.A. *Tormöhlen*, in: Korn, EStG, § 3 Nr. 31 Rn. 2.

851 *Thomas*, StbJb 1990/91, S. 183 (197); *v. Bornhaupt*, StuW 1990, S. 46 (47); *Tormöhlen*, in: Korn, EStG, § 3 Nr. 31 Rn. 3.

Aufwendungen für typische Berufskleidung sind nach § 9 Abs. 1 Satz 3 Nr. 6 EStG als Werbungskosten abziehbar. Folglich stellen die Überlassung typischer Berufskleidung – soweit sie als Arbeitslohn einkommensteuerpflichtig wäre – und die Barablösung eines Anspruchs auf Gestellung von Berufskleidung Werbungskostenersatz dar.

§ 3 Nr. 31 EStG soll – wie das Werkzeuggeld nach § 3 Nr. 30 EStG – zu einer Vereinfachung führen. Bedenken ergeben sich auch hier allerdings im Hinblick auf eine Ungleichbehandlung zu anderen Einkunftsarten wegen der Kumulation von Steuerbefreiung und Arbeitnehmerpauschbetrag.

b. Steuerfreiheit von Zuschlägen für Sonntags-, Feiertags- oder Nachtarbeit nach § 3b EStG

§ 3b EStG befreit Zuschläge, die für tatsächlich geleistete Sonntags-, Feiertags- oder Nachtarbeit neben dem Grundlohn gezahlt werden. Die Befreiung gilt bis zu Höchstgrenzen, die § 3b Abs. 1 EStG in Prozent des Grundlohns bestimmt. § 3b Abs. 3 EStG erweitert die Begünstigung für die Arbeit zur „Kernnachtzeit" durch eine Ausdehnung der in § 3b Abs. 1 Nr. 1 festgesetzten Höchstgrenze und des von § 3b Abs. 2 Satz 3 EStG definierten Begriffs der Sonn- und Feiertagsarbeit.

Durch die Definition des Grundlohns in § 3b Abs. 2 EStG wird deutlich, dass die steuerbefreiten Zuschläge den Einkünften aus nichtselbstständiger Arbeit i.S.d. § 2 Abs. 1 Satz 1 Nr. 4, § 19 Abs. 1 Satz 1 Nr. 1 EStG zuzurechnen wären.

Die Steuerfreiheit von Zuschlägen für Sonntags-, Feiertags- oder Nachtarbeit ist seit langem schwerwiegenden verfassungsrechtlichen Bedenken ausgesetzt und in der Öffentlichkeit umstritten.[852] Streichungen der Freistellung konnten bis heute politisch nicht realisiert werden.[853] Die Gerichte, insbesondere das Bundesverfassungsgericht, befassten sich in der Vergangenheit mehrfach damit, ob § 3b EStG mit der Gleichmäßigkeit der Besteuerung vereinbar sei.[854]
Die Kritik gegen § 3b EStG richtet sich vor allem gegen die Beschränkung der Begünstigung auf Zuschläge für Arbeitnehmer.

Diese einkunftsartspezifische Sonderstellung im Vergleich zu selbstständig Tätigen oder Gewerbetreibenden, die Sonntags-, Feiertags- oder Nachtarbeit leisten, verstoße nach Ansicht des Bundesverfassungsgerichts nicht gegen den

---

852 *Wisser*, DStZ 2000, S. 822; *Tipke*, FR 2006, S. 949 (950).

853 Nachweise bei *Wisser*, DStZ 2000, S. 822 (823 ff.).

854 BVerfGE 25, 101; BVerfG v. 14.5.1976, 1 BvR 380/75, HFR 1976, 332; v. 2.5.1978, 1 BvR 174/78, HFR 1978, 383; v. 2.5.1978, 1 BvR 217/78, StRK EStG, § 3b R. 2; v. 8.3.1988, 1 BvR 1016/87, DStR-Beihefter 17/1988; v. 8.6.1993, 1 BvL 20/85, BStBl. II 1994, 59; vgl. auch BFHE 144, 244; 150, 22; 150, 32; BFH, v. 6.10.1999, IV B 119/98, BFH/NV 2000, 343.

Gleichheitssatz.[855] Gerechtfertigt wird die Ungleichbehandlung im Wesentlichen damit, dass die nichtselbstständige Arbeit durch die persönliche Abhängigkeit, die Weisungsgebundenheit hinsichtlich Zeit, Ort und Inhalt der Tätigkeit oder das Schulden der Arbeitskraft gekennzeichnet sei. Die Arbeitszeit und ihre Begrenzung sowie die daraus errechnete Entlohnung, insbesondere auch für Sonntags-, Feiertags- und Nachtarbeit, spiele im Rahmen der nichtselbstständigen Arbeit eine charakteristische Rolle. Dagegen liege bei Freiberuflern und Gewerbetreibenden eine nach der Arbeitszeit zu bemessende Vergütung typischerweise nicht vor.

Die Beschränkung der Steuerbefreiung auf Zuschläge für Arbeitnehmer kann nicht überzeugen. Auch Selbstständige oder Gewerbetreibende sind nicht immer in der Lage, ihre Arbeitszeit völlig unabhängig zu gestalten (z.B. Notdienste bei Ärzten oder Apothekern, Landwirte, Hebammen, Gastronomen, Seelotsen).[856] Insofern bietet auch das Argument, § 3b EStG solle subjektive Opfer des Steuerpflichtigen, die mit Sonntags-, Feiertags- und Nachtarbeit verbunden sind, abgelten, keine angemessene Rechtfertigung für eine Ungleichbehandlung zwischen Arbeitnehmern auf der einen und Gewerbetreibenden und Freiberuflern auf der anderen Seite. Das Arbeitsleid beim Erwerb oder die entgangene Freizeit ist dem Gedanken des Leistungsfähigkeitsprinzips wesensfremd. Im Einkommen liegt ein Indikator der Leistungsfähigkeit vor, der i.d.R. exakt messbar ist und demnach zu einer geforderten Belastungsgleichheit führt. Die Messung eines Arbeitsleids und qualitativen Freizeitnutzens dürfte dagegen nur zu willkürlichen Belastungsergebnissen führen.[857] Eine derart punktuelle steuerliche Entlastung stört die Gleichmäßigkeit der Besteuerung empfindlich.

Eine Beschränkung dieser Steuerfreistellung nur auf nichtselbstständige Tätigkeiten kann auch nicht durch arbeitsmarktpolitische[858] oder volkswirtschaftliche[859] Erwägungen gerechtfertigt werden. § 3b EStG könnte arbeitsmarktpolitisch die unvermeidbare Sonntags-, Feiertags- und Nachtarbeit im Allgemeininteresse fördern[860] sowie aus volkswirtschaftlichen Gründen zu einer besseren Kapazitätsauslastung der Anlagen und zur Sicherung der internationalen Konkurrenzfähigkeit der Unternehmen führen.

---

855 BVerfG v. 2.5.1978, 1 BvR 174/78, HFR 1978, 383; v. 2.5.1978, 1 BvR 217/78, StRK EStG, § 3b R. 2.

856 *Tipke*, FR 2006, S. 949 (952).

857 *Ruppe*, Ausnahmebestimmungen, S. 112 ff.

858 BT-Drucks. V/2423, S. 57; 10/3821, S. 247.

859 *Kirchner*, Objektive Befreiungen, S. 142.

860 Bericht der Bundesregierung über die Entwicklung der Finanzhilfen des Bundes und der Steuervergünstigungen für die Jahre 2003 bis 2006 (20. Subventionsbericht), BT-Drucks. 16/1020, S. 252: „Die Steuerbefreiung berücksichtigt, dass Sonntags-, Feiertags- und Nachtarbeit sowohl im öffentlichen als auch im privaten Bereich nicht nur unvermeidbar ist, sondern dass an dieser Arbeit auch ein Allgemeininteresse besteht."

Solche pauschalen Erwägungen können aber eine Durchbrechung der Gleichwertigkeit der Einkunftsarten nicht rechtfertigen.

§ 3b EStG gibt dem Arbeitnehmer einen Anreiz zur Leistung von Arbeit auch an Sonn- und Feiertagen sowie zur Nachtzeit und wirkt damit faktisch gegen eine Verringerung der Arbeitslosenzahl. Jedenfalls in Zeiten der Arbeitslosigkeit lässt sich ein solcher steuerlicher Anreiz nicht mehr rechtfertigen.[861]

Es stellt sich auch die Frage, ob die Förderung der den Arbeitnehmer gesundheitlich und sozial belastenden Nachtarbeit vor Art. 2 Abs. 2 Satz 2 GG und eine Beeinträchtigung der Sonn- und Feiertagsruhe vor Art. 140 GG i.V.m. Art. 139 WRV gerechtfertigt werden kann.[862]

Als wirtschaftspolitische Lenkungsnorm begegnet die Vorschrift ebenfalls Zweifeln. Denn wer den § 3b EStG als Instrument zur Förderung der Volkswirtschaft interpretiert, muss sich entgegenhalten lassen, dass die wirtschaftlichen Wirkungen der Vorschrift bei ganz anderen Personen eintreten als vom Gesetzgeber gewollt.[863] Im Fall der steuerfreien Nacht-, Sonn- und Feiertagszuschläge fallen Steuerdestinatar und faktisch Begünstigter auseinander.[864] Eigentlich soll der Arbeitnehmer gefördert werden, da § 3b EStG sich nur auf Arbeitnehmer bezieht, nicht aber auf Freiberufler und Gewerbetreibende.[865] Die wirtschaftlichen Vorteile hat in Wahrheit jedoch zu großen Teilen der Arbeitgeber. Der Arbeitgeber zahlt für die Arbeit zu den geförderten Zeiten einen geringeren Bruttolohn und muss für die steuerfreien Zuschläge keine Beteiligung an den Sozialversicherungsbeiträgen leisten.[866] Wenn aus Sonn-, Feiertags- sowie Nachtarbeit erzielte Einkünfte im Sinn der gleichmäßigen Besteuerung aller Einkunftsarten nach der Leistungsfähigkeit besteuert werden würden, müssten die Arbeitgeber entscheiden, ob sich die höheren Kosten für sie noch lohnen, wenn die Arbeitnehmer den gleichen Nettolohn erhalten sollen wie bisher. Der Wert solcher Arbeit würde über den Markt festgestellt und nicht von der Allgemeinheit subventioniert werden.[867]

Im Ergebnis enthält die Vorschrift daher eine nicht gerechtfertigte Durchbrechung des Begriffs des steuerpflichtigen Arbeitslohns. Da ohne zwingenden Grund nur der während bestimmter Zeiten bezogene Arbeitslohn herausgegriffen und begünstigt wird, verletzt § 3b EStG sowohl das Gebot der steuerlichen

---

861 *Tipke*, Steuerrechtsordnung II, S. 754; *Kirchhof*, Stbg 1997, S. 193 (195).

862 *v. Beckerath*, in: Kirchhof/Söhn/Mellinghoff, EStG, § 3b Rn. A 135.

863 Vgl. *Homburg*, Steuerlehre, S. 111 ff.; *Folkers*, FinArch. 46 (1988), S. 214 (227, 231).

864 *Wernsmann*, Verhaltenslenkung, S. 133.

865 Vgl. *v. Beckerath*, in: Kirchhof, EStG, § 3b Rn. 2. Der Differenzierungsweck des Ausgleichs von Arbeitsmühe beim Erwerb des Einkommens ist damit auch nicht tatbestandlich vorgezeichnet und gleichheitsgerecht ausgestaltet.

866 *Moritz*, in: Herrmann/Heuer/Raupach, EStG, § 3b Rn. 6; *Wisser*, DStZ 2000, S. 822 (825 Fn. 45, 827).

867 *v. Beckerath*, in: Kirchhof, EStG, § 3b Rn. 1; *Tipke*, Steuerrechtsordnung II, S. 716; *Wisser*, DStZ 200, S. 822 (827). Vgl. auch *Kirchhof*, Stbg 1997, S. 193 (195 f.).

Gleichbehandlung als auch das Prinzip der Besteuerung nach der wirtschaftlichen Leistungsfähigkeit.[868]

c. *Zwischenergebnis*

Die Betrachtung der Steuerbefreiungen und Steuerentlastungen auf der Einnahmeseite, die an nichtselbstständige Tätigkeiten anknüpfen, hat gezeigt, dass die Regelungen in § 3 und § 3b EStG unsystematisch und viel zu oft gleichheitswidrig von der Steuerlast freistellen. Anhand dieser Vorschriften lässt sich die beklagenswerte Qualität der Steuergesetzgebung in besonderer Weise deutlich machen. Insbesondere ist die Steuerfreiheit diverser erwirtschafteter Bezüge so willkürlich der Gruppe der Arbeitnehmer zugewiesen, dass nur die konsequente Beseitigung der Steuerbefreiungen Steuergleichheit schafft.

3. Freibeträge

Verschiedene Freibeträge knüpfen an die Einkunftsart der nichtselbstständigen Arbeit an, stellen materiell Steuerbefreiungen dar und gehören systematisch in den Katalog des § 3 EStG.

a. *Versorgungsfreibetrag (§ 19 Abs. 2 EStG)*

§ 19 Abs. 2 EStG gewährt für Bezüge und Vorteile aus einem früheren Dienstverhältnis im Rahmen der Einkünfte aus nichtselbstständiger Arbeit einen besonderen Freibetrag (Versorgungsfreibetrag), der vor den Werbungskosten abzuziehen ist.[869] Bis zum Veranlagungszeitraum 2004 betrug er 40 Prozent der Versorgungsbezüge, höchstens jedoch 3.072 €. Der Versorgungsfreibetrag sollte die Ungleichbehandlung zwischen Pensionen, die in vollem Umfang besteuert wurden, und Renten, die nur in Höhe des Ertragsanteils einkommensteuerpflichtig waren, ausgleichen.[870]

Durch das Alterseinkünftegesetz[871] wurde ab 1.1.2005 ein Systemwechsel hin zur nachgelagerten Besteuerung durchgeführt. Danach wird die Rente vollständig besteuert, während die Rentenbeiträge steuerfrei gestellt werden. Parallel zum Hineinwachsen der Renten in die Besteuerung wird der Versorgungsfreibetrag gem. § 19 Abs. 2 EStG bis zum Jahr 2040 schrittweise abgebaut.

---

868 Vgl. nur *Traxel*, Freibeträge, S. 122 ff.; *Koether*, Steuerbefreiungen, S. 213 f.; *Schmidt-Troje*, DStZ 1981, S. 140 (143).

869 *Eisgruber*, in: Kirchhof, EStG, § 19 Rn. 1.

870 Das BVerfG stellte fest, dass die unterschiedliche Besteuerung der Beamtenpensionen nach § 19 EStG a.F. und der Renten aus der gesetzlichen Rentenversicherung nach § 22 Nr. 1 Satz 3 lit. a EStG a.F. mit dem Gleichheitssatz des Art. 3 Abs. 1 GG unvereinbar sei; BVerfGE 105, 73.

871 Gesetz zur Neuordnung der einkommensteuerrechtlichen Behandlung von Altersvorsorgeaufwendungen und Altersbezügen v. 5.7.2004, BGBl. I 2004, S. 1427.

b. Personalrabatt-Freibetrag (§ 8 Abs. 3 EStG)

Gemäß § 8 Abs. 3 EStG unterliegen nach § 8 Abs. 1, § 19 Abs. 1 Satz 1 EStG steuerbare Sachbezüge in Form von unternehmensspezifischen Waren oder Dienstleistungen, die ein Arbeitgeber seinen Arbeitnehmern aufgrund des Arbeitsverhältnisses zuwendet, einer besonderen Bewertung.

Bei diesen so genannten Personal- oder Belegschaftsrabatten ist der übersteigende geldwerte Vorteil, die Differenz zwischen etwaigem Entgelt und maßgeblichem Endpreis, zu versteuern. Im Rahmen der Berechnung des geldwerten Vorteils ist der ermittelte Endpreis nach § 8 Abs. 3 Satz 1 EStG um vier Prozent zu mindern. Steht diese Zuwendung fest, ist der Freibetrag nach § 8 Abs. 3 Satz 2 EStG in Höhe von 1.080 € jährlich für jedes einzelne Dienstverhältnis anzurechnen. Nur der diesen Freibetrag übersteigende geldwerte Vorteil ist als Einnahme im Sinne des § 8 Abs. 1 EStG zu berücksichtigen.

Der begrenzte Preisabschlag wie auch die Freibetragsgewährung für die Personalrabatte benachteiligen sowohl Bezieher anderer Einkunftsarten als auch andere Arbeitnehmer, die nicht unter § 8 Abs. 3 EStG fallen.

Für Sachbezüge im Rahmen von anderen Überschusseinkünften gelten die wesentlich strengeren bewertungsrechtlichen Maßstäbe von § 8 Abs. 2 EStG, insbesondere von Satz 1 und Satz 9 dieser Norm. Innerhalb der Arbeitnehmerschaft sind wiederum diejenigen von dem Sondertatbestand ausgeschlossen, die keine Sachbezüge erhalten oder nicht im verbraucherorientierten Bereich tätig sind.[872] Geldwerte Vorteile von anderen Personen als dem Arbeitgeber werden von § 8 Abs. 3 EStG nicht erfasst. Deswegen sollen insbesondere Konzernleistungen nicht unter § 8 Abs. 3 EStG fallen, bei denen Zuwendungen an Arbeitnehmer anderer konzernzugehöriger Unternehmen erbracht oder ein sonstiger überbetrieblicher Belegschaftshandel mit für die Arbeitnehmer erworbenen Waren betrieben wird.[873]

Den Personalrabatten vergleichbare Preisnachlässe kommen aber ebenso im Rahmen der Gewinneinkünfte in Betracht. § 8 Abs. 3 EStG gilt nicht für den selbstständigen Handelsvertreter oder den bilanzierenden Unternehmer, der im Rahmen gegenseitiger Geschäftsbeziehungen betrieblich veranlasste Preisnachlässe erhält[874]. Hier wird der Wertzugang nach objektiven Kriterien ohne Abschlag und Freibetrag bemessen oder zumindest § 8 Abs. 2 EStG in gleichheitskonformer Weise entsprechend angewendet.[875]

---

872 *Birk/Küster*, in: Herrmann/Heuer/Raupach, EStG, § 8 Rn. 147; *Kirchhof*, in: Kirchhof, EStG, § 8 Rn. 64.

873 BFH, v. 28.8.2002, VI R 88/99, BStBl. II 2003, 154 (155); *Kirchhof*, in: Kirchhof, EStG, § 8 Rn. 61.

874 BFHE 154, 218.

875 Für die entsprechende Anwendung von § 8 Abs. 2 EStG spricht sich *Heinicke*, in: Schmidt, EStG, § 4 Rn. 452, aus.

Im Vergleich zu steuerbaren Wertzugängen außerhalb des Tatbestandes des § 8 Abs. 3 EStG wird der Empfänger von Personalrabatten privilegiert. Ob dies mit der gleichmäßigen Besteuerung nach der finanziellen Leistungsfähigkeit und der Gleichwertigkeit der Erwerbsgrundlagen vereinbar ist, ist zweifelhaft.[876]

Diese Ungleichbehandlung wird teilweise mit Erfassungsschwierigkeiten außerhalb des Lohnsteuerabzugs gerechtfertigt, da in der Praxis nicht von einer vollständigen Besteuerung von Rabatten bei Gewinneinkünften ausgegangen werden könne. Vielmehr müsse man im Gegenteil eher annehmen, dass verbilligte oder unentgeltliche Sachbezüge bei Gewinneinkünften in der Regel nicht versteuert würden.[877] Sachbezüge innerhalb von Arbeitsverhältnissen könnten dagegen aufgrund der lohnsteuerrechtlichen Dokumentations- und Nachweispflichten verhältnismäßig einfach und umfassend ermittelt werden.

Diese Argumentation kann jedoch nicht überzeugen, da sie zum einen die Ungleichbehandlung gegenüber den Arbeitnehmern, die nicht unter § 8 Abs. 3 EStG fallen, aber dem Lohnsteuerabzug unterliegen, nicht erklären kann. Zum anderen wäre der Freibetrag des § 8 Abs. 3 EStG nur gerechtfertigt, wenn in pauschalierender Weise davon auszugehen wäre, dass im Rahmen der Gewinneinkunftsarten jährlich Sachbezüge in Höhe des Freibetrages von 1.080 € faktisch unversteuert blieben.[878] Für eine solche Pauschalierung gibt es keine Nachweise oder Anhaltspunkte.

Im Gesetzgebungsverfahren wurde die Regelung des § 8 Abs. 3 EStG mit dem Ziel der „Verbesserung der steuerlichen Gerechtigkeit" begründet.[879] Dies ist allerdings vor dem Hintergrund zu sehen, dass Belegschaftsrabatte vorher überhaupt nicht besteuert wurden.[880] Eine irgendwie geartete Besteuerung von Personalrabatten mag die Gleichmäßigkeit der Besteuerung fördern, führt jedoch nicht ohne weiteres zur gleichheitsgerechten Besteuerung.[881]

Ein weiterer Rechtfertigungsversuch wird darin gesehen, dass auf diese Weise der Verwaltungsaufwand im Verhältnis zum steuerlichen Ergebnis ver-

---

876 *Gröpl*, in: Kirchhof/Söhn/Mellinghoff, EStG, § 8 Rn. D 33 ff.; *Drenseck*, in: Schmidt, EStG, § 8 Rn. 75; eine Verletzung letztendlich ablehnend *Birk/Küster*, in: Herrmann/Heuer/Raupach, EStG, § 8 Rn. 147; *Steiner*, in: Lademann, EStG, § 8 Rn. 177 ff.; *Glenk*, DStR-Beihefter 19/1989, S. 1 (4); ebenso FG München, v. 14.12.2007, 2 K 2299/05, EFG 2009, 235; Revision eingelegt, Az. des BFH, X R 43/08.

877 *Birk/Küster*, in: Herrmann/Heuer/Raupach, EStG, § 8 Rn. 147; *Steiner*, in: Lademann, EStG, § 8 Rn. 178; *Glenk*, DStR-Beihefter 19/1989, S. 1 (4).

878 *Gröpl*, in: Kirchhof/Söhn/Mellinghoff, EStG, § 8 Rn. D 35.

879 BT-Drucks. 11/2157, S. 141 f.

880 Obwohl die Literatur scharfe Kritik an der gleichheitsrechtlichen Steuerfreistellung von Personalrabatten übte, wurde § 8 Abs. 3 EStG erst mit dem StRefG 1990 eingeführt, BGBl. I 1988, S. 1093, 2074. Vgl. *Gröpl*, in: Kirchhof/Söhn/Mellinghoff, EStG, § 8 Rn. D 1 f.

881 *Gröpl*, in: Kirchhof/Söhn/Mellinghoff, EStG, § 8 Rn. D 36.

tretbar gehalten werden könne.[882] Das Differenzierungskriterium der geldwerten Sachbezüge innerhalb eines Dienstverhältnisses ist jedoch nicht geeignet, das Ziel der Verwaltungsvereinfachung zu erreichen. Insbesondere ist die Finanzverwaltung gerade im Hinblick auf die Freibeträge gehalten, die gewährten Zuwendungen im Einzelnen zu bewerten und durch deren Addition festzustellen, ob der Freibetrag überschritten ist.[883] Aber auch der Arbeitgeber muss gem. § 4 Abs. 3 Nr. 3 LStDV bei jeder Lohnabrechnung eine Bewertung vornehmen.

Mithin haben sich die gleichheitsrechtlichen Bedenken gegen das Sonderregime von Personalrabatten bei Arbeitnehmereinkünften bestätigt. Personalrabatte sollten im Ergebnis wie andere Sachbezüge nach § 8 Abs. 2 EStG bewerten werden; insbesondere ist der Personalrabatt-Freibetrag zu streichen.

c. Vermögensbeteiligungsfreibetrag (§ 19a Abs. 1 EStG)

§ 19a Abs. 1 EStG gewährt Arbeitnehmern bei unentgeltlicher oder verbilligter Überlassung bestimmter Vermögensbeteiligungen an Unternehmen einen Freibetrag in Höhe von bis zu 135 €, wenn der eingeräumte Vorteil die Hälfte des Werts der Vermögensbeteiligungen nicht übersteigt.

Diese Zuwendung muss durch ein gegenwärtiges Dienstverhältnis veranlasst worden sein. Der mit dem Betrag freigestellte Sachbezug wäre ohne § 19a Abs. 1 EStG als Arbeitslohn i.S.d. § 2 Abs. 1 Satz 1 Nr. 4, § 19 Abs. 1 Satz 1 Nr. 1 EStG einkommensteuerpflichtig.[884] Die Überlassung von Vermögensbeteiligungen an Steuerpflichtige im Rahmen anderer Einkunftsarten ist nicht begünstigt.

Der Freibetrag des § 19a EStG soll der Vermögensbildung von Arbeitnehmern dienen und ihre Beteiligung am Produktivvermögen fördern.[885] Bei der gleichheitsrechtlichen Rechtfertigung dieser Sozialzwecknorm ist problematisch, dass durch die progressionsabhängige Ausgestaltung der Einkommensteuer der Freibetrag des § 19a EStG bei steigendem Einkommen eine höhere Förderungswirkung entfaltet.[886] Die Förderwirkung nimmt bei denjenigen Steuerpflichtigen zu, die es unter umverteilungspolitischen Gesichtspunkten am wenigsten verdienen. Hinzukommt, dass § 19a EStG als Mittel der Vermögensbildung wegen der geringen Höhe des Freibetrags nur eine beschränkte Wirkung hat, die im Missverhältnis zum gesetzestechnischen Regelungsaufwand steht.[887]

---

882 BT-Drucks. 11/2157, S. 142.

883 *Gröpl*, in: Kirchhof/Söhn/Mellinghoff, EStG, § 8 Rn. D 38

884 *Eisgruber*, in: Kirchhof, EStG, § 19a Rn. 9.

885 BT-Drucks. 10/337, S. 10; vgl. auch 20. Subventionsbericht, BT-Drucks. 16/1020, S. 250.

886 Sog. Regressionseffekt, vgl. E.IV.1.

887 *Tipke/Lang*, Steuerrecht, § 9 Rn. 145.

Folglich verletzt § 19a EStG als einkunftsartspezifische Rechtsfolge die gleichmäßige Einkünftebesteuerung.[888]

4. Werbungskostenpauschbeträge (§ 9a Satz 1 Nr. 1 lit. a und b EStG)

Für die Werbungskosten bei der Berechnung der Einkünfte aus nichtselbstständiger Arbeit bestimmt § 9a Satz 1 Nr. 1 lit. a EStG einen Pauschbetrag in Höhe von 920 €. Diesen Arbeitnehmer-Pauschbetrag berücksichtigt das Finanzamt von Amts wegen; § 9a EStG schließt aber die Berücksichtigung höherer Werbungskosten nicht aus.

Die Pauschalierung des § 9a Satz 1 Nr. 1 lit. a EStG durchbricht zunächst die gleichmäßige Besteuerung nach der Leistungsfähigkeit, die eine exakte Einkünfteermittlung fordert, um die Vergleichbarkeit von Einkommen als Voraussetzung einer gleichmäßigen Tarifbelastung zu gewährleisten. Arbeitnehmer, denen erwerbsbezogene Aufwendungen von mehr als 920 € entstehen, werden ungleich behandelt gegenüber Arbeitnehmern, bei denen keine oder geringere Werbungskosten anfallen, die aber gleichwohl einen Pauschbetrag als dann fiktive Aufwendungen absetzen können.

Aber auch Bezieher anderer Einkunftsarten, insbesondere Unternehmer kleinerer Gewerbebetriebe, werden von dieser Pauschalierung berufsbezogener Aufwendungen nicht erfasst; insofern werden Erwerbsgrundlagen unterschiedlich behandelt.

Aus diesen Gründen sind gegen den Arbeitnehmer-Pauschbetrag in der Fassung des Steuerreformgesetzes 1990 in Höhe von damals 2.000 DM verfassungsrechtliche Bedenken erhoben worden,[889] die das Bundesverfassungsgericht im Beschluss v. 10.4.1997 – 2 BvL 77/92[890] jedoch richtigerweise für unbegründet hielt.

Steuergesetze als abstrakt-generelle Normen erfassen Massenvorgänge und müssen daher, um praktikabel und verständlich zu sein, in typisierender Weise Besonderheiten einzelner Fälle oder einzelner Fallgruppen vernachlässigen.[891] Die Gleichheit der Erwerbsgrundlagen schließt es nicht aus, dass das Erhebungsverfahren um der Allgemeinheit und Verlässlichkeit der Besteuerung willen je nach Einkunftsart entsprechend den typischen Lebensvorgängen – auch mit messbaren Unterschieden für Gruppen von Steuerzahlern – verschieden ge-

---

888 *Tipke/Lang*, Steuerrecht, § 9 Rn. 145; a.A. *Pflüger*, in: Herrmann/Heuer/Raupach, EStG, § 19a Rn. 2; *Breinersdorfer*, in: Kirchhof/Söhn/Mellinghoff, EStG, § 19a Rn. A 168 ff.

889 *Rasenack*, BB 1988, S. 1859; *Birk*, StuW 1990, S. 300 (301, 306).

890 BVerfGE 96, 1.

891 BVerfGE 78, 214 (226 f.); 82, 126 (151 f.); 99, 280 (290); 105, 73 (127); 116, 164 (182 f.).

regelt wird.[892] Verfolgt demnach eine begünstigende Norm den Zweck, die Steuererhebung zu vereinfachen, so ist dieses ein Fiskalzweck, weil die Vereinfachung primär dem staatlichen Interesse der Einnahmeerzielung dient.[893]

Der Arbeitnehmer-Pauschbetrag bezweckt eine arbeitsökonomische Vereinfachung des Besteuerungsverfahrens durch typisierende Abgeltung kleinerer Werbungskosten und gewährt dadurch keine sozialpolitisch motivierte Steuersubvention.[894] Es soll dem Steuerpflichtigen ein Einzelnachweis seiner Werbungskosten und der Finanzverwaltung eine Überprüfung erspart bleiben. § 9a EStG trägt insoweit dem Umstand Rechnung, dass der Ermittlung der Einkünfte aus nichtselbstständiger Arbeit nach der Überschussrechnung keine Buchführung zugrunde liegt. Im Massenverfahren der Arbeitnehmerbesteuerung kann diese Pauschalierung nicht als Überschreitung des gesetzgeberischen Gestaltungsraums angesehen werden.[895] Die Höhe der Typisierung eines Mindestaufwands in Höhe von 920 € jährlich erscheint angemessen. Im Übrigen lässt sich ein bei Einzelfallprüfung erforderliches Eindringen in die Privatsphäre des Steuerpflichtigen insoweit vermeiden.

Die Pauschalierung ist auch mit der Besteuerungsgleichheit vereinbar, als der Pauschbetrag mit einem steuerfreien oder pauschal versteuerten Werbungskostenersatz (z.B. §§ 3 Nr. 13, 16; 40 Abs. 2 Satz 2 EStG) zusammentrifft.[896] Eine Begünstigungskumulation beträfe die Verfassungsmäßigkeit der besonderen Entlastungstatbestände, ändert aber nichts an der verfassungsrechtlichen Zulässigkeit des Arbeitnehmer-Pauschbetrages.[897]

Der Arbeitnehmer-Pauschbetrag für Versorgungsbezüge gem. § 9a Satz 1 Nr. 1 lit. b EStG von 102 € ist ab Veranlagungszeitraum 2005 in der Höhe an den Pauschbetrag der Nr. 3 für andere Altersbezüge bei Einnahmen im Sinne des § 22 Nr. 1, 1a, 5 EStG angepasst. Die geringere Höhe als der Arbeitnehmer-Pauschbetrag ist gerechtfertigt, da Versorgungsempfängern typischerweise keine so hohen Werbungskosten wie aktiven Arbeitnehmern entstehen und kein Grund ersichtlich ist, diese besser zu stellen als die Bezieher anderer Alterseinkünfte.[898]

Die Werbungskostenpauschbeträge gem. § 9a Satz 1 Nr. 1 lit. a und b EStG bei der Ermittlung der Einkünfte aus nichtselbstständiger Arbeit verletzen nicht die Besteuerungsgleichheit. Rechtspolitisch wünschenswert wäre es weiterhin,

---

892 BVerfGE 96, 1 (5).

893 *Jochum*, Steuervergünstigung, S. 135 f.

894 *Prinz*, in: Herrmann/Heuer/Raupach, EStG, § 9a Rn. 5, 28.

895 BFH, v. 19.2.1993, VI R 74/91, BStBl. II 1993, 551 (556). Der BFH hat diesen Vorlagebeschluss schließlich zurückgenommen, BStBl. II 1998, 59.

896 BVerfGE 96, 1 (10).

897 BVerfGE 96, 1 (10).

898 *v. Beckerath*, in: Kirchhof, EStG, § 9a VZ 2008 Rn. 16; *v. Bornhaupt*, in: Kirchhof/Söhn/Mellinghoff, EStG, § 9a Rn. B 48.

von Pauschalierungen und Typisierungen bei erwerbsbezogenen Aufwendungen einheitlich im Rahmen aller Erwerbsgrundlagen Gebrauch zu machen.[899]

5. Steuersatzvergünstigungen (§ 34 Abs. 2 Nr. 2 und Nr. 4 EStG)

§ 34 EStG sieht für außerordentliche Einkünfte Steuerermäßigungen vor, die der erhöhten Progressivbelastung bei der Zusammenballung von Einkünften entgegenwirken sollen.

§ 34 Abs. 2 EStG stellt einen Katalog derjenigen Einkünfte auf, die als außerordentliche Einkünfte in Betracht kommen können. Nach dem Wortlaut des Katalogs wird nicht an Einkünfte aus nichtselbstständiger Tätigkeit angeknüpft. Hauptsächliches Anwendungsgebiet der § 34 Abs. 2 Nr. 2 und Nr. 4 EStG sind aber Einkünfte aus nichtselbstständiger Tätigkeit.[900] Daraus kann jedoch keine beschränkende Auslegung gefolgert werden, denn Entschädigungen im Sinne des § 34 Abs. 2 Nr. 2 i.V.m. § 24 Abs. 1 EStG können bei allen Einkunftsarten des § 2 Abs. 1 Satz 1 Nr. 1 bis 7 EStG anfallen.[901]

Auch § 34 Abs. 2 Nr. 4 EStG beschränkt sich nicht auf bestimmte Einkunftsarten, obwohl die Rechtsprechung dessen Vorgängerregelung § 34 Abs. 3 EStG a.F. nur auf Einkünfte aus selbstständiger und nichtselbstständiger Arbeit angewendet hat[902]. Diese restriktive Anwendung kann aufgrund des geänderten Wortlauts – „Entlohnung“ wurde durch „Vergütung“ ersetzt –[903] und aufgrund einer verfassungskonformen Interpretation im Sinne einer Gleichbehandlung aller Einkunftsarten nicht gelten.

6. Lohnsteuer als Steuerzugriff an der Einkunftsquelle (§§ 38 bis 42f EStG)

Nach der Legaldefinition des § 38 Abs. 1 Satz 1 EStG ist Lohnsteuer die Einkommensteuer, die bei Einkünften aus nichtselbstständiger Tätigkeit durch Abzug vom Arbeitslohn erhoben wird, soweit der Arbeitslohn von einem inländischen Arbeitgeber oder ausländischem Verleiher gezahlt wird. Der Arbeitgeber behält für den Arbeitnehmer als Steuerschuldner von dessen Lohn die Steuer ein und führt sie an das Finanzamt ab (§ 38 Abs. 3 Satz 1 EStG).

---

899 Vgl. Vorschlag bei *Kirchhof*, Einkommensteuergesetzbuch, S. 151.

900 *Horn*, in: Herrmann/Heuer/Raupach, EStG, § 34 Rn. 51 a.E.; *Drenseck*, in: Schmidt, EStG, § 34 Rn. 38.

901 *Mellinghoff*, in: Kirchhof, EStG, § 34 Rn. 36; *Sieker*, in: Kirchhof/Söhn/Mellinghoff, EStG, § 34 Rn. B 75.

902 BFH, v. 14.6.1963, VI 216/61 U, BStBl. III 1963, 380; v. 22.4.1966, VI 142/65, BStBl. III 1966, 462 (463); v. 31.7.1970, VI R 177/68, BStBl. II 1970, 784.

903 *Mellinghoff*, in: Kirchhof, EStG, § 34 Rn. 41 f.; *Sieker*, in: Kirchhof/Söhn/Mellinghoff, EStG, § 34 Rn. B 125 f.

Der Begriff „Lohnsteuer“ kennzeichnet keine gegenüber der Einkommensteuer selbstständige Steuerart, sondern stellt nur eine Erhebungsform der Einkommensteuer dar, die sich materiell-rechtlich als eine Vorauszahlung auf die Jahreseinkommensteuer des Arbeitnehmers qualifiziert.[904] Die Lohnsteuer betrifft ausschließlich die Einkünfte aus nichtselbstständiger Arbeit i.S.d. § 19 Abs. 1 EStG. Formell greift die Steuer durch den Abzug vom Arbeitslohn unmittelbar an der Quelle der Einkünfte zu.

Das Vorauszahlungsverfahren betrifft die anderen sechs Einkunftsarten; ab 2009 werden Kapitaleinkünfte durch eine Kapitalertragsteuer mit Abgeltungswirkung besteuert. Grundsätzlich wird die Einkommensteuer nach § 25 EStG im Wege der Veranlagung erhoben. Die Veranlagung geschieht nach Ablauf des Veranlagungszeitraums, d.h. des Kalenderjahres. Gem. § 37 EStG haben die Steuerpflichtigen vierteljährlich (10. März; 10. Juni; 10. September; 10. Dezember) Vorauszahlungen zu leisten, die prinzipiell nach den Verhältnissen der Vergangenheit bemessen werden. Die Vorauszahlungen werden auf die am Ende des Veranlagungszeitraums festgesetzte Einkommensteuer angerechnet (§ 36 Abs. 2 Nr. 1 EStG).

Ob über den Quellenabzug hinaus eine Veranlagung bei Einkünften aus nichtselbstständiger Tätigkeit durchgeführt wird oder auf Antrag durchgeführt werden kann, ergibt sich aus § 46 EStG. Bei einer Veranlagung werden die einbehaltenen Abzugsbeträge gem § 36 Abs. 2 Nr. 2 EStG angerechnet.

Die Veranlagung nach § 46 EStG soll die notwendigen Unvollkommenheiten des ausschließlich auf die Einkünfte aus nichtselbstständiger Arbeit bezogenen Lohnsteuerabzugsverfahrens ausgleichen. Die Veranlagung stellt die Gleichheit zwischen allen Steuerpflichtigen her[905], was voraussetzt, dass das Veranlagungsverfahren für alle Arbeitnehmer in gleicher Weise ausgestaltet ist. Vorauszahlende und später zu veranlagende Einkommensteuerpflichtige und Lohnsteuerzahler sind als gleich einzustufen.[906] Eine Ungleichbehandlung zwischen vorauszahlenden Einkommensteuerzahlern und Lohnsteuerzahlern muss sich zur Wahrung der Belastungsgleichheit auf die Punkte beschränken, in denen eine abweichende Regelung durch die Besonderheiten und Ausgestaltung dieser formellen Erhebungsverfahren hinreichend gerechtfertigt ist.[907]

---

904 BFH, v. 9.10.1992, VI R 97/90, BStBl. II 1993, 166; v. 29.4.1992, VI B 152/91, BStBl. II 1992, 752; v. 18.7.1985, VI R 208/82, BStBl. II 1986, 152; *Heuermann*, Lohnsteuerabzugsverfahren, S. 13 f.; *Pflüger*, in: Herrmann/Heuer/Raupach, EStG, § 38 Rn. 5; *Drenseck*, in: Schmidt, EStG, § 38 Rn. 1; *Wagner*, in: Heuermann/Wagner, LohnSt, Teil B Rn. 3; *Drenseck*, StuW 1991, S. 232 (234). A.A. *Schick*, BB 1983, S. 1041 (1047); *v. Bornhaupt*, BB 1986, S. 367 (369).

905 BVerfG, v. 13.12.1967, 1 BvR 679/64, BStBl. II 1968, 70 (71).

906 BVerfGE 23,1 (7); 43, 231 (237).

907 BVerfGE 23, 1 (7); 33, 90 (103 f.); 43, 231 (237).

a. Zins- und Liquiditätsnachteile

Der Quellenabzug ist neben der Kontrollmitteilung durch Dritte das effizienteste Durchsetzungs- und Verifzierungsmittel der Steuererhebung. Schon was den Belastungserfolg betrifft, sind die Arbeitnehmer gegenüber den Beziehern anderer Einkunftsarten benachteiligt.[908]

Die Erhebung der Lohnsteuer führt dazu, dass Lohnsteuerzahler im Durchschnitt zeitnäher als veranlagte Einkommensteuerzahler zur Steuer herangezogen werden. Die Jahreslohnsteuer wird nach dem Jahresarbeitslohn grundsätzlich so bemessen, dass sie der Einkommensteuer entspricht, die der Arbeitnehmer schuldet, wenn er nur Einkünfte aus nichtselbstständiger Arbeit erzielt. Andererseits haben auch veranlagte Einkommensteuerzahler laufende Vorauszahlungen zu entrichten. Dennoch ergeben sich für Lohnsteuerzahler in der Regel Nachteile daraus, dass Vorauszahlungen nicht so frühzeitig angepasst werden können und dass die Berücksichtigung von Verlusten aus anderen Einkunftsarten grundsätzlich nicht möglich ist.[909]

Darüber hinaus wird bei Lohnsteuerzahlern oft im Verlauf eines Jahres mehr an Lohnsteuer erhoben, als bei einer Einkommensteuerveranlagung festzusetzen wäre. Die überbezahlten Beträge werden erst später im Wege eines Lohnsteuer-Jahresausgleichs oder nach einer Veranlagung zur Einkommensteuer zinslos erstattet. Da somit Lohnsteuerzahler, verglichen mit veranlagten Einkommensteuerzahlern, im Ganzen gesehen, frühzeitiger und zunächst bisweilen zu hoch zur Einkommensteuer herangezogen werden, erleiden sie Zins- und Liquiditätsnachteile.[910]

Auf der anderen Seite ist die Ausgestaltung der Lohnsteuer als Quellensteuer sowohl für den Fiskus als auch für die Arbeitnehmer als Lohnsteuerzahler vorteilhaft. In aller Regel gewährleistet der Quellenabzug einen zeitnahen Eingang der Steuerbeträge; es wird das steuerpolitische Ziel erreicht, möglichst punktgenaue Vorauszahlungen für die später festzusetzende Einkommensteuer zu erhalten.[911] Ferner dient der Lohnsteuerabzug auch den Belangen des steuerpflichtigen Arbeitnehmers, als er ihn bei korrekter Durchführung des Lohnsteuerabzuges der Sorge für die Bereithaltung der Mittel zur Bestreitung der Steuerschulden weitgehend enthebt. In der Regel kann der Arbeitnehmer davon ausgehen, dass der an ihn ausgezahlte, um die Abzugsbeträge gekürzte Nettolohn ihm auch tatsächlich zur Verfügung steht.[912] Des Weiteren ist für Arbeitnehmer ohne weitere Einkünfte, die einen großen Teil der Steuerpflichtigen darstellen, die Einkommensteuerveranlagung entbehrlich.[913]

---

908 *Tipke*, Steuerrechtsordnung II, S. 703.
909 BVerfGE 43, 231 (239 f.).
910 BVerfGE 43, 231 (240).
911 *Pflüger*, in: Herrmann/Heuer/Raupach, EStG, § 38 Rn. 5.
912 BVerfGE 43, 231 (238).
913 *Pflüger*, in: Herrmann/Heuer/Raupach, EStG, § 38 Rn. 5.

Das Erhebungsverfahren der Lohnsteuer bezweckt eine vereinfachte Einkommensbesteuerung bei einem großen Teil der Steuerpflichtigen ohne erheblichen zusätzlichen Verwaltungsaufwand.[914] Dieser mit dem Lohnsteuerverfahren als einem Massenverfahren verbundene Rationalisierungseffekt würde bei einer anderen Verfahrensgestaltung beeinträchtigt.

Die durch den Lohnsteuereinbehalt entstehenden Zins- und Liquiditätsnachteile sind durch die Besonderheiten des formellen Erhebungsverfahrens bedingt und stellen folglich keinen Verstoß gegen die materielle Gleichbehandlung der Einkunftsarten dar.[915]

b. Ausschlussfrist für die Antragsveranlagung (§ 46 Abs. 2 Nr. 8 Satz 2 EStG a.F.)

Dagegen verstieß die Ausschlussfrist in § 46 Abs. 2 Nr. 8 Satz 2 EStG gegen die Gleichbehandlung der Einkunftsarten.[916] Danach konnte ein Arbeitnehmer eine Erstattung zuviel einbehaltener Lohnsteuer nur bis zum Ablauf des auf den Veranlagungszeitraum folgenden zweiten Kalenderjahres durch Abgabe einer Einkommensteuererklärung stellen (sog. Antragsveranlagung). Im Vergleich dazu können veranlagte Einkommensteuerpflichtige die Durchführung einer Veranlagung noch bis zum Ablauf des auf den Veranlagungszeitraum folgenden siebten

---

914 BFH, v. 7.6.1989, X R 12/84, BStBl. II 1989, 976 (979).

915 BVerfGE 43, 231.

916 Vgl. Vorlagebeschlüsse nach Art. 100 GG des BFH, v. 22.5.2006, VI R 49/04, BStBl. II 2006, 806; v. 22.5.2006, VI R 46/05, BStBl. II 2006, 820. Zur Begründung führt der Bundesfinanzhof aus, dass sowohl die von Amts wegen als auch die auf Antrag veranlagten Steuerpflichtigen vergleichbar seien, da in beiden Fällen die Veranlagung durch die Finanzverwaltung innerhalb einer bestimmten Frist durchzuführen sei und damit die Gleichheit zwischen allen Steuerpflichtigen hergestellt werden könne. Eine hinreichende Rechtfertigung dieser Ungleichbehandlung sei weder im Interesse der Allgemeinheit an einer funktionsfähigen und möglichst sparsam arbeitenden Finanzverwaltung noch in den Besonderheiten der Einkünfte aus nichtselbstständiger Arbeit i.S.d. § 19 EStG zu sehen. Ein ausreichender Grund ließe sich nicht daraus ableiten, dass das Lohnsteuerabzugsverfahren an sich keinen verfassungsrechtlichen Bedenken begegne; dies gelte nicht für die Ausgestaltung des Verfahrens. Der Bundesfinanzhof bekräftigt somit in seinen Vorlagebeschlüssen die Verpflichtung des Einkommensteuergesetzgebers, die verschiedenen Einkunftsarten gleich zu behandeln.
Die Veranlagung nach § 46 EStG soll die notwendigen Unvollkommenheiten des ausschließlich auf die Einkünfte aus nichtselbstständiger Arbeit bezogenen Lohnsteuerabzugsverfahrens ausgleichen. Die Veranlagung stellt die Gleichheit zwischen allen Steuerpflichtigen her, was voraussetzt, dass das Veranlagungsverfahren für alle Arbeitnehmer in gleicher Weise ausgestaltet ist. Diesem Erfordernis wurde § 46 Abs. 2 Nr. 8 Satz 2 EStG nicht gerecht. Die Norm knüpfte an die Unterscheidung zwischen Amts- und Antragsveranlagung ohne hinreichende gleichheitsrechtliche Rechtfertigung unterschiedliche Rechtsfolgen an. Dazu Kontny/Laschet, FR 2007, S. 122 ff.; Bergkemper, FR 2006, S. 1048 f.

Kalenderjahres erreichen. Die Ausschlussfrist in § 46 Abs. 2 Nr. 8 Satz 2 EStG wurde durch das Jahressteuergesetz 2008 aufgehoben;[917] die Gleichheit zwischen allen Steuerpflichtigen ist in diesem Punkt wiederhergestellt worden.

7. Zusammenfassende Würdigung

Die Einkünfte aus nichtselbstständiger Arbeit nehmen den größten Anteil am Aufkommen der Einkommensteuer ein und sind die fiskalisch bedeutendste Einkunftsart. Die meisten Einkommensteuerpflichtigen sind Arbeitnehmer. Der Abzug an der Einkommensquelle stellt einen fast unausweichlichen Belastungserfolg sicher. Die unterschiedlichsten Befreiungen auf der Einnahmeseite knüpfen an Einkünfte aus nichtselbstständiger Tätigkeit an. Der Katalog des § 3 EStG ist ein anschauliches Beispiel für die Systemlosigkeit der konkreten Ausgestaltung des einkommensteuerlichen Belastungsgedankens. Neben den damit verfolgten Sozialzwecken, die oft eine Verletzung der Belastungsgleichheit nicht hinreichend rechtfertigen können, ist die Vermutung zu äußern, dass diese Steuerbefreiungen in ihrer Gesamtheit ein Ausgleich für die unausweichliche Erhebungsform des Quellenabzugs sein könnten. Dies stellt die grundsätzliche Frage nach einer Akzentuierung des Belastungserfolgs der anderen Einkunftsarten.

VIII. Zu der Einkunftsart des Kapitalvermögens (§ 2 Abs. 1 Satz 1 Nr. 5; § 20 EStG)

Die Abgrenzung der Einkünfte aus Kapitalvermögen von den anderen sechs Einkunftsarten hat verschiedene Auswirkungen. Bei der Einkunftsart des Kapitalvermögens werden insbesondere die Einkünfte im Rahmen der Überschussrechnung (§§ 8-9a EStG) ermittelt, bestimmte Einnahmen steuerfrei gestellt und Werbungskosten pauschaliert, wird ein Freibetrag eingeräumt, die Verlustverrechnung beschränkt und ist für einzelne Kapitalerträge der Quellenabzug der Kapitalertragsteuer vorgesehen.

Die Unternehmenssteuerreform 2008[918] ordnet die Besteuerung von Kapitalvermögen grundsätzlich neu. Die Änderungen treten mit Wirkung zum 1.1.2009 in Kraft und werden im Anschluss unter F.VIII.7. dargestellt.

---

917 Art. 1 Nr. 30 des JStG 2008 v. 20.12.2007, BGBl. I 2007, S. 3150 (3157).

918 UntStRefG 2008 v. 14.8.2007, BGBl. I 2007, S. 1912.

1. Tatbestandsmerkmale des Kapitalvermögens

§ 20 EStG gibt keine allgemeine Definition der Einkünfte aus Kapitalvermögen, sondern konkretisiert diese Einkunftsart anhand eines Kataloges in § 20 Abs. 1 Nr. 1-10, Abs. 2 Nr. 1-4 EStG. Danach erzielt der Steuerpflichtige Einkünfte aus Kapitalvermögen, indem er einem Dritten Geldkapital zur entgeltlichen Nutzung überlässt.[919] Aus der Nutzung des Kapitalvermögens als Erwerbsgrundlage resultieren Rechte und Forderungen (z.B. Darlehensforderung, Aktie, GmbH-Beteiligung), die im Privatvermögen verbleiben (vgl. § 14 Satz 3 AO). Aufgrund der Zuordnung zum Bereich der privaten Vermögensverwaltung erfassen die Einkünfte aus Kapitalvermögen gemäß dem quellentheoretischen Konzept der Überschusseinkünfte nicht die Wertveränderungen der Kapitalanlage.[920] Hingegen sind Vermögensmehrungen, die bei wirtschaftlicher Betrachtung Entgelt für die Kapitalüberlassung sind, Einnahmen aus Kapitalvermögen.[921] Diese Abgrenzung der erwirtschafteten Quellenbezüge zu den nicht steuerbaren Vermögensmehrungen des Stammvermögens wird insbesondere veranschaulicht durch § 20 Abs. 1 Nr. 7, Abs. 2 EStG. Die Veräußerung von Forderungen im Privatvermögen führt nur in den Fällen des § 20 Abs. 2 Nr. 2-4 EStG zu Einkünften aus Kapitalvermögen, im Übrigen kann ein sog. Veräußerungsgewinn gem. §§ 17, 23 EStG steuerpflichtig sein.

Einkünfte aus Kapitalvermögen sind gegenüber Einkünften aus Land- und Forstwirtschaft, aus Gewerbebetrieb, aus selbstständiger Arbeit und aus Vermietung und Verpachtung subsidiär (§ 20 Abs. 3 EStG). Eine Kapitalforderung gehört dann zum Betriebsvermögen.

2. Steuerfreie Einnahmen (§ 3 Nr. 21, Nr. 54, Nr. 40 EStG)

§ 3 Nr. 21 EStG (Zinsen aus Schuldbuchforderungen) und § 3 Nr. 54 EStG (Zinsen aus Entschädigungsansprüchen) stellen bestimmte Kapitalerträge steuerfrei, denen aber wegen Zeitablaufs keine Bedeutung mehr zukommt und die deshalb aufgehoben werden sollten.[922]

Für Kapitalerträge aus im Privatvermögen gehaltenen Beteiligungen gilt eine hälftige Steuerbefreiung nur noch für Ausschüttungen im Jahr 2008 (§ 3 Nr. 40

---

919 BFH, v. 8.10.1991, VIII R 48/88, BStBl. II 1992, 174 (175); v. 31.10.1990, VIII R 210/83, BStBl. II 1990, 532; *Harenberg*, in: Herrmann/Heuer/Raupach, EStG, § 20 Rn. 90; *Kirchhof*, in: Kirchhof/Söhn/Mellinghoff, EStG, § 2 Rn. B 160.

920 BFH, v. 2.3.1993, VIII R 13/91, BStBl. II 1993, 602 (603); v. 27.6.1989, VIII R 30/88, BStBl. II 1989, 934 (935).

921 BFH, v. 2.3.1993, VIII R 13/91, BStBl. II 1993, 602 (603); v. 10.3.1992, VII R 66 /89, BStBl. II 1992, 1032; v. 8.10.1991, VIII R 48/88, BStBl. II 1992, 174 (175); v. 13.10.1987, BStBl. II 1988, 252 (255); v. 9.10.1979, VIII R 67/77, BStBl. II 1980, 116.

922 *Bergkemper*, in: Herrmann/Heuer/Raupach, EStG, § 3 Nr. 21 Rn. 1, § 3 Nr. 54 Rn. 1; *ders.*, FR 1996, S. 509 (512).

EStG n.F.). Dadurch wird eine Gewinnausschüttung beim Anteilseigner einer Kapitalgesellschaft, der Einnahmen aus Kapitalvermögen erzielt, zur Hälfte steuerfrei gestellt. Über § 3c Abs. 2 EStG werden die zugehörigen Aufwendungen des Anteilseigners hälftig gekürzt. Dieses sog. Halbeinkünfteverfahren[923] soll die steuerliche Doppelbelastung der von einer Kapitalgesellschaft erwirtschafteten Gewinne durch eine pauschale Reduzierung der einkommensteuerlichen Belastung des Anteilseigners abmildern. Ab 2009 unterliegen private Beteiligungserträge der Abgeltungsteuer in Höhe von 25 Prozent (§ 20 Abs. 1 Nr. 1, § 32d Abs. 1, § 43 Abs. 1 Nr. 1, § 43a Abs. 1 Satz 1 Nr. 1 i.V.m. § 52a EStG). Eine Steuerbefreiung im Sinne des Halbeinkünfte- zu einem modifizierten Teileinkünfteverfahren gibt es ab 2009 nur noch für Ausschüttungen im Betriebsvermögen (§ 3 Nr. 40 EStG n.F.). Privatanleger werden dadurch gegenüber betrieblichen Anlegern benachteiligt.

3. Sparer-Freibetrag (§ 20 Abs. 4 EStG)

Bei der Einkünfteermittlung sind von den Einnahmen aus Kapitalvermögen nach Abzug der Werbungskosten oder des Werbungskostenpauschbetrags der Sparer-Freibetrag gem. § 20 Abs. 4 EStG in Höhe von 750 €, bei Zusammenveranlagung in Höhe von 1.500 €, abzuziehen.[924]

Der Freibetrag senkt die steuerliche Belastung bei allen Kapitalerträgen i.S.d. § 20 EStG und benachteiligt alle sonstigen Einkunftsarten, insbesondere Kapi-

---

923 Das Halbeinkünfteverfahren wurde mit dem StSenkG v. 23.10.2000 (BGBl. I 2000, S. 1433) eingeführt und löste das bis dahin geltende Anrechnungsverfahren ab. Bis zum Veranlagungszeitraum 2000 galt das Anrechnungsverfahren für die Besteuerung von Ausschüttungen. Nach dem Konzept des Anrechnungsverfahrens sollten Gewinnausschüttungen erst beim Anteilseigner endgültig mit dessen individuellem Einkommensteuersatz belastet werden. Die Belastung mit Körperschaftsteuer sollte dagegen nur vorübergehend sein, indem die von der Körperschaft abgeführte Körperschaftsteuer auf die Einkommensteuerschuld des Anteilseigners angerechnet wurde. Es führte im Ergebnis dazu, dass die von der Kapitalgesellschaft gezahlte Körperschaftsteuer, wirtschaftlich betrachtet, lediglich eine Vorauszahlung auf die vom Anteilseigner geschuldete Einkommensteuer darstellte. Gleichzeitig wurde so eine Doppelbelastung des Gewinns mit Körperschaftsteuer und Einkommensteuer vermieden. Vgl. umfassend zum Halbeinkünfteverfahren *Desens*, Halbeinkünfteverfahren.

924 Mit dem StÄndG 2007 vom 19.7.2006, BGBl. I 2006, S. 1652 wurde der Sparer-Freibetrag von 1.370 €/2.740 € auf 750 €/1.500 € abgesenkt. Der Sparer-Freibetrag wurde ab dem 1.1.1975 in Höhe von 300 DM eingeführt und durch das StRefÄndG 1990 auf 600 DM verdoppelt. Mit dem Zinsabschlagsgesetz wurde der Freibetrag ab dem VZ 1993 auf 6.000 DM erhöht und durch das StEntlG 1999/2000/2002 mit Wirkung ab dem VZ 2000 wieder auf 3.000 DM halbiert, wegen der Euroumstellung betrug er ab VZ 2002 1.550 €. Mit dem HBeglG 2004 wurde der Sparer-Freibetrag auf 1.370/2.740 € herabgesetzt. Näher zur Rechtsentwicklung des § 20 Abs. 4 EStG vgl. *Stuhrmann*, in: Blümich, § 20 EStG Rn. 362 f.

taleinkünfte, die wegen des Vorbehalts in § 20 Abs. 3 EStG einer anderen Einkunftsart zugeordnet werden. Die Gewährung des Sparer-Freibetrags ist verfassungsrechtlich bedenklich. Bei seiner erstmaligen Einführung im Jahr 1974[925] hielt der Gesetzgeber es für gerechtfertigt, Kapitalerträge aus einem bestimmten Sockelvermögen zu schonen, um die besonders förderungswürdige eigenverantwortliche Vorsorge der Bürger durch Sparen künftig zu erhalten.[926] Neben der Förderung der Altersversorgung wird außerdem zur Rechtfertigung dieses Freibetrages geltend gemacht, dass die Kapitaleinkünfte besonders der Inflation ausgesetzt seien[927] und dass Geldvermögen sich leicht ins Ausland verlagern lasse.[928]

Diese Rechtfertigungsansätze sind jedoch nicht überzeugend.[929] Die Förderung der Altersversorgung darf nicht an eine einzelne Einkunftsart anknüpfen; eine Begünstigung nur einer von mehreren denkbaren und grundsätzlich gleichwertigen Vorsorgemöglichkeiten ist nicht gleichheitssatzkonform.[930] Auch Steuerpflichtige, die keine Kapitaleinkünfte haben, müssen für ihr Alter vorsorgen. Soweit die Freibeträge einen Ausgleich für die Inflationsanfälligkeit des Kapitalvermögens berücksichtigen sollen, ist dieser Zweck schon tatbestandlich nicht vorgezeichnet und damit nicht hinreichend bestimmt.[931] Der Freibetrag gilt nicht nur für inflationsanfällige Zinseinkünfte i.S.d. § 20 Abs. 1 Nr. 7 EStG, sondern für alle Einnahmetatbestände des § 20 EStG, also auch für die Erträge aus Beteiligungsvermögen, für verdeckte Gewinnausschüttungen und die Tatbestände des § 20 Abs. 2 EStG. Zwar entspricht die Berücksichtigung der Inflation dem Leistungsfähigkeitsprinzip, das ein Realprinzip[932] ist. Soweit die Inflation den Vermögenszuwachs durch Kapitaleinkünfte mindert, entsteht schon kein Zuwachs an steuerlicher Leistungsfähigkeit. Im Zinsurteil des Bundesverfas-

925 Durch das EStRefG vom 5.8.1974, BStBl. I 1974, S. 530, mit Wirkung ab VZ 1975.

926 BT-Drucks. 7/1470, S. 220.

927 BR-Drucks. 246/92, S. 24; 20. Subventionsbericht 2006, BT-Drucks. 16/1020, S. 251: „Gründe für die Beibehaltung eines Sparer-Freibetrages in gewisser Höhe bestehen weiterhin. Die Einkünfte aus Kapitalvermögen unterliegen mit dem Nominalwert (= Nennwert) der Besteuerung; je geringer der Freibetrag ist, desto weniger wird der Berücksichtigung eines „gerechten" Inflationsausgleichs Rechnung getragen. Nach dem Urteil des Bundesverfassungsgerichts zur Zinsbesteuerung vom 27.6.1991 ist der Gesetzgeber jedoch gehalten, die Geldwertabhängigkeit und damit die gesteigerte Inflationsanfälligkeit der Einkunftsart Kapitalvermögen zu berücksichtigen."

928 Mecklenburgisches FG, v. 22.7.1997, 2 K 77/96, NJW 1998, 1176; *Dötsch*, in: Kirchhof/Söhn/Mellinghoff, EStG, § 20 Rn. R 4 ff.

929 Umfassend zu möglichen Rechtfertigungsgründen *Freitag*, Besteuerung der Zinsen, S. 52 ff. m.w.N.; auch *Tipke*, Steuerrechtsordnung II, S. 707; *Niehus*, DStZ 2000, S. 697 (701 f.); a.A. Mecklenburgisches FG, v. 22.7.1997, 2 K 77/96, NJW 1998, 1176, das den Sparer-Freibetrag mit dem Maßstab des Willkürverbotes rechtfertigt.

930 *Birk/Kulosa*, FR 1999, S. 433 (441).

931 D.h. nicht geeignet, vgl. *Niehus*, DStZ 2000, S. 697 (702).

932 Siehe dazu C.I.3.b.bb. am Ende.

sungsgerichts heißt es: Es „wäre insbesondere verfassungsrechtlich unbedenklich, die Geldwertabhängigkeit und damit die gesteigerte Inflationsanfälligkeit der Einkunftsart „Kapitalvermögen“ bei der Besteuerung zu berücksichtigen.“[933] Das darf jedoch nicht in der Weise geschehen, dass allen Beziehern von Kapitaleinkünften ohne Rücksicht auf die Höhe ihrer Einkünfte ein gleich hoher Freibetrag gewährt wird. Die wirtschaftliche Entwertung des Kapitalvermögens durch die Inflation steigt proportional zur Höhe des dem jeweiligen Steuerpflichtigen zuzurechnenden Kapitals.[934] Daher darf nur ein bestimmter, von der Inflationsrate abhängiger Prozentsatz der Kapitaleinkünfte abgezogen werden, ein Freibetrag in konstanter Höhe kann diese Entwertung nicht ausgleichen. Zur Steuerfluchtbekämpfung eignet sich der Freibetrag ebenfalls nicht, da das Kapital erst ab einem bestimmten Volumen die Bereitschaft zur Mobilität aufweist und dort der Freibetrag prozentual nicht nennenswert zu Buche schlägt.[935]

Durch die Absenkung der Freibetragshöhe im Rahmen des Steueränderungsgesetzes 2007 lässt sich zwar eine Annäherung an die Belastungsgleichheit feststellen,[936] die Ungleichbehandlung der verschiedenen Einkunftsarten ist dadurch aber nicht beseitigt.[937]

4. Werbungskostenpauschbetrag (§ 9a Abs. 1 Satz 1 Nr. 2 EStG)

§ 9a Abs. 1 Satz 1 Nr. 2 EStG sieht einen Werbungskostenpauschbetrag in Höhe von 51 €, bei zusammenveranlagten Ehegatten in Höhe von 102 € für Einnahmen aus Kapitalvermögen vor.

Als Typisierung erwerbsbezogener Aufwendungen lässt sich die Vorschrift rechtfertigen, entsprechend ist auf die Begründung des Arbeitnehmer-Pauschbetrags hinzuweisen. Der Höhe nach ergeben sich keine Bedenken; im Regelfall veranlassen Kapitaleinnahmen nur niedrige Werbungskosten. Ob der Werbungskostenpauschbetrag für die weit überwiegende Zahl der Bezieher von Kapitaleinnahmen wie ein Freibetrag wirkt, kann dahinstehen, da wegen der geringfügigen Höhe die Freibetragsregelung vertretbar erscheint.

---

933 BVerfGE 84, 239 (282).

934 *Birk/Kulosa*, FR 1999, S. 433 (441).

935 *Niehus*, DStZ 2000, S. 697 (702).

936 Vgl. die Entwurfsbegründung zur Halbierung des Sparer-Freibetrags von 6.000 DM auf 3.000 DM durch das StEntlG 1999/2000/2002, BT-Drucks. 14/23, S. 179.

937 *Harenberg*, in: Herrmann/Heuer/Raupach, EStG, § 20 Rn. 1352. Vgl. *ders.*, FR 1997, S. 493 (494): „Warum aber der Bäckermeister als Einzelunternehmer bereits seine erste Brötchenmark – abgesehen von Grundfreibeträgen – zu versteuern hat, während sein Konkurrent als Gesellschafter einer Bäckerei-GmbH [750 € bzw. 1.550 €, eingf. d.Verf.] von seinen Gewinnanteilen freigestellt bekommt, erschließt sich nicht nur dem steuerlichen Laien nicht.“ A.A. *Stuhrmann*, in: Blümich, § 20 EStG Rn. 363, der die Absenkung durch das StÄndG 2007 für verfassungsrechtlich bedenklich hält.

5. Beschränkungen der Verlustverrechnung (§ 20 Abs. 1 Nr. 4 Satz 2 EStG)

Bei Kapitaleinnahmen i.S.d. § 20 Abs. 1 Nr. 4 EStG, Einnahmen aus der Beteiligung an einem Handelsgewerbe als stiller Gesellschafter und aus partiarischen Darlehen, wird in § 20 Abs. 1 Nr. 4 Satz 2 EStG angeordnet, dass die Verlustverrechnung gem. § 15 Abs. 4–6 und § 15a EStG „sinngemäß"[938] beschränkt ist.

Damit sollen negative Einkünfte aus typischen und atypischen stillen Beteiligungen im Hinblick auf Verlustausgleich und Verlustabzug gleichbehandelt werden.

§ 20 Abs. 1 Nr. 4 Satz 2 i.V.m. § 15a EStG wirft keine Bedenken im Sinne einer einkunftsartspezifischen Ungleichbehandlung auf, da über Verweise in § 13 Abs. 7, § 18 Abs. 4 Satz 2, § 21 Abs. 1 Satz 2 EStG und § 22 Nr. 1 Satz 1 Halbsatz 2 EStG eine Anwendung bei anderen Einkunftsarten, in denen eine gemeinschaftliche Einkunftserzielung vorkommt, sichergestellt ist.[939]

Dagegen sind die verfassungsrechtlichen Bedenken gegen § 15 Abs. 4–6 EStG, die bereits im Rahmen der Sonderrechtsfolgen der gewerblichen Einkünfte geäußert worden sind, auf die Einkünfte aus Kapitalvermögen sinngemäß übertragbar. Daher wird auf die dortigen Ausführungen verwiesen.[940]

6. Kapitalertragsteuer (§§ 43 bis 45e EStG)

Der Begriff der Kapitalertragsteuer bezeichnet den in den §§ 43 ff. EStG geregelten „Steuerabzug vom Kapitalertrag". Die Kapitalertragsteuer nach § 43 ff. EStG bezieht sich in großem Umfang auf den Zustandstatbestand des § 2 Abs. 1 Satz 1 Nr. 5 i.V.m. § 20 EStG. Der Katalog des § 20 EStG ist jedoch umfangreicher als die Aufzählung des § 43 EStG. Insbesondere besteht keine Abzugsverpflichtung bei Zinserträgen aus privat vergebenen Darlehen.

Gem. § 43 Abs. 4 EStG ist ein Steuerabzug auch dann vorzunehmen, wenn die Kapitalerträge aufgrund der Subsidiaritätsregel des § 20 Abs. 3 EStG zu den Einkünften aus Land- und Forstwirtschaft, Gewerbebetrieb, selbstständiger Arbeit oder Vermietung und Verpachtung gehören. Der Quellenabzug ist also unabhängig von der Einordnung in eine bestimmte Einkunftsart.

Der Steuerabzug vom Kapitalertrag knüpft folglich nicht in erster Linie an die Einkunftsart des Kapitalvermögens, sondern an den Entstehensort des Ertrages, den inländischen Kapitalertrag, an.

---

938 „Sinngemäß", weil § 15 Abs. 4–6 und § 15a EStG ein steuerliches Kapitalkonto und somit eine Steuerbilanz voraussetzen, die es im Rahmen der Überschussrechnung nicht gibt; dazu *Dötsch*, in: Kirchhof/Söhn/Mellinghoff, EStG, § 20 Rn. F 155; *Mönikes*, Verlustverrechnungsbeschränkungen, S. 177 f.

939 Ausführlich zu anderen verfassungsrechtlichen Bedenken, die gegen § 15a EStG erhoben werden, *Mönikes*, Verlustverrechnungsbeschränkungen, S. 178 ff.

940 Siehe F.V.5.

Ähnlich wie die Lohnsteuer ist die Kapitalertragsteuer keine selbstständige Steuer, sondern eine besondere Erhebungsform der Einkommensteuer.[941] Die Kapitalerträge werden, bereits bevor sie dem Steuerpflichtigen zufließen, an der Quelle dem Steuerabzug unterworfen, da sich „das Kapitaleinkommen [...] wegen der Beweglichkeit des Kapitalvermögens am leichtesten der Besteuerung entziehen kann“[942]. Inhaltlich wirkt die Kapitalertragsteuer wie eine Vorauszahlung auf die persönliche Einkommensteuerschuld,[943] da sie grundsätzlich auf die festgesetzte Einkommensteuer gem. § 36 Abs. 2 Nr. 2 EStG angerechnet wird.[944] Daraus ergibt sich, dass die endgültige Höhe der Einkommensteuer, auch diejenige, die auf die Kapitaleinkünfte entfällt, erst bei der Veranlagung zur Einkommensteuer festgesetzt wird.

Durch den Abzug entstehende Zins- oder Liquiditätsnachteile sind durch die Besonderheiten des formellen Erhebungsverfahrens bedingt und stellen – wie bei der Lohnsteuer – keinen Verstoß gegen die materielle Gleichbehandlung der Einkunftsarten dar. Vielmehr ist die Erhebung der Kapitalertragsteuer teilweise sogar notwendig, um die Gleichheit im tatsächlichen Belastungserfolg zwischen den Einkunftsarten sicherzustellen.

Solchermaßen wird seit dem 1.1.1993 auf Zinsen und andere Kapitalerträge i.S.d. § 20 Abs. 1 Nr. 7 EStG der sog. Zinsabschlag in Höhe von 30 Prozent (bei Tafelgeschäften: 35 Prozent) erhoben.[945]
Durch die Einführung der Zinsabschlagsteuer sollte die Belastungsungleichheit zwischen den Einkünften aus Zinsen und den anderen Einkünften beseitigt werden, weil ein Großteil der Steuerpflichtigen Zinseinkünfte in der Einkommensteuererklärung verschwiegen hatte.[946] Infolge mangelhafter Gestaltung des Erhebungsverfahrens, zu dem § 30 AO (vormals sog. Bankenerlass) beitrug, wurden Zinsen nicht zur Steuer herangezogen und im Regelfall hinterzogen.

Das Bundesverfassungsgericht beanstandete dieses Vollzugshindernis bei der Besteuerung von Kapitaleinkünften und sah die vor 1993 bestehende faktische Nichtbesteuerung von Zinseinkünften für verfassungswidrig an, falls der Steuergesetzgeber nicht gesetzliche Regelungen erließe, die eine Erhebungsgleichheit im Verhältnis zu anderen Einkunftsarten gewährleisteten.[947]

---

941 *Gersch*, in: Kirchhof/Söhn/Mellinghoff, EStG, § 43 Rn. A 2; *Lindberg*, in: Blümich, § 43 EStG Rn. 8.

942 Begr. zum REStG 1925, RT-Drucks. 1924/25 Nr. 3/795, S. 19 ff.

943 *Harenberg/Irmer*, in: Herrmann/Heuer/Raupach, EStG, vor § 43 Rn. 5.

944 Teilweise gilt die Einkommensteuer durch den Steuerabzug vom Kapitalertrag als abgegolten; dies tritt insbesondere in den Fällen der beschränkten Steuerpflicht ein; § 50 Abs. 5 Satz 1 EStG.

945 Eingeführt durch ZinsAbschlG v. 9.11.1992, BGBl. I 1992, S. 1853.

946 *Gersch*, in: Kirchhof/Söhn/Mellinghoff, EStG, § 43 Rn. I 2.

947 BVerfGE 84, 239.

Teilweise wird auch nach der Änderung noch eine Ungleichbehandlung im Belastungserfolg festgestellt.[948] Begründet wird dies damit, dass ein deutlicher Abstand zwischen dem Zinsabschlag in Höhe von 30 Prozent gegenüber dem Einkommensteuer-Spitzensatz in Höhe von 45 Prozent liege. Dadurch sei für Bezieher von Zinseinkünften, die dem Spitzensteuersatz unterliegen, der Vollzug der gesetzlich geschuldeten Steuer praktisch nicht vollständig über den Quellenabzug gesichert.

Die Rechtsprechung ist dieser Kritik richtigerweise nicht gefolgt.[949] Denn neben dem Quellenabzug existieren bei Einkünften aus Kapitalvermögen noch andere wirksame Kontrollmöglichkeiten[950] als weitere Verifikationsmethoden, die eine tatsächliche Belastungsgleichheit der Struktur nach sicherstellen und die verfassungswidrigen Vollzugsdefizite beseitigen.[951]

7. Änderungen im Rahmen der Unternehmensteuerreform 2008 ab Veranlagungszeitraum 2009

Zum 1.1.2009 wurden im Rahmen der Unternehmensteuerreform 2008[952] etliche einkunftsartspezifische Sonderregelungen für Einkünfte aus Kapitalvermögen eingeführt.

a. Einbeziehung von Wertzuwächsen durch die Veräußerung von Kapitalanlagen

Es sind nun auch Einkünfte aus privaten Veräußerungsgeschäften bei Wertpapieren (§ 23 Abs. 1 Satz 1 Nr. 2 EStG[953]), aus Veräußerung vor Erwerb (Nr. 3) und aus Termingeschäften (Nr. 4) aus dem Tatbestand des § 23 EStG herausgenommen worden und unabhängig von einer Haltefrist (Wertzuwachssteuer) als Einkünfte aus der Veräußerung von Kapitalanlagen steuerpflichtig (§ 20 Abs. 2 Satz 1 Nr. 1, 3 und 7 EStG n.F.[954]). Der Erwerbstatbestand des Kapitalvermö-

---

948 *Hey*, DB 2004, S. 724 (728) m.w.N.; *Koss*, in: Lademann, EStG, § 20 a.F. Rn. 216.

949 BFH, v. 18.2.1997, VIII R 33/95, BStBl. II 1997, 499.

950 § 93 Abs. 7, § 93b Abs. 1, Abs. 2 AO: automatisierter Abruf von Kontoinformationen in Form der Übermittlung der Kundenstammdaten; § 24c EStG: Ausstellung von Jahresbescheinigungen über Kapitalerträge durch Kreditinstitute; § 45d EStG: Kontrollmöglichkeit der Daten aus Freistellungsaufträgen.

951 *Gersch*, in: Kirchhof/Söhn/Mellinghoff, EStG, § 43 Rn. I 2 a.E.

952 UntStRefG 2008 v. 14.8.2007, BGBl. I 2007, S. 1912. Gesetzentwurf der Fraktionen der CDU/CSU und SPD eines UntStRefG 2008, BT-Drucks. 16/4841; Gesetzentwurf der Bundesregierung eines UntStRefG 2008, BT-Drucks. 16/5377; Stellungnahme des Bundesrates, BR-Drucks. 220/07; Bericht und Beschlussempfehlung des Finanzausschusses, BT-Drucks. 16/5491; 16/5452.

953 Fassung für VZ 2008.

954 Art. 1 Nr. 16 des UntStRefG 2008 v. 14.8.2007, BGBl. I 2007, S. 1912 (1916).

gens wird dadurch erheblich ausgeweitet;[955] Veräußerungen i.S.d. § 17 EStG werden dessen ungeachtet weiterhin den Einkünften aus Gewerbebetrieb zugerechnet.

Bei der Ermittlung der steuerpflichtigen Bemessungsgrundlage der Einkünfte aus Kapitalvermögen kommt ab Veranlagungszeitraum 2009 das Halbeinkünfteverfahren weder für Dividenden noch für Veräußerungsgewinne von Aktien zur Anwendung; für Kapitalanteile im Betriebsvermögen löst ein Teileinkünfteverfahren das Halbeinkünfteverfahren ab. Nach dem 31.12.2008 zufließende Dividenden im Betriebsvermögen sind nur noch zu 40 Prozent steuerfrei gestellt; korrespondierend dazu können veranlasste Anschaffungs- und Werbungskosten zu 60 Prozent steuermindernd berücksichtigt werden (§ 3 Nr. 40, § 3c Abs. 2 EStG n.F.).

b. Einführung eines Sparer-Pauschbetrages (§ 20 Abs. 9 EStG n.F.)

Für Einnahmen aus Kapitalvermögen ist der Abzug der tatsächlich angefallenen Werbungskosten nunmehr ausgeschlossen. Als Ausgleich sind der Freibetrag gem. § 20 Abs. 4 EStG[956] und der Pauschbetrag gem. § 9a Satz 1 Nr. 2 EStG[957] aufgehoben und in einen Sparer-Pauschbetrag gem. § 20 Abs. 9 EStG n.F.[958] in Höhe von 801 € im Fall der Einzelveranlagung, in Höhe von 1.602 € im Fall der Zusammenveranlagung, zusammengeführt worden. Insbesondere im Vergleich zum Arbeitnehmer-Pauschbetrag in Höhe von 920 € und im Hinblick auf die im Regelfall niedrigen Werbungskosten im Rahmen der Kapitaleinnahmen wird der neue Sparer-Pauschbetrag materiell nicht als Ersatz pauschalierter Werbungskosten auszulegen sein. Der vorgesehene Sparer-Pauschbetrag wirkt wie eine Freibetragsregelung, für dessen Rechtfertigung die gleichen Erwägungen zu gelten haben, die schon beim Sparer-Freibetrag alter Fassung angeführt wurden.[959]

c. Ausschluss der einkunftsartenübergreifenden Verlustverrechnung (§ 20 Abs. 6 EStG n.F.)

Da für Kapitaleinkünfte ein eigener Abgeltungsteuersatz gilt, sind Verluste aus Kapitalvermögen weder mit Einkünften aus anderen Einkunftsarten auszugleichen, noch durch die allgemeinen Verlustrücktrags- und –vortragsmöglichkeiten

---

955 Der Steuerpflichtige erzielt dann Einkünfte aus Kapitalvermögen, indem er einem Dritten Geldkapital zur entgeltlichen Nutzung befristet oder endgültig überlässt, d.h. auch die aus einer Veräußerung realisierten Wertzuwächse werden künftig erfasst.

956 Fassung für VZ 2008.

957 Fassung für VZ 2008.

958 Art. 1 Nr. 16 des UntStRefG 2008 v. 14.8.2007, BGBl. I 2007, S. 1912 (1917).

959 Vgl. F.VIII.3.

abzuziehen (§ 20 Abs. 6 Satz 2 EStG n.F.[960]). Eine Verlustverrechnung ist damit grundsätzlich nur innerhalb der Kapitaleinkünfte möglich. Ein Rücktrag von Verlusten aus Kapitaleinkünften ist nicht vorgesehen. Dafür ist der Verlustvortrag ohne Beschränkungen der Regelungen zur Mindestbesteuerung möglich. Diese Beschränkung der Verlustverrechnung wird mit dem gesonderten Abgeltungsteuersatz für Einkünfte aus Kapitalvermögen begründet.[961] Für Steuerpflichtige mit niedrigen Grenzsteuersätzen, die von der Abgeltungsteuerregelung keinen Vorteil haben, trifft diese Rechtfertigung nicht zu. Auch kann die Zulässigkeit der Verlustverrechnungsbeschränkung nicht mehr mit der entfallenen Steuerfreiheit der Veräußerung nach Ablauf der einjährigen Behaltefrist begründet werden; insofern bestehen verfassungsrechtliche Zweifel an § 20 Abs. 6 Satz 2 EStG n.F.[962]

Durch die Herausnahme der Einkünfte aus privaten Veräußerungsgeschäften bei Wertpapieren, aus Termingeschäften und aus Veräußerung vor Erwerb aus dem Tatbestand des § 23 EStG in die Einkünfte aus Kapitalvermögen nach § 20 Abs. 2 Satz 1 Nr. 1, 3 und 7 EStG n.F. unterfallen diese nicht mehr der bereichsinternen Verlustbeschränkung des § 23 Abs. 3 Satz 7, 8 EStG n.F.[963] Angefallene Verluste können nunmehr zumindest innerhalb der Einkunftsart des Kapitalvermögens vollumfänglich horizontal mit anderen Einkünften aus Kapitalvermögen ausgeglichen und vorgetragen werden.

Eine Ausnahme sieht § 20 Abs. 6 Satz 5 EStG n.F. für Kapitalverluste aus privaten Veräußerungsgeschäften i.S.d. § 20 Abs. 2 Satz 1 Nr. 1 Satz 1 EStG n.F. vor. Gemäß der Vorschrift, die im Gesetzgebungsverfahren durch eine Beschlussempfehlung des Finanzausschuss neu eingefügt worden ist,[964] können Verluste aus privaten Veräußerungsgeschäften mit Aktien lediglich mit Gewinnen aus privaten Veräußerungsgeschäften mit Aktien verrechnet werden. Bei einer Verrechnungsmöglichkeit mit anderen Kapitalerträgen bestünde ansonsten die Gefahr, dass bei Kursstürzen an der Börse innerhalb kürzester Zeit Steuermindereinnahmen in Milliardenhöhe drohen. Sinn und Zweck dieser einkunftsquellenbezogenen Verschärfung der Verlustverrechnung sei die Verhinderung von durch Spekulationsgeschäfte bedingten, abstrakt drohenden qualifizierten Haushaltsrisiken.[965]

---

960 Art. 1 Nr. 16 des UntStRefG 2008 v. 14.8.2007, BGBl. I 2007, S. 1912 (1917). Vgl. Entwurf eines UntStRefG 2008, BT-Drucks. 16/4841, S. 9, in der Fassung der Empfehlung des Finanzausschusses, BT-Drucks. 16/5452, S. 19 f.

961 BT-Drucks. 16/4841, S. 58.

962 *Loos*, DB 2007, S. 704 (705); *Oho/Hagen/Lenz*, DB 2007, S. 1322 (1324).

963 Bis VZ 2008 § 23 Abs. 3 Satz 8, 9 EStG; siehe dazu unten F.VIII.3.

964 BT-Drucks. 16/5452, S. 19.

965 BT-Drucks. 16/5491, S. 19.

Nach der hier vertretenen Auffassung ist diese einkunftsquellenbezogene Verrechnungsmöglichkeit des § 20 Abs. 6 Satz 5 EStG n.F. nicht gerechtfertigt und verletzt die Gleichmäßigkeit der Besteuerung.

Erstens kann eine solche ungleiche Steuerbelastung nicht mit rein fiskalischen Erwägungen begründet werden. Der Finanzbedarf des Staates, dies umfasst auch ein abstrakt drohendes qualifiziertes Haushaltsrisiko, kann keine Durchbrechung einer gleichmäßigen Besteuerung rechtfertigen.

Zweitens gibt es keinen weiteren Grund, das Verlustrisiko von Aktien beim Steuerpflichtigen zu isolieren. Aufgrund der umfassenden Besteuerung von Veräußerungsgewinnen bei Kapitalanlagen unabhängig von der Haltedauer können auch daraus realisierte negative Einkünfte nicht mehr einer einkommensteuerlich unerheblichen Vermögenssphäre zugeordnet werden.

d. *Gesonderter Steuersatz (§ 32d Abs. 1 Satz 1 EStG n.F.) und Kapitalertragsteuer mit Abgeltungswirkung (§§ 43, 43a EStG n.F.)*

Die Einkünfte aus Kapitalvermögen unterliegen bei Privatanlegern ab dem Veranlagungszeitraum 2009 einheitlich einem Abgeltungsteuersatz von 25 Prozent (§ 32d Abs. 1 Satz 1 EStG n.F.).[966] Dieser Steuersatz ist unabhängig vom persönlichen Einkommensteuersatz des Empfängers der Kapitalerträge. Die Steuerpflicht auf diese Kapitalerträge ist damit abgegolten (§ 43 Abs. 5 EStG n.F.).

Sofern der persönliche Einkommensteuersatz des Anlegers unter 25 Prozent liegt, kann die Veranlagung gewählt werden (§ 32d Abs. 6 EStG). Damit soll gewährleistet bleiben, dass Kapitaleinkünfte und andere Einkünfte von Steuerpflichtigen, deren persönlicher Einkommensteuersatz niedriger als der Abgeltungsteuersatz ist, mit diesem niedrigeren Steuersatz unterworfen werden. Die Abgeltungsteuer soll nicht zu einer höheren Steuer als eine reguläre Besteuerung im Veranlagungsverfahren führen. Der Werbungskostenabzug ist – wie bei der Anwendung des Abgeltungsteuersatzes – auch bei dieser sog. Veranlagungsoption ausgeschlossen.

Die Abgeltungsteuer auf Kapitalerträge im Privatvermögen mit einem niedrigen proportionalen Steuersatz ist eine schwerwiegende Durchbrechung des Prinzips der gleichmäßigen Besteuerung aller Erwerbsgrundlagen und eine rechtfertigungsbedürftige Sonderbehandlung der Einkunftsart des Kapitalvermögens.[967]

---

966 Zu § 32d EStG n.F. nach dem RegE, BT-Drucks. 16/4841 S. 60 ff., *Homburg*, DStR 2007, S. 686 ff.; *Paukstadt/Luckner*, DStR 2007, S. 653 ff.; *Kessler/Ortmann-Babel/Zipfel*, BB 2007, S. 523 (533); *Hey*, BB 2007, S. 1303 (1307 f.).

967 *Mellinghoff*, Referat, in: 66. Deutscher Juristentag Bd. II/1, S. Q 85 (115); *Freitag*, Besteuerung der Zinsen, S. 124 ff.; *Bäuml*, Besteuerung privater Veräußerungsgeschäfte, S. 115 ff.; *Bäuml/Gageur*, FR 2006, S. 213 ff.; *Jachmann*, in: Veranlagung – Abgeltung – Steuerfreiheit, S. 15 (16 ff.); *Matthiesen*, FR 1999, S. 248 (252); *Flick*, DStZ 1998,

Sie berücksichtigt nicht die individuelle wirtschaftliche Leistungsfähigkeit des Steuerpflichtigen und begrenzt materiell den Steuertarif für Einkünfte aus Kapitalvermögen.

Die Abgeltungsteuer führt zu einer ausgeprägten ungleichmäßigen Besteuerung der Einkunftsarten, weil Bezieher von Kapitalerträgen i.S.d. § 20 EStG n.F. von dem regelmäßig niedriger bemessenen Abgeltungsteuersatz profitieren. Bezieher anderer Einkünfte unterliegen hingegen weiterhin einem progressiven Spitzensteuersatz von bis zu 45 Prozent. Einkünfte aus der Nutzung der eigenen Arbeitskraft werden somit fast doppelt so hoch besteuert wie risikofreie Kapitalanlagen. Bei Dividenden und Gewinnen aus der Veräußerung von Gesellschaftsanteilen führt die Unternehmensteuerreform 2008 allerdings zu einer Mehrbelastung mit Einkommensteuer, da Dividenden nach dem vor der Unternehmensteuerreform 2008 geltenden Halbeinkünfteverfahren nur zur Hälfte § 3 Nr. 40 lit. d Satz 1 EStG a.F. und Veräußerungsgewinne nur unter bestimmten Voraussetzungen, aber auch dann zur Hälfte besteuert werden.[968] Das Halbeinkünfteverfahren ist für Privatanleger nicht mehr anwendbar. Für Kapitalanlagen im unternehmerischen Bereich gilt ab 2009 ein Teileinkünfteverfahren, das 40 Prozent der Kapitaleinkünfte im Betriebsvermögen von der Steuer befreit (§ 3 Nr. 40 EStG n.F.). Trotz eines abgeltenden Steuersatzes von 25 Prozent (§ 32d Abs. 1 Satz 1 EStG n.F.) führt die Änderung zu einer erheblichen Erhöhung der effektiven Steuerbelastung beim Privatanleger.[969] Diese unterschiedliche Behandlung von Kapitalanlagen im Privat- und Betriebsvermögen ist unter dem Gesichtspunkt der Gleichheit aller Erwerbsgrundlagen ebenso verfassungsrechtlich bedenklich.[970]

In der Begründung des Regierungsentwurfes haben sich die Verfasser mit dieser schwerwiegenden Durchbrechung des Syntheseprinzips nicht näher befasst. Allgemeines Ziel der Unternehmensteuerreform 2008 sei neben der Erhöhung der Standortattraktivität die längerfristige Sicherung des deutschen Steuersubstrats. Die Einführung einer Abgeltungsteuer soll private Anleger anhalten, ihre Erträge aus Kapitalvermögen im Inland zu versteuern, anstatt es allein aus steuerlichen Gründen ins Ausland zu verlagern.[971] Mit dem abgeltenden Quellenabzug soll weiterhin zum einen das Besteuerungsverfahren von Kapitaleinkünften drastisch vereinfacht, zum anderen der Steuerzugriff unausweichlich gemacht werden. Diese Zwecke der differenzierenden Steuersätze hinsichtlich der Einkünfte aus Kapitalvermögen und anderer Einkunftsarten sind zunächst als legitim einzuschätzen, insbesondere sind die Durchsetzung des materiellen

---

S. 186 (192); *Scheurle*, DB 1995, S. 543 (548 f.); *Keßler*, DStZ 1995, S. 629 f.; *Tipke/Lang*, Steuerrecht, § 9 Rn. 505.

968 *Blumenberg/Benz*, Unternehmensteuerreform, S. 55.

969 *Loos*, DB 2007, S. 704 (705).

970 *Oho/Hagen/Lenz*, DB 2007, S. 1322 (1324)

971 BT-Drucks. 16/4841, S. 1.

Steueranspruchs und die Sicherung der Steuerhoheit verfassungsrechtlich bedeutsam.

Die Einführung einer Abgeltungsteuer könnte als weiteres Differenzierungsziel der Inflationsanfälligkeit des Finanzkapitals Rechnung tragen.

Im Zinsurteil[972] hat das Bundesverfassungsgericht erkennen lassen, dass es eine Abgeltungsteuer und die daraus erwachsende einkunftsartspezifische Sonderbehandlung nicht per se für verfassungswidrig hält. Es bliebe im Rahmen der gesetzgeberischen Einschätzungsprärogative, wenn der Steuergesetzgeber die ihrer Natur nach nicht einer bestimmten Person zugeordnete und geografisch nicht gebundene Erwerbsgrundlage „Finanzkapital“ dadurch erfasste, dass er alle Kapitaleinkünfte – unabhängig von ihrer Anlageform und buchungstechnischen Erfassungsform – an der Quelle besteuert und mit einer Definitivsteuer belastet, die in einem linearen Satz den absetzbaren Aufwand und den Progressionssatz in Durchschnittswerten typisiert.[973]

Dieser – als obiter dictum gefasste – Standpunkt trifft aber auf die geplante Abgeltungsteuer in mehrfacher Hinsicht nicht zu. Bei näherer Betrachtung vermag auch das „natürliche Wesen der Erwerbsgrundlage Finanzkapital“ eine niedrigere Besteuerung der Einkünfte aus Finanzkapital im Vergleich zu den Einkünften aus den übrigen Einkunftsarten nicht zu rechtfertigen.

Es werden nicht alle Kapitaleinkünfte in die Abgeltungsteuer einbezogen. Einkünfte aus Beteiligungskapital im unternehmerischen Bereich werden ausgenommen. Dadurch führt die Abgeltungsteuer zu einem Wettlauf in die Fremdfinanzierung, der das durch die Unternehmensteuerreform gleichzeitig verfolgte Ziel der Förderung der Eigenkapitalausstattung von Unternehmen[974] konterkariert.[975]

Eine typisierende Berücksichtigung der Inflation ist tatbestandlich nicht vorgezeichnet, da die Festlegung eines Abgeltungsteuersatzes i.H.v. 25 Prozent für Einkünfte aus Kapitalvermögen unter Beibehaltung des progressiven Tarifs für die übrigen Einkünfte erfolgt. Somit wird keine konstante Relation von Minder- und Mehrbelastung gewährleistet, sondern letztlich erscheint das Ausmaß der Inflationsbereinigung als zufällig und weist regressive Züge auf. Je höher der individuelle progressive Steuersatz ist, desto mehr profitiert der Steuerpflichtige von dem proportional begrenzten Steuerzugriff auf Kapitaleinkünfte.

Ein Vereinfachungszweck ist im Entwurf der geplanten Abgeltungsteuer nicht erkennbar.[976] Das Veranlagungswahlrecht gem. § 32d Abs. 6 EStG n.F. und die Berücksichtigung des Kirchensteuerabzugs gem. § 32d Abs. 1 Satz 3-5 EStG n.F. verkomplizieren die Regelung. Gleichzeitig wird die Belastungsdif-

---

972 BVerfGE 84, 239.

973 BVerfGE 84, 239 (282 f.).

974 BT-Drucks. 16/4841, S. 30.

975 *Homburg*, DStR 2007, S. 686 (690).

976 *Tipke/Lang*, Steuerrecht, § 9 Rn. 507; a.A. *Paukstedt/Luckner*, DStR 2007, S. 653 (657).

ferenz zwischen Kapitaleinkünften im unternehmerischen Bereich und im Privatvermögen zu Abgrenzungsschwierigkeiten führen.

Auf den ersten Blick scheint es zutreffend, dass die Erwerbsgrundlage „Finanzkapital“ ihrem Wesen nach keiner bestimmten Person zugeordnet und auch geografisch nicht fest gebunden ist. Ein definitiver Quellenabzug würde diese erwerbsgrundlagenspezifische Besonderheit berücksichtigen und sich einer Objektsteuer annähern, da die Abgeltung unabhängig von der persönlichen Zuordnung eingreift. Die Abgeltungsteuer überwindet das Zuordnungshindernis, sorgt damit für Steuerehrlichkeit und schützt alle Bezieher von Kapitaleinkünften vor der Versuchung der Steuerhinterziehung.

Tatsächlich ersetzt in der Rechtswirklichkeit ein Rechtsakt die von Natur aus fehlende Zuordnung. Aufgrund dieses Zuordnungsaktes lässt sich auch beim Finanzkapital ermitteln, wer die aus dem Kapitalvermögen entstehenden Wertzuwächse realisiert.[977] Daher erscheint die Abgeltungsteuer nicht erforderlich, weil Kontrollmitteilungen der Banken an die Wohnsitzfinanzämter auch ohne Durchbrechung der Belastungsgleichheit den materiellen Steueranspruch unausweichlich durchsetzen könnten.

Die geplante Abgeltungsteuer, die zum 1.1.2009 eingeführt worden ist, erscheint aufgrund der schwerwiegenden Durchbrechung der Gleichheit aller Erwerbsgrundlagen verfassungsrechtlich höchst bedenklich.[978] Es ist abzusehen, dass sich das Bundesverfassungsgericht mit § 32d EStG n.F. befassen wird.

Im Rahmen der Diskussion um die Abgeltungsteuer und dem Stellenwert des Belastungsgleichmaßes zwischen den Einkunftsarten wird vorgebracht, dass die verfassungsrechtlichen Bedenken theoretisch richtig, praktisch allerdings nicht tragfähig seien.[979] Letztlich komme es nicht darauf an, was auf dem Papier gerechter sei, sondern auf die praktizierbare und tatsächlich praktizierte Gerechtigkeit.[980]

Diese Argumentationsführung missachtet den Stellenwert der wirtschaftlichen Leistungsfähigkeit im Steuerrecht. Sie übersieht, dass die Systemdurchbrechung durch eine Abgeltungsteuer auch ein praktisches Problem ist, denn sie führt zu steuerrechtssystematischen Schwierigkeiten und zu einer weiteren Komplizierung des Steuerrechts im Bereich der Kapitaleinkünfte. Der Anwen-

---

977 *Freitag*, Besteuerung der Zinsen, S. 125.

978 *Englisch*, StuW 2007, S. 221 (239); *Homburg*, DStR 2007, S. 686; *Bäuml/Gageur*, FR 2006, S. 213 (218); *Tipke/Lang*, Steuerrecht, § 9 Rn. 504 ff. Verfassungsrechtliche Bedenken gegen eine Abgeltungsteuer äußern u.a. auch *Bäuml*, Besteuerung privater Veräußerungsgeschäfte, S. 123; *Matthiesen*, FR 1999, S. 248 (253); *Scheurle*, DB 1995, S. 543 (548); *Keßler*, DStZ 1995, S. 629 f.; a.A. *Jachmann*, in: Veranlagung – Abgeltung – Steuerfreiheit, S. 15 (18); Weber-Grellet, NJW 2008, S. 545 (550); Eckhoff, FR 2007, S. 989 (997); *Flick*, DStZ 1998, S. 186 (192).

979 Vgl. *Loritz*, Stellungnahme zum Entwurf eines UntStRefG 2008, S. 3.

980 *Tipke*, Steuerrechtsordnung II, S. 712.

dungsbereich einer Abgeltungsteuer lässt sich kaum sachgerecht und kapitalmarktneutral abgrenzen. Der praktische Vorzug der synthetischen Einkommensteuer, größtmögliche Gestaltungsfeindlichkeit zu besitzen, wird durch die Einführung einer Abgeltungsteuer auf Kapitalerträge aufgegeben.

8. Zusammenfassende Würdigung

Das „natürliche Wesen der Erwerbsgrundlage Kapitalvermögen" ist gekennzeichnet durch eine schwierige Zurechnung der erzielten Einkünfte zum jeweiligen Steuerpflichtigen. Der Leistungstatbestand ist nicht so ausgeprägt wie bei den übrigen Erwerbsgrundlagen. Hinzu kommt, dass bei Kapitalvermögen geografisch keine gesteigerte Bindung vorliegt und erzielte Erträge spürbar der Inflation unterliegen.

Das Einkommensteuerrecht berücksichtigt diese tatsächlichen Gegebenheiten durch spezifische Sonderrechtsfolgen, die sich zu immer schwerwiegenderen Durchbrechungen des Gleichmaßes der Besteuerung entwickeln. Die Einführung einer Abgeltungsteuer erreicht eine neue Qualität einer verfassungswidrigen Schedularisierung.

IX. Zu der Einkunftsart der Vermietung und Verpachtung (§ 2 Abs. 1 Satz 1 Nr. 6; § 21 EStG)

Die Erwerbsgrundlage der Vermietung und Verpachtung führt zur Einkünfteermittlung der Überschussrechnung (§§ 8, 9 EStG) und beschränkt den Verlustausgleich und den Verlustabzug.

Einen besonderen Stellenwert nimmt bei den Einkünften i.S.d. § 21 EStG die Vermietung und Verpachtung von Immobilien ein, die typischerweise durch einen langfristigen Vermögenszuwachs gekennzeichnet sind. Dabei kommt es teilweise zu beachtlichen Werbungskostenüberschüssen durch die Kombination von nichtsteuerbaren Wertsteigerungen des Stammvermögens und umfangreicher Fremdfinanzierung. Die Frage, ob steuerpflichtige Einkünfte oder Liebhaberei vorliegen, das Problem der Abgrenzung zu den übrigen Einkunftsarten, aber auch einkunftsartspezifische Sonderregelungen folgen aus dem Wesen der Vermietung und Verpachtung als „geborener Verlusteinkunftsart"[981].

1. Tatbestandsmerkmale der Vermietung und Verpachtung

Einkünfte aus Vermietung und Verpachtung i.S.d. § 21 EStG sind Quelleneinkünfte aus der zeitlich begrenzten, entgeltlichen Überlassung von unbeweg-

---

981 *Trzaskalik*, in: Kirchhof/Söhn/Mellinghoff, EStG, § 21 Rn. A 3.

lichem Sach- und Realvermögen an andere zur Nutzung und zum Gebrauch.[982] Erfasst werden obligatorische und dingliche Nutzungsverhältnisse. Hierzu zählen die in § 21 Abs. 1 Satz 1 EStG genannten Einkünfte von unbeweglichen Vermögensgegenständen (Nr. 1), von Sachinbegriffen[983] (Nr. 2), von Rechten (Nr. 3) und aus Veräußerung von Miet- und Pachtzinsforderungen (Nr. 4).

Nach der Subsidiaritätsregel des § 21 Abs. 3 EStG unterfallen Einkünfte aus Vermietung und Verpachtung nur dann § 21 EStG, wenn die Einkünfte nicht anderen Einkunftsarten zuzurechnen sind. § 21 EStG ist nur auf Gegenstände des Privatvermögens anwendbar. Einkünfte, die aus der Vermietung eines betrieblichen Grundstücks stammen, sind der Einkunftsart der Land- und Forstwirtschaft, des Gewerbebetriebs oder der selbstständigen Arbeit zuzuordnen.

Erwerbsgrundlage der Vermietung und Verpachtung ist der konkrete unbewegliche Gegenstand des Privatvermögens i.S.d. § 21 Abs. 1 Satz 1 Nr. 1-4 EStG. Der Steuerpflichtige erfüllt den Leistungstatbestand, indem er diesen Gegenstand zur Nutzung an einen Dritten überlässt.

Besondere Abgrenzungsprobleme entstehen zu den Einkünften aus Gewerbebetrieb, weil auch die Vermietungs- oder Verpachtungstätigkeit die Merkmale des § 15 Abs. 2 Satz 1 EStG erfüllt. Nach der Rechtsprechung ist private Vermögensverwaltung anzunehmen, solange die Nutzung von Grundbesitz durch Fruchtziehung aus zu erhaltender Substanz im Vordergrund steht. Gewerbliche Einkünfte liegen dagegen vor, wenn nach dem Gesamtbild der Betätigung die Umschichtung von substantiellen Vermögenswerten und deren Verwertung als Vermögenssubstanz in den Vordergrund tritt.[984]

Einkünfte aus der Vermietung und Verpachtung beweglicher Gegenstände unterfallen den sonstigen Einkünften und werden nach § 22 Nr. 3 Satz 1 EStG besteuert.

2. Beschränkungen der Verlustverrechnung (§ 21 Abs. 1 Satz 2 EStG)

Bei Einkünften aus Vermietung und Verpachtung wird in § 21 Abs. 1 Satz 2 EStG angeordnet, dass die Verlustverrechnung gem. § 15a und 15b EStG „sinngemäß“[985] beschränkt ist.

---

982 *Tipke/Lang*, Steuerrecht, § 9 Rn. 508; *Mellinghoff*, in: Kirchhof, EStG, § 21 Rn. 1, 5 ff.; dazu auch *Trzaskalik*, in: FS Tipke, S. 321 (334 ff.).

983 Sachinbegriff ist eine Anzahl beweglicher Sachen, die nach ihrer wirtschaftlichen oder technischen Zweckbestimmung zusammengehören.

984 „Drei-Objekt-Grenze“, BFH, v. 20.2.2003, III R 10/01, BStBl. II 2003, 511 (513); v. 10.12.2001, GrS 1/98, BStBl. II 2002, 291 (292); v. 3.7.1995, GrS 1/93, BStBl. II 1995, 617 (619).

985 „Sinngemäß“, weil § 15a EStG ein steuerliches Kapitalkonto und somit eine Steuerbilanz voraussetzt, die es im Rahmen der Überschussrechnung nicht gibt; dazu *Kulosa*, in: Herrmann/Heuer/Raupach, EStG, § 21 Rn. 170; *Mönikes*, Verlustverrechnungsbeschränkungen, S. 177 f.

§ 21 Abs. 1 Satz 2 i.V.m. § 15a EStG wirft keine Bedenken im Sinne einer einkunftsartenspezifischen Ungleichbehandlung auf, da über Verweise in § 13 Abs. 7, § 18 Abs. 4 Satz 2, § 20 Abs. 1 Nr. 4 Satz 2 EStG und § 22 Nr. 1 Satz 1 Halbsatz 2 EStG eine Anwendung bei anderen Einkunftsarten, in denen eine gemeinschaftliche Einkunftserzielung vorkommt, sichergestellt ist.[986] Damit soll gewährleistet werden, dass Gesellschafter, die für die Verbindlichkeiten einer Gesellschaft nur beschränkt haften, negative Einkünfte auch in den Fällen des § 21 EStG nicht in größerem Umfang mit anderen Einkünften ausgleichen können, als ihre Haftung reicht.[987]

§ 15b EStG gilt seiner systematischen Stellung nach nur für gewerbliche Einkünfte und soll Steuerstundungsmodelle einschränken, indem künftig anfallende Verluste aus entsprechenden Beteiligungen nur mit späteren positiven Einkünften aus derselben Quelle zur Verrechnung zugelassen werden. Über Verweise in § 13 Abs. 7, § 18 Abs. 4 Satz 2, § 20 Abs. 1 Nr. 4 Satz 2, § 21 Abs. 1 Satz 2 EStG und § 22 Nr. 1 Satz 1 Halbsatz 2 EStG wird aber die „entsprechende" oder „sinngemäße" Anwendung der Norm bei anderen Einkunftsarten, in denen Steuerstundungsmodelle denkbar sind, angeordnet. Durch die sinngemäße Anwendung gem. § 21 Abs. 1 Satz 2 i.V.m. § 15b EStG sollen auch Verluste aus Vermietung und Verpachtung (insbesondere geschlossene Immobilienfonds[988]) erfasst werden, um Umgehungsgestaltungen auszuschließen und die Gleichheit der Besteuerung zu gewährleisten.[989] Insofern ist die Gleichheit aller Erwerbsgrundlagen nicht betroffen, obwohl § 15b EStG das objektive Nettoprinzip durchbricht und dementsprechend rechtfertigungsbedürftig ist.[990]

3. Werbungskostenkürzung bei der teilentgeltlichen Vermietung einer Wohnung (§ 21 Abs. 2 EStG)

Nach § 21 Abs. 2 EStG ist eine Wohnungsmiete in einen entgeltlichen und einen unentgeltlichen Teil aufzuteilen, wenn sie weniger als 56 Prozent[991] der ortsüblichen Marktmiete beträgt. Der Steuerpflichtige hat die Einnahmen aus dieser teilentgeltlichen Nutzungsüberlassung in tatsächlicher Höhe anzusetzen. Die Werbungskosten sind aber nur im Verhältnis der tatsächlichen Miete zur Marktmiete abziehbar und somit entsprechend zu kürzen. Insofern ist das Auf-

---

986 Ausführlich zu anderen verfassungsrechtlichen Bedenken, die gegen § 15a EStG erhoben werden, *Mönikes*, Verlustverrechnungsbeschränkungen, S. 178 ff.

987 *Kulosa*, in: Herrmann/Heuer/Raupach, EStG, § 21 Rn. 170.

988 BT-Drucks. 16/107, S. 7.

989 BT-Drucks. 16/107, S. 4.

990 *Mönikes*, Verlustverrechnungsbeschränkungen, S. 124 f.

991 Der Prozentsatz wurde durch HBeglG 2004 v. 29.12.2003 (BGBl. I 2003, S. 3076) mit Wirkung ab 2004 von 50 auf 56 erhöht.

teilungsgebot des § 21 Abs. 2 EStG in seinem Anwendungsbereich dem Rechtsgedanken des § 3c Abs. 1 EStG ähnlich.[992]

Die Rechtsprechung verschiebt die Grenze faktisch aber auf 75 Prozent, um Widersprüche zwischen der systematisch vorgelagerten Prüfung der Erwerbsgerichtetheit und dem Aufteilungsgebot des § 21 Abs. 2 EStG zu lösen:[993] Hätte eine Vertragsmiete, die 57 Prozent der ortsüblichen Miete betrüge, eine Überprüfung der Erwerbsgerichtetheit zur Folge und würde diese zu einem negativen Ergebnis führen, so entfiele der Werbungskostenabzug, während der Steuerpflichtige nach § 21 Abs. 2 EStG immerhin 55 Prozent der Werbungskosten abziehen könnte, wenn die Vertragsmiete 55 Prozent der Marktmiete betrüge.[994]

Nach dem Bundesfinanzhof ist die Erwerbsgerichtetheit besonders zu prüfen, sofern die tatsächliche Miete weniger als 75 Prozent der Marktmiete beträgt.[995] Ist die Ergebnisprognose positiv, bleibt es beim vollen Abzug der Werbungskosten; ist sie negativ, soll die Nutzungsüberlassung – wie bei § 21 Abs. 2 EStG – in einen entgeltlichen und einen unentgeltlichen Teil aufgeteilt werden.

§ 21 Abs. 2 EStG weicht somit von den allgemeinen Regeln des einkommensteuerrechtlichen Erwerbstatbestandes ab. Eine einkunftsartabhängige Sonderbehandlung der Einkünfte aus Vermietung und Verpachtung liegt vor. Entsprechendes gilt nicht für den Betriebsausgabenabzug bei den Gewinneinkünften, wenn die vermietete Wohnung sich z.B. im Betriebsvermögen des Steuerpflichtigen befindet.[996]

§ 21 Abs. 2 EStG soll nach dem Willen des Gesetzgebers der Steuervereinfachung dienen.[997] Die Vorschrift kann aber den Vereinfachungszweck nicht erfüllen. Die Feststellung des Verhältnisses zwischen der Vertragsmiete und der ortsüblichen Marktmiete erfordert unabhängig vom Prozentsatz denselben Ermittlungsaufwand und entlastet weder die Finanzverwaltung noch die Finanzgerichte.[998]

Folglich ist das Aufteilungsgebot des § 21 Abs. 2 EStG verfassungsrechtlich nicht zu rechtfertigen.[999] Der Steuergesetzgeber sollte diese Regelung streichen.

---

992 *Kulosa*, in: Herrmann/Heuer/Raupach, EStG, § 21 Rn. 201.

993 BFH, v. 5.11.2002, IX R 48/01, BStBl. II 2003, 646.

994 Die Rechtsprechung des BFH, v. 5.11.2002, IX R 48/01, BStBl. II 2003, 646 hinsichtlich der Notwendigkeit einer Prüfung der Erwerbsgerichtetheit in Fällen einer verbilligten Vermietung bezog sich noch auf § 21 Abs. 2 EStG a.F. mit der Grenze i.H.v. 50 Prozent; diese dürfte durch die Anhebung der Grenze nunmehr für den Bereich zwischen 56 und 75 Prozent der ortsüblichen Marktmiete gelten.

995 BFH, v. 5.11.2002, IX R 48/01, BStBl. II 2003, 646.

996 Eine entsprechende Anwendung lehnt der BFH, v. 29.4.1999, IV R 49/97, BStBl. II 1999, 652 (653) ab; a.A. *Puhl*, DStR 1986, S. 387 (392).

997 BT-Drucks. 10/5208, S. 41.

998 *Pezzer*, StuW 2000, S. 457 (465 f.).

999 *Spindler*, in: FS Korn, S. 165 (176); *Pezzer*, StuW 200, S. 457 (466); *Fischer*, FR 1999, S. 1377 (1379); *Trzaskalik*, in: Kirchhof/Söhn/Mellinghoff, EStG, § 21 Rn. C 47; a.A.

4. Zusammenfassende Würdigung

Im Vergleich zu den anderen Einkunftsarten gibt es bei den Einkünften aus Vermietung und Verpachtung eine überschaubare Anzahl von einkunftsartabhängigen Sonderrechtsfolgen. Dies erklärt sich aus dem schon eingangs erwähnten Charakter der Vermietung und Verpachtung als „geborener Verlusteinkunftsart". Dadurch stellen sich bedeutsame systematische und dogmatische Fragen auf den Ebenen der Liebhaberei und der Abgrenzung zu den übrigen Einkunftsarten, auf die nicht näher eingegangen werden soll.[1000]

X. Zu den sonstigen Einkünften (§ 2 Abs. 1 Satz 1 Nr. 7; §§ 22 bis 23 EStG)

§ 22 EStG regelt als siebte Einkunftsart die sonstigen Einkünfte, welche die Grundnorm des § 2 EStG mit seinen beiden konstitutiven Merkmalen des Erwerbs- und Ergebnistatbestandes für bestimmte, vom Gesetzgeber als steuerwürdig angesehene Sachverhalte konkretisieren. Zwar eröffnen die Arten der sonstigen Einkünfte nicht einen Generaltatbestand, der jede Bereicherung einkommensteuerpflichtig macht.[1001] Sie begründen aber im Binnenbereich des einkommensteuerlichen Belastungsgrundes einen ergänzenden Auffangtatbestand,[1002] der sich darin ausdrückt, dass die Besteuerungstatbestände des § 22 EStG gegenüber den anderen Einkunftsarten nur subsidiär zur Anwendung kommen.[1003]

Die sonstigen Einkünfte werden grundsätzlich als Überschuss (§§ 8 bis 9a EStG) ermittelt, die aus privaten Veräußerungsgeschäften als „Gewinne" gem. § 23 Abs. 3 EStG. Für bestimmte sonstige Einnahmen sieht das Einkommensteuergesetz Sonderregeln vor; so knüpfen Freigrenzen, ein Werbungskostenpauschbetrag und Beschränkungen der Verlustverrechnung an einzelne Nummern des § 22 EStG an.

BFH, v. 5.11.2002, IX R 48/01, BStBl. II 2003, 646 (648); *Kulosa*, in: Herrmann/Heuer/Raupach, EStG, § 21 Rn. 202, der aber von einer formellen Verfassungswidrigkeit ausgeht.

1000 Dazu *Rasenack*, Einkünfte aus Vermietung und Verpachtung; *Stein*, Verlustausgleich oder Liebhaberei.

1001 *Kirchhof*, in: Kirchhof, EStG, § 2 Rn. 40

1002 *Kirchhof*, in: Kirchhof/Söhn/Mellinghoff, EStG, § 2 Rn. B 170.

1003 *Fischer*, in: Kirchhof/Söhn/Mellinghoff, EStG, § 22 Rn. A 1. Siehe § 22 Nr. 2 i.V.m. § 23 Abs. 2 Satz 2 EStG, der aber durch das UntStRefG 2008 ab 2009 aufgehoben wird, Art. 1 Nr. 17 des UntStRefG 2008 v. 14.8.2007, BGBl. I 2007, S. 1912 (1918).

1. Tatbestandsmerkmale der sonstigen Einkünfte

Die Arten der sonstigen Einkünfte enthalten in den sechs Nummern des § 22 EStG vier verschiedene Besteuerungstatbestände:

– Nr. 1, 1a, 1b, 1c, 5,	Einkünfte aus wiederkehrenden Leistungen
– Nr. 2,	Einkünfte aus privaten Veräußerungsgeschäften gem. § 23 EStG
– Nr. 3,	Einkünfte aus Leistungen
– Nr. 4,	Einkünfte aus Abgeordnetenbezügen

Wiederkehrende Leistungen gem. § 22 Nr. 1, 1a, 1b, 1c, 5 EStG sind Einnahmen in Geld oder Geldeswert, die wirtschaftlich nicht als Raten einzuordnen sind, dem Empfänger aufgrund eines einheitlichen Entschlusses oder eines einheitlichen Rechtsgrundes periodisch wiederkehrend zufließen sollen, ohne dass sie regelmäßig, für einen bestimmten Zeitraum und jeweils in derselben Höhe erbracht werden müssen.[1004] Zu den wiederkehrenden Leistungen gehören Unterhaltsleistungen (§ 22 Nr. 1a EStG)[1005], Versorgungsleistungen (§ 22 Nr. 1b EStG), Leistungen auf Grund eines schuldrechtlichen Versorgungsausgleichs (§ 22 Nr. 1c EStG), Renten (§ 22 Nr. 1 Satz 3 lit. a EStG), dauernde Lasten[1006] (§ 22 Nr. 1 Satz 1 EStG), Leistungen aus begünstigten Altersvorsorgeverträgen (§ 22 Nr. 5 EStG) und sonstige wiederkehrende Bezüge (§ 22 Nr. 1 Satz 3 lit. b EStG).

Ein privates Veräußerungsgeschäft gem. § 22 Nr. 2 i.V.m. § 23 EStG liegt vor, wenn Gegenstände des Privatvermögens veräußert werden. Grundsätzlich sind diese Veräußerungen nicht steuerbar, es sei denn, ein privater Vermögensgegenstand wird innerhalb der Veräußerungsfrist nach § 23 Abs. 1 EStG angeschafft und veräußert.

Gegenstände privater Veräußerungsgeschäfte sind insbesondere Grundstücke und grundstücksgleiche Rechte (§ 23 Abs. 1 Satz 1 Nr. 1 EStG)[1007], bis Ende

---

1004 *Birk*, Steuerrecht, Rn. 789; *Tipke/Lang*, Steuerrecht, § 9 Rn. 523 ff.

1005 Unterhaltsleistungen, die ein Ehegatte seinem dauernd getrennt lebenden oder geschiedenen Ehegatten gewährt und die als Sonderausgaben nach § 10 Abs. 1 Nr. 1 EStG vom Geber abgezogen werden, sind beim Empfänger steuerpflichtig (begrenztes Realsplitting; § 22 Nr. 1a EStG). Materiell ist die Besteuerung von Einkünften aus Unterhaltsleistungen eine Zurechnungsregel der Ehegattenbesteuerung und gehört auf die Stufe der subjektiven Leistungsfähigkeit; s. o. Vgl. auch *Kirchhof*, in: Kirchhof/Söhn/Mellinghoff, EStG, § 2 Rn. B 173; *Tipke/Lang*, Steuerrecht, § 9 Rn. 529.

1006 Siehe § 10 Abs. 1 Nr. 1a EStG.

1007 Auch Gebäude, die innerhalb der Veräußerungsfrist hergestellt wurden (§ 23 Abs. 1 Satz 1 Nr. 1 Satz 2 EStG), nicht aber zu eigenen Wohnzwecken genutzte Gebäude (§ 23 Abs. 1 Satz 1 Nr. 1 Satz 3 EStG).

2008 Wertpapiere (§ 23 Abs. 1 Satz 1 Nr. 2 EStG)[1008] und Termingeschäfte (§ 23 Abs. 1 Satz 1 Nr. 4 EStG)[1009]. Die Veräußerungsfrist beträgt für Grundstücksverkäufe zehn Jahre und für Wertpapiere ein Jahr. Aufgrund der Neukonzeption der Einkünfte aus Kapitalvermögen durch die Unternehmensteuerreform 2008 sind Wertpapiere ab Veranlagungszeitraum 2009 keine anderen Wirtschaftsgüter i.S.d. § 23 Abs. 1 Nr. 2 EStG n.F. mehr. Auch entfallen § 23 Abs. 1 Nr. 3 und Nr. 4 EStG a.F., da die Besteuerung nunmehr von § 20 EStG n.F. erfasst wird. § 23 Abs. 2 EStG n.F. ordnet die Subsidiarität der Anwendung dieser Vorschrift an. Gemäß § 23 Abs. 1 Nr. 2 Satz 2 EStG n.F. verlängert sich die Veräußerungsfrist von einem auf zehn Jahre bei erwerbswirtschaftlich genutzten Wirtschaftsgütern i.S.d. Nr. 2 Satz 1 n.F., aus deren Nutzung als Einkunftsquelle zumindest in einem Kalenderjahr Einkünfte erzielt werden.

§ 22 Nr. 3 EStG erfasst Einkünfte aus sonstigen Leistungen, die nicht zu den anderen Einkunftsarten gehören, z.B. Einkünfte aus gelegentlichen Vermittlungen und aus der Vermietung beweglicher Gegenstände. Leistung ist jedes Tun, Dulden oder Unterlassen, das Gegenstand eines entgeltlichen Vertrages sein kann und das eine Gegenleistung auslöst.[1010] Es handelt sich um keine ertragsteuerliche Generalklausel, sondern um einen Belastungstatbestand der Einkünfte, die durch marktabhängige und marktoffenbare Leistung erwirtschaftet werden.[1011] Dementsprechend umfassen die Einkünfte aus sonstigen Leistungen nicht Veräußerungsvorgänge im privaten Bereich.

Unter Abgeordnetenbezügen i.S.d. § 22 Nr. 4 Satz 1 EStG versteht man nur die aufgrund eines Abgeordnetengesetzes an Bundestags- und Landtagsabgeordnete und Abgeordnete des Europaparlamentes erfolgten Leistungen.[1012]

2. Werbungskostenpauschbetrag (§ 9a Satz 1 Nr. 3 EStG)

Nach § 9a Satz 1 Nr. 3 EStG kann von den Einnahmen aus wiederkehrenden Leistungen i.S.d. § 22 Nr. 1, 1a und 5 EStG ein Pauschbetrag für Werbungskosten in Höhe von insgesamt 102 € abgesetzt werden. Der Pauschbetrag ist für diese drei Nummern der sonstigen Einkünfte gemeinsam einmal zu gewähren und scheint dem Grunde und der Höhe nach als Pauschalierung verfassungsrechtlich unbedenklich.[1013]

1008 Zu strukturellen Erhebungsmängeln bei der Besteuerung von Spekulationsgeschäften in den VZ 1997 und 1998 siehe BVerfGE 110, 94.

1009 Geschäfte, bei denen Abschluss und Erfüllung auseinander fallen.

1010 BFH, v. 21.9.2004, IX R 13/02, BStBl. II 2005, 45.

1011 *Kirchhof*, in: Kirchhof/Söhn/Mellinghoff, EStG, § 2 Rn. B 172.

1012 Zur Vereinbarkeit der Einkommensbesteuerung von Abgeordnetendiäten mit der Markteinkommenstheorie siehe C.I.3.b.aa.(3).

1013 *Prinz*, in: Herrmann/Heuer/Raupach, EStG, § 9a Rn. 5 a.E.

Insbesondere ergeben sich keine Bedenken daraus, dass Steuerpflichtige mit Leistungen nach § 22 Nr. 2, 3 und 4 EStG keinen Pauschbetrag geltend machen, sondern nur die ihnen jeweils dort tatsächlich entstandenen Werbungskosten absetzen können. Bei den sonstigen Einkünften des § 22 Nr. 2 und 3 EStG bestehen verschiedene Freigrenzen, die eine Werbungskostenpauschalierung überflüssig machen.[1014] Die durch Abgeordnetenbezüge veranlassten Werbungskosten sind einer Pauschalierung nicht zugänglich, weil die einschlägigen Normen keine Massenvorgänge betreffen und der Werbungskostenabzug bei einer pauschalen Aufwandsentschädigung gem. § 22 Nr. 4 Satz 2 EStG ausgeschlossen ist.[1015]

3. Freigrenzen (§ 22 Nr. 3 Satz 2; § 23 Abs. 3 Satz 6 bzw. Satz 5 n.F. EStG)

In § 22 Nr. 3 Satz 2 und § 23 Abs. 3 Satz 6 EStG knüpfen zwei Freigrenzen an Tatbestände der sonstigen Einkünfte. Darüber hinaus kennt das Einkommensteuergesetz keine weiteren einkunftsartabhängigen Freigrenzen.
Freigrenzen sind Regelungen, nach denen Einkünfte erst ab einer bestimmten Grenze in die Bemessungsgrundlage der Einkommensteuer einfließen. Wird die Grenze überschritten, wird der ganze Betrag der Einkommensteuer unterworfen.

Einkünfte aus Leistungen nach § 22 Nr. 3 EStG sind in voller Höhe zu berücksichtigen, sofern sie die Freigrenze in Höhe von 256 € übersteigen (§ 22 Nr. 3 Satz 2 EStG). Ebenso fließen Einkünfte aus privaten Veräußerungsgeschäften in voller Höhe in die Bemessungsgrundlage der Einkommensteuer ein, vorausgesetzt, sie überschreiten die Freigrenze von 512 €, ab Veranlagungszeitraum 2009 von 600 € (§ 23 Abs. 3 Satz 6 bzw. Satz 5 n.F. EStG).[1016]

Diese beiden Freigrenzen sollen Bagatellfälle von der Besteuerung ausnehmen.[1017] Als Vereinfachungsfreigrenzen können diese Durchbrechungen der Gleichwertigkeit der Einkunftsarten gerechtfertigt werden, spielen aber aufgrund des geringen Betrags nur eine unwesentliche Rolle.[1018] Insbesondere ist zweifelhaft, ob die Freigrenze für Einkünfte aus privaten Veräußerungsgeschäften aufgrund der Geldentwertung ihren Zweck der Verfahrensvereinfachung noch erfüllen kann.[1019]

1014 *v. Bornhaupt*, in: Kirchhof/Söhn/Mellinghoff, EStG, § 9a Rn. A 88.

1015 *Prinz*, in: Herrmann/Heuer/Raupach, EStG, § 9a Rn. 16.

1016 Im Rahmen der Unternehmensteuerreform 2008 wird die Freigrenze von 512 € auf 600 € angehoben, Art. 1 Nr. 17 des UntStRefG 2008 v. 14.8.2007, BGBl. I 2007, S. 1912 (1918).

1017 Zu § 23 Abs. 3 Satz 6 EStG a.F. (= Satz 5 n.F.) *Musil*, in: Herrmann/Heuer/Raupach, EStG, § 23 Rn. 316.

1018 So schon *Tipke*, StuW 1971, S. 2 (13).

1019 Zweifel bejahend *Musil*, in: Herrmann/Heuer/Raupach, EStG, § 23 Rn. 316.

4. Beschränkungen der Verlustverrechnung (§ 22 Nr. 3 Satz 3 und 4; § 23 Abs. 3 Satz 8, 9 bzw. Satz 7, 8 n.F. EStG)

Neben den Bestimmungen zu den Freigrenzen wird bei Einkünften aus Leistungen i.S.d. § 22 Nr. 3 EStG und aus privaten Veräußerungsgeschäften gem § 22 Nr. 2 i.V.m. § 23 Abs. 1 EStG die Verlustverrechnung erheblich beschränkt.

In § 22 Nr. 3 Satz 3 und § 23 Abs. 3 Satz 8 EStG[1020] werden für diese Einkünfte sowohl der allgemeine Verlustausgleich als auch der Verlustabzug mit den übrigen Einkunftsarten und den anderen sonstigen Einkünften ausgeschlossen. Zugelassen ist nur der Verlustausgleich und der Verlustabzug nach § 10d EStG im internen Verrechnungskreis der Einkünfte aus Leistungen i.S.d. § 22 Nr. 3 EStG oder der Einkünfte aus privaten Veräußerungsgeschäften i.S.d. § 22 Nr. 2 i.V.m. § 23 Abs. 1 EStG (§ 22 Nr. 3 Satz 4; § 23 Abs. 3 Satz 9 EStG[1021]). Danach können negative Einkünfte aus sonstigen Leistungen der Nr. 3 oder aus privaten Veräußerungsgeschäften der Nr. 2 nur durch positive Einkünfte derselben Nummer ausgeglichen oder nach Maßgabe des § 10d EStG von diesen abgezogen werden.

Durch die Einführung[1022] dieses verrechnungskreisinternen Verlustabzugs bei § 22 Nr. 3 Satz 4 EStG und § 23 Abs. 3 Satz 8 EStG[1023] reagierte der Steuergesetzgeber auf einen Beschluss des Bundesverfassungsgericht aus dem Jahr 1998.[1024] Das Bundesverfassungsgericht hatte die früher geltende Regelung des § 22 Nr. 3 Satz 3 EStG a.F.[1025], nach welcher Verluste aus der Vermietung beweglicher Gegenstände nur mit anderen, im selben Veranlagungszeitraum erzielten positiven Einkünften aus sonstigen Leistungen ausgeglichen werden durften, für verfassungswidrig erklärt.[1026]

Auch bei der derzeitigen Rechtslage sind die Beschränkungen der Verlustverrechnung in § 22 Nr. 3 Satz 3, 4 und § 23 Abs. 3 Satz 8, 9 EStG als Durchbrechungen der Gleichbehandlung der Einkunftsarten grundsätzlich rechtfertigungsbedürftig. Zwar ist die Verlustverrechnung nicht vollständig ausgeschlossen, sondern im Kästchen der Einkünfte aus sonstigen Leistungen oder aus privaten Veräußerungsgeschäften beschränkt. Dem Gebot der Gleichbehandlung wird aber nur ein allgemeiner Verlustausgleich und -abzug gerecht.[1027] Somit kommt es zu einer Benachteiligung gegenüber den Steuerpflichtigen, die zwar tatsächlich die gleiche Leistungsfähigkeit erreichen, die ihre Einkünfte aber in voll ausgleichs- und abzugsfähigen Einkunftsarten erzielen.

1020 Ab 2009: § 23 Abs. 3 Satz 7 EStG.

1021 Ab 2009: § 23 Abs. 3 Satz 8 EStG.

1022 Eingeführt durch StEntlG 1999/2000/2002, BGBl. I 1999, S. 402; BStBl. I 1999, S. 304.

1023 Damals § 23 Abs. 3 Satz 6, vgl. BGBl. I 1999, S. 402, 410.

1024 Vgl. dazu BT-Drucks. 14/23, S. 179 f.; 14/265, S. 180 f.

1025 I.d.F. des EStG v. 24.1.1984, BGBl. I 1984, S. 113.

1026 BVerfGE 99, 88.

1027 *Tipke*, in: FS Kruse, S. 215 (220).

Ziel der Beschränkungen der Verlustverrechnung ist die Verhinderung von Missbräuchen bei der Erfassung positiver und negativer Einkünfte dieser Einkunftsunterarten.[1028] Insbesondere sollte wohl die ausschließliche Geltendmachung von Verlusten eingedämmt werden. Daneben richten sich die Normen aber auch gegen die Deklarierung von Privatausgaben als Werbungskosten.

Zweifelhaft ist, ob ein besonderes einkünftetypisches Bedürfnis nach einer Beschränkung der Verlustverrechnung gem. § 22 Nr. 3 Satz 3, 4 EStG bei den Einkünften aus sonstigen Leistungen i.S.d. § 22 Nr. 3 EStG besteht.[1029] Das Bundesverfassungsgericht hat bereits festgestellt, es sei nicht erkennbar, dass Einkünfte aus sonstigen Leistungen in hervorgehobener Weise für steuermindernde Verluste genutzt und typischerweise für unerwünschte Steuergestaltungen missbraucht werden, die in einem stärkeren Maße eingedämmt werden müssten als bei anderen Einkünften.[1030]
Diese Aussage wird unterstützt durch die systematische Stellung der Einkünfte aus sonstigen Leistungen, welche die generellen Merkmale des Einkünftetatbestandes in Erwerbs- und Ergebnistatbestand verdeutlichen. Auf diese Weise führt oft nur das Merkmal der fehlenden Nachhaltigkeit einer Tätigkeit zur Ablehnung eines Gewerbebetriebes und damit auch zum Ausschluss der unbeschränkten Verrechenbarkeit. Es ist ebenso unverständlich, warum die Eintragung eines Schiffes in das Schiffsregister über die Beschränkung der Verlustverrechung entscheiden sollte. Bei der Vermietung eines in ein Schiffsregister eingetragenen Schiffes fallen Einkünfte aus Vermietung und Verpachtung i.S.d. § 21 Abs. 1 Satz 1 Nr. 1 EStG an, die unbeschränkt verrechenbar sind. Im Falle der Nichteintragung handelt es sich dagegen um Einkünfte aus sonstigen Leistungen.

Die Beschränkung der Verlustverrechnung bei sonstigen Einkünften ist auch nicht allein deshalb gerechtfertigt, weil aus diesen Einkünften typischerweise keine Überschüsse erwirtschaftet werden.[1031] In einem solchen Fall bestehen schon keine steuerlich bedeutsamen Verluste, die mit anderen Einkünften verrechnet werden könnten, da diese Tätigkeiten als Liebhaberei einkommensteuerlich unerheblich sind.[1032]

1028 *Mönikes*, Verlustverrechnungsbeschränkungen, S. 87, 144; *Werz*, Verlustverrechnungsbeschränkungen, S. 237, 244.

1029 BFH, v. 18.9.2007, IX R 42/05, DStR 2007, 2005 (2007) hat die Beschränkung der Verlustverrechnung verfassungsrechtlich nicht beanstandet.

1030 BVerfGE 99, 88 (97). Dabei bezog sich das Bundesverfassungsgericht als Vergleichsgruppe auf die anderen Einkünfte mit beschränkter Verlustverrechnung. Die Feststellung gilt jedoch genauso auch im Vergleich zu den unbeschränkt vertikal verrechenbaren Einkünften. Vgl. *Mönikes*, Verlustverrechnungsbeschränkungen, S. 87.

1031 So aber *Bühr*, Verlustverrechnungsbeschränkungen, S. 65 ff.

1032 BVerfGE 99, 88 (99).

Nach alledem ist kein hinreichender Grund für die durch § 22 Nr. 3 Satz 3, 4 EStG bewirkten Ungleichbehandlungen erkennbar. Die Verlustverrechnungsbeschränkung bei sonstigen Leistungen gem. § 22 Nr. 3 Satz 3, 4 EStG verstößt gegen das Prinzip der Gleichbehandlung der Einkunftsarten und ist verfassungsrechtlich höchst bedenklich.[1033]

Etwas anderes könnte für die Verlustverrechnungsbeschränkung des § 23 Abs. 3 Satz 8, 9 EStG bei den Einkünften aus privaten Veräußerungsgeschäften gelten. Eine Durchbrechung der Gleichwertigkeit der Einkunftsarten ist festzustellen, da ebenso wie bei § 22 Nr. 3 Satz 3, 4 EStG Steuerpflichtige in Bezug auf andere Steuerpflichtige mit unbeschränkt verrechenbaren Einkünften ungleich behandelt werden. Fraglich ist daher, ob Einkünfte aus privaten Veräußerungsgeschäften einkünftetypische Besonderheiten aufweisen, die diese Ungleichbehandlung der Einkunftsarten begründen können.

Nach Auffassung des Bundesfinanzhofs ist die bereichsinterne Verlustbeschränkung des § 23 Abs. 3 Satz 8, 9 EStG verfassungsgemäß.[1034] Dass Verluste aus privaten Veräußerungsgeschäften nach den Regelungen in § 23 Abs. 3 Satz 8 und 9 EStG nur beschränkt abziehbar seien, führe zu keiner verfassungswidrigen Ungleichbehandlung. Der Gesetzgeber besteuere nur die innerhalb einer bestimmten Frist entstandenen Gewinne aus privaten Veräußerungsgeschäften.[1035] Der Bezieher solcher Einkünfte habe damit anders als bei anderen Einkunftsarten die Möglichkeit, durch die Wahl des Veräußerungszeitpunkts Gewinne steuerfrei zu vereinnahmen und nur die Verluste steuermindernd geltend zu machen.[1036] Diese Dispositionsmöglichkeit sei eine Besonderheit dieser Einkunftsart und rechtfertige die Beschränkung des Verlustausgleichs bei privaten Veräußerungsgeschäften.[1037]

Diesen Überlegungen ist insoweit, als die Einkünfte aus der Veräußerung von Wertpapieren (§ 23 Abs. 1 Satz 1 Nr. 2 EStG a.F.), Termingeschäften (Nr. 4 a.F.) und aus der Veräußerung vor Erwerb (Nr. 3 a.F.) betroffen sind, zuzustimmen.

Die Besteuerung der privaten Veräußerungsgeschäfte i.S.d. Nr. 2-4 a.F. dient der Abschöpfung von Spekulationsgewinnen und weist als maßgebliches Merkmal eine relativ kurze Veräußerungsfrist auf.[1038] Eine allgemeine Verlustverrech-

---

1033 *Mönikes*, Verlustverrechnungsbeschränkungen, S. 89; *Verfürth*, Verlustausgleichsverbote, S. 187; *Tipke/Lang*, § 9 Rn. 67, 545; a.A. *Werz*, Verlustverrechnungsbeschränkungen, S. 247.

1034 BFH, v. 18.10.2006, IX R 28/05, BStBl. II 2007, 259; dazu *Wagner*, Stbg 2007, S. 184 ff.

1035 BFH, v. 18.10.2006, IX R 28/05, BStBl. II 2007, 259 (260).

1036 BFH, v. 18.10.2006, IX R 28/05, BStBl. II 2007, 259 (261).

1037 BFH, v. 18.10.2006, IX R 28/05, BStBl. II 2007, 259 (261).

1038 *Mönikes*, Verlustverrechnungsbeschränkungen, S. 141. *Strahl/Fuhrmann*, FR 2003, S. 387 (389), ziehen durch die Verlängerung der Veräußerungsfristen und die Umbenennung von „Einkünften aus Spekulationsgeschäften“ in „aus Veräußerungsgeschäfnung würde typischerweise dazu führen, dass etwa Aktien, deren Kurs im Verlustbereich steht, kurz vor der Veräußerungsfrist, und Aktien, die im Gewinnbereich stehen, kurz nach der Veräußerungsfrist verkauft werden würden.[1039] Im Falle einer unbeschränkten Verlustverrechnung würden Verluste innerhalb der zeitlichen Begrenzung steuererheblich und Gewinne außerhalb der Frist steuerfrei realisiert werden. Dieser typischen Missbrauchsanfälligkeit kann die Verlustverrechnungsbeschränkung des § 23 Abs. 3 Satz 8, 9 EStG als geeignete und erforderliche Maßnahme entgegenwirken, indem das Verlustrisiko beim Steuerpflichtigen verbleibt. Die Zulassung des bereichsinternen Verlustabzugs nach § 23 Abs. 3 Satz 9 EStG mildert schließlich die Intensität der Ungleichbehandlung und sichert die Angemessenheit der Regelung.

Soweit die Verlustverrechnungsbeschränkung des § 23 Abs. 3 Satz 8, 9 EStG die Einkünfte aus privaten Veräußerungsgeschäfte i.S.d. § 23 Abs. 1 Satz 1 Nr. 2 bis 4 EStG a.F. betrifft, ist die Regelung verhältnismäßig und die Ungleichbehandlung hinsichtlich der übrigen Einkunftsarten gerechtfertigt.[1040] Dieser Rechtfertigungsansatz entfällt, wenn Veräußerungseinkünfte aus Kapitalanlagen – wie im Rahmen der Unternehmensteuerreform 2008 ab dem Veranlagungszeitraum 2009 – nicht mehr als private Veräußerungsgeschäfte von § 23 Abs. 1 EStG n.F. umfasst werden und die Veräußerungsfrist für erwerbswirtschaftlich genutzte Wirtschaftsgüter gem. § 23 Abs. 1 Nr. 2 Satz 2 EStG n.F. auf zehn Jahre verlängert wird.[1041] Eine Dispositionsmöglichkeit des Steuerpflichtigen, durch Wahl des Zeitpunktes Gewinne steuerfrei zu vereinnahmen oder Verluste steuermindernd geltend zu machen, besteht dann typischerweise nicht mehr.

In diesem Sinne ist eine Missbrauchsanfälligkeit ist bei der Veräußerung von Grundstücken und grundstücksgleichen Rechten i.S.d. § 23 Abs. 1 Satz 1 Nr. 1 EStG nicht festzustellen. Durch die erheblich längere Veräußerungsfrist von zehn Jahren und die langfristige Wertsteigerung von Immobilien sind Manipulationen infolge verlustträchtiger Grundstücksveräußerungen nicht typisch. Es kann nicht angenommen werden, dass die Zehnjahresregelung dazu genutzt wird, Gewinngeschäfte außerhalb und Verlustgeschäfte innerhalb der Frist zu platzieren.[1042] Ein sachlicher Grund für das Differenzierungsmittel, Verlustrisi-

---

ten" infolge des StEntlG 1999/2000/2002 den Schluss, der Gesetzgeber habe die Idee einer Spekulationsgewinnbesteuerung aufgegeben. Vgl. dazu aber die BT-Drucks. 14/23, S. 180 und 14/265, S. 180: Bei Termingeschäften handelt es sich „um eine typische Spekulation [...], die vom Normbereich und Gesetzeszweck des § 23 EStG abgedeckt wird".

1039 FG Köln, v. 15.9.2004, 7 K 1268/03, EFG 1843 (1844); *Werz*, Verlustverrechnungsbeschränkungen, S. 239; *Rädler*, FR 1983, S. 337 (337).

1040 *Mönikes*, Verlustverrechnungsbeschränkungen, S. 144; a.A. *Werz*, Verlustverrechnungsbeschränkungen, S. 240; *Wagner*, Stbg 2007, S. 184 (187); *Strahl/Fuhrmann*, FR 2003, S. 387 (391).

1041 Vgl. *Tipke*, Steuerrechtsordnung II, S. 735.

1042 *Wagner*, Stbg 2007, S. 184 (187).

ken beim Steuerpflichtigen durch Verrechnungsbeschränkungen zu isolieren, ist somit nicht zu erkennen. Bezogen auf die Fälle des § 23 Abs. 1 Satz 1 Nr. 1 EStG, verstößt die Verrechnungsbeschränkung des § 23 Abs. 3 Satz 8, 9 EStG gegen das Prinzip der Gleichheit der Einkunftsarten.[1043] Durch die Änderungen im Rahmen der Unternehmenssteuerreform ist die Beschränkung des § 23 Abs. 3 Satz 7, 8 EStG n.F. im Ganzen verfassungsrechtlich bedenklich.

5. Zusammenfassende Würdigung

Die an sonstige Einkünfte anknüpfenden Rechtsfolgen sind überschaubar. Erkennbar knüpfen sie nicht an die Einkunftsart des § 2 Abs. 1 Satz 1 Nr. 7 i.V.m. § 22 EStG als solche an, sondern beziehen sich stets auf die einzelnen Nummern des § 22 EStG. Interessant ist, dass sowohl die Nummern 1, 1a und 5 als auch die Nummern 2 und 3 parallel laufende Rechtsfolgen haben. Dies verdeutlicht, dass der Steuergesetzgeber systematisch nicht eine Einkunftsart vor Augen hatte, sondern verschiedene Einkunftsunterarten konzeptionslos in einem Abschnitt zusammenfasste.

Von geringer entlastender Bedeutung sind der Werbungskostenpauschbetrag und die Freigrenzen. Dagegen belastet die Beschränkung der Verlustverrechnung den Steuerpflichtigen erheblich. In seinem lenkungspolitisch motivierten Ziel, Verluste aus bestimmten Steuertatbeständen der sonstigen Einkünfte im Kästchen der jeweiligen Einkunftsquelle zu isolieren, ignoriert der Steuergesetzgeber die Gleichwertigkeit der Einkunftsarten und missachtet Ausführungen des Bundesverfassungsgerichts.

XI. Zwischenergebnis

Einkunftsartspezifische Rechtsfolgedifferenzierungen durchziehen das gesamte Einkommensteuergesetz und sind teilweise auf den ersten Blick nicht erkennbar. Die Zuordnung der Nutzung einer vorhandenen Erwerbsgrundlage zu einer Einkunftsart kann daher erhebliche Steuerbelastungsunterschiede zur Folge haben.

Die Tatbestandsabgrenzung ist bedeutsam für die Methode der Einkünfteermittlung. Unter den Einkunftsarten wird zwischen den Gewinneinkünften und Überschusseinkünften unterschieden. Durch die Unterscheidung ergeben sich jeweils materiell verschiedene Belastungswirkungen. Eine Besonderheit stellt die Gewinnermittlung bei Handelsschiffen gem. § 5a EStG und die Gewinnermittlung nach Durchschnittssätzen gem. § 13a EStG bei Einkünften aus Land- und Forstwirtschaft dar. Die Einkünftequantifzierungsmethoden behandeln insbesondere Veräußerungseinkünfte unterschiedlich, ordnen Bezüge und Aufwen-

---

1043 *Mönikes*, Verlustverrechnungsbeschränkungen, S. 145.

dungen zeitlich anders zu und dienen teilweise als Anknüpfungspunkt für unterschiedliche Steuersatzvergünstigungen.

Ferner differieren die Einkunftsarten in den Freibeträgen, Freigrenzen, Pauschbeträgen, Beschränkungen bei der Verlustverrechnung und weiteren Rechtsfolgen. Allerdings besteht kein ersichtlicher Zusammenhang, der von einer Einkunftsart auf die damit verbundene Rechtsfolge folgern oder umgekehrt Sonderrechtsfolgen auf die jeweilige Einkunftsart zurückführen ließe.[1044]

In der Gruppe der Gewinneinkünfte sind grundsätzlich Freibeträge nur für Veräußerungs- und Aufgabengewinne vorgesehen. Der laufende Gewinn wird von dem Veräußerungs- und Aufgabengewinn getrennt. Im Rahmen dieser Unterscheidung gewähren die Gewinneinkunftsarten für Veräußerungs- und Aufgabengewinne als Sondertatbestände je nach Höhe des Gewinns und Alter des Steuerpflichtigen Freibeträge von bis zu 45.000 € (§ 16 Abs. 4, § 14 Satz 2, § 14a EStG, § 17 Abs. 3, § 18 Abs. 3 Satz 2 EStG). Einkünfte aus Land- und Forstwirtschaft kennen jedoch für laufende Gewinne einen Freibetrag von 670 €, der im Fall der Zusammenveranlagung verdoppelt wird (§ 13 Abs. 3 EStG).

Für den Bereich der Überschusseinkünfte ist nur bei Einkünften aus Kapitalvermögen ein Freibetrag von zurzeit 750 € und im Fall der Zusammenveranlagung von 1.500 € vorgesehen. Dieser wird zum 1.1.2009 gestrichen und in einen Sparer-Pauschbetrag in Höhe von 801 € im Fall der Einzelveranlagung, in Höhe von 1.602 € im Fall der Zusammenveranlagung, einfließen. Einkünfte aus Vermietung und Verpachtung und sonstige Einkünfte i.S.d. § 22 EStG kennen demgegenüber keinen Freibetrag; bei Einkünften aus nichtselbstständiger Arbeit werden ein Versorgungs-, ein Personalrabatt- und ein Vermögensbeteiligungsfreibetrag gewährt.

Neben den Freibeträgen sieht das Einkommensteuergesetz bei den sonstigen Einkünften i.S.d. § 22 EStG noch Freigrenzen vor. Erst ab einem Betrag von 512 € (ab 2009: 600 €) bei privaten Veräußerungsgeschäften und von 256 € bei Einkünften aus Leistungen i.S.d. § 22 Nr. 3 EStG sind die Einkünfte steuerlich in voller Höhe zu berücksichtigen.

Neben diesen, an dem Nettobegriff „Einkünfte“ ansetzenden Freibeträgen und Freigrenzen kennt das Einkommensteuergesetz für die Gruppe der Überschusseinkünfte sog. Pauschbeträge für Werbungskosten (§ 9a Satz 1 Nr. 1 bis 3 EStG). Diese reichen von 51 € bei Einnahmen aus Kapitalvermögen (ab 2009 gestrichen) bis 920 € bei Einnahmen aus nichtselbstständiger Arbeit. Die Werbungskostenpauschbeträge werden jeweils von den Bruttoeinnahmen aus den entsprechenden Einkunftsarten abgezogen, unabhängig davon, ob tatsächlich entsprechende Aufwendungen erwachsen sind. Sofern ein geringerer Erwerbsaufwand angefallen ist, wirken diese Pauschalen im Ergebnis auch wie Freibeträge und können die Einkünfte aus den entsprechenden Einkunftsarten

1044 *Kirchhof*, in: Kirchhof/Söhn/Mellinghoff, EStG, § 2 Rn. B 98.

bis auf Null mindern. Diese Wirkung wird insbesondere der zum 1.1.2009 eingeführte Sparer-Pauschbetrag in Höhe von 801 €/1602 € bei Kapitalerträgen entfalten, gleichzeitig können dann aber tatsächlich angefallene, höhere Werbungskosten nicht mehr abgezogen werden.

Hingegen sieht das Einkommensteuergesetz für den Bereich der Gewinneinkunftsarten solche pauschalen, den Aufwand einkalkulierende Abzugsgrößen nicht vor. Nur die tatsächlich anfallenden Betriebsausgaben reduzieren die Höhe der Gewinneinkünfte.

Möglichkeiten und Umfang der Verlustverrechnung hängen ebenfalls von der jeweiligen Einkunftsart ab. Bei den Verrechnungsbeschränkungen bedient sich der Steuergesetzgeber häufig der Methode, die Verluste innerhalb einer Erwerbsgrundlage zu isolieren, indem er den erwerbsgrundlagenübergreifenden Verlustausgleich und –abzug verbietet. Auf diese Weise dürfen Verluste aus bestimmten gewerblichen Erwerbsgrundlagen, aus privatem Kapitalvermögen, aus Leistungen i.S.d. § 22 Nr. 3 EStG und aus privaten Veräußerungsgeschäften nur mit positiven Ergebnissen aus derselben Art von Erwerbsgrundlage verrechnet werden.

Im Rahmen der Gewinneinkunftsarten knüpfen Steuersatzvergünstigungen an den Teilbereich der Veräußerungs- und Aufgabengewinne und für nicht entnommene Gewinne an. Steuersatzvergünstigungen für den laufenden Gewinn kennen die Einkünfte aus Land- und Forstwirtschaft. Ab 1.1.2009 unterfallen alle im Privatvermögen zufließenden Kapitaleinkünfte einheitlich einer Abgeltungsteuer in Höhe von 25 Prozent.

Auch die Sonderform der Einkommensteuererhebung an der Quelle differiert je nach Arten von Einkünften. Bei Einkünften aus nichtselbstständiger Arbeit wird die Einkommensteuer unmittelbar und direkt durch Abzug vom Arbeitslohn erhoben. Dadurch wird die Lohnsteuer im Ergebnis monatlich vorausbezahlt. In der Wirkung ähnlich wie die Lohnsteuer greift auch die Kapitalertragsteuer an der Quelle zu. Bei sämtlichen anderen Einkunftsarten sieht § 37 EStG vierteljährlich Vorauszahlungen auf die voraussichtlich geschuldete Einkommensteuer vor.

Der in § 3 EStG geregelte umfangreiche Katalog der steuerfreien Einnahmen enthält Steuerentlastungen auf der Einnahmeseite, die sich zum Teil bestimmten Einkunftsarten zuordnen lassen. Die äußerst umstrittene Steuerfreiheit von Zuschlägen für Sonntags-, Feiertags- und Nachtarbeit bezieht sich nach dem Wortlaut nur auf Zuschläge, die einem Arbeitnehmer gezahlt werden.

Schließlich stimmen die Definition des Gewerbebetriebs i.S.d. Gewerbesteuergesetzes und diejenige des gewerblichen Unternehmens i.S.d. § 15 Abs. 2 EStG inhaltlich überein. Damit ist die Einkunftsart des Gewerbebetriebs faktisch mit der Gewerbesteuerpflicht verknüpft. Diese Zusatzbelastung der Einkunftsart aus Gewerbebetrieb wird durch die typisierte Anrechnung der Gewerbesteuer nach § 35 EStG rückgängig gemacht; dadurch entstehen neue Ungleichheiten.

Die einkunftsartabhängigen Rechtsfolgendifferenzierungen, die Belastungsunterschiede zur Folge haben, sind grundsätzlich rechtfertigungsbedürftig. Der Steuergesetzgeber verkennt dabei zu häufig den Stellenwert der Gleichheit aller im Katalog der Einkunftsarten abstrahierten Erwerbsgrundlagen.

G. Enumeration oder Generalklausel in einem vereinfachten Steuerrecht?

Der Verlauf der bisherigen Untersuchung hat gezeigt, dass die Aufzählung der Einkunftsarten in die Ungleichheit führt. Trotz eines verfassungsrechtlich fundierten und gesetzessystematisch folgerichtig durchzuführenden Prinzips der Gleichheit der Einkunftsarten zielt der Einkünftepluralismus tatsächlich auf Belastungsunterschiede ab.

In dem abschließenden Kapitel soll ein Ausblick auf eine mögliche Entwicklung des Einkommensteuergesetzes gewagt werden, die sich im Sinne eines einfachen, maßvollen und gleichmäßigen Belastungssystems an der vom Grundgesetz vorgegebenen Steuergerechtigkeit zu orientieren hat. Die Steuergerechtigkeit konkretisiert sich vor allem in der Besteuerung nach dem Maßstab der wirtschaftlichen Leistungsfähigkeit, die zur Gleichwertigkeit aller Erwerbsgrundlagen in einem vereinfachten Steuerrecht führen muss.

I. Reformvorschläge und Einkunftsarten

In letzter Zeit wurden zahlreiche Entwürfe zur Reform des Einkommensteuergesetzes vorgestellt. Ein Überblick über das Spektrum der Vorschläge, die sich mit der Erneuerung der Einkommensteuer befasst haben, legt das Augenmerk auf den Besteuerungsgegenstand und auf die Belastung der Erwerbsgrundlagen im Sinne einer Einheit oder einer Schedule.[1045] Überlegungen, die sich mit dem Tarif befassen, werden angerissen.

1. *Paul Kirchhofs* Entwurf eines „Einkommensteuergesetzbuchs"

Eine grundlegende Systematisierung und Vereinfachung des Ertragssteuerrechts strebt das als Gesetzentwurf konzipierte „Einkommensteuergesetzbuch"[1046] von *Paul Kirchhof* an, das auf den Karlsruher Entwurf[1047] aus dem Jahr 2001 aufbaut.

1045 Vgl. *Kube*, BB 2005, S. 743 (744 ff.).

1046 *Kirchhof*, Einkommensteuergesetzbuch; weitere Informationen unter http://www.bundessteuergesetzbuch.de (besucht am 18.3.2010); dazu auch *Kirchhof*, DStR-Beihefter 37/2003, S. 1 ff.; *ders.*, BB 2006, S. 71 ff.; *Thiel*, StuW 2005, S. 335 (342 f.); *Stapperfend*, FR 2005, S. 74 ff.

1047 *Kirchhof et al.*, Karlsruher Entwurf; dazu auch *Kirchhof*, StuW 2002, S. 3 ff.; *Bareis*, StuW 2002, S. 135 ff.; *Tipke*, StuW 2002, S. 148 ff.; *Wagner*, StuW 2001, S. 354 ff.; *Schutter*, StW 2001, S. 147 ff.

Gegenstand der Besteuerung sind nach diesem Konzept die Einkünfte des Steuerpflichtigen aus Erwerbshandeln, verstanden als die Nutzung von Arbeitskraft und anderen Erwerbsgrundlagen am Markt. Indem der Reformentwurf das Einkommenssteuerobjekt als einkommensteuerliche Generalklausel formuliert, wird die Unterscheidung in Einkunftsarten aufgegeben. Allerdings bleibt die Aufspaltung zwischen der Einkünfteermittlung durch Vermögensvergleich und der Einkünfteermittlung in Form einer Überschussrechnung bestehen. Die Überlegungen *Kirchhofs* folgen dem synthetischen Prinzip, da der einheitliche Einkünftetatbestand keine Anknüpfungspunkte für einkunftsartspezifische Sonderbelastungen bieten soll. Somit wird die Bemessungsgrundlage durch die weitgehende Streichung von Lenkungs- und Durchbrechungsnormen erheblich verbreitert. Alle Einkünfte unterliegen einem einheitlichen Steuersatz i.H.v. 25 Prozent. Durch einen existenzsichernden Grundfreibetrag i.H.v. 8.000 € und einen Sozialausgleich für die nächsten 10.000 € entsteht ein indirekt progressiv verlaufender Tarif.

Ein besonderes Anliegen des Entwurfs von *Kirchhof* ist es, die Körperschaftsteuer in die Einkommensteuer zu integrieren und denselben rechtlichen Maßstäben zu unterwerfen. Dazu schafft das Konzept ein eigenständiges einkommensteuerrechtliches Rechtssubjekt für wirtschaftliche Zusammenschlüsse mehrerer Personen, die sog. steuerjuristische Person.

2. „Berliner Entwurf" der FDP

Die FDP hat unter Federführung von *Hermann Otto Solms* einen Reformvorschlag vorgestellt, der als vollständiges Gesetz ausgearbeitet und im Bundestag als Gesetzentwurf eingebracht worden ist.[1048] Nach dem Entwurf der FDP unterliegen der Einkommensteuer alle Einkünfte aus wirtschaftlicher Betätigung. Eine Unterscheidung zwischen verschiedenen Einkunftsarten ist nicht ausdrücklich vorgesehen, allerdings gibt es Verfahrensvorschriften zu einzelnen Einkunftsarten (Gewinn, Arbeitnehmereinkünfte, Veräußerungsgewinne, Alterseinkünfte). Durch die Streichung und Rückführung steuerlicher Sondertatbestände soll die Bemessungsgrundlage verbreitert werden und ein Drei-Stufen-Tarif mit Sätzen von 15, 25 und 35 Prozent gegenfinanziert werden. In der Begründung des Entwurfs wird als wesentliches Element der Erneuerung des Einkommensteuerrechts die weitgehende Gleichbehandlung sämtlicher Einkünfte angegeben.[1049] Das synthetische Prinzip ist folglich ein Eckpfeiler des Modells der FDP.

1048 *Solms*, Die neue Einkommensteuer; Gesetzentwurf v. 15.2.2006, BT-Drucks. 16/679.
1049 *Solms*, Die neue Einkommensteuer, S. 30.

3. *Joachim Langs* „Kölner Entwurf eines Einkommensteuergesetzes"

Eine Arbeitsgruppe um *Joachim Lang* hat den „Kölner Entwurf eines Einkommensteuergesetzes"[1050] entwickelt, der auf dem Grundgedanken des Markteinkommens basiert. Der Kölner Entwurf verringert die Einkunftsarten auf fünf. Das Modell bedient sich dabei einer vorgeschalteten Generalklausel, die durch eine Aufzählung der Einkünfte aus selbstständiger und unselbstständiger Erwerbstätigkeit, aus Finanzkapital, aus Veräußerungseinkünften sowie der Einkünfte aus Zukunftssicherung näher ausgestaltet wird. Es wird am Konzept der synthetischen Einkommensteuer grundsätzlich festgehalten, sodass Lenkungsnormen weitgehend gestrichen werden sollen.

Der „Kölner Entwurf" sieht fünf Tarifstufen zwischen 15 und 35 Prozent bei einem gestaffelten Grundfreibetrag von 8.000 € für Erwachsene und 4.000 € bis 6.000 € für Kinder vor.

Auf dieser Grundlage hat die „Kommission Steuergesetzbuch" unter Leitung von *Lang* im Januar 2006 ein „Steuerpolitisches Programm" veröffentlicht, das eine einheitliche Unternehmensteuer vorsieht, die Kommunalfinanzen neu ordnet und ein vereinfachtes Einkommensteuergesetz vorschlägt. Die bisherigen sieben sollen durch vier Einkunftsarten ersetzt werden (Einkünfte aus selbstständiger Tätigkeit, nichtselbstständiger Tätigkeit, Finanzkapital und Zukunftssicherung).[1051]

4. *Joachim Mitschkes* „Frankfurter Entwurf"

Im Gegensatz zu den bisherigen Entwürfen, die das am Markt erzielte konsumierbare Einkommen belasten wollen, sehen verschiedene Entwürfe vor, nur Einkommen, das für konsumtive Zwecke zur Verfügung steht, zu besteuern.

Der Kern des „Frankfurter Entwurfs"[1052] von *Joachim Mitschke* ist es danach, Unternehmensgewinne nur dann steuerlich zu erfassen, wenn sie entnommen oder ausgeschüttet werden. *Mitschke* behält den Katalog der sieben Einkunftsarten bei (Einkünfte aus Land- und Forstwirtschaft, Gewerbebetrieb, selbstständiger Arbeit, nichtselbstständiger Arbeit, Kapitalvermögen, Grundvermögen und sonstigen Sachvermögen, Versicherungen und Unterhaltsansprüchen). Daraus zufließende Erwerbsbezüge sollen besteuert werden. Das Konzept von *Mitschke* sieht einen gebrochen proportionalen Stufen-Tarif zwischen 15 und 30 Prozent vor.

1050 *Lang et al.*, Kölner Entwurf; *Lang/Englisch/Keß*, DStR-Beihefter 25/2005, S. 1 ff.

1051 Der Gesetzestext „Entwurf eines Einkommensteuergesetzes", nunmehr 2. Auflage 2009, ist abrufbar unter http://www.stiftung-marktwirtschaft.de/wirtschaft/kommission-steuergesetzbuch/gesetzestexte.html (besucht am 18.3.2010).

1052 *Mitschke*, Erneuerung des Einkommensteuerrechts.

5. *Michael Elickers* „Proportionale Netto-Einkommensteuer"

Ähnlich wie *Mitschke* will *Michael Elicker* mit seinem „Entwurf einer proportionalen Netto-Einkommensteuer"[1053] nur konsumtives Einkommen belasten. Daraus folgt eine investitionsbereinigte nachgelagerte Besteuerung mit einem proportionalen Steuertarif. *Elicker* bedient sich dabei eines einheitlichen Einkommensbegriffs, der sich an der Grenze zwischen einer objektiv und umfassend definierten Erwerbsvermögenssphäre und der Privatvermögenssphäre des Steuerpflichtigen orientiert. In seinem Entwurf will er die Gleichheit aller Einkommensbestandteile durch eine einzige Einkünfteermittlungsmethode der Überschussrechnung sicherstellen; einen Vermögensvergleich durch Bilanzierung soll es nicht mehr geben.

6. Die „Duale Einkommensteuer" des Sachverständigenrats

Der Sachverständigenrat zur Begutachtung der gesamtwirtschaftlichen Entwicklung hat in seinem Jahresgutachten 2003/2004 zwei Steuerreformoptionen aufgezeigt.[1054] Alternativ zu einer konsequenten synthetischen Einkommensteuer wird die Einführung der Dualen Einkommensteuer vorgeschlagen.[1055] Durch eine im April 2006 vorgestellte Expertise ist dieses Konzept der Dualen Einkommensteuer inzwischen vom Sachverständigenrat unter Mitwirkung des Max-Planck-Instituts für Geistiges Eigentum, Wettbewerbs- und Steuerrecht und des Zentrums für Europäische Wirtschaftsforschung weiterentwickelt und modifiziert worden.[1056]

Das konstitutive Charakteristikum der Dualen Einkommensteuer ist die Unterscheidung in zwei Einkommensarten – das sog. Erwerbseinkommen und das sog. Kapitaleinkommen –, die prinzipiell getrennten Steuertarifen unterworfen werden.

Zum Erwerbseinkommen zählen insbesondere die Einkünfte aus nichtselbstständiger Arbeit, ein über eine Gewinnspaltung ermittelter kalkulatorischer Unternehmerlohn[1057] aus den Gewinneinkünften sowie steuerpflichtige Transfer- und Alterseinkünfte.

Das Kapitaleinkommen umfasst dagegen die Einkünfte aus Vermietung und Verpachtung, aus Kapitalvermögen sowie die Veräußerungsgewinne des Privat-

1053 *Elicker*, Netto-Einkommensteuer.

1054 *Sachverständigenrat*, Jahresgutachten 2003/04, Ziff. 565 ff. Siehe dazu *Englisch*, Duale Einkommensteuer; *Spengel*, Gutachten G, S. 53 ff.

1055 *Sachverständigenrat*, Jahresgutachten 2003/04, Ziff. 584 ff.

1056 *Sachverständigenrat*, Duale Einkommensteuer.

1057 Sog. Erwerbsanteil.

vermögens und ferner die Gewinneinkünfte abzüglich des kalkulatorischen Unternehmerlohns[1058].

Bei der Dualen Einkommensteuer unterliegt das Erwerbseinkommen wie bisher einem progressiven Tarif. Das Kapitaleinkommen wird hingegen im Grundsatz mit einem Proportionalsatz von 25 Prozent besteuert. Durch die systematische Trennung in Erwerbs- und Kapitaleinkommen und die Anwendung unterschiedlicher Steuersätze basiert die Duale Einkommensteuer auf einem schedularen Einkommensbegriff. Mit Hilfe dieser Schedularisierung soll eine tarifliche Flexibilität erreicht werden, um die Standortattraktivität Deutschlands vor dem Hintergrund einer zunehmenden Mobilität des Kapitals zu erhöhen.

Das Modell der Dualen Einkommensteuer verabschiedet sich somit vom Prinzip der synthetischen Einkommensteuer und behandelt die Erwerbsgrundlagen, aufgespalten in zwei Einkommenskategorien, ungleich.

Der Sachverständigenrat selbst wirft dabei die Frage auf, ob eine Duale Einkommensteuer insbesondere mit dem Prinzip der steuerlichen Belastungsgleichheit zwischen den Steuerpflichtigen vereinbar sei.[1059] Nach dem hier vertretenen Standpunkt hat der Steuergesetzgeber einen weiten Gestaltungsraum bei der Wahl des Belastungsgrundes. Hat er sich für den Leistungsfähigkeitsindikator Einkommen entschieden, sind alle durch die Nutzung von Erwerbsgrundlagen erzielten Vermögensmehrungen gleich zu behandeln. Differenzierungen zwischen den verschiedenen Erwerbsgrundlagen bedürfen der Rechtfertigung durch besondere verfassungsrechtlich förderungswürdige Gründe des Gemeinwohls. Ob diese Rechtfertigung in einer ausschließlich finanz- und wirtschaftspolitisch motivierten Differenzierung zwischen Arbeit und Kapital zu sehen sein kann, die eine Abweichung vom Grundsatz der Gleichheit aller Erwerbsgrundlagen rechtfertigen soll, darf deshalb bezweifelt werden.[1060]

7. Gemeinsamkeiten und wesentliche Unterschiede der Entwürfe

Die vorgestellten Konzepte zur Reform der Ertragsteuern weisen Gemeinsamkeiten, aber auch wesentliche Unterscheide auf.[1061]

Bindeglied der überwiegenden Anzahl der Reformvorschläge ist das Bekenntnis zur synthetischen Einheitssteuer als Ausdruck und Ursache der Gleichheit aller Einkunftsquellen. Dabei sehen alle der untersuchten Entwürfe eine

---

1058 Sog. Verzinsungsanteil.

1059 *Sachverständigenrat*, Duale Einkommensteuer, S. 19 ff.; *Sachverständigenrat*, Jahresgutachten 2003/04, Ziff. 614 ff.

1060 Siehe *Sachverständigenrat*, Duale Einkommensteuer, S. 20 f.; *Sachverständigenrat*, Jahresgutachten 2003/04, Ziff. 620 ff., der insoweit die verfassungsrechtlichen Rahmenbedingungen anders einschätzt.

1061 *Kube*, BB 2005, S. 743 (747); *Stapperfend*, FR 2005, S. 74 (78).

Verringerung der Anzahl der Einkunftsarten vor. Dies wird vor allem durch folgende Punkte ermöglicht:

Gemeinsam ist man innerhalb der Reformentwürfe der Ansicht, die Gewerbesteuer durch kommunale Zuschläge auf die Einkommen- und Körperschaftsteuer zu ersetzen. Im unternehmerischen Bereich entfällt infolgedessen eine Sonderrechtsfolge, die eine Unterscheidung zwischen Gewerbebetrieb und Land- und Forstwirtschaft und selbstständiger Arbeit nicht mehr erforderlich macht. Es kommt fortan nicht mehr darauf an, ob eine Betätigung die Merkmale eines Gewerbebetriebes erfüllt und damit neben der Besteuerung des Gewinns mit Einkommensteuer auch noch die Belastung mit Gewerbesteuer nach sich zieht.

Zum anderen haben sich alle Reformkonzepte zum Ziel gesetzt, Steuersubventionen zu streichen, sodass damit die Unterscheidung zwischen den Einkünften aus Land- und Forstwirtschaft und den übrigen Gewinneinkünften bedeutungslos wird. Des Weiteren ist die Tendenz zu beobachten, dass die Besteuerung privater Veräußerungsgewinne ausgedehnt wird.

Bei den Reformmodellen zeigen sich insbesondere bei der Unternehmensbesteuerung signifikante Unterschiede, die aber nicht zum Thema der Untersuchung gemacht werden sollen. Es wird nur auf die Duale Einkommensteuer Bezug genommen, die auf eine Systemtrennung zwischen Arbeits- und Kapitaleinkommen abzielt und dadurch eine neue, verfassungsrechtlich zweifelhafte Grenze durch das Einkommensteuergesetz ziehen möchte.

II. Der Auftrag zur Vereinfachung des Steuerrechts

Die bisherigen Untersuchungen der vorliegenden Arbeit, aber auch die dargestellten Entwürfe zur Neuordnung des Einkommensteuerrechts verdeutlichen die Notwendigkeit und Überfälligkeit einer Fundamentalreform. Unabdingbar mit einem Reformvorhaben ist der Auftrag zur Steuervereinfachung verbunden. Eine Vereinfachung des Steuerrechts führt die materiellen Steuernormen auf klare, überschaubare Strukturen zurück und orientiert sich an der grundlegenden Belastungsentscheidung.[1062] Zur Verwirklichung dieses Ziels ist der Steuergesetzgeber durch das Rechtsstaatsprinzip verfassungsrechtlich berufen.[1063]

Nach den in den ersten Kapiteln erarbeiteten Thesen ist die Gleichheit aller Erwerbsgrundlagen als Ausdruck von Gleichmaß und Freiheit in der Steuerrechtsordnung ein grundgesetzliches Postulat eines vereinfachten und erneuerten Einkommensteuerrechts. Am Prinzip der Einheitssteuer im Sinne der Synthese

1062 *Kirchhof*, in: FS Meyding, S. 3 ff.
1063 *Jachmann*, in: FS Offerhaus, S. 1071 (1077).

der Einkünfte hat eine Reform des Einkommensteuerrechts festzuhalten. Ein „Duales System“, das Kapitalerträge gegenüber den Arbeitserträgen bevorzugt, ist dementsprechend keine Reformoption.

Zu untersuchen ist nun, welche gesetzgebungstechnischen Konsequenzen de lege ferenda daraus gezogen werden sollten.

1. Abstraktion oder Deskription

Zwei Methoden der Gesetzestechnik können das Einkommensteuerobjekt regelnd ausgestalten: das Enumerationsprinzip in Einkunftsarten oder die Generalklauselbildung eines einheitlichen Einkünftetatbestandes.

Die Generalklausel zeichnet sich durch einen hohen Abstraktionsgrad aus, indem sie einen allgemeinen Grundtatbestand als ausfüllungsbedürftigen Maßstab aufstellt. Generalklauseln können dabei einen normativen Richtliniengehalt vorgeben. Aufgrund ihres verallgemeinernden Wesens steht eine generalisierende Bestimmung im Spannungsverhältnis zwischen Rechtssicherheit und Einzelfallgerechtigkeit sowie zwischen gebundener Rechtsanwendung und freier Rechtsschöpfung.[1064] Im Gegensatz dazu steht die Enumeration, die eine Materie nicht abstrakt, sondern durch Aufzählung einzelner Tatbestände beispielhaft regelt.

Das geltende Einkommensteuerrecht zählt die sieben Einkunftsarten in § 2 Abs. 1 Satz 1 Nr. 1 bis 7 EStG deskriptiv auf. Dabei bedient es sich bestimmter Einkunfts- und Berufsbilder, die aber einer rechtssystematischen Gesetzesinterpretation nicht zugänglich sind.[1065]

Der Kölner Entwurf und der Entwurf von *Mitschke* halten im Wesentlichen an der Einteilung der Einkünfte nach verschiedenen Einkunftsarten fest,[1066] wenngleich diese von den jetzigen Einkunftsarten zum Teil erheblich abweichen und der Kölner Entwurf sich einer vorgeschalteten Generalklausel bedient. Die übrigen Reformentwürfe geben demgegenüber die Einteilung der Einkünfte in Einkunftsarten auf. Auf diese Weise definiert das Einkommensteuergesetzbuch von *Kirchhof* die Einkünfte als „Erwerbserlöse abzüglich der Erwerbskosten“.[1067] Der Entwurf von *Elicker* erfasst alle Einkünfte aus erwerbsdienlichen Tätigkeiten,[1068] und der Berliner Entwurf der FDP spricht von Einnahmen aus „wirtschaftlicher Betätigung“[1069].

1064 *Zippelius*, Methodenlehre, S. 47.

1065 *Lang*, Bemessungsgrundlage, S. 228.

1066 § 2 Abs. 1 Kölner Entwurf; vgl. *Lang et al.*, Kölner Entwurf, S. 66; § 13 Entwurf Mitschke; vgl. *Mitschke*, Erneuerung des Einkommensteuerrechts, S. 60.

1067 § 2 Abs. 3 EStGB; vgl. *Kirchhof*, Einkommensteuergesetzbuch, S. 39.

1068 §§ 2 und 3 Entwurf Elicker; vgl. *Elicker*, Netto-Einkommensteuer, S. 135.

1069 § 7 Abs. 1 Berliner Entwurf der FDP; vgl. *Solms*, Die neue Einkommensteuer, S. 31.

2. Die Einführung einer einzigen Einkunftsart

Das Steuerrecht darf neben Typisierungen und unbestimmten Rechtsbegriffen auch Generalklauseln zulässigerweise verwenden. In diesem Sinne würde eine generalisierende Bestimmung des Einkommensteuergegenstandes in sachgemäßer Weise den Belastungsgrund „typisieren".

a. Wegfall von Ungleichbehandlungen

Durch eine Generalklausel würden die tatbestandlichen Anknüpfungspunkte für ungerechtfertigte, einkunftsartenspezifische Sonderrechtsfolgen entfallen.

Wenn es keine tatbestandlichen Anknüpfungspunkte im Einkommensteuergesetz gibt, können an Einkunftsarten keine unterschiedlichen, teilweise verfassungswidrigen Rechtsfolgen geknüpft werden. Verzichtet ein vereinfachtes Einkommensteuerrecht zum Beispiel auf die Unterscheidung zwischen der Einkunftsart des Gewerbebetriebs und den übrigen Einkunftsarten, kann die Gewerbesteuer den verobjektivierten Ertrag des Gewerbebetriebs nicht mehr belasten. Eine Generalklausel kann einkunftsartenspezifische, ungerechtfertigte Rechtsfolgen nicht aufgreifen.

Dem wird entgegengehalten, dass durchaus ein Bedürfnis bestehe, zwischen einzelnen Einkunftsarten zu unterscheiden, weil diese nicht in jeder Hinsicht gleichbehandelt werden könnten.[1070] Das Ideal eines einzigen Einkünftetatbestandes scheitere an den unterschiedlichen Arten der Einkünfteermittlung und Steuererhebung. An diesen Stellen sei es auch bei einer einheitlichen Einkunftsart erforderlich, bestimmte Arten von Einkünften zu unterscheiden.

Dementsprechend wird sowohl der Entwurf des Einkommensteuergesetzbuchs[1071] von *Kirchhof* als auch der vorangegangene Karlsruher Entwurf[1072] kritisiert, da beide Konzepte eine generalisierende Bestimmung des Besteuerungsgegenstands vorsehen, aber an den unterschiedlichen Einkünfteermittlungsmethoden Gewinn und Überschuss sowie an den Erhebungsverfahren Quellenabzug und Veranlagung festhalten.[1073]

Diese Kritik verkennt, dass die Einkunftsermittlungsarten der beiden Entwürfe von demselben Einkunftstatbestand ausgehen. Damit wird die Gleichheit von Einnahmen und Aufwendungen betont. Der Unterschied liegt deshalb in der Technik der Ermittlung und nicht strukturell in den verschiedenen materiellen Voraussetzungen der Einkunftsart.[1074]

1070 *Stapperfend*, FR 2005, S. 74 (78).

1071 *Kirchhof*, Einkommensteuergesetzbuch.

1072 *Kirchhof et al.*, Karlsruher Entwurf.

1073 *Schön*, StuW 2002, S. 23 (27); *Tipke*, StuW 2002, S. 148 (164); *Wassermeyer*, DStR 2001, S. 920 (921).

1074 *Kirchhof*, DStR 2001, S. 913 (915); *Bareis*, StuW 2002, S. 135 (141).

Die weitere Unterscheidung in Quellenabzug und Veranlagungsverfahren betrifft das formelle Besteuerungsverfahren. Materielle Auswirkungen sind nicht beabsichtigt und sollen so gering wie möglich gehalten werden.

Gegen die Einführung einer Generalklausel kann demnach nicht angeführt werden, dass notwendige Differenzierungen in der Einkünfteermittlung oder Steuererhebung eine Ersetzung der unterschiedlichen Einkunftsarten konterkarieren würden. Vielmehr würde eine Unterscheidung im Rahmen des technischen und formellen Verfahrens die jeweilige Differenzierung tatbestandlich auf die Rechtsfolge vorzeichnen. Anknüpfungspunkte für weitere Sondersteuerrechtsfolgen sind bei dieser Begrenzung ausgeschlossen.

Im Rahmen einer Fundamentalreform wäre es in diesem Zusammenhang jedoch überlegenswert, eine einheitliche Einkünfteermittlungsmethode nach dem Überschussprinzip einzuführen.[1075] Eine Generalklausel lässt somit ungerechtfertigte Differenzierungen des geltenden Einkunftsartenrechts entfallen.

b. Barriere der Steuerintervention

Durch die Einführung eines einheitlichen Einkunftstatbestandes entfallen nicht nur bestehende einkunftsartenspezifische Differenzierungen. Ginge das Einkommensteuergesetz von einem abstrakt generalisierenden Einkommensbegriff aus, wäre die Normierung von neuen einkunftsartenabhängigen Steuersubventionen oder Steuerverschärfungen wesentlich auffälliger und damit begründungsintensiver, als dies bei bereits vorhandenen Tatbeständen für unterschiedliche Einkunftsarten der Fall ist.[1076] Eine einkommensteuerliche Generalklausel wäre ein Erschwernis, verdeckte Steuersubventionen einzufügen. Diese unsichtbare Intervention müsste durch die offene Leistungssubvention ersetzt werden, die demokratisch bei der jährlichen Ausübung des parlamentarischen Budgetrechts legitimiert wird.[1077]

Eine einzige Einkunftsart erschwert folglich grundsätzlich das Einfügen von verdeckten Steuervergünstigungen, die sich in einem Katalog der Einkunftsarten ansonsten leicht platzieren lassen.

c. Vereinfachung des Ausgangstatbestands

Der Gegenstand der Einkommensbesteuerung trägt eine einheitliche Entscheidung in sich, erzielte Einkünfte aus der Nutzung einer marktabhängigen und – offenbaren Erwerbsgrundlage zu belasten. Mit Blick auf das Gleichmaß der Besteuerung muss sich dieser kleinste gemeinsame Nenner letztlich in einem einheitlichen Ausgangstatbestand typisierend formulieren lassen.[1078]

1075 *Reinhart*, Besteuerung privater Veräußerungsgewinne, S. 131 f.

1076 *Caspers*, Besteuerung freiberuflicher Einkünfte, S. 6

1077 Vgl. *Kirchhof*, Einkommensteuergesetzbuch, S. 34 f.

1078 *Wittmann*, Markteinkommen, S. 123.

Das Einkommensteuerrecht würde dadurch erheblich vereinfacht werden, da eine Generalklausel das Merkmal der Einkünfteerzielung durch Nutzung einer Erwerbsgrundlage nicht weiter unterteilt. Dagegen zergliedert die Enumerationsmethode den steuerbaren erfolgsqualifizierten Handlungstatbestand bei der Bestimmung der steuerpflichtigen Sphäre; die Unterscheidung in Einkunftsarten benötigt zusätzliche Abgrenzungskriterien.[1079] Dabei nehmen denklogisch Abgrenzungsprobleme zu, die letztendlich zu einer Vermehrung der Streitigkeiten vor den Finanzgerichten führen.

Unter einer einzigen Einkunftsart wäre es hingegen unbedeutend, ob der Steuerpflichtige selbstständig oder unselbstständig tätig ist, ob seine Tätigkeit eine qualifizierte ist oder nicht, ob er geistig oder körperlich arbeitet. Niemand bräuchte mehr den gewerblichen Grundstückhandel von der privaten Vermögensverwaltung tatbestandlich abzugrenzen.[1080]

Die Vereinfachung durch Formulierung eines einzigen Einkünftetatbestandes wird teilweise zurückgewiesen. Vielmehr wird die Ansicht vertreten, die Abgrenzungsprobleme zwischen steuerbaren und nicht steuerbaren Einkünften würden zunehmen, wenn die bewährte, von der Finanzrechtsprechung erprobte Trennschärfe der bisherigen Einkunftskasuistik verloren ginge.[1081] Dies sei darauf zurück zu führen, dass Einnahmen nach der derzeitigen Enumerationsmethode unter eine der Einkunftsarten subsumiert werden müssen, die aufgrund ihrer Anzahl ein schärfer umrissenes Profil bilden würden, als dies bei nur einer einzigen generalisierenden Einkunftsart der Fall sei.[1082]

Zuzugeben ist, dass weder die Enumeration noch die Generalklausel Streitfälle auf der Ebene der generellen Steuerbarkeit beseitigen können. Jede Regelungstechnik benötigt die Abgrenzung zwischen steuerbarem und nicht steuerbarem Verhalten.

Der Kritik ist aber entgegenzuhalten, dass Unterteilungen auf einer untergeordneten Begriffsebene die Abgrenzungsproblematik der übergeordneten Begriffsebene nicht verringern können.[1083] Die Unterteilung in Einkunftsarten steckt keinen trennscharfen Rahmen zur Bestimmung der steuerpflichtigen Sphäre ab. Die Einkunftsarten des § 2 Abs. 1 Satz 1 EStG konkretisieren keine einkommensteuerlichen Prinzipien, sondern basieren auf historisch gewachsenen Berufs-, Sozial- und Einkunftsbildern. Als merkmalsoffene Typusbegriffe[1084] lassen die Einkunftsarten an Präzision vermissen.

1079 *Bareis*, StuW 2002, S. 135 (139).

1080 *Tipke*, StuW 2002, S. 148 (161).

1081 *Wagner*, StuW 2001, S. 354 (357).

1082 *Stapperfend*, FR 2005, S. 74 (79).

1083 *Bareis*, StuW 2002, S. 135 (139).

1084 Vgl. zum Typusbegriff *Larenz*, Methodenlehre, S. 216 ff.; *Tipke/Lang*, Steuerrecht, § 5 Rn. 51 f.

Mithin erübrigt eine einzige Einkunftsart tatbestandliche Abgrenzungen und vereinfacht damit den Ausgangstatbestand des Einkommensteuerrechts.

d. Verwirklichung des Leistungsfähigkeitsprinzips

Die Ersetzung der sieben Einkunftsarten des geltenden Einkommensteuerrechts durch eine einzige garantiert die materielle Belastungsgleichheit aller Einkünfte. Zum einen würden Belastungsunterschiede zwischen den Einkunftsarten beseitigt, zum anderen würde es weniger Gestaltungsmöglichkeiten geben. Die Steuerpflicht würde unausweichlicher. Steuerpflichtige würden bei gleicher Leistungsfähigkeit unabhängig von ihrer jeweiligen Erwerbsgrundlage auch die gleiche Steuerlast zahlen.

Folglich verwirklicht ein generalklauselartig formulierter Einkommensteuergegenstand, der seine Belastungsentscheidung am Hinzuerworbenen ausrichtet, die horizontale Steuergerechtigkeit als Belastungsgleichheit in Bezug auf die Leistungsfähigkeit.

II. Zwischenergebnis

Eine einkommensteuerliche Generalklausel sichert das Gleichmaß des Einkommensteuersystems gegenüber den gruppenspezifischen Bevorzugungen und erlaubt die Realisierung der Besteuerung nach dem Leistungsfähigkeitprinzips, die in einer Vermögensmehrung zum Ausdruck kommt, welche nicht von der Art der Erwerbsgrundlage abhängt. Dieser Grundtatbestand hat das Erwerbseinkommen zu belasten, das durch Nutzung einer marktbezogenen Erwerbsgrundlage erzielt worden ist.

H. Zusammenfassung der Ergebnisse

Die rechtliche Problematik der Einkunftsartendifferenzierungen erschließt sich aus der Analyse, inwieweit einkunftsartenabhängige Rechtsfolgen mit den allgemeinen Gewährleistungen des Verfassungsrechts sowie den Prinzipien des Einkommensteuerrechts in Einklang stehen.

1. Der Maßstab einer gleichmäßigen Einkommensbesteuerung ist die Besteuerung nach der finanziellen Leistungsfähigkeit, die normativ systemtragend über den allgemeinen Gleichheitssatz, die Eigentümerfreiheit und andere Freiheitsgewährleistungen im Grundgesetz verankert ist. Der Steuergesetzgeber muss seine im Einkommensteuerrecht getroffene Belastungsentscheidung folgerichtig im Sinne der Belastungsgleichheit umsetzen.

2. Für eine folgerichtige Besteuerung, die sich am Gleichbehandlungskriterium der individuellen finanziellen Leistungsfähigkeit orientiert, stellt sich die Frage der gerechten steuerlichen Lastenverteilung in vertikaler und horizontaler Richtung. Vertikal muss die Steuerbelastung mit ansteigender steuerlicher Leistungsfähigkeit zunehmen, horizontal ist das steuerliche Gleichmaß strikt zu wahren. Ungleich Leistungsfähige sind entsprechend ihrer unterschiedlichen Leistungsfähigkeit ungleich zu belasten („vertikale Steuergerechtigkeit“), Steuerpflichtige bei gleicher Leistungsfähigkeit gleich hoch zu besteuern („horizontale Steuergerechtigkeit“).

3. Indikator für objektive wirtschaftliche Leistungsfähigkeit ist der Steuergegenstand der Einkommensteuer, der in der „Summe der Einkünfte“ gem. § 2 Abs. 3 EStG das Einkommen im wirtschaftlichen Sinne umfasst. Unter Berücksichtigung der im Gesetz aufgezählten sieben Einkunftstatbestände und der sie miteinander verbindenden Prinzipien lässt sich das Einkommensteuerobjekt definieren als ein erwirtschafteter und realisierter Vermögenszuwachs (Ergebnistatbestand) durch Nutzung (Leistungstatbestand) einer marktbezogenen Erwerbsgrundlage (Zustandstatbestand). Im Sinne einer abstrakt-kollektiven anonymisierten Globaläquivalenz ist dieser marktbezogene Steuergegenstand nicht nur einfachgesetzlich ausformuliert, sondern ist über die Eigentumsgarantie verfassungsrechtlich steuerverhaftet.

4. Trotz eines Einkünftepluralismus und einer Abgeltungsteuer auf Kapitalerträge folgt die Einkommensteuer dem Leitbild der synthetischen Einheitssteuer und steht im Gegensatz zu einer Schedulensteuer. Die synthetische Einkommensteuer ist eine grundlegende steuerliche Sachgesetzlichkeit.

5. Die Gleichwertigkeit sämtlicher Einkunftsarten ist verfassungskonform im Einkommensteuergesetz einfachgesetzlich durch das Prinzip der Einheitssteuer umgesetzt, bedarf damit der folgerichtigen Ausgestaltung. Die Synthetizität findet ihren Ausdruck wie ihre Ursache in der Gleichwertigkeit der Erwerbsgrundlagen.

Daneben richtet sich die Gleichheit der in § 2 Abs. 1 Satz 1 EStG aufgezählten Einkunftsarten am Gebot der Besteuerung nach der finanziellen Leistungsfähigkeit des Steuerpflichtigen aus. Diese Konkretisierung ergibt sich aus den Anforderungen der horizontalen Steuergerechtigkeit des Art. 3 GG, aber auch aus dem einkommensteuerlichen Belastungsgrund und den wirtschaftlichen Freiheitsrechten des Art. 12 GG und Art. 14 GG.

Die Gleichheit der Einkunftsarten verwirklicht insofern als tragender Ordnungsgesichtspunkt das Leistungsfähigkeitsprinzip. Eine Verletzung der Gleichbehandlung der Einkunftsarten kann demnach zu denselben, die Verfassungsrechtssphäre berührenden Rechtsverletzungen führen wie Verstöße gegen das Grundprinzip des Gebotes der Besteuerung nach der Leistungsfähigkeit schlechthin.

6. Wenn Ungleichbehandlungen, die an die sieben einkommensteuerlichen Tatbestände der Einkunftsarten anknüpfen, Gruppen von Steuerpflichtigen im Verhältnis zu anderen Steuerpflichtigen anders belasten, müssen tatsächliche Unterschiede zwischen den Steuerpflichtigen von solcher Art und Gewicht bestehen, dass sie die ungleiche Behandlung rechtfertigen. Allein die systematische Unterscheidung in mehrere Einkunftsarten durch den Gesetzgeber kann die Ungleichbehandlung in den Rechtsfolgen nicht rechtfertigen.

7. Als Rechtfertigungsmaßstab für Durchbrechungen der Gleichwertigkeit einzelner konkreter Erwerbsgrundlagen finden das Verhältnismäßigkeitsprinzip und der Gleichheitssatz in dem Differenzierungsziel ihren Rahmen. Die erwerbsgrundlagenbezogene Differenzierung muss in ihrem jeweiligen Zweck gerechtfertigt werden, die Intensität der Ungleichbehandlung für das Erreichen des Zwecks geeignet, erforderlich und angemessen sein. Es müssen also die Bedeutung des Differenzierungsziels, mit dem die erwerbsgrundlagenspezifische Ungleichbehandlung verfolgt wird, und die Schwere der Abweichung von der Gleichwertigkeit der Erwerbsgrundlagen als Konkretisierung des Leistungsfähigkeitsprinzips gegeneinander abgewogen werden. Dabei nimmt die Gleichwertigkeit sämtlicher Einkunftsarten einen solchen Stellenwert ein, dass Ungleichbehandlungen nur durch Gemeinwohlzwecke gerechtfertigt werden können. Partikularinteressen oder Gruppenwünsche können eine solche Durchbrechung nicht begründen. Ein bloß legitimer sachlicher Grund reicht nicht aus, sondern dem Differenzierungszweck muss verfassungsrechtlich ein förderungs-

würdiger Gemeinwohlrang zukommen, der die ungleiche steuerliche Lastenzuteilung aufwiegen kann. Das verfolgte Differenzierungsziel muss einem hochrangigen Wert entsprechen, es muss verfassungsrechtlich förderungswürdig sein.

8. Einkunftsart- und erwerbsgrundlagenspezifische Rechtsfolgedifferenzierungen durchziehen das gesamte Einkommensteuergesetz und sind teilweise auf den ersten Blick nicht erkennbar. Die Zuordnung der Nutzung einer vorhandenen Erwerbsgrundlage zu einer Einkunftsart kann erhebliche Steuerbelastungsunterschiede zur Folge haben. Die anschließende Tabelle[1085] gibt einen Überblick über den Zusammenhang zwischen Einkunftsarten und Rechtsfolgen.

Die Tatbestandsabgrenzung ist bedeutsam für die Methode der Einkünfteermittlung. Unter den Einkunftsarten wird zwischen den Gewinneinkünften und Überschusseinkünften unterschieden. Durch die Unterscheidung ergeben sich jeweils materiell verschiedene Belastungswirkungen. Eine Besonderheit stellt die Gewinnermittlung bei Handelsschiffen gem. § 5a EStG und die Gewinnermittlung nach Durchschnittssätzen gem. § 13a EStG bei Einkünften aus Land- und Forstwirtschaft dar. Die Einkünftequantifzierungsmethoden behandeln insbesondere Veräußerungseinkünfte unterschiedlich, ordnen Bezüge und Aufwendungen zeitlich anders zu und dienen teilweise als Anknüpfungspunkt für unterschiedliche Steuersatzvergünstigungen.

Ferner differieren die Einkunftsarten in den Freibeträgen, Freigrenzen, Pauschbeträgen, Beschränkungen bei der Verlustverrechnung und weiteren Rechtsfolgen. Allerdings besteht kein ersichtlicher Zusammenhang, der von einer Einkunftsart auf die damit verbundene Rechtsfolge folgern oder umgekehrt Sonderrechtsfolgen auf die jeweilige Einkunftsart zurückführen ließe.

In der Gruppe der Gewinneinkünfte sind grundsätzlich Freibeträge nur für Veräußerungs- und Aufgabengewinne vorgesehen. Der laufende Gewinn wird von dem Veräußerungs- und Aufgabengewinn getrennt. Im Rahmen dieser Unterscheidung gewähren die Gewinneinkunftsarten für Veräußerungs- und Aufgabengewinne als Sondertatbestände je nach Höhe des Gewinns und Alter des Steuerpflichtigen Freibeträge von bis zu 45.000 € (§ 16 Abs. 4, § 14 Satz 2, § 14a EStG, § 17 Abs. 3, § 18 Abs. 3 Satz 2 EStG). Einkünfte aus Land- und Forstwirtschaft kennen jedoch für laufende Gewinne einen Freibetrag von 670 €, der im Fall der Zusammenveranlagung verdoppelt wird (§ 13 Abs. 3 EStG).

Für den Bereich der Überschusseinkünfte ist nur bei Einkünften aus Kapitalvermögen ein Freibetrag von zurzeit 750 € und im Fall der Zusammenveranlagung von 1.500 € vorgesehen. Dieser wird zum 1.1.2009 gestrichen und in einen Sparer-Pauschbetrag in Höhe von 801 € im Fall der Einzelveranlagung, in Höhe von 1.602 € im Fall der Zusammenveranlagung, einfließen. Einkünfte aus Ver-

1085 Siehe Seite 214 f.

mietung und Verpachtung und sonstige Einkünfte i.S.d. § 22 EStG kennen demgegenüber keinen Freibetrag; bei Einkünften aus nichtselbstständiger Arbeit werden ein Versorgungs-, ein Personalrabatt- und ein Vermögensbeteiligungsfreibetrag gewährt.

Neben den Freibeträgen sieht das Einkommensteuergesetz bei den sonstigen Einkünften i.S.d. § 22 EStG Freigrenzen vor. Erst ab einem Betrag von 512 € (ab 2009: 600 €) bei privaten Veräußerungsgeschäften und von 256 € bei Einkünften aus Leistungen i.S.d. § 22 Nr. 3 EStG sind die Einkünfte steuerlich in voller Höhe zu berücksichtigen.

Neben diesen, an dem Nettobegriff „Einkünfte" ansetzenden Freibeträgen und Freigrenzen kennt das Einkommensteuergesetz für die Gruppe der Überschusseinkünfte sog. Pauschbeträge für Werbungskosten (§ 9a Satz 1 Nr. 1 bis 3 EStG). Diese reichen von 51 € bei Einnahmen aus Kapitalvermögen (ab 2009 gestrichen) bis 920 € bei Einnahmen aus nichtselbstständiger Arbeit. Die Werbungskostenpauschbeträge werden jeweils von den Bruttoeinnahmen aus den entsprechenden Einkunftsarten abgezogen, unabhängig davon, ob tatsächlich entsprechende Aufwendungen erwachsen sind. Sofern ein geringerer Erwerbsaufwand angefallen ist, wirken diese Pauschalen im Ergebnis auch wie Freibeträge und können die Einkünfte aus den entsprechenden Einkunftsarten bis auf Null mindern. Diese Wirkung entfaltet insbesondere der zum 1.1.2009 eingeführte Sparer-Pauschbetrag in Höhe von 801 €/1602 € bei Kapitalerträgen; gleichzeitig können aber tatsächlich angefallene, höhere Werbungskosten nicht mehr abgezogen werden.

Hingegen sieht das Einkommensteuergesetz für den Bereich der Gewinneinkunftsarten solche pauschalen, den Aufwand einkalkulierende Abzugsgrößen nicht vor. Nur die tatsächlich anfallenden Betriebsausgaben reduzieren die Höhe der Gewinneinkünfte.

Möglichkeiten und Umfang der Verlustverrechnung hängen ebenfalls von der jeweiligen Einkunftsart ab. Bei den Verrechnungsbeschränkungen bedient sich der Steuergesetzgeber häufig der Methode, die Verluste innerhalb einer Erwerbsgrundlage zu isolieren, indem er den erwerbsgrundlagenübergreifenden Verlustausgleich und –abzug verbietet. Auf diese Weise dürfen Verluste aus bestimmten gewerblichen Erwerbsgrundlagen, aus privaten Kapitalvermögen, aus Leistungen i.S.d. § 22 Nr. 3 EStG und aus privaten Veräußerungsgeschäften nur mit positiven Ergebnissen aus derselben Art von Erwerbsgrundlage verrechnet werden.

Im Rahmen der Gewinneinkunftsarten knüpfen Steuersatzvergünstigungen an den Teilbereich der Veräußerungs- und Aufgabengewinne und für nicht entnommene Gewinne an. Steuersatzvergünstigungen für den laufenden Gewinn kennen die Einkünfte aus Land- und Forstwirtschaft. Seit 1.1.2099 unterfallen alle im Privatvermögen zufließenden Kapitaleinkünfte einheitlich einer Abgeltungsteuer in Höhe von 25 Prozent.

Auch die Sonderform der Einkommensteuererhebung an der Quelle differiert je nach Arten von Einkünften. Bei Einkünften aus nichtselbstständiger Arbeit wird die Einkommensteuer unmittelbar und direkt durch Abzug vom Arbeitslohn erhoben. Dadurch wird die Lohnsteuer im Ergebnis monatlich vorausbezahlt. In der Wirkung ähnlich wie die Lohnsteuer greift auch die Kapitalertragsteuer an der Quelle zu. Bei sämtlichen anderen Einkunftsarten sieht § 37 EStG vierteljährliche Vorauszahlungen auf die voraussichtlich geschuldete Einkommensteuer vor.

Der in § 3 EStG geregelte umfangreiche Katalog der steuerfreien Einnahmen enthält Steuerentlastungen auf der Einnahmeseite, die sich zum Teil bestimmten Einkunftsarten zuordnen lassen. Die äußerst umstrittene Steuerfreiheit von Zuschlägen für Sonntags-, Feiertags- und Nachtarbeit bezieht sich nach dem Wortlaut nur auf Zuschläge, die einem Arbeitnehmer gezahlt werden.

Schließlich stimmen die Definition des Gewerbebetriebs i.S.d. Gewerbesteuergesetzes und diejenige des gewerblichen Unternehmens i.S.d. § 15 Abs. 2 EStG inhaltlich überein. Damit ist die Einkunftsart des Gewerbebetriebs faktisch mit der Gewerbesteuerpflicht verknüpft. Diese Zusatzbelastung der Einkunftsart aus Gewerbebetrieb wird durch die typisierte Anrechnung der Gewerbesteuer nach § 35 EStG rückgängig gemacht; dadurch entstehen neue Ungleichheiten.

Die einkunftsartabhängigen Rechtsfolgendifferenzierungen, die Belastungsunterschiede zur Folge haben, sind grundsätzlich rechtfertigungsbedürftig. Der Steuergesetzgeber verkennt dabei zu häufig den Stellenwert der Gleichheit aller im Katalog der Einkunftsarten abstrahierten Erwerbsgrundlagen.

9. Die Ersetzung der sieben Einkunftsarten durch einen einzigen Einkünftetatbestand bietet eine Alternative zum heutigen System, um das Ziel einer einfachen, systematischen und gleichmäßigen Einkommensbesteuerung zu erreichen.

Eine einkommensteuerliche Generalklausel sichert das Gleichmaß des Einkommensteuersystems gegenüber gruppenspezifischen Bevorzugungen und erlaubt die Realisierung der Besteuerung nach dem Leistungsfähigkeitprinzips, die in einer Vermögensmehrung zum Ausdruck kommt, welche nicht von der Art der Erwerbsgrundlage abhängt. Dieser Grundtatbestand hat materiell das Erwerbseinkommen zu belasten, das durch Nutzung einer marktbezogenen Erwerbsgrundlage erzielt worden ist.

I. Tabelle: Zusammenhang zwischen Einkunftsarten und Rechtsfolgen

Einkunftsarten: / Rechtsfolgen:	Land- und Forstwirtschaft		Gewerbebetrieb		Selbstständige Arbeit		Nichtselbstständige Arbeit	Kapitalvermögen	Vermietung und Verpachtung	sonstige Einkünfte i.S.d. § 22
Einkünfteermittlungsmethoden	Gewinn	Veräußerungs-/ Aufgabegewinn	Gewinn	Veräußerungs-/ Aufgabegewinn	Gewinn	Veräußerungs-/ Aufgabegewinn	Überschuss §§ 8–9a	Überschuss §§ 8–9a	Überschuss §§ 8–9a	Überschuss §§ 8–9a Gewinn § 23 III
	§ 4 I § 4 III § 13a	§§ 14, 16 II, 4 I	§ 5 I § 4 III § 5a	§§ 5 I, 16 II, §§ 4 I, 17 II	§ 4 I oder § 4 III	§§ 4 I, 16 II				
Freibeträge bei den Einkünften	§ 13 III, § 13a VI	§ 14 S. 2, § 16 IV; § 14a		§ 16 IV; § 17 III		§ 18 III S. 2, § 16 IV	§ 8 III; § 19 II; § 19a I	§ 20 IV a.F.		
Werbungskostenpauschbeträge							§ 9a S. 1 Nr. 1	§ 9a S. 1 Nr. 2 a.F.; § 20 IX		§ 9a S. 1 Nr. 3
Freigrenzen										§ 22 Nr. 3 S. 2; § 23 III S. 5
Beschränkungen beim **- Verlustausgleich**	§ 13 VII, §§ 15a; 15b		§ 15 IV S. 1, S. 3, S. 6; §§ 15a; 15b; 17 II S. 6		§ 18 IV S. 2, §§ 15a; 15b			§ 20 I Nr. 4 S. 2, § 15 IV S. 6; §§ 15a; 15b; § 20 VI	§ 21 I S. 2, §§ 15a, 15b	§ 22 Nr. 1 S. 1, § 15b; § 22 Nr. 3 S. 3; § 23 III S. 7
- Verlustabzug (§ 10d EStG)	§ 13 VII, §§ 15a; 15b		§ 15 IV S. 1, S. 3, S. 6; §§ 15a; 15b; 17 II S. 6		§ 18 IV S. 2, §§ 15a; 15b			§ 20 I Nr. 4 S. 2, § 15 IV S. 6; §§ 15a, 15b; § 20 VI	§ 21 I S. 2, §§ 15a, 15b	§ 22 Nr. 1 S. 1, § 15b; § 22 Nr. 3 S. 3; § 23 III S. 7
- Werbungskostenabzug								§ 20 IX S. 1 HS. 2	§ 21 II	§ 22 Nr. 4

Einkunftsarten: / Rechtsfolgen:	Land- und Forstwirtschaft		Gewerbebetrieb		Selbstständige Arbeit		Nichtselbständige Arbeit	Kapitalvermögen	Vermietung und Verpachtung	sonstige Einkünfte i.S.d. § 22
Steuersatzvergünstigungen	§§ 32c, 34 II Nr. 5, §§ 34a, 34b	§ 34 II Nr. 1	§§ 32c; 34a, 34b	§ 34 II Nr. 1	§§ 32c; 34a	§ 34 II Nr. 1	§ 34 II Nr. 2, Nr. 4	§§ 32d, 43 V S. 1		
Steuerentlastungen auf der Einnahmeseite (insbes. steuerfreie Einnahmen)	§ 3 Nr. 17, Nr. 27; § 13 V		§ 3 Nr. 26, 26a, 40		§ 3 Nr. 26, 26a		§ 3 Nr. 1 lit. d, Nr. 3 lit. d, Nr. 4 lit. c, Nr. 4 lit. d, Nr. 11, 12, 13, 16, 26, 26a, 27, 28, 29, 30, 31, 33, 35, 36, 45, 46, 51, 61, 62, 63, 64, 65, 66; § 3b I, III	§ 3 Nr. 21, 40 a.F., 54		
Gewerbesteuer			§ 2 I GewStG; Anrechnung über § 35							
Einkommensteuererhebungsform	§ 37		§ 37		§ 37		§§ 38 ff.	§ 43 ff.	§ 37	§ 37
Außenprüfung	§ 193 I AO		§ 193 I AO		Für § 18 I Nr. 1 gilt § 193 I AO; ansonsten § 193 II Nr. 2 AO		§ 193 I i.V.m. § 147a AO; § 193 II Nr. 2 AO	§ 193 I i.V.m. § 147a AO; § 193 II Nr. 2 AO	§ 193 I i.V.m. § 147a AO, § 193 II Nr. 2 AO	§ 193 I i.V.m. § 147a AO, § 193 II Nr. 2 AO

Literaturverzeichnis

Alexy, Robert, Theorie der Grundrechte, 1985 (zit.: *Alexy*, Grundrechte)

Alt, Markus, Das Überschussvermögen im Einkommensteuerrecht, 1994 (zit.: *Alt*, Überschussvermögen)

Ders., Die einkommensteuerbare Tätigkeit, in: *Hörmann*, Norbert/*Jüptner*, Roland/*Kobor*, Hagen/*Zugmaier*, Oliver (Hrsg.), Brennpunkte des Steuerrechts, Festschrift für Wolfgang Jakob, 2001, S. 11 ff. (zit.: *Alt*, in: FS Jakob)

Ders., Das Überschussvermögen im Einkommensteuerrecht, in: Steuer und Wirtschaft 1994, S. 138 ff.

Altehoefer, Klaus/*Bauer*, Karl-Heinz/*Eisele*, Dirk/*Fichtelmann*, Helmar/*Walter*, Helmut, Besteuerung der Land- und Forstwirtschaft, 6. Auflage 2009 (zit.: Bearbeiter, in: Altehoefer/Bauer/Fichtelmann, Besteuerung der Land- und Forstwirtschaft, Rn.)

Anschütz, Gerhard, Die Verfassung des Deutschen Reichs vom 11. August 1919, Kommentar, 14. Auflage 1933 (zit.: *Anschütz*, Verfassung des Deutschen Reichs, Art./Anm.)

Aristoteles, Die Nikomachische Ethik, übers. von *Gigon*, Olof, hrsg. von *Nickel*, Rainer, 2005 (zit.: *Aristoteles*, Die Nikomachische Ethik)

Arndt, Hans-Wolfgang, Steuerliche Leistungsfähigkeit und Verfassungsrecht, in: *Danrau*, Jürgen/*Kraft*, Alfons/*Fürst*, Walther (Hrsg.), Festschrift für Otto Mühl, 1981, S. 17 ff. (zit.: *Arndt*, in: FS Mühl)

Ders., Gleichheit im Steuerrecht, in: Neue Zeitschrift für Verwaltungsrecht 1988, S. 787 ff.

Arndt, Hans-Wolfgang/*Jenzen*, Holger, Verlustverrechnung und Verfassungsrecht – Zu dem Beschluss des BVerfG vom 30.9.1998 und der geplanten Steuerreform 1999/2000 –, in: Deutsches Steuerrecht 1998, S. 1818 ff.

Arndt, Hans-Wolfgang/*Rudolf*, Walter, Öffentliches Recht, 15. Auflage 2007 (zit.: *Arndt/Rudolf*, Öffentliches Recht)

Arndt, Hans-Wolfgang/*Schumacher*, Andreas, Einkommensbesteuerung und Grundrechte, in: Archiv des öffentlichen Rechts, 118. Band (1993), S. 513 ff.

Bareis, Hans-Peter, Zur Kritik am „Karlsruher EStG-Entwurf", in: Steuer und Wirtschaft 2002, S. 135 ff.

Bäuml, Sven Oliver, System und Reform der Besteuerung privater Veräußerungsgeschäfte, 2005 (zit.: *Bäuml*, Besteuerung privater Veräußerungsgeschäfte)

Bäuml, Sven Oliver/*Gageur*, Patrick, Die geplante Abgeltungsteuer auf Kapitaleinkünfte, in: Finanz-Rundschau 2006, S. 213 ff.

Bayer, Hermann-Wilfried, Steuerlehre, Steuerverfassung – Steuergesetz – Steuergericht, 1998 (zit.: *Bayer*, Steuerlehre)

Ders., Die Erwerbstätigkeit – der Steuergegenstand des Einkommensteuerrechts, in: Betriebs-Berater 1988, S. 1 ff.

Beil, Johannes, Der Belastungsgrund des steuerstaatlichen Synallagmas, 2001 (zit.: *Beil*, Belastungsgrund)

Benda, Ernst/*Maihofer*, Werner/*Vogel*, Hans-Jochen (Hrsg.), Handbuch des Verfassungsrechts der Bundesrepublik Deutschland, 2. Auflage 1994 (zit.: Bearbeiter, in: Benda/Maihofer, HVerfR, §/Rn.)

Bergkemper, Winfried, Verfassungswidrigkeit der Ausschlussfrist für die Antragsveranlagung, Anmerkung zu dem Vorlagebeschluss des BFH v. 22.5.2006 – VI R 49/04, in: Finanz-Rundschau 2006, S. 1048 f.

Ders., § 3 EStG: Ein Waisenkind der Steuergesetzgebung, in: Finanz-Rundschau 1996, S. 509 ff.

Bernhardt, Michael, Einkünfte versus Income: eine systemvergleichende und wertende Betrachtung des deutschen Einkünftebegriffs und dessen US-amerikanischen Synonyms, insbesondere dargestellt am Beispiel der Vermietung und Verpachtung von Wohnimmobilien, 2000 (zit.: *Bernhardt*, Einkünfte versus Income)

Birk, Dieter, Das Leistungsfähigkeitsprinzip als Maßstab der Steuernormen, 1983 (zit.: *Birk*, Leistungsfähigkeitsprinzip)

Ders., Steuerrecht, 12. Auflage 2009 (zit.: *Birk*, Steuerrecht, Rn.)

Ders., Das Gebot des gleichmäßigen Gesetzesvollzugs und dessen Sanktionierung, in: Steuer und Wirtschaft 2004, S. 277 ff.

Ders., Verfassungskonforme Auslegung im Steuerrecht, in: Steuer und Wirtschaft 1990, S. 300 ff.

Ders., Gleichheit und Gesetzmäßigkeit der Besteuerung, in: Steuer und Wirtschaft 1989, S. 212 ff.

Ders., Zum Stand der Theoriediskussion in der Steuerrechtswissenschaft, in: Steuer und Wirtschaft 1983, S. 293 ff.

Birk, Dieter/*Kulosa*, Egmont, Verfassungsrechtliche Aspekte des Steuerentlastungsgesetzes 1999/2000/2002, in: Finanz-Rundschau 1999, S. 433 ff.

Blumenberg, Jens/*Benz*, Sebastian, Die Unternehmensteuerreform 2008, 2007 (zit.: *Blumenberg/Benz*, Unternehmensteuerreform)

von Bornhaupt, Kurt Joachim, Abgrenzung Werbungskostenersatz zu Auslagenersatz und durchlaufenden Geldern im Lohnsteuerrecht, in: Steuer und Wirtschaft 1990, S. 46 ff.

Ders., Verhältnis des Lohnsteuerverfahrens zum Einkommensteuer-Veranlagungsverfahren, in: Betriebs-Berater 1986, S. 367 ff.

Bowitz, Hans-Herrmann, Zur Behandlung des Trinkgelds im Einkommensteuerrecht, in: Deutsche Steuer-Zeitung 1995, S. 553 ff.

Brüning, Christoph, Gleichheitsrechtliche Verhältnismäßigkeit, in: Juristenzeitung 2001, S. 669 ff.

Bühler, Ottmar, Reichsverfassung vom 11. August 1919, 3. Auflage 1929 (zit.: *Bühler*, Reichsverfassung)

Bühr, Oliver, Verlustverrechnungsbeschränkungen im Einkommensteuerrecht, 1993 (zit.: *Bühr*, Verlustverrechnungsbeschränkungen)

Bundesministerium für Wirtschaft und Finanzen (Hrsg.), Steuerreformkommission, Gutachten der Steuerreformkommission 1971, Schriftenreihe des BMF, Heft 17, 1971 (zit.: *BMF*, Steuerreformkommission 1971)

Burger, Walter, Der Einkommensbegriff im öffentlichen Schuldrecht, 1991 (zit.: *Burger*, Einkommensbegriff)

Canaris, Claus-Wilhelm, Systemdenken und Systembegriff in der Jurisprudenz, 1969 (zit.: *Canaris*, Systemdenken)

Caspers, Anne, Die Besteuerung freiberuflicher Einkünfte, Steuerrecht als Folge der Berufs- und Standesordnungen, 1999 (zit.: *Caspers*, Besteuerung freiberuflicher Einkünfte)

CDU Deutschlands/CSU Landesleitung/SPD Deutschlands, Gemeinsam für Deutschland, Mit Mut und Menschlichkeit, Koalitionsvertrag vom 11.11.2005, 2005 (zit.: CDU/CSU/SPD, Koalitionsvertrag v. 11.11.2005)

Crezelius, Georg, Steuerrecht II, Die einzelnen Steuerarten, 2. Auflage 1994 (zit.: *Crezelius*, Steuerrecht II)

Ders., Leistungen an und durch Dritte im Lohnsteuerrecht, in: *Stolterfoht*, Joachim (Hrsg.), Grundfragen des Lohnsteuerrechts, DStJG Band 9 (1986), S. 85 ff.

Dechant, René-Marcel, Die Besteuerung privater Veräußerungsgeschäfte in systematischer und verfassungsrechtlicher Hinsicht, 2006 (zit.: *Dechant*, Besteuerung privater Veräußerungsgeschäfte)

Degenhart, Christoph, Systemgerechtigkeit und Selbstbindung des Gesetzgebers als Verfassungspostulat, 1976 (zit.: *Degenhart*, Systemgerechtigkeit)

Desens, Marc, Das Halbeinkünfteverfahren – Eine theoretische, historische, systematische und verfassungsrechtliche Würdigung, 2004 (*Desens*, Halbeinkünfteverfahren)

Dettmer, Fritz, Die Gewerbesteuer in Deutschland im System der Geldwirtschaft und der Kapitalwirtschaft, 1929 (zit.: *Dettmer*, Gewerbesteuer in Deutschland)

Di Fabio, Udo, Steuern und Gerechtigkeit, in: Juristenzeitung 2007, S. 749 ff.

Dolzer, Rudolf/*Vogel*, Klaus/*Graßhof*, Karin (Hrsg.), Bonner Kommentar zum Grundgesetz (Loseblatt, Stand: 143. EL, Dezember 2009) (zit.: Bearbeiter, in: Bonner Kommentar, Art./Rn.) 0303/ST 051/11

Doralt, Werner/*Ruppe*, Hans Georg, Grundriss des österreichischen Steuerrechts, Band I, 7. Auflage 2000, (zit.: *Doralt/Ruppe*, Steuerrecht)

Dreier, Horst (Hrsg.), Grundgesetz-Kommentar, Band 1, Art. 1–19, 2. Auflage 2004 (zit.: Bearbeiter, in: Dreier, GG I, Art./Rn.) 0304/J.III.2.13.2.2

Ders. (Hrsg.), Grundgesetz-Kommentar, Band 3, Art. 83–146, 2. Auflage 2007 (zit.: Bearbeiter, in: Dreier, GG III, Art./Rn.)

Drenseck, Walter, Verfassungswidrige Benachteiligung von Arbeitnehmern im Lohnsteuerabzugsverfahren, in: Steuer und Wirtschaft 1991, S. 232 ff.

Durchlaub, Thomas, Zur Steuerpflicht der Gewinne aus der Veräußerung von Privatvermögen, 1993 (zit.: *Durchlaub*, Veräußerung von Privatvermögen)

Dziadkowski, Dieter, Die Bemessungsgrundlage der Einkommensteuer als Zielgröße von Reformansätzen, in: *Kirchhof*, Paul/*Jakob*, Wolfgang/*Beermann*, Albert (Hrsg.), Steuerrechtsprechung – Steuergesetz – Steuerreform, Festschrift für Klaus Offerhaus zum 65. Geburtstag, 1999, S. 1091 ff. (zit.: *Dziadkowski*, in: FS Offerhaus)

Ebeling, Klaus (Hrsg.), Blümich, Einkommensteuer, Körperschaftsteuer, Gewerbesteuer, Kommentar, 16. Auflage (Loseblatt, Stand: 104. EL, September 2009) (zit.: Bearbeiter, in: Blümich, jeweiliges Gesetz/Rn.)

Eckhoff, Rolf, Abgeltungsteuer, in: Finanz-Rundschau 2007, S. 989 ff.

von Eheberg, Karl Theodor, Finanzwissenschaft, 13. Auflage 1915 (zit.: *v. Eheberg*, Finanzwissenschaft

Eisenmann, Frank, Die Grundbegriffe Einnahmen – Einkünfte – Einkommen im Einkommensteuerrecht, 1977 (zit.: *Eisenmann*, Einnahmen – Einkünfte – Einkommen)

Elicker, Michael, Entwurf einer proportionalen Netto-Einkommensteuer, 2004 (zit.: *Elicker*, Netto-Einkommensteuer)

Ders., Darf der Steuerzugriff ein Unternehmen zahlungsunfähig machen?, in: Steuer und Wirtschaft 2002, S. 217 ff.

Englisch, Joachim, Dividendenbesteuerung, Europa- und verfassungsrechtliche Vorgaben im Vergleich der Körperschaftsteuersysteme Deutschlands und Spaniens, 2005 (zit.: *Englisch*, Dividendenbesteuerung)

Ders., Verfassungsrechtliche und steuersystematische Kritik der Abgeltungssteuer, in: Steuer und Wirtschaft 2007, S. 221 ff.

Ders., Die duale Einkommensteuer – Reformmodell für Deutschland?, IFSt-Schrift Nr. 432, 2005 (zit.: *Englisch*, Duale Einkommensteuer)

Faltlhauser, Kurt, Die Verlockungen der Schedule, in: *Kley*, Max Dietrich/*Sünner*, Eckart/*Willemsen*, Arnold (Hrsg.), Festschrift für Wolfgang Ritter zum 70. Geburtstag, 1997, S. 511 ff. (zit.: *Faltlhauser*, in: FS Ritter)

Fischer, Hans Gustav, Die höchst problematische Besteuerung der freiwilligen Trinkgelder, in: Finanz-Rundschau 1988, S. 331

Fischer, Peter, Auch der Mitunternehmer ist ein Unternehmer des Betriebs, Ein Beitrag zur subjektiven Zurechnung des einkommensteuerbaren Handlungs- und Erfolgstatbestandes, in: *Budde*, Wolfgang Dieter/*Moxter*, Adolf/*Offerhaus*, Klaus (Hrsg.), Handelsbilanzen und Steuerbilanzen, Festschrift für Heinrich Beisse, 1997, S. 189 ff. (zit.: *Fischer*, in: FS Beisse)

Ders., Kommentar zu BFH, Urt. v. 27.7.1999 – IX R 64/96, in: Finanz-Rundschau 1999, S. 1377 ff.

Flämig, Christian, Stichwort „Schedulensystem", in: *Strickrodt*, Georg/*Wöhe*, Günter/*Flämig*, Christian/*Felix*, Günther/*Seebiger*, Heinz (Hrsg.), Handwörterbuch des Steuerrechts, Zweiter Band, 2. Auflage 1981, S. 1181 (zit.: *Flämig*, Stichwort „Schedulensystem", in: HwStR Bd. II)

Flick, Hans, Die österreichische Endbesteuerung von Zinserträgen – Ein Modell für Europa?, in: Deutsche Steuer-Zeitung 1998, S. 186 ff.

Fohler, Barbara, Private Anteilsveräußerung und vermögensverwaltende Personengesellschaften – Zur Auslegung des § 17 EStG, 2003 (zit.: *Fohler*, Private Anteilsveräußerung)

Folkers, Cay, Wer wird durch Steuervergünstigungen eigentlich begünstigt? Zu einem Problem der materiellen Steuerinzidenz, in: Finanzarchiv n.F. 46 (1988), S. 214 ff.

Förster, Guido, Die Änderungen durch das StVergAbG bei der Einkommensteuer und der Körperschaftsteuer, in: Der Betrieb 2003, S. 899 ff.

Förster, Ursula, Anrechnung der Gewerbesteuer auf die Einkommensteuer nach der Unternehmensteuerreform 2008, in: Der Betrieb 2007, S. 760 ff.

Franke, Siegfried, Zur politischen Funktion konsensmobilisierender Formeln in der parlamentarischen Demokratie: Das Beispiel des Leistungsfähigkeitsprinzips, in: Steuer und Wirtschaft 1984, S. 32 ff.

Freier, Bärbel, Der Tatbestand der freien Berufe als Anknüpfungspunkt für Steuerrechtsdifferenzierungen, 1995 (zit.: *Freier*, Tatbestand der freien Berufe)

Freitag, Christian, Die Besteuerung der Zinsen, 1999 (zit.: *Freitag*, Besteuerung der Zinsen)

Frenz, Walter, Die Verhältnismäßigkeit von Steuern, in: Gewerbearchiv 2006, S. 282 ff.

Friauf, Karl Heinrich, Verfassungsrechtliche Anforderungen an die Gesetzgebung über die Steuern vom Einkommen und vom Ertrag, in: *Friauf*, Karl

Heinrich (Hrsg.), Steuerrecht und Verfassungsrecht, DStJG Band 12 (1989), S. 3 ff.

Frotscher, Gerrit, Kommentar zum Einkommensteuergesetz, 6. Auflage 1998 (Loseblatt, Stand: 154. EL, Dezember 2009) (zit.: Bearbeiter, in: Frotscher, EStG, §/Rn.)

Fuisting, Bernhard, Die preußischen direkten Steuern, 4. Band: Grundzüge der Steuerlehre, 1902 (zit.: *Fuisting*, Die preußischen direkten Steuern)

Gaddum, Johann Wilhelm, Steuerreform: einfach und gerecht!, Für ein besseres Einkommensteuerrecht, 1986 (zit.: *Gaddum*, Steuerreform)

Gassner, Wolfgang/*Lang*, Michael, Das Leistungsfähigkeitsprinzip im Einkommen- und Körperschaftsteuerrecht, Verhandlungen des 14. Österreichischen Juristentages, Dogmatische Grundfragen – Rechtspolitischer Stellenwert, Band III/1, 2000 (zit.: *Gassner/Lang*, Leistungsfähigkeitsprinzip)

Giloy, Jörg, Vieldeutige Einkommensbegriffe, Zur geeigneten Bezugsgröße staatlicher Transferleistungen, 1978 (zit.: *Giloy*, Einkommensbegriffe)

Ders., Zur Symmetrie der Einkunftsarten, in: Finanz-Rundschau 1978, S. 205 ff.

Glanegger, Peter/*Güroff*, Georg/*Selder*, Johannes/*Wagner*, Ludwig, Gewerbesteuergesetz, 7. Auflage 2009 (zit.: Bearbeiter, in: Glanegger/Güroff, GewStG, §/Rn.)

Glenk, Heinrich, Besteuerung von Belegschaftsrabatten nach dem Steuerreformgesetz 1990 – Zur Neuregelung des § 8 Abs. 3 EStG, in: Deutsches Steuerrecht 1989, Beihefter zu Heft 19, S. 1 ff.

Gorski, Hans Günter, Von der Begünstigung der Unternehmer bei der Einkommensteuer – Anmerkung zum Standortsicherungsgesetz –, in: Deutsche Steuer-Zeitung 1993, S. 613 ff.

Gosch, Dietmar, Einige aktuelle und zugleich grundsätzliche Bemerkungen zur Gewerbesteuer, in: Deutsche Steuer-Zeitung 1998, S. 327 ff.

Ders., Die neue Tarifbegrenzung für gewerbliche Einkünfte nach § 32c EStG, in: Deutsches Steuerrecht 1994, Beihefter zu Heft 6, S. 1 ff.

Grützner, Dieter, Zur Besteuerung von betrieblichen Termingeschäften nach dem StEntlG 1999/2000/2002, in: Steuer und Bilanzen 1999, S. 961 ff.

Harenberg, Friedrich, Anmerkung zu Bundesfinanzhof, Urteil vom 8.2.1997 – VIII R 33/95, in: Finanz-Rundschau 1997, S. 493 f.

Heinemann, Peter, Die Besteuerung von Gewinnen aus der Veräußerung privater Beteiligungen an Kapitalgesellschaften nach § 17 EStG in der Fassung des Steuersenkungsgesetzes, 2002 (zit.: *Heinemann*, Veräußerung privater Beteiligungen)

Hennrichs, Joachim/*Lehmann*, Ulrike, Rechtsformneutralität der Unternehmensbesteuerung, Kritische Anmerkungen zum Beschluss des BVerfG v. 21.6.2006, in: Steuer und Wirtschaft 2007, S. 16 ff.

Hensel, Albert, Verfassungsrechtliche Bindungen des Steuergesetzgebers. Besteuerung nach der Leistungsfähigkeit – Gleichheit vor dem Gesetz, in: Vierteljahresschrift für Steuer- und Finanzrecht 4 (1930), S. 441 ff.

Ders., Die Abänderung des Steuertatbestandes durch freies Ermessen und der Grundsatz der Gleichheit vor dem Gesetz, in: Vierteljahresschrift für Steuer- und Finanzrecht 1927, S. 39 ff.

Herrmann, Carl/*Heuer*, Gerhard/*Raupach*, Arndt (Hrsg.), Einkommensteuer- und Körperschaftsteuergesetz, (Loseblatt, Stand: 236. EL, Juli 2009) (zit.: Bearbeiter, in: Herrmann/Heuer/Raupach, EStG/KStG, §/Rn.)

Herzig, Norbert/*Lochmann*, Uwe, Steuersenkungsgesetz: Die Steuerermäßigung für gewerbliche Einkünfte bei der Einkommensteuer in der endgültigen Fassung, in: Der Betrieb 2000, S. 1728 ff.

Hesse, Konrad, Grundzüge des Verfassungsrechts der Bundesrepublik Deutschland, 20. Auflage 1995 (zit.: *Hesse*, Verfassungsrecht)

Heuermann, Bernd, Systematik und Struktur der Leistungspflichten im Lohnsteuerabzugsverfahren, 1998 (zit.: *Heuermann*, Lohnsteuerabzugsverfahren)

Ders., Die Erwerbsgerichtetheit von Einkünften aus Vermietung und sonstigen Leistungen, in: Deutsches Steuerrecht 2005, S. 1338 ff.

Ders., Einkünfteerzielungsabsicht bei Vermietung und Verpachtung, in: Steuer und Wirtschaft 2003, S. 101 ff.

Heuermann, Bernd/*Wagner*, Klaus/*Ludes*, Sylvia/*Wagner*, Beate, Lohnsteuer (Loseblatt, Stand: 46. EL, September 2009) (zit.: Bearbeiter, in: Heuermann/Wagner, LohnSt, Teil/Rn.)

Hey, Johanna, Saldierung von Vor- und Nachteilen in der Rechtfertigung von Grundrechtseingriffen und Ungleichbehandlungen, in: Archiv des öffentlichen Rechts, 128. Band (2003) S. 226 ff.

Dies., Besteuerung von Unternehmensgewinnen und Rechtsformneutralität, in: *Ebeling*, Iris (Hrsg.), Besteuerung von Einkommen, DStJG Band 24 (2001), S. 155 ff.

Dies., Verletzung fundamentaler Besteuerungsprinzipien durch die Gegenfinanzierungsmaßnahmen des Unternehmensteuerreformgesetzes 2008, in: Betriebs-Berater 2007, S. 1303 ff.

Dies., Gewerbesteuer zwischen Bundesverfassungsgericht und Steuergesetzgeber, in: Finanz-Rundschau 2004, S. 876 ff.

Dies., Vollzugsdefizite bei Kapitaleinkommen: Rechtsschutzkonsequenzen und Reformoptionen, in: Der Betrieb 2004, S. 724 ff.

Dies., Kommunale Einkommen- und Körperschaftsteuer – Zugleich ein Beitrag zur Bedeutung des Äquivalenzprinzips für die Ausgestaltung kommunaler Steuern –, in: Steuer und Wirtschaft 2002, S. 314 ff.

Dies., Von der Verlegenheitslösung des § 35 EStG zur Reform der Gewerbesteuer?, in: Finanz-Rundschau 2001, S. 870 ff.

Dies., Die Brühler Empfehlungen zur Reform der Unternehmensbesteuerung, in: Betriebs-Berater 1999, S. 1192 ff.

Hidien, Jürgen, Steuerreform 2000 – Anmerkungen zum gewerbesteuerlichen Anrechnungsmodell, in: Betriebs-Berater 2000, S. 485 ff.

Hiller, Gerhard, Aktuelle Einblicke in die Einkommensbesteuerung der Forstwirtschaft, in: Die Information über Steuer und Wirtschaft 2003, S. 104 ff.

Ders., Merkwürdige Erkenntnisse beim Umgang mit dem neuen § 13a EStG, in: Die Information über Steuer und Wirtschaft 2002, S. 321 ff.

Ders., Durchschnittssatzgewinn in der Landwirtschaft nach dem neuen § 13a EStG – Teil I, in: Die Information über Steuer und Wirtschaft 1999, S. 449 ff.

Ders., Durchschnittssatzgewinn in der Landwirtschaft nach dem neuen § 13a EStG – Teil II, in: Die Information über Steuer und Wirtschaft 1999, S. 487 ff.

Homburg, Stefan, Allgemeine Steuerlehre, 5. Auflage 2007 (zit.: Homburg, Steuerlehre)

Ders., Die Abgeltungsteuer als Instrument der Unternehmensfinanzierung, in: Deutsches Steuerrecht 2007, S. 686 ff.

Hübschmann, Walter/*Hepp*, Ernst/*Spitaler*, Armin (Hrsg.), Abgabenordnung, Finanzgerichtsordnung, Kommentar (Loseblatt, 204. EL, Stand: Oktober 2009) (zit.: Bearbeiter, in: Hübschmann/Hepp/Spitaler, AO/FGO, §/Rn.)

Huster, Stefan, Rechte und Ziele, Zur Dogmatik des allgemeinen Gleichheitssatzes, 1993 (zit.: *Huster*, Rechte und Ziele)

Hutter, Ulrich, Kein Halbteilungsgrundsatz als Belastungsobergrenze bei der Einkommen- und Gewerbesteuer, in: Neue Wirtschaftsbriefe Nr. 24/2006, Fach 3, S. 14037 ff.

Icking, Jan, Deutsches Einkommensteuerrecht zwischen Quellen- und Reinvermögens-zugangstheorie, 1993 (zit.: *Icking*, Einkommensteuerrecht)

Isensee, Josef, Referat zum Thema: Empfiehlt es sich, das Einkommensteuerrecht zur Beseitigung von Ungleichbehandlungen und zur Vereinfachung neu zu ordnen?, in: Ständige Deputation des Deutschen Juristentages (Hrsg.), Verhandlungen des Siebenundfünfzigsten Deutschen Juristentages, Mainz 1988, Band II, Sitzungsberichte, S. N 32 ff. (zit.: *Isensee*, Referat, in: 57. Deutscher Juristentag Bd. II)

Isensee, Josef/*Kirchhof*, Paul (Hrsg.), Handbuch des Staatsrechts Band II, Verfassungsstaat, 3. Auflage 2004 (zit.: Bearbeiter, in: HStR Bd. II, §/Rn.)

Dies. (Hrsg.), Handbuch des Staatsrechts Band IV, Aufgaben des Staates, 3. Auflage 2006 (zit.: Bearbeiter, in: HStR Bd. IV, §/Rn.)
Dies. (Hrsg.), Handbuch des Staatsrechts Band IV, Finanzverfassung – Bundesstaatliche Ordnung, 2. Auflage 1999 (zit.: Bearbeiter, in: HStR Bd. IV, 2. Aufl., §/Rn.)
Dies. (Hrsg.), Handbuch des Staatsrechts Band V, Rechtsquellen, Organisation, Finanzen, 3. Auflage 2007 (zit.: Bearbeiter, in: HStR Bd. V, §/Rn.)
Dies. (Hrsg.), Handbuch des Staatsrechts Band V, Allgemeine Grundrechtslehren, 2. Auflage 2000 (zit.: Bearbeiter, in: HStR Bd. V, 2. Aufl., §/Rn.)

Jachmann, Monika, Gewerbesteuerreform, 2003 (zit.: *Jachmann*, Gewerbesteuerreform)
Dies., Steuergesetzgebung zwischen Gleichheit und wirtschaftlicher Freiheit, 2000 (zit.: *Jachmann*, Steuergesetzgebung)
Dies., Grundlagen einer Steuervereinfachung, in: *Kirchhof*, Paul/*Jakob*, Wolfgang/*Beermann*, Albert (Hrsg.), Steuerrechtsprechung – Steuergesetz – Steuerreform, Festschrift für Klaus Offerhaus zum 65. Geburtstag, 1999, S. 1071 ff. (zit.: *Jachmann*, in: FS Offerhaus)
Dies., Zur Vereinbarkeit einer Abgeltungssteuer mit dem deutschen Verfassungsrecht, in: *Schick*, Gerhard (Hrsg.), Veranlagung – Abgeltung – Steuerfreiheit, Besteuerung von Kapitalerträgen im Rechtsstaat, 2003, S. 15 ff. (zit.: *Jachmann*, in: Veranlagung – Abgeltung – Steuerfreiheit)
Dies., Die Gewerbesteuer im System der Besteuerung von Einkommen, in: *Seeger*, Siegbert F. (Hrsg.), Perspektiven der Unternehmensbesteuerung, DStJG Band 25 (2002), S. 195 ff.
Dies., Ansätze zu einer gleichheitsgerechten Ersetzung der Gewerbesteuer, in: Betriebs-Berater 2000, S. 1432 ff.
Jahndorf, Christian/*Lorscheider*, Stefan, Verfassungswidrige Besteuerung außerordentlicher Einkünfte gem. § 34 Abs. 1 Satz 2 EStG, in: Finanz-Rundschau 2000, S. 433 ff.
Jakob, Wolfgang, Einkommensteuer, 3. Auflage 2003 (zit.: *Jakob*, Einkommensteuer)
Ders., Der Steuertatbestand im Grenzbereich zwischen privater Vermögensverwaltung und gewerblicher Tätigkeit, in: *Raupach*, Arndt/*Uelner*, Adalbert (Hrsg.), Ertragsbesteuerung, Festschrift für Ludwig Schmidt, 1993, S. 115 ff. (zit.: *Jakob*, in: FS Schmidt)
Jarass, Hans/*Pieroth*, Bodo, Grundgesetz für die Bundesrepublik Deutschland, Kommentar, 10. Auflage 2009 (zit.: Bearbeiter, in: Jarass/Pieroth, GG, Art./Rn.)
Jochum, Georg, Die Steuervergünstigung, Vergünstigungen und vergleichbare Subventionsleistungen im deutschen und europäischen Steuer-, Finanz- und Abgabenrecht, 2006 (zit.: *Jochum*, Steuervergünstigung)

Jochum, Heike, Das Bundesverfassungsgericht als Hüter der Gewerbesteuer?, in: Der Steuerberater 2005, S. 254 ff.

Kanzler, Hans-Joachim, „Tarifbegrenzungsbeschluss" des BVerfG und Zukunft der Einkommensteuer, in: Neue Wirtschaftsbriefe Nr. 38/2006, Fach 3, S. 14189 ff.

Ders., Die neue Durchschnittssatzgewinnermittlung für Land- und Forstwirte – oder: einfach und zielgenau in die Verfassungswidrigkeit, in: Deutsche Steuer-Zeitung 1999, S. 682 ff.

Ders., Steuerentlastungsgesetz 1999/2000/2002, Änderung bei den Einkünften aus Land- und Forstwirtschaft, in: Finanz-Rundschau 1999, S. 423 ff.

Ders., Steuerreform: Von der synthetischen Einkommensteuer zur Schedulenbesteuerung?, oder: Die Schedule ist tot! Es lebe die Schedule!, in: Finanz-Rundschau 1999, S. 363 ff.

Ders., Die steuerliche Gewinnermittlung zwischen Einheit und Vielfalt, in: Finanz-Rundschau 1998, S. 233 ff.

Keß, Thomas, Kein Verfassungsgebot rechtsformneutraler Besteuerung?, in: Finanz-Rundschau 2006, S. 869 ff.

Ders., Unternehmenssteuerreform: Ohne Reform der Gewerbesteuer?, in: Finanz-Rundschau 2000, S. 695 ff.

Keßler, Rainer, Zur Verfassungsmäßigkeit einer Abzugsteuer auf Kapitalerträge mit Abgeltungswirkung, in: Deutsche Steuer-Zeitung 1995, S. 629 f.

Kessler, Wolfgang/*Ortmann-Babel*, Martina/*Zipfel*, Lars, Unternehmensteuerreform 2008: Die geplanten Änderungen im Überblick, in: Betriebs-Berater 2007, S. 523 ff.

Kirchhof, Ferdinand, Der Weg zur verfassungsgerechten Besteuerung – Bestand, Fortschritt, Zukunft –, in: Steuer und Wirtschaft 2002, S. 185 ff.

Kirchhof, Paul, Einkommensteuergesetzbuch, Ein Vorschlag zur Reform der Einkommen- und Körperschaftsteuer, 2003 (zit.: *Kirchhof*, Einkommensteuergesetzbuch)

Ders., Besteuerung im Verfassungsstaat, 2000 (zit.: *Kirchhof*, Besteuerung)

Ders. (Hrsg.), Einkommensteuergesetz, Kompaktkommentar, 8. Auflage 2008 (zit.: Bearbeiter, in: Kirchhof, EStG, §/Rn.)

Ders., Das verfassungsrechtliche Maß steuerlicher Belastung, in: *Kirchhof*, Ferdinand/*Papier*, Hans-Jürgen/*Schäffer*, Heinz (Hrsg.), Rechtsstaat und Grundrechte, Festschrift für Detlef Merten, 2007, S. 149 ff. (zit.: *Kirchhof*, in: FS Merten)

Ders., Steuersubventionen, in: *Osterloh*, Lerke/*Schmidt*, Karsten/*Weber*, Hermann (Hrsg.), Staat, Wirtschaft, Finanzverfassung, Festschrift für Peter Selmer zum 70. Geburtstag, 2004, S. 745 ff. (zit.: *Kirchhof*, in: FS Selmer)

Ders., Der verfassungsrechtliche Auftrag zur Steuervereinfachung, in: *Bühler*, Wilhelm/*Kirchhof*, Paul/*Klein*, Franz (Hrsg.), Steuervereinfachung, Festschrift für Dietrich Meyding zum 65. Geburtstag, 1994, S. 3 ff. (zit.: *Kirchhof*, FS Meyding)

Ders., Die staatsrechtliche Bedeutung der Steuerreform, in: *Häberle*, Peter (Hrsg.), Jahrbuch des öffentlichen Rechts der Gegenwart, Neue Folge/Band 54 (2006), S. 1 ff.

Ders., Der Grundrechtsschutz des Steuerpflichtigen, in: Archiv des öffentlichen Rechts, 128. Band (2003) S. 1 ff.

Ders., Verfassungsrechtliche und steuersystematische Grundlagen der Einkommensteuer, in: *Ebeling*, Iris (Hrsg.), Besteuerung von Einkommen, DStJG Band 24 (2001), S. 9 ff.

Ders., Empfiehlt es sich, das Einkommensteuerrecht zur Beseitigung von Ungleichbehandlungen und zur Vereinfachung neu zu ordnen? Gutachten F für den 57. Deutschen Juristentag, in: Ständige Deputation des Deutschen Juristentages (Hrsg.), Verhandlungen des Siebenundfünfzigsten Deutschen Juristentages, Mainz 1988, Band I, Gutachten, 1988 (zit.: *Kirchhof*, Gutachten F)

Ders., Besteuerung und Eigentum, in: Veröffentlichungen der Vereinigung der Deutschen Staatsrechtslehrer (VVDStRL) Bd. 39 (1981), S. 213 ff.

Ders., Die Besteuerung des Einkommens in einem einfachen, maßvollen und gleichmäßigen Belastungssystem, in: Betriebs-Berater 2006, S. 71 ff.

Ders., Die freiheitsrechtliche Struktur der Steuerrechtsordnung, in: Steuer und Wirtschaft 2006, S. 3 ff.

Ders., Das EStGB – ein Vorschlag zur Reform des Ertragsteuerrechts, in: Deutsches Steuerrecht 2003, Beihefter zu Heft 5, S. 1 ff.

Ders., Der Karlsruher Entwurf und seine Fortentwicklung zu einer Vereinheitlichten Ertragsteuer, in: Steuer und Wirtschaft 2002, S. 3 ff.

Ders., Erläuterungen zum Karlsruher Entwurf zur Reform des Einkommensteuergesetzes, in: Deutsches Steuerrecht 2001, S. 913 ff.

Ders., Die Widerspruchsfreiheit im Steuerrecht als Verfassungspflicht, in: Steuer und Wirtschaft 2000, S. 316 ff.

Ders., Verfassungsrechtliche Maßstäbe für die Steuergesetzgebung, in: Die Steuerberatung 1997, S. 193 ff.

Ders., Der verfassungsrechtliche Auftrag zur Besteuerung nach der finanziellen Leistungsfähigkeit, in: Steuer und Wirtschaft 1985, S. 319 ff.

Ders., Steuergleichheit, in: Steuer und Wirtschaft 1984, S. 297 ff.

Ders., Rechtsmaßstäbe finanzstaatlichen Handelns, in: Juristenzeitung 1979, S. 153 ff.

Kirchhof, Paul/*Altehoefer*, Klaus/*Arndt*, Hans-Wolfgang/*Bareis*, Peter/*Eckmann*, Gottfried/*Freudenberg*, Reinhart/*Hahnemann*, Meinert/*Kopei*, Dieter/*Lang*, Friedbert/*Lückhardt*, Josef/*Schutter*, Ernst, Karlsruher

Entwurf zur Reform des Einkommensteuergesetzes, 2001 (zit.: *Kirchhof et al.*, Karlsruher Entwurf)

Kirchhof, Paul/*Söhn*, Hartmut/*Mellinghoff*, Rudolf (Hrsg.), Einkommensteuergesetz, Kommentar (Loseblatt, Stand: 204. EL, Dezember 2009) (zit.: Bearbeiter, in: Kirchhof/Söhn/Mellinghoff, EStG, §/Rn.)

Kirchner, Hellmut, Objektive Befreiungen von der Einkommensteuer in den EG-Ländern Deutschland, Frankreich, Italien, Belgien, Niederlande und Luxemburg, 1974 (zit.: *Kirchner*, Objektive Befreiungen)

Kleeberg, Rudolf, Wahl des Wirtschaftsjahres durch Land- und Forstwirte?, in: Betriebs-Berater 1979, S. 1029 ff.

Klein, Franz, Gleichheitssatz und Steuerrecht, 1966 (zit.: *Klein*, Gleichheitssatz)

Kloubert, Franz-Peter, Die Steuerbarkeit von Drittleistungen beim Lohnsteuerabzug am Beispiel der Trinkgeldzahlung, in: Deutsches Steuerrecht 2000, S. 231 ff.

Knaupp, Friederike, Der Einkommensteuertarif als Ausdruck der Steuergerechtigkeit, 2004 (zit.: *Knaupp*, Einkommensteuertarif)

Koether, Jürgen H., Die Steuerbefreiungen von Einnahmen aus nichtselbständiger Arbeit, 1972 (zit.: *Koether*, Steuerbefreiungen)

Kokott, Juliane, Gleichheitssatz und Diskriminierungsverbote in der Rechtsprechung des Bundesverfassungsgerichts, in: *Badura*, Peter/*Dreier*, Horst (Hrsg.), Festschrift 50 Jahre Bundesverfassungsgericht, Zweiter Band, Klärung und Fortbildung des Verfassungsrechts, 2001, S. 127 ff. (zit.: *Kokott*, in: FS 50 Jahre BVerfG II)

Kontny, Thorsten/*Laschet*, Christian, Antragsveranlagung ohne Ende, Anmerkungen zu den Vorlagebeschlüssen des BFH v. 22.5.2006, in: Finanz-Rundschau 2007, S. 122 ff.

Korn, Klaus/*Carlé*, Dieter/*Stahl*, Rudolf/*Strahl*, Martin (Hrsg.), Einkommensteuergesetz, Kommentar (Loseblatt, Stand: 49. Aktualisierung, November 2009) (zit.: Bearbeiter, in: Korn, EStG, §/Rn.)

Kruse, Heinrich Wilhelm, Über Liebhaberei, in: *Kirchhof*, Paul/*Schmidt*, Karsten/*Schön*, Wolfgang/*Vogel*, Klaus (Hrsg.), Steuer- und Gesellschaftsrecht zwischen Unternehmerfreiheit und Gemeinwohl, Festschrift für Arndt Raupach zum 70. Geburtstag, 2006, S. 143 ff. (zit.: *Kruse*, in: FS Raupach)

Ders., Die Einkommensteuer und die Leistungsfähigkeit des Steuerpflichtigen, in: *Wendt*, Rudolf/*Höfling*, Wolfram/*Karpen*, Ulrich/*Oldiges*, Martin (Hrsg.), Staat, Wirtschaft, Steuern, Festschrift für Karl Heinrich Friauf zum 65. Geburtstag, 1996 (zit.: *Kruse*, in: FS Friauf)

Ders., Steuerspezifische Gründe und Grenzen der Gesetzesbindung, in: *Tipke*, Klaus (Hrsg.), Grenzen der Rechtsfortbildung durch Rechtsprechung und Verwaltungsvorschriften im Steuerrecht, DStJG Band 5 (1982), S. 71 ff.

Ders., Über das Trinkgeld, in: Steuer und Wirtschaft 2001, S. 366 ff.

Ders., Über die Gleichmäßigkeit der Besteuerung, in: Steuer und Wirtschaft 1990, S. 322 ff.

Kube, Hanno, Finanzgewalt in der Kompetenzordnung, 2004 (zit.: *Kube*, Finanzgewalt)

Ders., Entwürfe für ein neues Einkommensteuergesetz, in: Betriebs-Berater 2005, S. 743 ff.

Kulosa, Egmont, Verfassungsrechtliche Grenzen steuerlicher Lenkung am Beispiel der Wohnungsgenossenschaften, 2000 (zit.: *Kulosa*, Verfassungsrechtliche Grenzen)

Lademann, Fritz (Begr.), Kommentar zum Einkommensteuergesetz, 4. Auflage 1997 (Loseblatt, Stand: 171. EL, November 2009) (zit.: Bearbeiter, in: Lademann, EStG, §/Rn.)

Lang, Joachim, Die Bemessungsgrundlage der Einkommensteuer, 1988 (zit.: *Lang*, Bemessungsgrundlage)

Ders., Konkretisierungen und Restriktionen des Leistungsfähigkeitsprinzips, in: *Drenseck*, Walter/*Seer*, Roman (Hrsg.), Festschrift für Heinrich Wilhelm Kruse zum 70. Geburtstag, 2001, S. 313 ff. (zit.: *Lang*, in: FS Kruse)

Ders., Über das Ethische der Steuertheorie von Klaus Tipke, in: *ders.* (Hrsg.), Die Steuerrechtsordnung in der Diskussion, Festschrift für Klaus Tipke, 1995, S. 3 ff. (zit.: *Lang*, in: FS Tipke)

Ders., Die Bemessungsgrundlage der Einkommensteuer, in: *Tipke*, Klaus/*Bozza*, Nadya (Hrsg.), Besteuerung von Einkommen, Rechtsvergleich Italien, Deutschland und Spanien als Beitrag zur Harmonisierung des Steuerrechts in Europa, 2000, S. 123 ff. (zit.: *Lang*, in: Besteuerung von Einkommen)

Ders., Prinzipien und Systeme der Besteuerung von Einkommen, in: *Ebeling*, Iris (Hrsg.), Besteuerung von Einkommen, DStJG Band 24 (2001), S. 49 ff.

Ders., Das Standortsicherungsgesetz auf dem Prüfstand, in: *Herzig*, Norbert/*Günkel*, Manfred/*Niemann*, Ursula (Hrsg.), Steuerberater-Jahrbuch 1993/94, zugleich Bericht über den 45. Fachkongress der Steuerberater, 1994, S. 9 ff. (zit.: *Lang*, StbJb 1993/94)

Ders., Die Einkünfte des Arbeitnehmers – Steuerrechtssystematische Grundlegung–, in: *Stolterfoht*, Joachim (Hrsg.), Grundfragen des Lohnsteuerrechts, DStJG Band 9 (1986), S. 15 ff.

Ders., Gewinnrealisierung – Rechtsgrundlagen, Grundtatbestände und Prinzipien im Rahmen des Betriebsvermögensvergleichs nach § 4 Abs. 1 EStG, in: *Ruppe*, Hans Georg (Hrsg.), Gewinnrealisierung im Steuerrecht, DStJG Band 4 (1981), S. 45 ff.

Ders., Der Stellenwert des objektiven Nettoprinzips im deutschen Steuerrecht, in: Steuer und Wirtschaft 2007, S. 3 ff.

Ders., Die gleichheitsrechtliche Verwirklichung der Steuerrechtsordnung, in: Steuer und Wirtschaft 2006, S. 22 ff.

Ders., Liebhaberei im Einkommensteuerrecht, in: Steuer und Wirtschaft 1981, S. 223 ff.

Ders., Das Einkommensteuergesetz 1975 – Gewinn an Steuergerechtigkeit und Steuervereinfachung?, in: Steuer und Wirtschaft 1974, S. 293 ff.

Lang, Joachim/*Englisch*, Joachim/*Keß*, Thomas, Grundzüge des Kölner Entwurfs eines Einkommensteuergesetzes, in: Deutsches Steuerrecht 2005, Beihefter zu Heft 25, S. 1 ff.

Lang, Joachim/*Herzig*, Norbert/*Hey*, Johanna/*Horlemann*, Heinz-Gerd/*Pelka*, Jürgen/*Pezzer*, Heinz-Jürgen/*Seer*, Roman/*Tipke*, Klaus, Kölner Entwurf eines Einkommensteuergesetzes, 2005 (zit.: *Lang et al.*, Kölner Entwurf)

Larenz, Karl, Methodenlehre der Rechtswissenschaft, 6. Auflage 1991 (zit.: *Larenz*, Methodenlehre)

Lehner, Moris, Das Territorialitätsprinzip im Licht des Europarechts, in: *Gocke*, Rudolf/*Gosch*, Dietmar/*Lang*, Michael (Hrsg.), Körperschaftsteuer, Internationales Steuerrecht, Doppelbesteuerung, Festschrift für Franz Wassermeyer zum 65. Geburtstag, 2005, S. 241 ff. (zit.: *Lehner*, in: FS Wassermeyer)

Leibholz, Gerhard, Die Gleichheit vor dem Gesetz, 2. Auflage 1959 (zit.: *Leibholz*, Gleichheit)

Leingärtner, Wilhelm/*Zaisch*, Horst G. (Begr.), Besteuerung der Landwirte (Loseblatt, Stand: 18. EL, November 2009) (zit.: Bearbeiter, in: Leingärtner/Zaisch, Besteuerung der Landwirte, Kap./Rn.)

Leisner, Walter, Von der Leistung zur Leistungsfähigkeit – Ein Beitrag wider das Leistungsfähigkeitsprinzip –, in: Steuer und Wirtschaft 1983, S. 97 ff.

Lenski, Edgar/*Steinberg*, Wilhelm (Begr.), Kommentar zum Gewerbesteuergesetz, 9. Auflage 1995 (Loseblatt, Stand: 97. EL, September 2009) (zit.: Bearbeiter, in: Lenski/Steinberg, GewStG, §/Rn.)

Liesenfeld, Andrea, Das steuerfreie Existenzminimum und der progressive Tarif als Bausteine eines freiheitsrechtlichen Verständnisses des Leistungsfähigkeitsprinzips, 2005 (zit.: *Liesenfeld*, Freiheitsrechtliches Leistungsfähigkeitsprinzip)

Dies., Die Besteuerung von Renten und Pensionen, in: Deutsches Steuerrecht 2002, S. 1833 ff.

List, Heinrich, Entspricht die Besteuerung außerordentlicher Einkünfte (§ 34 EStG) dem Grundgesetz?, in: Betriebs-Berater 2003, S. 761 ff.

Littmann, Eberhard, Die gesetzliche Ordnung der Einkunftsarten in der Einkommensteuer, in: Deutsches Steuerrecht 1962, S. 94 ff.

Littmann, Eberhard/*Bitz*, Horst/*Pust*, Hartmut (Hrsg.), Das Einkommensteuerrecht, Kommentar zum Einkommensteuerrecht, 15. Auflage (Loseblatt,

Stand: 85. EL, November 2009) (zit.: Bearbeiter, in: Littmann/Bitz/Pust, EStG, §/Rn.)

Loritz, Karl-Georg, Stellungnahme für die öffentliche Anhörung des Finanzausschusses des Deutschen Bundestages zu dem Gesetzentwurf der Koalitionsfraktionen „Entwurf eines Unternehmensteuerreformgesetzes 2008 (Drucksache 16/4841)", Stand: Mai 2007, http://www.bundestag.de/bundestag/ausschuesse/a07/anhoerungen/2007/057/Stellungnahmen/22-Prof__Dr__Loritz.pdf (besucht am 18.3.2010)

Loos, Gerold, Benachteiligung der Aktionäre/Gesellschafter mit Anteilen im Privatvermögen in der Unternehmensteuerreform, in: Der Betrieb 2007, S. 704 ff.

Mann, Fritz Karl, Steuerpolitische Ideale, 1937 (zit.: *Mann*, Steuerpolitische Ideale)

Märkle, Rudi W./*Hiller*, Gerhard, Die Einkommensteuer bei Land- und Forstwirten, 9. Auflage 2006 (zit.: *Märkle/Hiller*, Einkommensteuer bei Land- und Forstwirten, Rn.)

Marsh, Donald B., The Taxation of imputed income, in: Political Science Quarterly, Vol. LVIII, 1943, S. 514 ff.

Matthiesen, Sven, Anwendungsprobleme einer Abgeltungsteuer auf Zinserträge – Bedenken und Lösungsalternativen, in: Finanz-Rundschau 1999, S. 248 ff.

Maunz, Theodor/*Dürig*, Günther (Hrsg.), Grundgesetz Kommentar (Loseblatt, Stand: 56. EL, Oktober 2009) (zit.: Bearbeiter, in: Maunz/Dürig, GG, Art./Rn.) 1502/DE 2.21 MAU 15 a

Mellinghoff, Rudolf, Referat zum Thema: Besteuerung von Einkommen – Aufgaben, Wirkungen und europäische Herausforderungen, in: Ständige Deputation des Deutschen Juristentages (Hrsg.), Verhandlungen des Sechsundsechzigsten Deutschen Juristentages, Stuttgart 2006, Band II/1, Sitzungsberichte – Referate und Beschlüsse, 2007, S. Q 84 ff. (zit.: *Mellinghoff*, Referat, in: 66. Deutscher Juristentag Bd. II/1)

Merkenich, Kurt, Die unterschiedlichen Arten der Einkünfteermittlung im deutschen Einkommensteuerrecht, 1982 (zit.: *Merkenich*, Einkünfteermittlung)

Michael, Lothar, Die drei Argumentationsstrukturen des Grundsatzes der Verhältnismäßigkeit – Zur Dogmatik des Über- und Untermaßverbotes und der Gleichheitssätze, in: Juristische Schulung 2001, S. 148 ff.

von Miquel, Johannes, Denkschrift vom 2. November 1892 zu den dem preussischen Landtage vorgelegten Entwürfen der Steuerreformgesetze, in: Finanz-Archiv 1893, S. 296 ff.

Mitschke, Joachim, Erneuerung des deutschen Einkommensteuerrechts, 2004 (zit.: *Mitschke*, Erneuerung des Einkommensteuerrechts)

Mönikes, Cordula, Die Verlustverrechnungsbeschränkungen des Einkommensteuergesetzes im Lichte der Verfassung, 2006 (zit.: *Mönikes*, Verlustverrechnungsbeschränkungen)

Mössner, Jörg M., Typusbegriffe im Steuerrecht, in: *Drenseck*, Walter/*Seer*, Roman (Hrsg.), Festschrift für Heinrich Wilhelm Kruse zum 70. Geburtstag, 2001, S. 161 ff. (zit.: *Mössner*, in: FS Kruse)

von Münch, Ingo/*Kunig*, Philip, Grundgesetz-Kommentar, Band 1, Art. 1–19, 5. Auflage 2000 (zit.: Bearbeiter, in: v. Münch/Kunig, GG, Art./Rn.)

Mußgnug, Reinhard, Verfassungsrechtlicher und gesetzlicher Schutz vor konfiskatorischen Steuern, in: Juristenzeitung 1991, S. 993 ff.

Neumann, Manfred J.M., Standortbestimmung aus ökonomischer Sicht, in: *Kirchhof*, Paul/*Neumann*, Manfred J.M. (Hrsg.), Freiheit, Gleichheit, Effizienz, Ökonomische und verfassungsrechtliche Grundlagen der Steuergesetzgebung, 2001, S. 23 ff. (zit.: *Neumann*, in: Freiheit, Gleichheit, Effizienz)

Niehus, Ulrich, Kritische Anmerkungen zum Systemcharakter des Einkommensteuerrechts, in: Deutsche Steuer-Zeitung 2000, S. 697 ff.

Offerhaus, Klaus, Steuerliche Vorteile bei vorzeitiger (Teil-)Beendigung eines Dienstverhältnissen, in: Finanz-Rundschau 1989, S. 138 ff.

Oho, Wolfgang/*Hagen*, Alexander/*Lenz*, Thomas, Zur geplanten Einführung einer Abgeltungsteuer im Rahmen der Unternehmensteuerreform 2008, in: Der Betrieb 2007, S. 1322 ff.

Osterloh, Lerke, Gesetzesbindung und Typisierungsspielräume bei der Anwendung der Steuergesetze, 1992 (zit.: *Osterloh*, Gesetzesbindung und Typisierungsspielräume)

Dies., Der verfassungsrechtliche Gleichheitssatz – Entwicklungslinien der Rechtsprechung des Bundesverfassungsgerichts, in: Europäische Grundrechte-Zeitschrift 2002, S. 309 ff.

Palm, Ulrich, Verfassungsmäßigkeit einer quellenbezogenen Mindestbesteuerung im Ertragsteuerrecht, in: Deutsches Steuerrecht 2002, S. 152 ff.

Paukstadt, Maik/*Luckner*, Markus, Die Abgeltungsteuer ab 2009 nach dem Regierungsentwurf zur Unternehmensteuerreform, in: Deutsches Steuerrecht 2007, S. 653 ff.

Paus, Bernhard, Kommentar zu BVerfG, Beschl. v. 17.11.1998 – 1 BvL 10/98, in: Finanz-Rundschau 1999, S. 534 f.

Peffekoven, Rolf, Anforderungen an die Steuer- und Finanzpolitik, IFSt-Schrift Nr. 397, 2002 (zit.: *Peffekoven*, Finanzpolitik)

Pelka, Jürgen, Rechtsanwendung und Rechtsetzung durch Verwaltungsvorschriften zum Einkommensteuerrecht und zum Bewertungsrecht, in:

Tipke, Klaus (Hrsg.), Grenzen der Rechtsfortbildung durch Rechtsprechung und Verwaltungsvorschriften im Steuerrecht, DStJG Band 5 (1982), S. 71 ff.

Pezzer, Heinz-Jürgen, Der Halbteilungssatz ist tot, und nun?, in: Der Betrieb 2006, S. 912 f.

Ders., Die Einkünfteerzielungsabsicht bei den Einkünften aus Vermietung und Verpachtung – ein Mysterium als Folge des Einkünftedualismus, in: Steuer und Wirtschaft 2000, S. 457 ff.

Pieroth, Bodo/*Schlink*, Bernhard, Grundrechte, Staatsrecht II, 25. Auflage 2009 (zit.: *Pieroth/Schlink*, Grundrechte)

Pohmer, Dieter, Die Steuern als Instrument der Staatsfinanzierung oder Wirtschaftslenkung?, in: Deutsche Steuer-Zeitung 1993, S. 577

Pönicke, Astrid, Einkünfte aus Leistungen – Reichweite und Grenzen des § 22 Nr. 3 EStG, 2000 (zit.: *Pönicke*, Einkünfte aus Leistungen)

Puhl, Erhard, Überblick über das Gesetz zur Neuregelung der steuerrechtlichen Förderung des selbstgenutzten Wohneigentums, in: Deutsches Steuerrecht 1986, S. 387 ff.

Rädler, Albert J., Die Abzugsfähigkeit von Auslandsverlusten – was bleibt?, in: Finanz-Rundschau 1983, S. 337 ff.

Rapp, Sonja Vera, Liebhaberei und Einkünfteerzielungsabsicht – Abgrenzung der steuerbaren Einkommenserzielung von der nicht steuerbaren Einkommensverwendung, 2003 (zit.: *Rapp*, Liebhaberei und Einkünfteerzielungsabsicht)

Rasenack, Christian, Einkünfte aus Vermietung und Verpachtung, 2. Auflage, 2002 (zit.: *Rasenack*, Einkünfte aus Vermietung und Verpachtung)

Ders., Zum Wegfall der Arbeitnehmerfreibeträge und zur Verfassungsmäßigkeit des Arbeitnehmer-Werbungskostenpauschbetrags in der Einkommensteuerreform 1990, in: Betriebs-Berater 1988, S. 1859 ff.

Reinhart, Stephanie, Die Besteuerung privater Veräußerungsgewinne, Eine vergleichende Untersuchung des Karlsruher Entwurfs mit dem geltenden Recht, 2005 (zit.: *Reinhart*, Besteuerung privater Veräußerungsgewinne)

Richter, Heinz, Neues und (weiterhin) Altes zur Trinkgeldbesteuerung, in: Deutsches Steuerrecht 1999, S. 843.

Richter, Holger/*Richter*, Hanns-Uwe, Die „Gleichheit“ der Einkunftsarten bei der deutschen Einkommensteuer, in: Betriebs-Berater 1994, S. 621 ff.

Robbers, Gerhard, Gerechtigkeit als Rechtsprinzip, 1980 (zit.: *Robbers*, Gerechtigkeit)

Rodi, Michael, Die Rechtfertigung von Steuern als Verfassungsproblem, 1994 (zit.: *Rodi*, Rechtfertigung von Steuern)

Rose, Gerd, Vom Bürgerstaat zum Steuerstaat – Zur Bedeutung des BVerfG-Beschlusses vom 18.1.2006 für die Steuerkultur und die Steuerpraxis, in: Der Betrieb 2006, Heft 14, S. I

Rubbens, Bart/*Stevens*, Ton, Einführung der deutschen Tonnagebesteuerung: Ein vergleichende Darstellung mit der niederländischen Regelung, in: Internationales Steuerrecht 2000, S. 1 ff.

Ruppe, Hans Georg, Die Ausnahmebestimmungen des Einkommensteuergesetzes, 1971 (zit.: *Ruppe*, Ausnahmebestimmungen)

Ders., Die Abgrenzung der Betriebsausgaben/Werbungskosten von den Privatausgaben, in: *Söhn*, Hartmut (Hrsg.), Die Abgrenzung der Betriebs- oder Berufssphäre von der Privatsphäre im Einkommensteuerrecht, DStJG Band 3 (1980), S. 103 ff.

Ders., Möglichkeiten und Grenzen der Übertragung von Einkunftsquellen als Problem der Zurechnung von Einkünften, in: *Tipke*, Klaus (Hrsg.), Übertragung von Einkunftsquellen im Steuerrecht, DStJG Band 1 (1978), S. 7 ff.

Sachs, Michael (Hrsg.), Grundgesetz, Kommentar, 5. Auflage 2009 (zit.: Bearbeiter, in: Sachs, GG, Art./Rn.)

Sachverständigenrat zur Begutachtung der gesamtwirtschaftlichen Entwicklung/Max-Planck-Institut für Geistiges Eigentum, Wettbewerbs- und Steuerrecht/Zentrum für Europäische Wirtschaftsforschung, Reform der Einkommens- und Unternehmensbesteuerung durch die Duale Einkommensteuer, Expertise im Auftrag der Bundesminister der Finanzen und für Wirtschaft und Arbeit, 2006 (zit.: *Sachverständigenrat*, Duale Einkommensteuer)

Sachverständigenrat zur Begutachtung der gesamtwirtschaftlichen Entwicklung, Staatsfinanzen konsolidieren – Steuersystem reformieren, Jahresgutachten 2003/2004, 2003 (zit.: *Sachverständigenrat*, Jahresgutachten 2003/04)

Sacksofsky, Ute, Halbteilungsgrundsatz ade – Scheiden tut nicht weh, in: Neue Zeitschrift für Verwaltungsrecht 2006, S. 661 ff.

von Schanz, Georg, Der privatwirtschaftliche Einkommensbegriff, in: Finanz-Archiv 1922, S. 505 ff.

Ders., Der Einkommensbegriff und die Einkommensteuergesetze, in: Finanz-Archiv 1896, S. 1 ff.

Schaub, Günter, Die Altersteilzeitarbeit, in: Betriebs-Berater 1989, S. 1751 ff.

Schenke, Ralf Peter/*Schenke*, Sabine, Abschied vom Steuerrecht als Lenkungsmittel?, in: Neue Juristische Wochenschrift 1999, S. 2573 f.

Scheurle, Florian, Vom Zinsabschlag zur Abgeltungssteuer – Aspekte eines Systemwechsels, in: Der Betrieb 1995, S. 543 ff.

Schick, Walter, Steuerschuld und Steuerhaftung in Lohnsteuerverfahren, in: Betriebs-Berater 1983, S. 1041 ff.

Schmidt, Ludwig (Begr.), Einkommensteuergesetz, 28. Auflage 2009 (zit.: Bearbeiter, in: Schmidt, EStG, §/Rn.)

Schmidt-Liebig, Axel, Einkommensteuerbarkeit und Einkunftsqualifikation von Spiel- und ähnlichen Gewinnen, in: Steuer und Wirtschaft 1995, S. 162 ff.

Ders., Die „neuere Rechtsprechung" des Bundesfinanzhofs zum umsatzsteuerlichen Unternehmer, in: Betriebs-Berater 1994, Beilage 20, S. 1 ff.

Schmidt-Troje, Jürgen, § 34 Abs. 4 EStG, eine überflüssige steuerliche Subvention?, in: Deutsche Steuer-Zeitung 1981, S. 140 ff.

Schmitz, Ralf, Besteuerung wiederkehrender Bezüge, 1999 (zit.: *Schmitz*, Wiederkehrende Bezüge)

Schneeloch, Dieter/Trockels-Brand, Tanja, Körperschaftsteuerliches Anrechnungsverfahren versus Reformpläne, in: Deutsches Steuerrecht 2000, S. 907 ff.

Schneider, Stefan, Der Tatbestand der privaten Vermögensverwaltung, 1995 (zit.: *Schneider*, Private Vermögensverwaltung)

Schoch, Friedrich, Der Gleichheitssatz, in: Deutsches Verwaltungsblatt 1988, S. 863 ff.

Schön, Wolfgang, Unternehmerrisiko und Unternehmerinitiative im Lichte der Einkommenstheorien, in: *Kirchhof*, Paul/*Jakob*, Wolfgang/*Beermann*, Albert (Hrsg.), Steuerrechtsprechung – Steuergesetz – Steuerreform, Festschrift für Klaus Offerhaus zum 65. Geburtstag, 1999, S. 385 ff. (zit.: *Schön*, in: FS Offerhaus)

Ders., Vermeidbare und unvermeidbare Hindernisse der Steuervereinfachung, in: Steuer und Wirtschaft 2002, S. 23 ff.

Ders., Zum Entwurf eines Steuersenkungsgesetzes, in: Steuer und Wirtschaft 2000, S. 151 ff.

Schultze, Oliver, Zweifelsfragen zur Besteuerung von Seeschiffen im internationalen Verkehr („Tonnagesteuer"), in: Finanz-Rundschau 1999, S. 977

Schuppert, Gunnar Folke, Verfassungsrechtliche Prüfungsmaßstäbe bei der verfassungsgerichtlichen Überprüfung von Steuergesetzen, in: *Fürst*, Walther/*Herzog*, Roman/*Umbach*, Dieter C. (Hrsg.), Festschrift für Wolfgang Zeidler, 1987, S. 691 ff. (zit.: *Schuppert*, in: FS Zeidler)

Schutter, Ernst Georg, Der Karlsruher Entwurf zur Reform des Einkommensteuergesetzes – der Blick auf die verschüttet gegangenen Grundprinzipien der Mutter aller Steuergesetze oder die Sehnsucht nach einer zweiseitigen Steuererklärung, in: Die Steuer-Warte 2001, S. 147 ff.

Seeger, Siegbert F., Die Gewinnerzielungsabsicht – ein unmögliches Tatbestandsmerkmal, in: *Raupach*, Arndt/*Uelner*, Adalbert (Hrsg.), Ertragsbesteuerung, Festschrift für Ludwig Schmidt, 1993, S. 37 ff. (zit.: *Seeger*, in: FS Schmidt)

Seer, Roman, Referat zum Thema: Besteuerung von Einkommen – Aufgaben, Wirkungen und europäische Herausforderungen, in: Ständige Deputation des Deutschen Juristentages (Hrsg.), Verhandlungen des Sechsundsechzigsten Deutschen Juristentages, Stuttgart 2006, Band II/1, Sitzungsberichte – Referate und Beschlüsse, 2007, S. Q 127 ff. (zit.: *Seer*, Referat, in: 66. Deutscher Juristentag Bd. II/1)

Ders., Unternehmenssteuerreform – Verfassungsrechtliche Aspekte, in: *Herzig*, Norbert/*Günkel*, Manfred/*Niemann*, Ursula (Hrsg.), Steuerberater-Jahrbuch 2000/2001, zugleich Bericht über den 52. Fachkongress der Steuerberater, 2001, S. 15 ff. (zit.: *Seer*, StbJb 2000/2001)

Ders., Gewerbesteuer im Visier des Verfassungsrechts – Anmerkung zu dem Vorlagebeschluss des FG Niedersachsen am 24.6.1998, in: Finanz-Rundschau 1998, S. 1022 ff.

Ders., Die Besteuerung der Alterseinkünfte und das Gleichbehandlungsgebot (Art. 3 Abs. 1 GG), in: Steuer und Wirtschaft 1996, S. 323 ff.

Ders., Darf sich eine Außenprüfung nach § 193 Abs. 1 AO auch auf die nichtbetrieblichen bzw. nichtfreiberuflichen Verhältnisse beziehen?, in: Deutsches Steuerrecht 1987, S. 178 ff.

Seiler, Christian, Besteuerung von Einkommen – Aufgaben, Wirkungen und europäische Herausforderungen, Gutachten F für den 66. Deutschen Juristentag, in: Ständige Deputation des Deutschen Juristentages (Hrsg.), Verhandlungen des Sechsundsechzigsten Deutschen Juristentages, Stuttgart 2006, Band I, Gutachten, 2006 (zit.: *Seiler*, Gutachten F)

Ders., Das Steuerrecht als Ausgangspunkt aktueller Fortentwicklungen der Gleichheitsdogmatik, in: Juristenzeitung 2004, S. 481 ff.

Selmer, Peter, Steuerinterventionismus und Verfassungsrecht, 1972 (zit.: *Selmer*, Steuerinterventionismus)

Söhn, Hartmut, Erwerbsbezüge, Markteinkommenstheorie und Besteuerung nach der Leistungsfähigkeit, in: *Lang*, Joachim (Hrsg.), Die Steuerrechtsordnung in der Diskussion, Festschrift für Klaus Tipke, 1995, S. 343 ff. (zit.: *Söhn*, in: FS Tipke)

Ders., Steuerbarkeit von Unterhaltsersatzrenten, in: Finanz-Rundschau 1996, S. 81 ff.

Solms, Hermann Otto (Hrsg.), Die neue Einkommensteuer, Berliner Entwurf der FDP, 2003 (zit.: *Solms*, Die neue Einkommensteuer)

Sorgenfrei, Ulrich, Zur Neuregelung der Besteuerung von Verlusten aus betrieblichen Termingeschäften, in: Deutsches Steuerrecht 1999, S. 1928 ff.

Spengel, Christoph, Besteuerung von Einkommen – Aufgaben, Wirkungen und europäische Herausforderungen, Gutachten G für den 66. Deutschen Juristentag, in: Ständige Deputation des Deutschen Juristentages (Hrsg.), Verhandlungen des Sechsundsechzigsten Deutschen Juristentages, Stuttgart 2006, Band I, Gutachten, 2006 (zit.: *Spengel*, Gutachten G)

Spindler, Wolfgang, Zur Einkünfteerzielungsabsicht bei Vermietung und Verpachtung, in: *Carlé*, Dieter/*Stahl*, Rudolf/*Strahl*, Martin (Hrsg.), Gestal-

tung und Abwehr im Steuerrecht, Festschrift für Klaus Korn zum 65. Geburtstag, 2005, S. 165 ff. (zit.: *Spindler*, in: FS Korn)
Stahlschmidt, Michael, Das Bundesverfassungsgericht und die Rechtsformneutralität der Besteuerung, in: Steuern und Bilanzen 2006, S. 756 ff.
Stapperfend, Thomas, Die Unternehmensbesteuerung in den Entwürfen zur Reform des Einkommensteuerrechts, in: Finanz-Rundschau 2005, S. 74 ff.
Steichen, Alain, Die Markteinkommenstheorie, Ei des Kolumbus oder rechtswissenschaftlicher Rückschritt?, in: *Lang*, Joachim (Hrsg.), Die Steuerrechtsordnung in der Diskussion, Festschrift für Klaus Tipke zum 70. Geburtstag, 1995, S. 365 ff. (zit.: *Steichen*, in: FS Tipke)
Stein, Michael, Verlustausgleich oder Liebhaberei bei der Vermietung von Grundstücken, 2004 (zit.: *Stein*, Verlustausgleich oder Liebhaberei)
Stern, Klaus, Das Staatsrecht der Bundesrepublik Deutschland, Band III/2, Allgemeine Lehren der Grundrechte, 1994 (zit.: *Stern*, Staatsrecht Bd. III/2)
Stobbe, Ludwig, Einkommensteuerliche Folgen einer Veräußerung betriebliche genutzter Grundstücke oder Grundstücksteile bei Gewinnermittlung durch Einnahme-Ausgabe-Überschussrechnung, in: Deutsches Steuerrecht 1967, S. 82 ff.
Stoll, Gerold, Verluste und Verlustquellen im Steuerrecht, 1989 (zit.: *Stoll*, Verluste)
Strahl, Martin, Von der progressiven zur negativen Einkommensteuer?, in: Kölner Steuerdialog 10/2006, S. 15261
Strahl, Martin/*Fuhrmann*, Claas, Verfassungswidrigkeit des Verrechnungsverbots nach § 23 Abs. 3 Satz 8 EStG für Verluste aus privaten Veräußerungsgeschäften, in: Finanz-Rundschau 2003, S. 387 ff.

Thiel, Jochen, Die Zukunft der Einkommensteuer – Einheit oder Pluralismus der Einkünfte, in: Arbeitsgemeinschaft der Fachanwälte für Steuerrecht e.V. (Hrsg.), Der Fachanwalt für Steuerrecht im Rechtswesen, Festschrift 50 Jahre Arbeitsgemeinschaft der Fachanwälte für Steuerrecht e.V., S. 75 ff. (zit.: *Thiel*, in: FS Fachanwälte für Steuerrecht)
Ders., Wollen habe ich wohl, aber vollbringen das Gute finde ich nicht – Steuergesetzgebung in Deutschland, in: Steuer und Wirtschaft 2005, S. 335 ff.
Ders., Die Ermäßigung der Einkommensteuer für gewerbliche Einkünfte, in: Steuer und Wirtschaft 2000, S. 413 ff.
Thomas, Michael-Ingo, Lohnsteuerfreier Aufwendungsersatz durch den Arbeitgeber, in: *Herzig*, Norbert/*Günkel*, Manfred/*Niemann*, Ursula (Hrsg.), Steuerberater-Jahrbuch 1990/91, zugleich Bericht über den 42. Fachkongress der Steuerberater, 1991, S. 183 ff. (zit.: *Thomas*, StbJb 1990/91)
Tipke, Klaus, Die Steuerrechtsordnung, Band I, 2. Auflage 2000 (zit.: *Tipke*, Steuerrechtsordnung I)

Ders., Die Steuerrechtsordnung, Band II, 2. Auflage 2003 (zit.: *Tipke*, Steuerrechtsordnung II)
Ders., Steuergerechtigkeit zwischen Theorie und Praxis, 1981 (zit.: *Tipke*, Steuergerechtigkeit)
Ders., Steuerliche Ungleichbelastung durch einkunfts- und vermögensdifferente Bemessungsgrundlagenermittlung und Sachverhaltsverifizierung, in: in: *Drenseck*, Walter/*Seer*, Roman (Hrsg.), Festschrift für Heinrich Wilhelm Kruse zum 70. Geburtstag, 2001, S. 215 ff. (zit.: *Tipke*, in: FS Kruse)
Ders., Von der Unordnung zur Neuordnung des Einkommensteuerrechts, in: *Raupach*, Arndt/*Tipke*, Klaus/*Uelner*, Adalbert, Niedergang oder Neuordnung des deutschen Einkommensteuerrechts?, Münsteraner Symposium, Band I, 1985, S. 133 ff. (zit.: *Tipke*, in: Niedergang oder Neuordnung des deutschen Einkommensteuerrechts?)
Ders., Die dualistische Einkünfteermittlung nach dem Einkommensteuergesetz, in: *Kruse*, Heinrich Wilhelm (Hrsg.), Festschrift für Heinz Paulick zum 65. Geburtstag, 1973, S. 391 ff. (zit.: *Tipke*, in: FS Paulick)
Ders., Rechtsschutz gegen Privilegien Dritter, in: Finanz-Rundschau 2006, S. 949 ff.
Ders., Der Karlsruher Entwurf zur Reform der Einkommensteuer, Versuch einer steuerjuristischen Würdigung, in: Steuer und Wirtschaft 2002, S. 148 ff.
Ders., Kommentar zu BVerfG, Beschl. v. 17.11.1998 – 1 BvL 10/98, in: Finanz-Rundschau 1999, S. 532 ff.
Ders., Vom Konglomerat herkömmlicher Steuern zum System gerechter Steuern, in: Betriebs-Berater 1994, S. 437 ff.
Ders., Steuerlegislative unter Verfassungsdruck, in: Steuer und Wirtschaft 1993, S. 8 ff.
Ders., Einkunftsarten-Kästchendenken versus Systemdenken, in: Steuer und Wirtschaft 1990, S. 246 ff.
Ders., Über Steuergerechtigkeit in Steuergesetzgebung, Steuerverwaltung und Steuergerichtsbarkeit, in: Steuer und Wirtschaft 1980, S. 281 ff.
Ders., Steuerrecht – Chaos, Konglomerat oder System?, in: Steuer und Wirtschaft 1971, S. 2 ff.
Tipke, Klaus/*Kruse*, Heinrich Wilhelm (Hrsg.), Abgabenordnung, Finanzgerichtsordnung, Kommentar (Loseblatt, Stand: 121. EL, Oktober 2009) (zit.: Bearbeiter, in: Tipke/Kruse, AO/FGO, §/Rn.)
Tipke, Klaus/*Lang*, Joachim, Steuerrecht, 20. Auflage 2010 (zit.: *Tipke/Lang*, Steuerrecht, §/Rn.)
Traxel, Wolfgang, Die Freibeträge des Einkommensteuergesetzes – Eine systematische Untersuchung unter Gerechtigkeitsaspekten, 1986 (zit.: *Traxel*, Freibeträge)

Trzaskalik, Christoph, Vom Einkommen bis zu den Einkunftsarten, in: *Lang*, Joachim (Hrsg.), Die Steuerrechtsordnung in der Diskussion, Festschrift für Klaus Tipke, 1995, S. 321 ff. (zit.: *Trzaskalik*, in: FS Tipke)

Uelner, Adalbert, Referat zum Thema: Empfiehlt es sich, das Einkommensteuerrecht zur Beseitigung von Ungleichbehandlungen und zur Vereinfachung neu zu ordnen?, in: Ständige Deputation des Deutschen Juristentages (Hrsg.), Verhandlungen des Siebenundfünfzigsten Deutschen Juristentages, Mainz 1988, Band II, Sitzungsberichte, S. N 9 ff. (zit.: *Uelner*, Referat, in: 57. Deutscher Juristentag Bd. II)

Uhländer, Christoph, Vermögensverluste im Privatvermögen, Der Einkünftedualismus als Januskopf der Einkommensteuer, 1996 (zit.: *Uhländer*, Vermögensverluste)

Verfürth, Frank, Verlustausgleichsverbote im Einkommensteuerrecht, 2002 (zit.: *Verfürth*, Verlustausgleichsverbote)

Vogel, Klaus, Die Steuergewalt und ihre Grenzen, in: *Badura*, Peter/*Dreier*, Horst (Hrsg.), Festschrift 50 Jahre Bundesverfassungsgericht, Zweiter Band, Klärung und Fortbildung des Verfassungsrechts, 2001, S. 527 ff. (zit.: *Vogel*, in: FS 50 Jahre BVerfG II)

Ders., Zur Auslegung des Artikels 106 Grundgesetz, in: *Lang*, Joachim (Hrsg.), Die Steuerrechtsordnung in der Diskussion, Festschrift für Klaus Tipke, 1995, S. 93 ff. (zit.: *Vogel*, in: FS Tipke)

Ders., Steuergerechtigkeit und soziale Gestaltung, in: Deutsche Steuer-Zeitung/Ausgabe A 1975, S. 409 ff.

Völlmeke, Monika, Der Werbungskostenbegriff und der Umfang der Steuerbefreiung des Umzugskostenersatzes bei verfassungskonformer Auslegung, in: Der Betrieb 1993, S. 1590 ff.

Wagner, Franz W., „Karlsruher Entwurf zur Reform des Einkommensteuergesetzes" – Anmerkungen aus der Perspektive ökonomischer Vernunft, in: Steuer und Wirtschaft 2001, S. 354 ff.

Ders., Kann es eine Beseitigung aller steuerlicher Ausnahmen geben, wenn es keine Regel gibt?, in: Deutsches Steuerrecht 1997, S. 517 ff.

Wagner, Siegfried, Verfassungsmäßigkeit der Verlustausgleichsregelung des § 23 Abs. 3 Satz 8 EStG, in: Die Steuerberatung 2007, S. 184 ff.

Ders., Die stille Gesellschaft im Fokus des Steuervergünstigungsabbaugesetzes, in: Die Information über Steuer und Wirtschaft 2003, S. 618 ff.

Walzer, Klaus, Hauptgründe für die Wahl einer Besteuerung nach dem Leistungsfähigkeitsprinzip, in: Steuer und Wirtschaft 1986, S. 201 ff.

Wassermeyer, Franz, Anmerkungen zum Karlsruher Entwurf zur Reform des Einkommensteuergesetzes, in: Deutsches Steuerrecht 2001, S. 920 ff.

Weber-Grellet, Heinrich, Steuern im modernen Verfassungsstaat, 2001 (zit.: *Weber-Grellet*, Steuern im Verfassungsstaat)
Ders., Die Abgeltungsteuer: Irritiertes Rechtsempfinden oder Zukunftschance?, in: Neue Juristische Wochenschrift 2008, S. 545 ff.
Ders., Verlustabzug auch bei sonstigen Einkünften, in: Deutsches Steuerrecht 1998, S. 1781 ff.
Ders., Die Bedeutung der Rechtsnatur des Steuerrechts für dessen Anwendung und Auslegung, in: Steuer und Wirtschaft 1993, S. 97 ff.
Welling, Berthold, Zweifelsfragen zur Steuerbefreiung der privat veranlassten Telefonkosten?, in: Deutsches Steuerrecht 2001, S. 650 f.
Wendt, Michael, Kommentar zu BVerfG, Beschl. v. 21.6.2006 – 2 BvL 2/99, in: Finanz-Rundschau 2006, S. 775.
Ders., Steuerentlastungsgesetz 1999/2000/2002, Änderungen bei betrieblichen und privaten Veräußerungsgeschäften, in: Finanz-Rundschau 1999, S. 333 ff.
Ders., Außerordentliche Holznutzungen aus wirtschaftlichen Gründen – ein Steuersparmodell für Forstwirte?, in: Finanz-Rundschau 1996, S. 130 ff.
Wendt, Rudolf, Steuerreform durch Tarifbegrenzung für gewerbliche Einkünfte als Rechtsproblem, in: Finanz-Rundschau 1993, S. 1 ff.
Ders., Abschaffung und Ersetzung der Gewerbesteuer aus verfassungsrechtlicher und verfassungspolitischer Sicht, in: Betriebs-Berater 1987, S. 1677 ff.
Ders., Zur Vereinbarkeit der Gewerbesteuer mit dem Gleichheitssatz und dem Prinzip der Besteuerung nach der Leistungsfähigkeit, in: Betriebs-Berater 1987, S. 1257 ff.
Wernsmann, Rainer, Verhaltenslenkung in einem rationalen Steuersystem, 2005 (zit.: *Wernsmann*, Verhaltenslenkung)
Ders., Das gleichheitswidrige Steuergesetz – Rechtsfolgen und Rechtsschutz, 2000 (zit.: *Wernsmann*, Steuergesetz)
Ders., Die Steuer als Eigentumsbeeinträchtigung?, in: Neue Juristische Wochenschrift 2006, S. 1169 ff.
Ders., Die verfassungsrechtliche Rechtfertigung der Abzugsfähigkeit von Vorsorgeaufwendungen – zugleich zum Unterschied zwischen existenznotwendigem und indisponiblem Einkommen, in: Steuer und Wirtschaft 1998, S. 317 ff.
Werz, Ralf Stefan, Verlustverrechnungsbeschränkungen im Lichte der Verfassung – unter besonderer Berücksichtigung der Verlustregeln des Steuerentlastungsgesetzes 1999/2000/2002, 2003 (zit.: *Werz*, Verlustverrechnungsbeschränkungen)
Wieland, Joachim, Freiheitsrechtliche Vorgaben für die Besteuerung von Einkommen, in: *Ebeling*, Iris (Hrsg.), Besteuerung von Einkommen, DStJG Band 24 (2001), S. 29 ff.

Wisser, Michael, Zur Abschaffung der Steuerfreiheit von Zuschlägen für Sonntags-, Feiertags- und Nachtarbeit nach § 3b EStG, in: Deutsche Steuer-Zeitung 2000, S. 822 ff.

Wittmann, Rolf, Das Markteinkommen – einfachgesetzlicher Strukturbegriff und verfassungsdirigierter Anknüpfungsgegenstand der Einkommensteuer?, 1992 (zit.: *Wittmann*, Markteinkommen)

Ders., Besteuerung des Markteinkommens – Grundlinien einer freiheitsschonenden Besteuerung, in: Steuer und Wirtschaft 1993, S. 35 ff.

Zippelius, Reinhold, Juristische Methodenlehre, 10. Auflage 2006 (zit.: *Zippelius*, Methodenlehre)

Ders., Der Gleichheitssatz, in: Veröffentlichungen der Vereinigung der Deutschen Staatsrechtslehrer (VVDStRL) Bd. 47 (1989), S. 7 ff.

Zitzelsberger, Heribert, Grundlagen der Gewerbesteuer, 1990 (zit.: *Zitzelsberger*, Gewerbesteuer)

Ders., Was spricht für die Gewerbesteuer – ein unzeitgemäßes Plädoyer für eine vielgeschmähte Steuer, in: Deutsche Steuer-Zeitung 1984, S. 294 ff.

Finanz- und Steuerrecht in Deutschland und Europa

Herausgegeben von Klaus-Dieter Drüen, Hanno Kube
und Rainer Wernsmann

Band 1 Gordon Dreher: Das Alterseinkünftegesetz. Systematische Darstellung und verfassungsrechtliche Zweifelsfragen. 2007.

Band 2 Nils Meyer-Sandberg: Die Duale Einkommensteuer als Modell ungleicher Besteuerung von Arbeit und Kapital. 2008.

Band 3 Alexander Pfab: Die Behandlung von Bildungsaufwendungen im deutschen Einkommensteuerrecht. 2008.

Band 4 Christian Johannes Müller: Einnahmeverzicht im Einkommensteuerrecht – insbesondere durch verbilligte Wohnungsüberlassung an nahe Angehörige. 2009.

Band 5 Melanie Falkner: Die Einkunftserzielungsabsicht als subjektives Besteuerungsmerkmal. Eine Analyse subjektiver Tatbestandsmerkmale im Steuerrecht. Zugleich ein Beitrag zur Liebhaberei im Steuerrecht. 2009.

Band 6 Steffen Ott: Die Vertreterbetriebsstätte nach OECD-MA. 2009.

Band 7 Christoph Wagner: Steuergleichheit unter Standortvorbehalt? Verfassungsrechtliche Grenzen einer ungleichen Einkommensbesteuerung von Kapital und Arbeit. 2010.

Band 8 Andreas Goetze: Die Ersetzung der sieben Einkunftsarten des EStG durch eine einzige. Zur Gleichheit aller Erwerbsgrundlagen in einem vereinfachten Steuerrecht. 2010.

www.peterlang.de